rororo

Antje Joel, geboren 1966, arbeitet seit 1994 als freie Journalistin und Autorin. Ihre Texte erschienen unter anderem in der *Süddeutschen Zeitung*, der *Brigitte*, im *Tagesspiegel* und im *Spiegel*. Sie erhielt zahlreiche Auszeichnungen, darunter der Axel-Springer-Preis und der Egon-Erwin-Kisch-Preis.

ro ro ro

«Dies ist die Geschichte, wie mich ein Mann – und später ein zweiter – über Jahre erniedrigte. Mit Blicken, mit Worten, mit Fäusten. Er war nicht irgendein Mann. Er war, wie man so sagt, meiner. Ich war mit ihm verheiratet, drei Jahre. Keine sehr lange Ehe – nur eine entsetzlich lange Zeit, um beleidigt, beschimpft und verprügelt zu werden. Es gibt Frauen, die ertragen solch eine Ehe noch sehr viel länger. Ich sage das ohne Wertung. Meine Geschichte ist nicht besser als die Geschichte irgendeiner anderen von ihrem Partner geschlagenen Frau. Sie ist auch nicht schlimmer. Sie ist einfach das: eine ganz gewöhnliche Geschichte häuslicher Gewalt, wie sie sich täglich in deutschen Familien abspielt.»

ANTJE JOEL

PRÜGEL

EINE GANZ GEWÖHNLICHE GESCHICHTE HÄUSLICHER GEWALT

Rowohlt Taschenbuch
Verlag

2. Auflage September 2020

Originalausgabe
Veröffentlicht im Rowohlt Taschenbuch Verlag,
Hamburg, Februar 2020

Redaktion Ulrike Gallwitz
Covergestaltung zero-media.net, München
Coverabbildung FinePic®, München
Satz aus der Meta Serif, InDesign,
bei hanseatenSatz-bremen, Bremen
Druck und Bindung CPI books GmbH, Leck, Germany
ISBN 978-3-499-68043-4

PRÜGEL

Eine ganz
gewöhnliche
Geschichte
häuslicher
Gewalt

FÜR UNS ALLE.

«Reduzieren Sie
mich nicht auf
die Opferrolle.
Ich bin sehr viel
interessanter.»

Glenn Close als
Joan Castleman
in *The Wife* (2017)

Vorwort

Dies ist die Geschichte, wie mich ein Mann – und später ein zweiter – über Jahre erniedrigte. Mit Blicken, mit Worten, mit Fäusten. Er war nicht irgendein Mann. Er war, wie man so sagt, meiner. Ich war mit ihm verheiratet, drei Jahre. Keine sehr lange Ehe – nur eine entsetzlich lange Zeit, um beleidigt, beschimpft und verprügelt zu werden. Und sich, wenn man gerade nicht beschimpft und verprügelt wird, vor dem nächsten Beschimpft- und Verprügeltwerden zu fürchten.

Es gibt Frauen, die ertragen solch eine Ehe noch sehr viel länger. 25, 30 Jahre sind keine Seltenheit. Ich sage das ohne Wertung. Meine Geschichte ist nicht besser als die Geschichte irgendeiner anderen von ihrem Partner misshandelten Frau. Sie ist auch nicht schlimmer. Sie ist einfach das: eine ganz gewöhnliche Geschichte häuslicher Gewalt, wie sie sich täglich in ganz gewöhnlichen deutschen Familien abspielt.

Laut Bundeskriminalamt hat beinahe jede zweite Frau in Deutschland seit ihrem 16. Lebensjahr eine Form körperlicher und/oder sexueller Gewalt erlebt. Jede dritte Frau erlebt Gewalt durch aktuelle oder frühere Beziehungspartner. Ein Drittel aller Frauen – da kann man nicht mehr von einer Minderheit sprechen. Von den 313 Frauen, die 2011 in Deutschland ermordet wurden, starb fast jede zweite durch die Hand ihres Partners oder Expartners.

Wenn ich mit meinen drei jetzt erwachsenen Töchtern zusammensitze, weiß ich, dass, statistisch gesehen, eine von uns Gewalt von ihrem Partner erfahren wird. Oder erfahren hat. Diese eine bin schon mal ich.

In anderen westlichen Ländern gelten ähnliche Zahlen. Die Weltgesundheitsorganisation benennt Gewalt gegen Frauen als eines der größten Gesundheitsrisiken für Frauen weltweit. Nach ihrer Einschätzung sind nicht dunkle Gassen und verlassene Parks die gefährlichsten Orte für Frauen. Es ist die Familie.

Jede dritte Frau – das sind lediglich die Frauen, von denen die Polizei weiß, dass sie misshandelt wurden. Oder misshandelt werden. Ihnen gegenüber stehen 81 Prozent aller häuslichen Misshandlungsfälle, die globalen Studien zufolge niemals angezeigt werden. Und nahezu jede zweite Frau schweigt über den häuslichen Terror, den sie erleidet. Frauen schweigen nicht nur gegenüber der Polizei. Sie schweigen auch gegenüber Verwandten, Freunden, Arbeitskollegen. Ich schwieg aus verschiedenen Gründen. Einer war Scham. Ich schämte mich für meine Erbärmlichkeit, so empfand ich es, und für meine Hilflosigkeit. Ich wollte nicht klein, hilflos und erbärmlich sein. In meiner Vorstellung von mir selbst war ich eine ganz andere Frau. Vielleicht hätte ich mich als Geschlagene noch ertragen. Die Schläge waren nicht das Schlimmste. Das Schlimmste war das Gefühl der Abhängigkeit. Das Gefühl, dass, wie sehr die Schläge auch schmerzten, es mehr schmerzen würde, wenn der Mann ging. Und weil Gefühle relativ sind, sind sie immer auch absolut. Für den Augenblick und für den, der sie fühlt. Auf keinen Fall wollte ich diese Frau sein, die, statt gegen ihn aufzubegehren, sich ihrem Schläger wimmernd und bettelnd zu Füßen wirft. Die, statt ihre Koffer zu packen und zu gehen, ihn anfleht, sie nicht zu verlassen. Ich war genau diese Frau.

Ich schwieg, weil ich mich fürchtete. Nicht nur vor dem Mann. Jedenfalls nicht mehr, als ich mich ohnehin schon vor ihm fürchtete. Ich fürchtete mich vor meinen Eltern, Freunden, Arbeitskollegen. Vor Stirnrunzeln, hochgezogenen Augenbrauen und Kommentaren. Ich fürchtete mich vor der immer gleichen Frage: «Warum?» Warum schlug er mich? So, als könnte es tatsächlich ein Darum geben. Einen guten Grund. Und wenn es den nicht gab:

Warum ließ ich mir das gefallen? Warum stand ich nicht auf und ging? Warum glaubte ich mich von diesem Mann abhängig? Von seinem Wohlgefallen. War ich nicht eine kühle, clevere, selbstbewusste Frau? Ganz sicher war ich diese Frau auch – irgendwo tief in mir drinnen. Hätte es diesen Teil von mir nicht gegeben, wäre ich vielleicht nicht mehr hier.

Es ist ja keiner nur so oder so. Wir sind vielmehr alle so *und* so. Aber dieses Zugeständnis ist nicht sehr beliebt. Lieber teilen wir andere und uns selbst ein in simple Kategorien. Gut und böse. Hart und weich. Stark und schwach. In dem Versuch, uns das Leben und unser Verständnis von ihm leichter zu machen. Tatsächlich bewirken wir damit das Gegenteil. Wir machen es uns – und anderen – entsetzlich schwer. Hätte ich nicht geglaubt, mich in eine Schublade einordnen zu müssen, hätte ich mir erlauben können, zu erkennen, dass ich beides sein kann, und tatsächlich beides bin, hart und weich, stark und schwach, hätte ich mir ein ehrlicheres Bild von mir gestatten dürfen, wer weiß, welchen Verlauf die Geschichte genommen hätte. Möglicherweise hätte sie gar nicht erst begonnen.

Der dänische Philosoph Søren Kierkegaard hat gesagt: «Sehe dem, was du bist, ins Auge. Nur so kannst du, was du bist, ändern.» Hier ist mein Versuch, das zu tun. Für mich und damit vielleicht für andere. Ich habe zwei gewalttätige Beziehungen durchlebt. Ich schaffte es, meiner Prügelehe zu entkommen. Mehrmals, beim letzten Mal endgültig. Manchmal bin ich mir noch immer nicht sicher, ob ich das wirklich mir selbst verdanke oder nur einem glücklichen Zufall. Ich befreite mich auch aus einer zweiten Ehe, die hauptsächlich von verbaler und mentaler Gewalt geprägt war. Zu körperlichen Übergriffen (Schütteln, Schläge, Würgen) kam es «erst» nach 12 Jahren, zwei Jahre vor dem endgültigen Ende.

Meine Geschichte, wie ich sie hier erzähle, folgt darum nicht einem schnurgeraden Zeitstrahl. Sie ist keine klar umrissene Chronik. Sie wechselt von der Erzählung zur Empirie und dann wieder zurück. Sie ist, hauptsächlich, die Geschichte meiner von verbaler und körperlicher Gewalt geprägten ersten Ehe. Doch ab und an, wo es Sinn macht, fließen Szenen aus meiner zweiten Ehe ein. Die Geschichte meiner ersten Ehe, so viel habe ich im Rückblick auf meine zweite gelernt, ist nicht abgeschlossen. Sie kann es nicht sein, im besten Sinne, denn sie ist nicht nur die Geschichte dieser Ehe. Sie ist meine Geschichte. Sie ist mit mir verwoben, ein Teil von mir. Dass ich sie einmal für abgeschlossen hielt, dass ich sie mir selbst als Vergangenheit und für überwunden verkaufte, machte mich anfällig dafür, sie zu wiederholen. Davor will ich mich und meine Leserinnen wenn möglich bewahren.

Dies ist kein Opferbuch. Das Opfersein überlasse ich meinen Exmännern. Sie füllten diese Rolle ausgezeichnet, nicht nur ihrer eigenen Überzeugung nach. Das ist typisch für gewalttätige Männer: Die wahren Leidtragenden sind aus ihrer Sicht stets sie. Sie sind in der Beziehung die Unschuldigen und die Gesunden. Sie brauchen keine Therapie – was sie brauchen, ist eine neue Frau. Die richtige. Die Frau, die sie versteht. Die sie zu nehmen weiß. Die sie nicht «zum Äußersten treibt». Sie brauchen eine Frau, die sie «glücklich macht» und an der sie – wenn sie darin versagt, und das wird sie – ihr Unglück auslassen können.

Heute weiß ich, dass es unzählige früheste Warnhinweise gibt, dass der neue Freund mit ziemlicher Sicherheit zuschlagen oder auf andere Weise gewalttätig werden wird. Damals war mein Denken und Fühlen von Dutzenden dämlicher Liebesromane und -filme vernebelt. Die Universität Michigan hat in einer Studie mit dem Titel «Ich habe das nur getan, weil ich niemals aufgehört habe, dich zu lieben» bestätigt: Romantische Komödien verdrehen unsere Wahrnehmung bezüglich dessen, was angemessenes soziales Verhalten bzw. Werben um einen anderen ist. Frauen, die gern romantische Komödien sehen – die Studie nennt als Beispiele die Kassenknüller *Verrückt nach Mary* und *Tatsächlich ... Liebe* –, sind eher bereit, aggressives männliches Verhalten zu tolerieren und als romantisch zu werten. Filme, die aggressives Werben als negativ darstellen, führen dagegen dazu, dass Frauen aggressivem Verhalten gegenüber weniger tolerant sind. «Romantische Komödien, die aggressives Werben als ‹Liebesbeweis› verharmlosen, können dazu führen, dass Frauen nicht auf ihre Instinkte hören», sagt die Studienleiterin Julia R. Lippmann. «Das ist ein Problem, da Studien zeigen, dass unsere Instinkte wertvolle Instrumente sind, die uns vor Gefahren schützen.»

Die ganz große, einzigartige Liebe, und noch dazu auf den ersten Blick, also: die augenblickliche, absolute «Gewissheit», dass dieser Mann der Richtige ist, und seine Beteuerungen, er empfinde es umgekehrt ganz genauso, gehören zu den frühen Alarmzeichen. Ich dachte bei beiden Männern, dass es das wäre, was ich fühlte. Beim zweiten nicht mehr augenblicklich, was meine Chance gewesen wäre, rechtzeitig zu entkommen. Stattdessen machte ich mir bald vor, dass er nun wirklich die große Liebe sei. Ich dachte, das müsste so sein. Man müsste ganz genau so und nicht anders empfinden, wenn man sicher sein wollte, dass einer der Richtige war. Darunter hätte ich keinen Mann genommen. Um dieses Muster zu ändern, begann ich eine Therapie. Das fiel mir nicht leicht. Ich glaubte, Therapien seien für andere Menschen. Für solche, die's nötig haben. So war ich aufgewachsen, und dieses Denken hatte ich so für mich übernommen. Therapiebedürftig zu sein, ist in Deutschland auch heute nicht cool. Wir sind nicht sehr gut mit Emotionen. Vor allem nicht mit denen, die wir als «negativ» abgestempelt haben. Wie Schwäche. Und Angst.

Zwischen meiner zweiten Scheidung und meiner Therapie lagen fünf Jahre und ein Umzug ins Ausland. Vielleicht hat es geholfen, dass ich über mich und meine Schwächen in einer anderen Sprache sprechen konnte. Vielleicht war ich so weiter von mir entfernt, gab es mir das nötige Maß an Distanz, um die Therapie aufzunehmen.

Ich begann die Therapie überhaupt erst aufgrund der nächsten Beziehungskatastrophe. Dass ich der entkam, lag nicht daran, dass ich in letzter Sekunde das Ruder rumgerissen hätte. Ich suchte den Therapeuten nicht auf, um mich gerade so eben noch vor diesem Mann zu bewahren. Ich ging zur Therapie, tränenüberströmt, weil der Mann mich früh fallengelassen hatte. Da saß ich dann in der Dachstube im Sessel gegenüber einem Therapeuten aus Wales und weinte, wie schrecklich und menschlich wertlos ich sei. Unfähig, diesen neuen Mann zu halten. Oder überhaupt zu irgendeiner Beziehung.

Ich weinte: «Ich glaube nicht mal, dass dieser Mann mich mochte.» – «Wie kommen Sie darauf?», fragte der Therapeut. – «Er kritisierte mich ständig, er suchte geradezu nach Fehlern. Sosehr ich mich auch bemüht habe, ich konnte einfach nichts richtig machen.» – Der Therapeut schaute amüsiert. «Aber Sie wollten trotzdem mit ihm zusammen sein?» – Ich rief: «Nicht trotzdem. Sondern deswegen!» Und dann lachten wir beide. Obwohl das natürlich alles andere als lustig war.

Ich saß in dieser Dachstube einmal wöchentlich über sechs Jahre. Ich sprach dort nicht nur über meine verschiedenen Männer. Eigentlich waren sie nur am Rande Thema. Es ging vielmehr um mich: Wer ich bin. Wie ich wurde, wer ich bin. Unter welchen Umständen und mit welchen Vorbildern und Wertvorstellungen ich aufgewachsen bin. Und wie das meine Beziehungen prägte. Ich sah mir die Ehe meiner Mutter und meines Stiefvaters an, die ich lange Jahre für perfekt hielt. Für erstrebenswert. So, wie meine Mutter und mein Stiefvater ihre Ehe für nahezu perfekt halten. Für ein gutes Beispiel. «Von uns hast du das nicht gelernt, Mädchen!» So sagen sie es. Und sie glauben das tatsächlich. Sie sind überzeugt, dass sie ihr Bestes getan haben dafür, dass ich niemals in einer Gewaltbeziehung hätte «enden» müssen – auch das ist eine ihrer Formulierungen. Obwohl ja keine dieser Beziehungen mein Ende war. Es war nur das Ende meiner Beziehungen, der jeweils akuten und, bis auf weiteres, aller möglichen. Denn: Nach dem Ende der zweiten Ehe blieb ich Single. Ich bin's jetzt im 17. Jahr.

Ich habe mir auch die Beziehungen in und mit unserer weiteren Familie angeschaut. Mit Geschwistern, Großeltern, Tanten, Cousinen. Unser Verständnis von Nähe. Die Art, wie wir miteinander kommunizieren. Öfter: worüber wir schweigen. Die Art, wie wir Konflikte austragen. Oder: verschleppen. Und so, wie sich meine Geschichte gerade überall in Deutschland und auf der ganzen Welt vieltausendfach wiederholt, glaube ich, dass die Strukturen in meiner Familie schrecklich gewöhnlich sind. Wie sollte es auch anders sein?

Sicher, es gibt auch Frauen, die Männer schlagen. Oder auf andere Art und Weise quälen. Von ihnen wird hier jedoch kaum die Rede sein. Nicht, weil ich das Phänomen unterschlagen wollte. Oder weil ich es für weniger schlimm hielte, wenn eine Frau einen ihr psychisch unterlegenen Mann manipuliert, kontrolliert, beschimpft, beleidigt und/oder verprügelt. Sondern weil ich diese Form der Beziehung nicht erlebt habe. Ich kann nur von dem erzählen, was ich kenne. Und das will ich tun. Nicht zum ersten Mal. Aber erstmals unter meinem Namen.

Ich habe zweimal zuvor in deutschen und Schweizer Magazinen meine Geschichte aufgeschrieben. Zuerst 1997, in einem *Spiegel Spezial* zum Thema «Liebe». Die Geschichte erschien unter dem Titel «Ich schlage nur dich». Das war ein Satz, den mein erster Mann zu mir gesagt hat, nachdem er mich wieder einmal grün und blau geschlagen hatte und er mich, nicht lange darauf, wieder in den Armen hielt. «Ich schlage nur dich!» Das war seine Liebeserklärung an mich. Das Versprechen meiner Einzigartigkeit und der Einzigartigkeit unserer «Liebe», das ich nicht hinterfragte. Es ist ein trauriges Merkmal vieler gewalttätiger Beziehungen, dass die Partner sie ‹gewöhnlichen, langweiligen› Beziehungen für überlegen halten.

Als ich die Geschichte für den *Spiegel* schrieb, wussten nicht einmal die Redakteure, dass es meine Geschichte war. Ich behauptete, die Frau in der Geschichte sei eine andere. Eine Frau, die ich mehrfach zu Gesprächen getroffen hatte und deren Namen ich in der Geschichte nicht nannte. Die beiden Hauptprotagonisten hießen durch den Text hindurch nur «Sie» und «Er». Zu jener Zeit war ich seit zehn Jahren von meinem ersten Mann geschieden und seit acht Jahren wieder verheiratet. Mit einem Mann, der mich (noch) nicht schlug und den ich für den «Mann meines Lebens» hielt. Für die subtilere Art seiner Gewalt war ich taub und blind. Ich nehme an, einerseits, weil es eine Form der Gewalt war, der ich meine Kindheit über ausgesetzt gewesen war und die mir darum auf die falsche Art vertraut war. Also: für mich gefährlich normal. Andererseits war ich überzeugt, die Mechanismen partnerschaftlicher Gewalt durchschaut und mich aus ihrem Hexenkreislauf befreit zu haben. Ich hatte Robin Norwoods Klassiker «Wenn Frauen zu sehr lieben – Die heimliche Sucht, gebraucht zu werden» gelesen, Vorträge zum Thema «Gewalt in Beziehungen» gehalten und fühlte mich blöde gewappnet.

Was ich vergessen hatte, oder vielleicht nicht willens oder in der Lage war zu sehen, war, dass ich mein Trauma nicht verarbeitet hatte. Dass sich nichts groß verändert hatte. Nicht außerhalb von mir und nicht in mir drin. Tatsächlich war ich anfälliger als je zuvor. Ich war 23 und geschieden. Ich hatte zwei noch sehr junge Söhne, drei und anderthalb Jahre alt. Mein Exmann zahlte nicht nur keinen Unterhalt, er war, ein halbes Jahr nachdem ich ihn mit den Kindern verlassen hatte, verschwunden. Ich hatte keine abgeschlossene Ausbildung, keine Arbeit. Ich war abhängig von Sozialhilfe. Was, wie ich von meinen Arbeitereltern früh gelernt hatte und jetzt immer wieder von ihnen zu hören bekam, beschämend war. Für sie so sehr wie für mich. Ich fürchtete mich davor, finanziell nie «auf die Beine» zu kommen, und holte mein Abitur nach. Anschließend wollte ich studieren. Was an sich eine gute Sache war, aber die Aussicht, das alles ohne Unterstützung und mit zwei kleinen Kindern schaffen zu müssen, war beängstigend. Ich fühlte mich oft an meiner Grenze und, schlimmer noch, ausgegrenzt von der scheinbar allgegenwärtigen Familienglückseligkeit. Donnerstags ging ich mit meinen Kindern zum Bastelnachmittag der katholischen Kirche und heulte, wenn ich am Abend allein in meiner Wohnung saß. Weil ich mir all die anderen Bastelmütter und Kinder vorstellte, wie sie heim zu einem Mann und Vater gingen.

Ich kann die Erleichterung kaum angemessen in Worte fassen, die ich empfand, als noch mal einer kam, der mich wollte. Dieser hier *musste* der Mann meines Lebens sein. Ich hatte gar keine andere Wahl. Binnen neun Monaten erwartete ich mein drittes Kind. Ich heiratete zum zweiten Mal. Ich war auch bei dieser Hochzeit hochschwanger. Ich brach mein Studium ab und nahm eine gutbezahlte Ausbildung zur Journalistin auf. Der Mann schmiss seinen Job hin, um Haushalt und Kinder zu übernehmen. So erklärte er es. So wollte ich es sehen. Es wurden alle drei Jahre mehr Kinder. Wir schafften vier. Wir kauften ein Haus, das brauchte noch ein neues Bad, eine familientaugliche Küche und genügend bewohnbare Zimmer. Der Mann erklärte, das sei ein Leichtes. Es musste nur genug Geld reinkommen. Wir mussten ihm nur genug Zeit zur Verfügung stellen. Die Kinder. Und ich. Wir fehlten in beidem kläglich. Darum hatten wir auch sechs Jahre nach dem Kauf noch kein Bad. Keine Küche. Kein einziges zusätzliches Zimmer für die Kinder. Einmal in diesen Jahren überlegte er, sich einen Job zu suchen. Von dem Verdienst wollte er ein Motorrad kaufen. In mein für den Augenblick fassungsloses Gesicht hinein sagte er voller Empörung: «Wenn ich arbeite, dann selbstverständlich, um mir etwas davon zu leisten!» Selbstverständlich!, dachte ich schnell beschämt. Ansonsten war unsere Ehe perfekt.

In Zeitungen, Magazinen und Büchern schrieb ich immer wieder ausführlich und fröhlich über unsere große und immer größer werdende, wahnsinnig glückliche Familie. In ihrem schrottigen, aber wahnsinnig glücklichen Heim. Und jeder las es sehr gern. Ab und an saßen wir Hand in Hand in Talkshows und bezauberten die Moderatoren und Zuschauer mit unserem Märchen. Das war keine mutwillige und heimtückische Täuschung. Ich war selbst der bedingungsloseste Fan dieser Story. Ich nahm 25 Kilo zu, regte mich schnell über alles auf, ließ an kaum einem Menschen ein gutes Haar, lebte mit meinem Mann und den Kindern in einer Ruine in scheinbar selbstgewählter Isolation und hielt mich knappe 14 Jahre lang für die glücklichste Frau der Welt. Später dann, nach der Trennung, hielt ich mich für die dümmste. Ich fiel über eine sehr lange Zeit immer aufs Neue aus allen Wolken. Angesichts all dessen, was ich nicht gewusst und nicht erkannt hatte. Und ich schämte mich. Weil ich so vieles davon unbedingt hätte wissen und erkennen müssen. Ich verstand nicht, wie es mir – noch einmal – hatte entgehen können. Ich glaubte, auch das sei meine Schuld. Im Vergleich zu der Aggression und dem Manipulationsgeschick meines zweiten Mannes erschien mir mein erster, der Schläger, kurzfristig wie ein Waisenknabe. Natürlich war er alles andere als das. Darum sah ich bald, widerstrebend, die Parallelen. Ich hatte tatsächlich zweimal den gleichen Mann geheiratet!

Als ich die Geschichte 2010 zum zweiten Mal aufschrieb – diesmal für das Schweizer Frauenmagazin *Annabelle* –, erzählte ich sie als meine Geschichte. Allerdings unter Pseudonym. Ich war mittlerweile auch von dem zweiten Mann geschieden. Der Redakteur, der die Geschichte als Erster las, sagte: «Toller Text! Wenn ich auch sagen muss, ich bin froh, dass mir so eine kaputte Welt völlig fremd ist.» Sein Satz verletzte mich. Ich hätte ärgerlich sein können, sogar: sollen. Tatsächlich fühlte ich, wieder mal, Scham. Ich war die Kaputte. Aus einer kaputten Welt. Ein sozialer Freak, in dessen Freakwelt man einen interessierten Blick wirft, um sich dann mit wohligem Schauder abzuwenden und in sein eigenes, verdient heimeliges Leben zurückzukehren. Auf den Beitrag gab es einen einzigen Leserkommentar. Eine Frau lobte meinen Mut. Der Zweitabdruck, als Titelgeschichte im Magazin der *Süddeutschen Zeitung*, brachte eine ähnlich dünne Resonanz.

Ich fand das, an der Gewaltstatistik gemessen, überraschend. Geradezu unglaublich. Ich schreibe oft persönliche Geschichten. Ich habe über die Teenager-Mutterschaft meiner mittleren Tochter geschrieben. Und wie sich diese frühen Mutterschaften in unserer Familie mit ihr in der dritten Generation wiederholen. Ich habe auf einem Magazintitel erzählt, dass ich seit 12 Jahren Single bin und warum. Ich schrieb darüber, was ich fühlte, als ich durch Zufall herausfand, dass mein Exmann, Vater meiner vier jüngeren Kinder, seit anderthalb Jahren verstorben war. Ich habe auf jede dieser Geschichten eine Flut von Leserbriefen bekommen. Auf zwei der Geschichten zumeist bitterböse und beleidigende Briefe von der Art: «Sie neurotische Zumutung von einer Mutter sind an allem schuld!» Auf meine Singlegeschichte schrieben mir gut gelaunt ein paar Frauen, denen es genauso ging. Und ein, zwei Männer, die sich berufen sahen, mich aus meinem Singledasein zu erlösen. Jetzt jedoch, auf eine Geschichte von globalem Ausmaß, auf eine Geschichte, die ein Drittel aller deutschen und westeuropäischen Partnerschaften direkt betraf: von den Lesern so gut wie nichts.

Zwei Talkshows fragten an und eine Dokumentarfilmerin. Weil ich mein Pseudonym nicht aufgeben wollte, sagte ich für die Dokumentation ab. Die Talkshowmenschen, die angeboten hatten, mich «aus dem Dunkeln» oder von jenseits eines Wandschirms lediglich per Stimme zuzuschalten, überlegten es sich kurzfristig anders. Ich nahm an einer Radiosendung des deutschen Rundfunks zum Thema «Gewalt in der Ehe» teil. Zugeschaltet aus einem ausländischen Studio und den Hörern vorgestellt unter falschem Namen und unter Angabe eines falschen Wohnorts. Die Sendung fand ich enttäuschend. Die Moderatoren palaverten anderthalb Stunden mit diesem und jenem «Experten». Ein Anwalt, eine Frauenhausleiterin, ein Soziologe. Sie fraßen sich fest an der Frage: «Wie können wir diesen armen Frauen helfen?» Währenddessen saß ich weitgehend unbefragt da und dachte: «Warum fragen wir uns nicht, wo die Gewalt herkommt, wo sie oft unbemerkt anfängt und wie wir sie verhindern können?» Das schrieb ich nach der Sendung der Programmleiterin. Ich bekam keine Antwort.

Hier also schreibe ich unter meinem Namen. Ich bin ich. Die Frau, die sich von ihrem ersten Mann über drei Jahre «hat krankenhausreif prügeln lassen». Noch als sie hochschwanger war. Die wiederholt zu ihren Eltern floh, zu Freunden, ins Frauenhaus und die jedes Mal zu ihrem Schläger zurückrobbte und ihn anflehte, sie zurückzunehmen. Nicht ein einziges Mal war es umgekehrt. Das hatte er nicht nötig. Ich bin die Frau, die sich in ihrer zweiten Ehe belügen, betrügen und von ihrem Mann mit Worten so kleinmachen ließ, dass sie, um überhaupt noch Gewicht zu haben, welches anfressen musste. Und die sich auch dieses Unglück als das größte Glück verkaufte.

In den siebziger Jahren zeigte das Magazin *Stern* auf seinem Titel eine Reihe Frauenporträts unter dem Titel «Ich habe abgetrieben». Die abgebildeten Frauen wollten mit ihrem Bekenntnis aus dem Schatten des Schweigens treten. Sie wollten anderen Frauen, die abgetrieben hatten oder die sich akut in diesem Entscheidungszwang sahen, eine symbolische Hand reichen und sagen: «Du bist nicht allein!» Eine ähnliche Kampagne von Frauen, die häusliche Gewalt erlebt haben, wäre eine gute Idee, denke ich. Ich mache hier den Anfang.

Letzter Abend

Ich bin faul. Ich bin dumm. Ich bin eine Zumutung von einer Ehefrau. Und, was viel schlimmer ist, was überhaupt das Allerschlimmste ist, eine erbärmliche Mutter. Ich bin eine Schlampe. Eine Blamage. Ich bin ein Witz! Nur, dass der Mann, der im Flur unserer Wohnung brüllend und in Unterhose vor mir steht, leider nicht über mich lachen kann. Oder: nicht länger über mich lachen kann. Ich hab's zu weit getrieben, ihn zu weit getrieben. Wieder mal! Kapiere ich denn gar nichts, bin ich nicht fähig zu lernen, geht in mein Kleinsthirn denn gar nichts rein? Ich blöde Fotze! Ihm reicht's! Mich hält keiner aus. Nicht mal ein so gutwilliger, geduldiger Mensch wie er. Er brüllt, was er immer brüllt: «Du treibst mich zum Äußersten, du holst einfach das Schlechteste aus mir heraus!» Und ich weiß, was ich immer weiß: dass es stimmt. Alles, was er sagt, ist wahr. Immer.

Gleich fange ich an zu heulen, obwohl heulen alles noch schlimmer macht. Ich lebe ja lange genug mit ihm. Ganze drei Jahre, die Unterbrechungen eingerechnet sogar noch länger. Heulen, bitten, brüllen, betteln, egal: Was immer ich mache, er steht da, wie jetzt, und knirscht durch zusammengebissene Zähne: «Warum machst du das? Warum verflucht noch mal machst du das?» Und dann haut er mit der Faust gegen die Wand, haarscharf neben meinem Gesicht, und brüllt: «Siehst du nicht, was du tust! Was du aus mir machst! Jedes Mal!» Warum nur, warum? Immer wieder! Bin ich noch zu retten? «Du genießt es doch, wenn du mich wieder so weit hast, dass ich dir auf die Fresse haue! Meinst du, das weiß ich nicht?» Er hebt die Faust, und ich zucke, ich kann nicht anders. Aber sie trifft wieder nur die Wand. Und er brüllt: «Tah! Zuck nicht, du blöde Kuh! Was bildest du dir ein, dass ich dich schlage?! Das hättest du gern!» Er zieht scharf die Luft durch die zusammengepressten Zähne, er hält mir die zitternde Faust vors Gesicht. «Diesmal nicht!»

Und ich würde ihm gern glauben. Furchtbar gern glauben. Ich will, dass es wieder gut ist. Dass er wieder gut ist. Mit mir. Er ist doch nicht so. Er kann auch ganz anders sein. Wenn ich ihn nicht gerade auf die Palme treibe. Am liebsten würde ich mich ihm hier und jetzt an den Hals werfen, oder gleich vor die Füße. Ihm sagen, wie sehr ich ihn liebe. Wie leid es mir tut. Was eigentlich? Egal, nur gut soll es wieder sein.

Dass ich mich ihm nicht an den Hals werfe, liegt nicht daran, dass ich mir einen Rest Selbstwertgefühl bewahrt hätte. Es liegt allein daran, dass ich weiß: Eine solche Darbietung absoluter Unterwerfung bringt ihn erst recht zum Rasen. Ich weiß es, weil ich es hundertmal erlebt habe. Mindestens. Ich weiß, jedes Betteln um Liebe nährt seine Verachtung. Und ich kann es ihm nicht verdenken, er hat ja recht. Ich verachte mich selbst.

Seine Stirnader ist geschwollen. Seine Nasenflügel beben. In seinen Mundwinkeln schimmern weiße Schaumflocken. Zehn Zentimeter von meinem Gesicht entfernt. Seine Gesichtszüge, seine Hände, sein ganzer Körper fliegt vor Zorn und vor Anstrengung, nicht doch zuzuschlagen. Und ich weiß, ich kann nicht darauf zählen, dass er dem ewig standhält. Er brüllt: «Mach's Maul auf! Hat's dir die Sprache verschlagen! Ich sag, mach dein Maul auf!» Was will der Mann? Ich weiß es nicht. Habe drei Jahre alles versucht, es herauszufinden. Habe es in den letzten, was denn, 20, 30 Minuten versucht. Wie hat das hier angefangen? Jetzt? Heute? Was war los? Was habe ich gesagt? Getan? Warum trägt er nur Unterhose? Wie habe ich ihn so auf die Palme gebracht, dass er nicht mal mehr Zeit hat, sich anzuziehen? Ich erinnere mich an nichts. Weiß nur: Mit mir wird es immer schlimmer! Entgegen all meinen Mühen, dass es endlich mal besser wird.

Er presst seine bebende, schnaufende Nase gegen meine. Seine Stirn gegen meine. Schmerz durchfährt meinen Knochen. Mein Kopf in einer Schraubzwinge zwischen seinem Kopf und der Wand. Ich will weg. Kann nicht. Ich will sprechen. Kann nicht. Mein Hirn ist leer. Mein Hirn ist zu voll.

Wenn er mich nur nicht schlägt!

Wenn er mich nur endlich schlägt!

Je schneller er zuschlagen wird, umso schneller ist es vorbei. Manchmal, in den vergangenen drei Jahren, habe ich in Momenten wie diesem zurückgebrüllt. Habe ihn verlacht. Verspottet. Habe alles getan, damit er zuschlägt. Endlich. Geschlagen werden ist besser, als auf das Geschlagenwerden zu warten.

Jetzt stehe ich da, mit meinem leeren, zum Platzen vollen Kopf. Rücken gegen die Wand. Brülle nicht. Lache nicht. Spotte nicht. Er schlägt nicht zu. Er greift meinen Hals mit der rechten Hand und drückt zu. Sein Gesicht vor meinem ist kein Gesicht mehr. Es ist eine Fratze. Ich röchele. «Halt's Maul!», schreit er. «Ich warne dich! Bring's nicht auf die Spitze!» Es klopft. Unter unseren Füßen.

Wir wohnen hier seit zwei Jahren, Altbau in einem grünen Viertel der Stadt. Drei junge Paare auf drei Etagen. Unten die Vermieter mit Baby, darüber ein Mieterpaar ohne Kinder, ganz oben wir. Dachschräge, vier Zimmer, Küche, Bad. Der Garten mit seiner gepflegten Rasenfläche und den alten Obstbäumen ist offen für alle. Als wir einzogen, hielt ich die Wohnung für einen Glücksfall und die Leute im Haus noch für ganz okay. Die beiden unter uns vor allem. Die sind vielleicht Anfang 30. Er: mit Vollbart und Gesundheitsschuhen. Sie: mit Kurzhaarfrisur und Pullis aus dem Dritte-Welt-Laden. Sind beide Fahrradfahrer aus Prinzip und politisch aktiv. Ich dachte: mit denen kann man leben. P. dagegen, mit dem ich verheiratet bin, wusste vom ersten Tag an: «Die sind Scheiße!» Müslifresser, Weltverbesserer. Für solche Möchtegern-

Coolen kennt P. nur Verachtung. «Stecken in alles die Nase und wollen anderen ihre Art Leben aufzwingen.»

Na klar behielt P. recht. Kaum dass der Bärtige im Vorbeieilen noch den Kopf hebt und grüßt. Und wenn die Kurzhaarfrau sich alle hundert Jahre im Treppenhaus zu einem Blabla herablässt, dann mit einer Kälte, dass es fast klirrt. Ich finde die beiden auch nur noch scheiße. Ich hätte gleich auf P. hören sollen, er weiß Bescheid. Ihm macht keiner was vor.

Einmal hat die Kurzhaarige mich auf der Treppe angehalten und ziemlich genervt gesagt: «Sag mal, geht das bei euch da oben auch mal etwas leiser?» Ich wusste im ersten Schrecken gar nicht, was sagen. Hab mich dann einfach dumm gestellt. Wie bitte? Was will die denn? Also: Ich habe das nicht direkt gefragt. Sondern nur entsprechend geguckt. Kühl, mit leicht angehobenen Brauen. Jedenfalls hoffte ich, dass das in etwa mein Ausdruck war. Ich hatte auch darüber nicht so ganz die Kontrolle. Mein Gesicht brannte. Meine Hände und Knie flatterten, ich dachte: Ich breche hier gleich auf der Stelle zusammen. Selbst wenn ich gewollt hätte, ich hätte gar nicht wirklich was sagen können. Mein Kinn zitterte, meine Kehle war dicht. Und sie glotzte bloß sauer zurück und sagte im ätzenden Oberlehrertonfall: «Na, du weißt schon!» Seither gehe ich ihr aus dem Weg. Warte oben, an meiner Wohnungstür, wenn ich höre, dass sie oder ihr Bärtiger gerade nach Hause kommen. Oder die Wohnung verlassen.

In den Gemeinschaftsgarten kann ich auch nicht mehr gehen. Kann die Wäscheleine darin nicht nutzen. Und nicht den Sandkasten für die Kinder. Stattdessen stehe ich an warmen Sommertagen am Küchenfenster, das auf den Garten hinausgeht, und sehe der Kurzhaarfrau zu, wie sie auf dem Rasen ihr Handtuch ausbreitet, ein Buch aus der Tasche nimmt und zu lesen beginnt. Die macht sich da, mit Buch und Handtuch, so breit, als ob ihr der Rasen gehört. «Na und», sagt P., wenn er abends von der Arbeit heimkommt und ich es ihm erzähle. «Geh eben mit den Jungs die paar Straßen zum Spielplatz, du hast doch eh den ganzen Tag nichts zu tun.»

Tock! Tock! Tock! – Ruhe! Da! Oben!

Meine Eltern haben früher auch so geklopft. Mit dem Besenstiel immer schön rhythmisch gegen die Wohnzimmerdecke unserer Drei-Zimmer-Eigentumswohnung im Erdgeschoss. Wenn in der maßgenau gleichen Drei-Zimmer-Eigentumswohnung im ersten Stock «der Oskar wieder mal seine Alte durchwimste». So nannten sie das. Passierte alle paar Wochen. Wenn's ganz schlimm kam: alle paar Tage. Immer wenn der Oskar sternhagelvoll besoffen war. Erst hörte man spät in der Nacht unten die Haustür schlagen, dann den Oskar die Treppen hochpoltern. Wenn er den Schlüssel fand, rumste die Wohnungstür oben ins Schloss. Wenn nicht, hob ein hysterisches Bollern und Klingeln und Rufen an. Dann: hier und da ein Gepolter. Dann: Stimmengewirr. Und auf ging's! Oskar brüllte, Bärbel kreischte, Gläser klirrten, Möbel krachten. Meine Mutter stöhnte: «Jetzt geht das Theater da oben wieder los!» Mein Stiefvater rief empört: «Das ist ruhestörender Lärm! Die können von Glück sagen, wenn ich nicht die Polizei hole!» Und dann sagten sie eine Weile gar nichts mehr, lauschten nur noch und warteten. Ob das Theater da oben von alleine aufhörte. Oder ob sie den Besenstiel holen mussten. Die Polizei holten sie nie. Nicht ein einziges Mal.

Ich war damals, in der Oskarperiode, noch ein Kind. Erst acht, zuletzt 16 Jahre alt. Ein paar Monate bevor ich 17 wurde, zog ich aus und lebte mit meinem eigenen Schläger zusammen. Meine Mutter konnte es nicht fassen: «Wie blöd musst du sein! Hatten wir über uns jahrelang nicht das beste Beispiel? Hast du denn gar nichts aus der Geschichte mit Oskar und seiner Alten gelernt?!» Alles, Mutter, alles.

Tock! Tock! Tock! Der Vollbart und die Kurzhaarfrisur haben offenbar lange genug gewartet. P. drückt die Hand um meinen Hals mit einem Ruck fester zu und zischt: «Da hast du's! Deine Scheißhippies wieder!» Er will jetzt wissen: Was habe ich mit denen? Was läuft hier? «Hast du denen gesagt, die sollen blöde rumbollern, hoffst du, so kommst du hier raus!» Ich mach ihm nichts vor, er weiß es, weiß alles! Ich stecke mit den Scheißhippies unter einer Decke! Und dann schlägt er endlich zu. Mit Wucht und der flachen Hand mir ins Gesicht. Und dann noch mal. Und noch einmal. Und jetzt schreie auch ich. Wortlos. Heule nur auf wie ein Tier. Er greift mir ins Haar, reißt meinen Kopf zurück, in den Nacken. «Halt dein Maul, blöde Schlampe!» Tocktocktocktocktock!

«Dieses saublöde Weib!», hat meine Mutter damals gesagt, wenn das Brüllen und Toben über uns immer schlimmer und das Heulen schriller und schriller wurde. Besenstiel in der Hand, in der Stimme Verachtung. Dieses saublöde Weib bin jetzt ich.

×××

Vielleicht ist es doch keine so gute Idee, dieses Buch zu schreiben. Das denke ich, wenn meine erwachsene Tochter am Nachmittag in mein Schreibzimmer kommt und ruft: «Du liebe Zeit, mach doch das Fenster zu! Wie kannst du hier sitzen, es ist ja bitterkalt!» Ich sage: «Ich kann nicht!» Kann das Fenster nicht schließen. Auch nicht, wenn's stürmt oder regnet. Oder wenn es gerade mal zehn, elf Grad draußen sind. Ich sage: «Ich kann nicht allein mit diesen Erinnerungen in meinem Zimmer sitzen. Ich brauche den Kontakt zur Gegenwart, zu unserem Leben jetzt.» Ich habe Angst, wenn ich allein mit ihr bin, ausgeliefert, frisst diese Vergangenheit mich vielleicht doch noch auf. Meine Tochter guckt, wie sie selten guckt. Ich lache. Ich sage: «Außerdem, je kälter es ist, umso schneller schreibe ich. Und umso schneller bin ich mit dem Schrecklichen durch.»

Manchmal brauche ich zwei Stunden für einen einzigen, kurzen Absatz. Szenen wie die vom letzten Abend kann ich nur satz-, manchmal nur halbsatzweise ertragen. Dazwischen mache ich Pausen. Sehe mir den neuen Filmtrailer mit Mads Mikkelsen an oder suche online nach der besten eierlegenden Entenart. Statt den nächsten Absatz zu schreiben, schreibe ich ein Exposé für das Porträt eines deutschen Komikers, der in England lebt und den ich gern für eines der Magazine, für die ich ab und zu arbeite, interviewte. Ich schreibe einem Entenzüchter auf Facebook. Ich hätte gern zwei seiner erstklassigen, eierlegenden Enten. Morgens um drei. Der Entenzüchter schreibt nicht zurück.

Das sind so meine kleinen Fluchten. Ich brauche ein paar Minuten, manchmal werden daraus Stunden, bis ich zurückfinden kann zu der Frau, die ich bin. Weg, weit weg, von der Frau, die ich damals war. Oder? Wie viel von dieser Frau ist noch in mir lebendig?

Manchmal, morgens um drei, verirre ich mich von den Seiten des Komikers über den Entenzüchter zu P. Der weit weg wohnt, beinahe 500 Kilometer. Nur: seit die Welt Facebook hat, ist Distanz nicht länger eine verlässliche Größe. Via Facebook lebt P. gleich um die Ecke. Sein Leben, oder wie er es präsentiert, ist öffentlich. Ich kann es mir ansehen, und das tue ich. Teils amüsiert, teils fassungslos, manchmal auch: wutentbrannt. Dann bin ich versucht, seine Fotos zu kommentieren. Sein Bild und das Bild seines Lebens zurechtzurücken. Ihm die Maske vom Gesicht zu reißen. Seine rosarote Lebenslüge zu enttarnen und den wahren P. zu offenbaren. So denke ich, manchmal, morgens um drei. Als wäre ich Zorro. Und als wäre die Wirklichkeit nicht die Wirklichkeit. Sondern ihr ins Märchenhafte verkehrtes Ideal.

Aber ich bin nicht Zorro. Ich bin nur eine Exfrau. Und P. ist kein Betrüger. Nicht im eigentlichen, juristisch-simplen Sinne. Sein Publikum besteht nicht aus von ihm eiskalt und grandios hinters Licht Geführten, jedenfalls nicht ausschließlich. Sein Publikum weiß größtenteils, wer der Darsteller ist. Wer er *wirklich* ist. Und darum kommentiere ich nicht. Die Wirklichkeit will keinen Zorro. Nicht in Form einer Ehefrau, schon gar nicht in Form der Exfrau. Diese Rollen vertragen sich nicht. Das weiß ich nicht erst seit

Facebook. Einmal, als sein Leben noch unser Leben war, hat P. zu mir gesagt: «Scheißegal, was passiert, eins kann ich dir versprechen, ich stehe immer gut da.» Er lachte, als er es sagte. Und ich erschrak. Weil ich erkannte, dass es kein Versprechen, sondern eine Drohung war. Und vielleicht auch, weil ich damals schon, wenn auch noch gegen meinen Willen, wusste: Es ist wahr.

Ich schließe die Enten- und diversen Komiker-Seiten auf meinem Display und denke ärgerlich: Nun, komm schon, mach schon, so schwer kann's doch nicht sein! Ist doch alles so lange her. Dieser letzte Abend: fast 30 Jahre. Ich habe so lange nicht mehr an diesen Abend gedacht. Nicht im Detail. Ich denke: Na, eben! Warum das jetzt alles aufwühlen für ein Buch, das dann – vielleicht – keiner kauft. Weil keiner «darüber» sprechen will. Nicht wirklich. Höchstens mal eben am Rande. In Form von Statistiken, Dunkelziffern. So kann man der alltäglichen Gewalt in den Familien «Genüge tun», ohne sie an sich heranzulassen als persönliche Größe. Kann ich verstehen, na klar. Auch ich treffe mich lieber mit Komikern, als mich daran zu erinnern und zu erzählen, wie traurig ich einmal war. Anderseits fiele mir, würden wir alle endlich ganz generell darüber reden, das persönliche Darüber-Reden womöglich leichter. Ich müsste mich nicht mehr schämen. Müsste mich – diese Frau, die ich damals war, die ein Teil von mir ist und immer sein wird – nicht mehr abstoßend finden.

An jenen letzten Abend im Oktober 1987 dachte ich in all den Jahren, wenn überhaupt, dann nur als Meilenstein. Als einen Wendepunkt. Wenn ich ihn in Gesprächen mit meinen jetzt erwachsenen Kindern erwähnte – und sie sind die einzigen Menschen, denen gegenüber ich ihn überhaupt je erwähnte –, dann nur kurz, als einen feststehenden Begriff, dem ich jede weitere Erinnerung und Beschreibung verwehrte. «Der Abend, an dem ich weggelaufen bin». So hieß er.

×××

Zack, zack, zack. Ich heule, krümme mich auf dem Boden und versuche, mich vor den Tritten zu schützen. Was dumm ist, dummdummdumm. Jeder Versuch, mich ihm zu entziehen, macht ihn nur noch wilder. Ich sollte still sein. Sollte still liegen. Umso stiller ich bin, umso schneller ist das hier vorbei. So weit meine Theorie. In der Praxis probieren konnte ich sie noch nicht. Denn, leider, die verfluchten Reflexe! Zack! Ich krümme mich, Arme über dem Kopf verschränkt, und denke an die Nachbarn. Ihr Besenstiel ist verstummt. Ich denke: Wie lächerlich sich das anhören muss für die da unten. Wie lächerlich ich mich anhören muss. Die dummen Schreie und mein erbärmliches Winseln. Ich würde gern aufhören, zu schreien und zu winseln, und schreie nur immer lauter. Lächerlich. Zack! Es tut nicht mal weh.

Ich denke: Das Gute ist, dass überhaupt immer nur der erste, höchstens noch der zweite Tritt und Schlag schmerzt. Danach: nichts mehr. Das heißt: natürlich nur was das Schmerzempfinden betrifft. Blutig und grün und blau werde ich trotzdem. Hinterher, wenn so gut wie alles vorbei ist, bin ich immer erstaunt, wie grün, blau und blutig ich bin. Und dann tut es auch wieder weh.

Jahre später, ich glaubte, P. sei schon so gut wie Vergangenheit, las ich in Ernst Alexander Rauters Buch «Mallorca» über Juan March Ordinas (1880 bis 1962), den erst reichsten Mann Mallorcas, später der ganzen Welt. Sein Vater schlug ihn als Kind regelmäßig mit dem Gürtel zuschanden. Einmal, der Vater hatte gerade den Gürtel zurück in die Hose gefädelt und schickte sich an zu gehen, hielt der Sohn ihn am Hosenbein fest und sah mit blutiger Nase und aufgeplatzten Lippen zu ihm auf. «Was willst du?», herrschte der Vater. Das Kind, gerade mal acht, keuchte: «Mehr!» Die Geschichte faszinierte mich. Ich fühlte mich Juan March ungehörig verbunden. Ich hielt mich – wie ihn – stolz für einen zähen Knochen. Ich wusste: Die von ihm und mir früh und aus Not erlernte Fähigkeit, Schmerz auszublenden, half uns, in jedem Sinne zu überleben. Was ich übersah, war, dass sie mich später oft überhaupt erst in die Situation brachte, überleben zu müssen. Dass sie mich verleitete, Zustände zu schaffen und zu ertragen, die unerträglich waren.

Eine hohe Schmerz- und Belastungsgrenze zu haben, kann hilfreich sein, das ist wahr. Man schafft mehr. Hält aus. Hält durch. Ehen, Scheidungen, alleinerziehend und alleinverdienend sein mit fünf Kindern, sechs Pferden, sieben Hunden, mit Sack und Pack ins Ausland ziehen. Ich schaffte das alles «mit links», und wenn man mich dafür lobte, war ich kurz stolz. Ich fragte mich nie, warum ich glaubte, das alles und immer noch mehr schaffen zu müssen, und es fragte mich auch kein anderer. Ich steckte in der Aushaltfalle. Einer Hölle, speziell für Frauen. Und für misshandelte Kinder.

P. schlägt und tritt und schlägt. Mit mir hat das nichts mehr zu tun. Ich bin längst weg, nehme die Fausthiebe auf meinen Kopf und die Arme nur noch als Abfolge von Erschütterungen wahr. Er reißt an meinen Händen und zerrt sie von meinem Gesicht. Zielt. Trifft. Schreie ich? Weine ich? Ich könnte es nicht sagen. Ich öffne die Augen und sehe durch ein Paar nackter Männerbeine hindurch. Hinter den Beinen, in der Tür, steht ein Kind. Unser Sohn. Er ist drei. Sagt nichts. Weint nicht. Steht nur stumm da und starrt. Seit wann? Ich schluchze seinen Namen. Es ist der erbärmliche Hilferuf einer erbärmlichen Mutter. An ihren Dreijährigen, der dringend ihre Hilfe braucht.

Der Mann zögert. Es nicht das Zögern eines Mannes, der für den Augenblick die Richtigkeit seines Handelns überdenkt. Es ist das Zögern eines Mannes, der erkennt, er muss sich jetzt eben schnell zwischen zwei dringenden Aufgaben entscheiden: Soll er erst sein Kind erlösen? Oder die Frau erschlagen? Er steht über mir gebeugt und zischt durch gefletschte Zähne: «Guck, was du deinen Kindern antust, du Fotze, deinen eigenen Kindern, ich fass es nicht.» Das arme Kind. Es ist meine Rettung. Er erhebt sich und drängt unseren Sohn aus der Tür, zurück ins Schlafzimmer, von wo er gekommen ist. «Geh», sagt er. «Guck mal nach deinem Bruder.» Der Bruder ist anderthalb und weint. Ich lasse sie beide im Stich, raffe mich auf und renne.

Es sind nur zwei, drei Schritte zur Wohnungstür. Ich drücke die Klinke und stürze die Treppen hinunter. Ich schaffe es bis zum ersten Absatz, in Hör- und Sichtweite der Tür unserer Klopfer-Nachbarn. Noch eine Stufe, zwei. Hinter mir poltert es. Ich drehe mich, dumm wie ich bin, um. Das Bild ist mir unauslöschlich: P., lang und dünn, wie er die Stufen heruntergeflogen kommt, in riesigen, mühelosen Sätzen, als trüge er Siebenmeilenstiefel. Tatsächlich trägt er noch immer nur Boxershorts. Und für den Bruchteil einer Sekunde sehe ich die grässliche Komik der Situation: Ein schweißnasser, keuchender Riese in Unterhose und Siebenmeilenstiefeln jagt eine stolpernde, lächerlich kreischende junge Frau. Wären wir eine Fernsehshow, würden jetzt alle lachen. Bevor ich mitlachen kann, reißt mich die Wucht seines Körpers zu Boden. In Nullkommanichts ist er wieder auf den Beinen. Schlägt und tritt jetzt mit solcher Macht zu, das habe ich noch nicht erlebt. Und das will was heißen. Es sollte weh tun. Es tut nicht weh. Schmerz zu empfinden, dafür habe ich keine Zeit. Keinen Raum. In meinem Kopf rasen die Gedanken. Er läuft aus der Wohnung in Unterhose! Mein stets aus dem Ei gepellter, blendend aussehender Mann. Dessen Erscheinungsbild ihm über alles geht. Er hat jede Hemmung verloren. Und dann registriere ich, scharf und unvermittelt, ein Gefühl, von dem ich glaubte, es längst hinter mir gelassen zu haben: Angst.

Ich kann nicht hoch. Kann nicht weg. Kann mich nur rücklings gegen die Stufen drücken und die Arme hochreißen. Ich denke: Jetzt ist es so weit, ich komme hier nicht mehr raus. Komme nicht mehr «mit einem blauen Auge davon». Denke: Die Nachbarn, die Klopfer, sie müssen uns hören. Müssen wissen, dass ich hier draußen bin. Drauf und dran zu sterben. Zu Tode geprügelt von einem Mann in Unterhose, auf den Stufen gleich vor ihrer malerisch schönen Wohnungstür. Mit dem dunklen Mahagoniholzrahmen und den blumenverzierten Milchglaseinsätzen. Unsere Tür, ein Stockwerk höher, ist schlicht und aus Sperrholz. Ich denke: Verrückt, verrückt, jetzt-ist-er-verrückt. Ich kann sehen: Etwas in seinem Kopf hat «Ping!» gemacht, ist aus der Spur gesprungen. Ich denke: Ich will nicht sterben. Denke: Du stirbst nicht, du blöde Kuh, krieg dich ein. Mehr Schläge, Tritte. Es ist unfassbar, wie viele Fäuste und Füße mein Mann hat. In der Fernsehshow würde ich jetzt zwischen seinen Beinen hervorlugen, zwinkern und sagen: «Gut, dass er nur Unterhose trägt und keine Schuhe.» Ein Knaller! Leider bleibt mein Publikum hinter dem Milchglas stumm und unsichtbar, die Mahagonitür verschlossen. Und dann, plötzlich, ist es vorbei. Für den Augenblick.

«Rühr dich ja nicht vom Fleck, blöde Kuh, ich zieh mir was an, und dann bist du dran!» Aber ich rühre mich. Ich kann nicht anders. Als er die Treppen hoch in der Wohnung verschwunden ist, springe ich auf und renne die Treppen runter. In Riesensätzen, weg von der Sperrholztür, von der Milchglastür, immer weiter weg, zweieinhalb Stockwerke, ich habe Siebenmeilenstiefel an. Sie tragen mich aus der Haustür raus, die Einfahrt entlang, ich höre nicht auf zu rennen. Obwohl ich beim Schulsport immer die Niete war, Spitzname: «Lahme Ente». Das einzige Mal, dass ich eine Bundesjugendurkunde bekam, war, als ich mich mit dem Papier, auf dem die Lehrer unsere jeweils beim Laufen, Springen und Kugelstoßen verdienten Punkte notierten, in die Umkleidekabine zurückzog und ein paar unverdiente Punkte addierte. Das Herz raste mir dabei fast so wie jetzt hier, auf der abendlich leeren Vorstadtstraße. Plötzlich ist mir kalt. Es ist Herbst, und ich habe keine Jacke, aber daran liegt's vielleicht nicht. Ich befühle die wachsende Beule unter meinem Auge, meine geschwollene Nase, die zerplatzten Lippen. Fühlt sich an, als sei ich ziemlich zerschlagen. Wohin? Ich weiß es nicht. Ich habe kein Geld, keine Richtung. In die einzige Richtung, die ich kenne, traue ich mich nicht zurück.

Und vielleicht ist das schon das Einzige, was mich davon abhält, zurückzugehen. Was mich weitertreibt, ohne Ziel.

Weg von meinen noch sehr kleinen Kindern, allein in einer Vier-Zimmer-Dachgeschosswohnung mit einem rasenden Mann, ihrem Vater. Den in Schach zu halten und meine Kinder – notfalls mit meinem Leben – vor ihm zu schützen, meine allererste Aufgabe ist. Und doch laufe ich. Immer langsamer, immer zögernder, immer weiter. Mein Gott, ich bin eine derart erbärmliche Mutter. Und was das Allererbärmlichste ist: Es ist mir für den Moment egal. Ich sehe mich um, zurück, die Straße entlang. Er ist nicht da. Ich sollte erleichtert sein. Und fühle mich leer. Verloren. Es ist mein Tina-Turner-Moment.

Ich, Tina

An einem Spätabend im Juni 1976 betritt eine elegant gekleidete Frau das Foyer des Ramada-Hotels in Dallas, Texas. Sie trägt Kopftuch, die Augen sind versteckt hinter einer Sonnenbrille. Was von ihrem Gesicht zu sehen ist, ist zerstört: Die Lippen sind aufgeplatzt, ihre Wangen verschwollen. Das weiße Kostüm ist blutbefleckt. «Ich hatte einen Streit mit meinem Mann», sagt die Frau zu dem Portier an der Rezeption. «Geben Sie mir ein Zimmer?» Sie zeigt ihm den Inhalt ihrer Taschen, 36 Cent, eine Tankstellen-Kreditkarte, sonst nichts. Der Mann hinter dem Tresen glaubt vage, sie zu kennen. Woher? Er kann die zerschlagene Erscheinung nicht zuordnen. «Ich bin Tina Turner», sagt die Frau.

Als ich die Szene erstmals sah, in dem Spielfilm «What's love got to do with it», basierend auf Turners Biographie, war ich bereits von P. geschieden und glaubte mich aus dem Schneider. Tatsächlich steckte ich bereits in der nächsten Beziehungsscheiße. Ohne in der Lage zu sein, das zu erkennen. Der Mann schlug mich nicht. Noch nicht. Das war mein Gradmesser für: Alles okay! Geht doch einigen Leuten so. Viel zu vielen. Kürzlich sprach ein Freund mit mir über seine Unglücksehe, aus der er schon lange ausbrechen wollte – eigentlich schon seit knapp 20 Jahren. Warum er noch immer verheiratet war und, wie es aussah, auch bleiben würde: Er glaubte, keinen wirklichen Grund zum Gehen zu haben. «Also, ich werde hier ja nicht geschlagen!», rief der Freund. Er lachte. Ich war nicht sicher, ob es ein Witz sein sollte oder der Versuch einer freundlichen Relativierung: *Ich* hatte immerhin *echte* Gründe für meine Scheidung gehabt (und war trotzdem eine lange Weile geblieben). Der Freund dagegen war nur unglücklich, mehr nicht.

Ich verbiss mir zu sagen, dass ich in meiner zweiten Ehe schon lange unglücklich war, bevor auch dieser Mann zuschlug. Ungefähr 12 Jahre. Ich sagte auch nicht, dass es andere, wie ich finde, gleichwertige Formen der Gewalt gegenüber Partnern (und anderen Menschen) gibt. Wie: Respektlosigkeit. Mangelnde Anerkennung bis hin zur Verachtung. Isolierung. Schaffung von Abhängigkeit. Allgemeine Kontrolle. Verbale Gewalt. Und ich sagte nicht, dass genau diese Formen von Gewalt den Schlägen vorausgegangen waren. Und nicht, dass ich, als der Mann endlich zuschlug, für einen Moment auf eine ernüchternde, hoffnungslose Art und Weise erleichtert war. Denn nun hatte seine Gewalt endlich eine Form angenommen, die unübersehbar, die belegbar war. Nicht nur gegenüber anderen. Auch gegenüber mir selbst. Als ich Tina Turner, beziehungsweise die Schauspielerin Angela Bassett, erstmals in zerstörtem Zustand das Foyer des Hotels betreten und den Manager um ein Zimmer bitten sah, weinte ich. Vor Fassungslosigkeit. Und vor Wut. Darüber, dass das möglich war. Dass diese Frau – zu jenem Zeitpunkt 36 Jahre alt, klug, schön, ein Weltstar, die Stimme des seinerzeit «heißesten, dauerhaftesten und potenziell explosivsten aller Rhythm-&-Blues-Ensembles» –, dass eine solche Frau, eine, die es «doch nun bestimmt nicht nötig hatte», sich derart reduzieren ließ. Dass sie bereit war, sich derart reduzieren zu lassen. Dass sie sich selbst reduzierte. Warum?

Warum glaubt überhaupt irgendeine Frau, dass sie es «verdient», auf diese oder eine andere Art erniedrigt zu werden? Und wer oder was, glauben Männer, gibt ihnen das «Recht», «ihre» oder andere Frauen zu schlagen? Wie kann «die Gesellschaft», dieser große, anonyme, gemeinsame Nenner, sich guten Gewissens aus der Affäre ziehen und im Brustton der falschen Überzeugung behaupten, Gewalt in der Beziehung, speziell gegen Frauen, sei nur eine «schockierende» gesellschaftliche Verirrung? Jede dritte oder vierte Frau. Je nachdem, wessen Statistik man glaubt. Das ist keine Verirrung. Es ist die gesellschaftliche Norm. Es ist, wie Margaret Chan, die Direktorin der Weltgesundheitsorganisation WHO, sagt: «Ein globales Gesundheitsproblem von epidemischem Ausmaß!»

Wir können die Verantwortung dafür nicht auf Armut, Arbeitslosigkeit, Alkohol, Drogen und die anderen üblichen Verdächtigen schieben. Dies sind allenfalls sekundäre Faktoren. Der Hauptfaktor ist immer noch: unsere alles übergreifende, alles durchdringende Einstellung gegenüber Frauen. Unser Bild von Männlichkeit. Unsere Auffassung von Beziehung und «wahrer» Liebe. Gewalt gegen Frauen ist keine Verirrung aus dem Reich der Unterschicht, der Alkohol- und Drogenkranken, Psychopathen oder exzentrischen Rockstars. Sie ist der ganz gewöhnliche Wahnsinn. Das wusste selbst ein desolater Ike Turner, wenn er später in Interviews sagte: «In Wahrheit war unser Leben nicht anders als das Leben der Leute von nebenan.» Und: «Die Leute haben nun mal eine Vorliebe für schlechte Nachrichten.»

Ich habe Nächte damit zugebracht, mir Ike-Turner-Interviews anzusehen. Sie sind, in der Tat, schockierend. Das liegt nicht an (dem mittlerweile verstorbenen) Ike Turner. Es liegt nicht an seinem, na ja, meist drogenverwirrten Zustand. Der Art, wie er zwischen Gedanken, Worten und Sätzen hin- und herspringt, als wäre er ein zwischen den Wänden hin und her prallender Flummi. Es liegt nicht an seiner verwaschenen Sprache. Nicht daran, dass ich mir jedes Interview wohl ein Dutzend Mal anhören musste – zurückspulen, Ohr an den Lautsprecher pressen, zurückspulen, noch einmal –, um seinem Genuschel ein paar zusammenhängende Worte abringen zu können. Das alles zusammen war, bestenfalls, bedauerlich. Was an den Interviews schockierend, was verachtenswert war, waren Turners Gesprächspartner.

Eine Interviewerin fragt: «Ike, Sie haben schon mal zugegeben, Tina geohrfeigt zu haben.» Sie legt den Kopf schräg und schaut bekümmert. «Warum?» Und ich denke: Hält sie das tatsächlich für eine berechtigte Frage? Welche Antwort könnte Turner ihr geben, die sie zufriedenstellt? Die sie mit dem Gedanken zurücklässt: «Ach so!» Mein Mann schlug mich, wenn er von der Arbeit nach Hause kam und die Wohnung «nicht genug aufgeräumt» fand. Ist das ein Grund? Er schlug mich auch, wenn er, was selten vorkam, betrunken war. Zu Hause, einfach so, oder auf dem Heimweg nach Partys. Weil ich einen anderen Mann zu sehr angelächelt oder mich zu lange mit ihm unterhalten hatte. Ist das ein Grund?

Ike Turner schlug Tina, weil: «Die lief oft herum und guckte traurig, so richtig traurig, mit hängender Unterlippe. Und ich fragte ständig: ‹Was ist nun wieder los mit dir!›, dann kam immer nur ...», er fletscht die Zähne zu einem falschen Grinsen, «... hiii, nichts. Das ging so den ganzen Tag oder auch zwei, bis ich ...», er holt im Interview mit der rechten Hand aus und schlägt sie mit Wucht in die offene linke, «... bis ich ihr endlich eine runterhaute.» Er lehnt sich im Sofa zurück und lächelt. «Dann änderte sie ihre Laune. Oder ihre Einstellung, oder was auch immer.» Launische, nörgelnde Frauen, die ihren Männern mit ihrem Saure-Gurken-Gesicht das Leben zur Hölle machen, das Klischee aller bestialischen Ehefrauen – *die* sind ein Grund! Oder? Zugegeben: Ich hatte auch oft schlechte Laune, als ich mit P. verheiratet war. War das, bevor oder nachdem ich Prügel bezogen hatte? Hat mich keiner gefragt. Ich mich auch nicht. Ich zog mir brav den Schuh der Sauertopf-Gattin an und fühlte mich schuldig. Ist doch unsere Aufgabe, unseren Mann bei Laune zu halten. Oder?

Und dann sagt Turner etwas Bemerkenswertes: «Lassen Sie es mich so ausdrücken: Ich habe Tina gegenüber nichts getan, was ich nicht auch meiner Mutter gegenüber tun würde.» Die Interviewerin lässt den Satz stehen. Unhinterfragt. Unkommentiert.

Die ehemalige Tourmanagerin von «Ike & Tina T
Graam, sagt in einer Fernsehdokumentation: «Du le
wirklich mit Ike an, weil er die Dinge auf eine bestim

haben wollte. Und zwar auf seine Art. Wenn du ihm widersprachst, hattest du große Probleme. Manchmal sagtest du vielleicht etwas, und ihm gefiel nicht, wie du es gesagt hattest, oder was auch immer, und du drehtest dich um, und er schlug dir ins Gesicht.» Turner stritt das nicht ab. Das musste er nicht. Er konnte es begründen: «Ich habe den Ruf, hart und dominierend zu sein und so weiter. Das bin ich wirklich. Weil ich keine Kompromisse eingehe, wenn es um Unterhaltung geht. Nicht nur die Musik betreffend, sondern Unterhaltung im Allgemeinen. Dazu stehe ich.» Die Interviewerin nickt. Sie hat verstanden: Der Mann war nicht einfach jähzornig und brutal. Er war ein Profi. Was immer er tat, tat er im Dienst der Disziplin. Für ein übergeordnetes Wohl.

Eine Zeitlang machte ein Video die Facebook-Runde, ein kurzer Ausschnitt aus der US-Fernsehserie «Southland». Zwei Polizisten klopfen an einer Tür. Eine Frau öffnet. Die Polizisten erklären, man habe sie wegen Kindesmisshandlung gerufen. Die Frau in der Tür ist ahnungslos, der Sohn neben ihr sagt trotzig: «Das war ich!» Die Mutter habe ihn mit dem Gürtel geschlagen. Er ist zehn, schätzungsweise. Die Mutter hebt die Schultern. Sie habe vom Lehrer gehört, dass der Sohn die Schule geschwänzt hat, und als sie ihn danach fragte, habe er gelogen. Da schlug sie zu. Einer der Polizisten nimmt das Kind beiseite. Er fragt mit sanfter Stimme: «Wie oft hat sie dich geschlagen? Wohin? Womit? Kommt das öfter vor?» Das Kind gibt willig Auskunft: drei Schläge, auf den Hintern, mit dem Gürtel, es war das erste Mal. «Gib mir den Gürtel!», verlangt der Beamte. «Der ist Beweismaterial.» Die Mutter fragt hilflos, atemlos, ein bisschen dumm: «Komme ich etwa ins Gefängnis?!» Der Polizist wendet sich gegen das Kind: «Du hast uns gerufen, weil deine Mutter dich für dein Schulschwänzen diszipliniert hat!» «Das ist Kindesmissbrauch», ruft das Kind. Das haben ihm seine Freunde gesagt. Der Polizist dreht sich zur Mutter, hält ihr den Gürtel hin: «Schlagen Sie ihn noch mal!» Und dann brüllt er in das erschrockene Jungengesicht: «Weißt du, deine Spielplatzkumpel sind verflucht schlechte Ratgeber! Man hetzt seiner Mutter nicht die Polizei auf den Hals, nie! Wäre das meine Mutter gewesen, ich hätte die Polizei nur noch auf dem Fußboden liegend anrufen können!» Und er schreit weiter: «Ich komme wieder. Und wenn du weiter die Schule schwänzt, dann ziehe ich meinen Riesengürtel raus und verprügele dich höchstpersönlich!»

Das Video kursierte unter dem Titel «Das hier ist Disziplin! Nicht Kindesmissbrauch!» In Umlauf gebracht hatten es die «Street Guardians», die Straßenwächter, deren – zumindest auf Facebook – erklärtes Ziel die Unterstützung der Ordnungsmacht ist: «Die Gesetzeshüter in unserem Land sind an einem Wendepunkt. Sie werden nicht mehr geschätzt, sondern als selbstverständlich hingenommen. Unser Ziel ist, das zu ändern.» Soll man darüber lachen? Oder über den mehrheitlichen Tonfall der knapp eine Million Kommentare unter dem Clip?

«Wir haben den Arsch aufgerissen bekommen, wenn wir uns danebenbenahmen und leben immer noch!» – «Eltern disziplinieren ihre Kinder, um sie vor Ärger zu bewahren, vor dem Gefängnis oder davor, erschossen zu werden!» Und dann noch solche: «Leute, die nie Kindesmissbrauch haben erfahren müssen, verstehen gar nicht, was richtiger Kindesmissbrauch ist. Eine Tracht Prügel ist kein Missbrauch. Richtiger Missbrauch ist: jeden Tag angeschrien werden, jeden oder jeden zweiten Tag Schläge, Essensentzug, im Zimmer eingesperrt werden und nicht nach draußen dürfen. Missbrauch ist nicht, wenn man den Arsch voll gehauen kriegt, weil man ein kleiner Scheißdreck ist.»

Ob es um Gewalt gegen Kinder oder gegen Frauen geht: Solche Videos und die Litaneien darunter sind die gleichen. Sie sind übertragbar. Ihre gefährlichen Lehren werden von der Kindheit ins Erwachsenenleben übernommen. Mitgeschleppt. Ich glaubte P., wenn er sagte, dass er mich «aus Liebe» schlug und zu meinem eigenen «Besten». Ich glaubte, dass ich die Schläge verdiente. Ich glaubte das, weil ich diese Lektionen schon als Kind gelernt hatte. Und ich glaubte auch, selbstverständlich, dass das, was sich in meinem jeweiligen Zuhause (als Kind und später als Ehefrau) abspielte, nicht wirklich schlimm war. Dass «wirklicher» Kindesmissbrauch, dass «echte» häusliche Gewalt ganz anders aussieht. Ich kenne überhaupt nur Frauen, deren Gewaltgeschichten «nicht wirklich schlimm» waren. Die nicht «so richtig» verprügelt wurden. Meine Freundin K. beispielsweise beschrieb es einmal so: «Mein Mann hat ab und zu mal Hand an mich angelegt.» Sie lachte. Etwas verlegen. Mir war nicht ganz klar, ob das war, weil sie sich schämte. Oder weil sie ihn gern entschuldigen wollte. Oder beides. «Hand an dich angelegt?», fragte ich. K. zuckte die Achseln. «Warum sagst du nicht ‹Er hat mich geschlagen›?» – «Na ja», sagte K. «Das klingt so hart.» Und sie schob schnell nach: «Das war es doch auch nicht wirklich? Ich weiß nicht, ob es wirklich *schlagen* war. Es war eben nur mal so eine Ohrfeige, ab und zu.»

Oft wissen Frauen auch nicht, ob sie vergewaltigt wurden. Das heißt: Sie wissen nicht, *dass* sie vergewaltigt wurden. Sie sind nicht sicher, ab wann «man» sagen kann, dass das, was sie erlebt haben, definitiv eine Vergewaltigung war. Dass sie das, was geschehen ist, nicht nur anzeigen *können*. Sondern *sollten*. Frauen fragen sich folgsam: Habe ich nicht «irgendwie mitgemacht»? Den Mann aufgefordert? Weil ich mit ihm rumgeknutscht und rumgefummelt und ihn, womöglich, mit nach Hause genommen habe? Und dann wollten sie auf einmal nicht mehr. Und er, einmal von ihnen angestachelt und aufgeheizt, konnte sich nicht mehr bremsen. War das nicht einfach nur schlechter Sex? War das wirklich schon eine Vergewaltigung? War es *Gewalt*?

Wo sind die Grenzen? Und wer bestimmt sie?

Was Gewalt, *wirkliche* Gewalt gegen Frauen ist, bestimmen, im Allgemeinen, nicht Frauen. Es bestimmt nicht einmal die betroffene Frau. Es bestimmen andere. Die Gesellschaft. Es bestimmt, wenn es denn überhaupt soweit kommt, ein Richter. Mit seinen Fragen. «Was haben Sie getragen? Wie viel hatten Sie getrunken? Haben

Sie ‹nein› gesagt? Wie laut? Wie oft? Haben Sie um Hilfe geschrien? Haben Sie Ihren Mann beschimpft, beleidigt oder anders gereizt?» Was Gewalt gegen Frauen ist, bestimmt «man». Nicht sie.

Ike Turner disziplinierte seine Frau Tina mit Gehstöcken, Kleiderbügeln und Schuhspannern. Einmal schüttete er ihr brühend heißen Kaffee ins Gesicht. Im australischen Fernsehen in einem Interview damit konfrontiert, sagt er: «Wenn es das ist, was sie brauchte, um der Mensch zu werden, der sie heute ist, dann tut mir nichts leid.» – «Wo wäre sie heute, wenn sie Sie nicht getroffen hätte?», fragt der Moderator. Turner lacht: «Wahrscheinlich wäre sie eine Hilfs-Krankenschwester im Barnes-Krankenhaus in St. Louis.» Der Moderator fragt: «Haben Sie einen so großen Einfluss auf ihr Leben gehabt?» Turner: «Davon gehe ich aus. Es gab bessere Sängerinnen. Die sahen besser aus, die tanzten besser, deren ganzer Auftritt war besser. Sie war einfach nur diejenige, die ich als Frontsängerin für meine Band ausgewählt hatte.»

In einem dieser Interviews fragt der Komiker und Talkshowmaster Arsenio Hall seinen Gast Ike Turner: «Ist Tina der Grund, dass viele Leute in Amerika dich in einem negativen Licht sehen?» Und schnell schiebt er nach: «In einem unverdient negativen Licht?» Hall sagt: «Ich bestritt in Atlantic City Tinas Vorprogramm, und ich muss zugeben, sie ist nicht die netteste Dame der Welt.» Die beiden Männer lachen. «Ich habe allerdings nie daran gedacht, ihr mit böser Absicht eine reinzuhauen. Aber du, du hast sie schon mal geschlagen, ja?» Turner zögert: «Nun ja, wir haben uns mal gestritten.» Jetzt lacht auch das Publikum. Ike, ermutigt, lehnt sich kumpelhaft vor zu Hall: «Wir haben uns nicht mehr geprügelt als jedes gewöhnliche Paar. Jeder fragt mich das Gleiche ... habt ihr euch gestritten? Ich meine, wenn sie blieb, obwohl wir uns 18 Jahre gestritten haben, dann muss sie wohl an den Schlägen Gefallen gefunden haben.» Und er fügt an: «Wenn es denn stimmt, was über mich gesagt wird.»

Tina, damals noch Anna Mae Bullock, war zehn, als ihre Mutter ihre beiden Töchter und den prügelnden Vater verließ. In der TV-Dokumentation «Tina Turner – Hinter der Musik» sagt sie: «Ich nehme an, wenn ein Vater sich irgendwie davonmacht, ist das noch okay. Aber wenn eine Mutter geht, dann lässt das ein Mädchen in einer gewissen Einsamkeit zurück.» Sechs Jahre später bot Zelma Bullock ihrer einsamen Tochter an, zu ihr nach St. Louis zu ziehen. Hier traf das Mädchen Anna Mae in einer Bar erstmals auf den knapp zehn Jahre älteren Ike Turner. Er war damals einer der größten Stars der Clubszene im Osten von St. Louis. Er hatte einen Ruf. Es hieß, er liebe «heiße Musik und leichte Mädchen». Jeden Abend reichte Turner einem seiner weiblichen Fans das Mikrophon und ließ sie singen. Im Publikum wartete Anna Mae auf ihre Chance. Sie kehrte wieder und wieder in den Club zurück. Woche um Woche, Monat um Monat. «Ich wusste, die anderen Mädchen konnten nicht so gut singen wie ich. Obwohl meine Stimme nicht einmal voll entwickelt war.»

1958, eines späten Abends, bekommt sie ihre Chance. Die 19-Jährige nimmt sich das Mikrophon und singt. Aufgeregt. Selbstbewusst. «Ich hatte all die Monate dort im Publikum auf meinem Riesentalent gesessen. Jetzt war ich überglücklich, Ike Turner mein Talent zu zeigen!» Turner teilte Tinas Glück: «Ich sagte, wow, wer ist das? Die kann singen!» Von jenem Abend an war «Little Ann» festes Mitglied seiner Band «The Kings of Rhythm». «Er war ein sehr netter Mensch damals», sagt Tina in der Doku.

Sie sagt es mit jenem Rest Wärme, dem Hauch alter Zuneigung. Das rührt mich an. Diese Gefühle sind auch mir nicht fremd. Ich nehme sie mir nicht länger übel, und darum nehmen sie mich jetzt für Tina ein. Ich weiß: Sie sind kein Zeichen, dass sich Tina Turner nach Ike Turner sehnt. Sie sind auch kein Zeichen für meine Sehnsucht nach P. Schon gar nicht für eine Sehnsucht nach alten Zeiten. Sie sind kein Beweis dafür, dass ich «Gefallen an den Schlägen hatte», dass ich «masochistisch veranlagt» bin, oder sonst wie «krank», und mich nach «Gewalt sehne».

Diese Gefühle und das Bedürfnis, das Gute, etwas Gutes in dem Anderen, in all dem Schlechten zu sehen, sind menschlich. Und sie widersprechen all dem, was die Gesellschaft (wir alle) mir (uns allen) auch weiterhin gern als «normal» verkaufen würde. In dem Bedürfnis, Menschen und Dinge schwarz-weiß zu malen.

«Wie kannst du dich denn nur an die guten Dinge erinnern!», schimpfte meine Mutter, nachdem ich P. verlassen hatte. Das erste Mal von vielen. Und: «Ich verstehe dich nicht. Was ist los mit dir, warum jaulst du so einem Kerl hinterher?» Tatsächlich erinnerte ich mich nicht *nur* an die guten Dinge. Aber, eben auch. Und vielleicht erinnerte ich mich damals tatsächlich lieber und leichter an sie, die guten Dinge, weil die schlechten Dinge viel zu schlecht waren. Schmerzhaft. Lebensbedrohlich. Ich erinnerte mich an die guten Dinge, um mich zu schützen. Und um mir einen Rest Achtung zu bewahren.

«Wie kannst du nur!», sagten Leute, wenn ich mich auf diese Art an P. erinnerte. Wenn ich ein paar schräge, drollige Geschichten über ihn und aus unserem Leben damals erzählte. Sie sagten es, als hätte es (auch) diese Geschichten nicht gegeben. Als zählten sie nicht. Als machte ich mich höchst unglaubwürdig, wenn ich sie erzählte. Speziell: wenn ich sie in jenem Tonfall erzählte. Warm, zugewandt. Wo ich doch zugleich behauptete, dieser P. habe mich immer wieder grün und blau und, als ich im siebten Monat schwanger war, ins Krankenhaus geschlagen. Sie reagierten, als sei es nicht möglich, dass ein Mann charmant, witzig und wortgewandt sein kann – und zugleich wutentbrannt, hasserfüllt und von einer alles zerschlagenden Brutalität. Als sei es unmöglich, dass eine Frau so einen Mann gleichzeitig lieben und fürchten kann.

Es ist möglich. Aber: Wer weiß. Vielleicht ist es auch nur so, dass man *denkt*, man würde den, den man da fürchtet, (auch) lieben. Dass man das, was man für ihn empfindet, mit Liebe verwechselt. Weil man nicht weiß, was Liebe wirklich ist. Weil man nie gelernt hat, wie sie sich *wirklich* anfühlt.

«Wie haben Sie das nur ausgehalten!», rief mitfühlend die Moderatorin jener Radiosendung, der ich anonym aus dem Ausland zugeschaltet war. «Wie konnten Sie das nur ertragen, diese täglichen Schläge!» Ich dachte, ohne jeden Zynismus: Oh Gott! Wenn es doch nur so einfach gewesen wäre! Wenn P. mich jeden Tag nach Strich und Faden verprügelt hätte, bestenfalls über 24 Stunden! Es wäre alles so einfach gewesen. So schnurgerade, klipp und klar und auf die ersten paar Blicke durchschaubar, wie sich die Rundfunk-Moderatoren, die unvermeidlichen ewigen Experten und die Gesellschaft als Großes und Ganzes eine solche Beziehung eben vorstellen. Am einfachsten von allem wäre es gewesen, zu gehen. Einer behandelt dich scheiße, dann gehst du. Ist doch klar.

Kein Mensch erträgt «tägliche Schläge». Kein Mensch harrt in einer Beziehung aus, wenn er gelernt hat, also sicher weiß, dass Schläge alles sind, was er jemals von und in der Beziehung erwarten kann. Aber halte einer Frau ein paar wohldosierte Hoffnungsbrocken hin – und sie frisst sie ihrem Schläger aus der Hand. Der Verhaltensforscher B. Skinner hat seinerzeit einen entsprechenden Versuch mit Tauben gemacht. Basiswissen im «Einführungskurs Psychologie». Skinner fütterte drei Gruppen Tauben nach drei verschiedenen Mustern: Die erste Gruppe erhielt jedes Mal dann ein Korn, wenn sie auf eine rote Taste pickte. Die zweite Gruppe erhielt bei jedem zweiten Picken ihr Korn. Der dritten Gruppe teilte Skinner die Körner willkürlich zu. Mal gab es auf ihr Tastenpicken hin eins, dann wieder ein paarmal nicht, dann wieder zwei Körner. Oder drei. Und wieder keins. Im Gegensatz zu den Tauben der ersten beiden Gruppen war für die dritte Gruppe kein Schema erkennbar. Als Skinner die Körnervergabe ganz einstellte, pickte die erste Gruppe noch einige wenige Male auf die Taste, dann gaben die Tiere auf. Die Tauben der zweiten Gruppe versuchten ihr Körnerglück etwas länger. Die Tauben der dritten Gruppe aber, die Skinners Willkür ausgeliefert gewesen waren, gaben nie auf. Sie pickten und pickten und pickten. Bis sie vor Erschöpfung zusammenbrachen. Ich war eine dieser Tauben.

Ich weiß nicht, ob P. das wusste. Ob er berechnend und grausam wie der Forscher Skinner in seinem Taubenlabor war. Oder ob er nur instinktiv meine Verwirrung spürte und verstand, sie für sich zu nutzen. Die Verletzlichkeit des Einen bringt oft das Fürchterlichste im Anderen hervor. Eine Bereitschaft oder gar das unbezähmbare Verlangen, den so offenbar Verwundbaren noch mehr zu verletzen. Immer noch einmal nachzutreten. Wenn der andere längst am Boden liegt. Das ist nicht nur in Liebes- und anderen engen Beziehungen so. Die Presse, Facebook, Twitter, das sind ausgezeichnete Orte, dieses Phänomen zu studieren. Und ich weiß mittlerweile, es empfiehlt sich nicht, sich verwundbar zu zeigen. Es kann lebensgefährlich sein.

Tina sagte: «Ike und ich waren wirklich gute Freunde, wir hatten eine Art Bruder-Schwester-Beziehung.» Ike sagte: «Das war die Beziehung, die wir damals hatten. Und ich glaube, das war das Bild, das wir auf der Bühne rüberbrachten: zwei echt gute Kumpels, die Spaß miteinander hatten.»

Ich hielt P., noch Jahre nach unserer Trennung, für die Liebe meines Lebens. Nur leider, leider, hatte es in dieser Liebe irgendwie, an irgendetwas gehapert. Leider gab es so viele Dinge, die sich unserer einzigartigen Liebe in die Quere stellten. Dinge, auf die wir beide keinen Einfluss hatten. So dachte ich. Ich sah P. lange als einen guten Mann. Mit ein paar hässlichen Zügen. Derer er leider nicht hatte Herr werden können. Und ich, zu meinem großen Kummer, auch nicht.

Gewalt gegen Frauen ist kein Frauenproblem

2016 geschah das Undenkbare: Donald Trump, ein Mann, der sich öffentlich nicht nur dazu bekannt, sondern sich damit gebrüstet hatte, ein Sexualstraftäter zu sein, der Frauen gegen ihren Willen geküsst und begrapscht hatte, zog in das Weiße Haus ein. Ein in den USA wohnender Freund fragte auf meine Fassungslosigkeit und Verzweiflung hin etwas perplex: «Ja, was war da nur los? Dem hätte doch keine vernünftige Frau ihre Stimme geben dürfen!»

Dem stimme ich voll und ganz zu. Außerdem finde ich: Es hätte ihm auch kein vernünftiger *Mann* seine Stimme geben dürfen!

Donald Trump ist kein «Frauenproblem». Es lag nicht allein in der Verantwortung von Frauen, die Wahl eines Donald Trump durch den Entzug ihrer Stimmen zu verhindern. Es ist auch nicht allein ihre Aufgabe, ihn durch «Frauen-Demonstrationen», wie sie nach der Wahl weltweit stattfanden, wieder von der Bildfläche verschwinden zu lassen. Dass dieser Mann es tatsächlich zum Präsidenten und «Führer der freien Welt» schaffte, ist nicht nur eine Katastrophe für Frauen. Es ist eine Katastrophe für jeden «vernünftigen» Mann. Und ein Armutszeugnis für eine ganze Gesellschaft.

Gewalt gegen Frauen ist kein Frauenproblem.

2014 errechneten britische und amerikanische Wissenschaftler erstmals die Kosten der verschiedenen Arten von Gewalt und stellten sie einander gegenüber. Ihr Fazit: häusliche Gewalt ist die teuerste aller Gewaltformen. Teurer als Kriege. Weltweit verursacht sie Jahr für Jahr Kosten in Höhe von 6,1 Millionen Euro. Das ist 6,5-mal mehr, als durch andere Tötungsdelikte verursacht wird, und 50-mal mehr als die durch Bürgerkriege verursachten Verluste. Die Forscher der Universitäten in Oxford und Stanford schreiben: «Auf jeden toten Zivilisten in Kriegsgebieten kommen neun Menschen, die in zwischenmenschlichen Streitigkeiten getötet werden.» Die große Mehrheit davon sind Frauen.

In den arabischen Ländern ist Gewalt gegen Frauen jedweder Art an der Tagesordnung. Kein Make-up tragen, den Körper unter bodenlangem Schleier unkenntlich machen – all das hilft gegen sexuelle Übergriffe nicht. Vielleicht eine interessante Erkenntnis für die vielen unter uns, die noch immer glauben, Vergewaltigungsopfer (hierzulande und anderswo) hätten den Angriff durch aufreizende Kleidung und/oder aufreizendes Verhalten provoziert. Den Opfern von Gewalt die Verantwortung für ihre Erniedrigung, für die erlittenen Prügel und die überlebte Vergewaltigung aufzubürden – das ist Gewalt.

In Saudi-Arabien, einem Land, das über die Gewalt, die Frauen in ihm erfahren, keine Statistik führt, braucht jede Frau per Gesetz einen männlichen Vormund, der im Alltag Entscheidungen für sie trifft und ihr für diverse Unternehmungen jeweils eine Erlaubnis erteilt. Oder verwehrt. Frauen brauchen die Zustimmung ihres Vormunds, um einen Pass zu beantragen, außer Landes zu reisen, im Ausland zu studieren (selbst mit einem Stipendium der Regierung), um zu heiraten. Oder um aus dem Gefängnis entlassen zu werden. Vormund kann jeder männliche Verwandte einer Frau sein. Vater, Bruder, Onkel. Selbst ihr Sohn hat mehr Macht und Entscheidungsgewalt als sie.

Eine Studie des «Ägyptischen Zentrums für Frauenrechte» beschreibt Gewalt gegen Frauen als einen «sozialen Krebs». 83 Prozent der ägyptischen Frauen erleben demnach sexuelle Gewalt, 46 Prozent erleben sie täglich. Die Erklärungsversuche für die Gründe sind vielfältig: Armut, Arbeitslosigkeit, «ein Mangel an Lebenschancen» (der Männer wohlgemerkt), all das könne Auslöser sein. Die wahren Wurzeln aber liegen «in dem traditionellen

Frauenbild der arabischen Welt und ihrer autoritären, patriarchalischen Mentalität, für die eine systematische Verachtung von Frauen selbstverständlich ist», so schreibt die *Frankfurter Rundschau* in einem Artikel zum Thema. So oder ähnlich, überall.

Laut dem «Armutsreport Afrika» der Weltbankgruppe von 2016 halten 51 Prozent der afrikanischen Frauen es (ganz offiziell) für «gerechtfertigt», dass ihr Mann sie verprügelt, als Strafe für Vergehen wie: Ausgehen ohne Erlaubnis, Vernachlässigung der Kinder, Widerworte, sexuelle Verweigerung oder das Essen anbrennen lassen. Diese Zahlen reflektieren wohlgemerkt nicht das Geschehen. Sondern «nur» die Einstellung der Frauen. Tatsächlich geben auch in Afrika «nur» ein Drittel der Frauen an, zu Hause körperliche oder sexuelle Gewalt erfahren zu haben. «Aber ihre Einstellungen dazu sind umso schädlicher», schreibt der führende Agrarökonom der Weltbankgruppe, Luc Christiaensen. «Sie formen das Verhalten, reflektieren die sozialen Normen bezüglich Konfliktlösung, auch außerhalb des Zuhauses, und haben maßgeblichen Einfluss auf die weitere Entwicklung.»

Das gilt nicht nur für Afrika. Gewalt gegen Frauen ist eine weltweite Epidemie. Wir begünstigen ihre Ausbreitung mit unserem Fühlen, Denken und Handeln. Mit der Art, wie wir die Täter und Opfer sehen und wie wir ihnen begegnen.

Gewalt gegen Frauen ist weltweit der Hauptauslöser für vermeidbare Krankheiten und Behinderungen unter ihnen. Und für den Tod von Frauen. Die 2011 vom Europarat ausgearbeitete und 2014 in Kraft getretene «Istanbul-Konvention», die sich zum Ziel gesetzt hat, Gewalt gegen Frauen im Allgemeinen und häusliche Gewalt im Besonderen zu verhindern und zu bekämpfen, sieht Gewalt gegen Frauen nicht als das Ergebnis konstanten Frauen-Genörgels und anderer blödsinnig-weiblicher Aggressionen. Sie anerkennt sie als «eine Manifestation des historischen Ungleichgewichts der Machtverhältnisse zwischen Männern und Frauen, die zu einer Beherrschung der Frau durch den Mann geführt hat».

Die Bundesrepublik verpflichtete sich diesem Staatenvertrag und damit der Einhaltung seiner Regelungen erst 2017. Fünf Jahre nach dem ersten Land: der Türkei. Und vier Jahre nachdem Albanien, Italien, Montenegro, Serbien, Bosnien und Herzegowina, Portugal und Österreich ihn ratifizierten. Das heißt natürlich nicht, dass diese Erstunterzeichnerländer die besseren Länder für Frauen sind. Sie waren sich vielleicht nur bewusst, wie sehr sie, was die Gleichstellung und damit den Schutz von Frauen vor Gewalt betrifft, im Verzug waren. Im Gegensatz zur Bundesrepublik, die – gegenüber der Türkei – fünf lange Jahre keinerlei Handlungsbedarf sah. Alles schon so schön fortschrittlich hier!

In einem Land, in dem Männer auch 2018 noch um durchschnittlich 22 Prozent besser bezahlt werden als Frauen. Und, eben, in dem jede dritte Frau von ihrem Partner oder Expartner die ein oder andere Art von Gewalt erfährt. Und alle zwei bis drei Tage eine Frau von ihrem Partner / Expartner getötet wird.

Jackson Katz, amerikanischer Autor, Filmemacher und Mitgründer des «Mentors in Violence Prevention Program» (Berater in Gewaltprävention), sagt: «So etablieren und erhalten sich dominante Systeme: indem die dominante Gruppe nicht mal mehr herausgefordert wird, ihre Dominanz zu hinterfragen.» Es ist eines der Hauptmerkmale für die Macht und Sonderstellung einer Gruppe: Ihr Verhalten wird weder von ihren Mitgliedern selbst noch von den anderen überprüft. Es ist, auf die ein oder andere Art, Gesetz. Günstigstenfalls gar: Naturgesetz.

Männer sind nun mal so. Und Frauen so. Das ist *normal.*

Männer haben es geschafft, weitgehend unsichtbar zu werden in einem Diskurs, der im Kern um sie geht, sagt Katz. «Gewalt gegen Frauen ist kein Frauenproblem. Es ist – in erster Linie – ein Männerproblem.» Und doch kommen Männer in der Diskussion um Gewalt gegen Frauen und wie wir sie verhindern können, kaum noch vor. Katz illustriert das an unserem Sprachgebrauch. Sein Ausgangssatz ist dabei: «John schlägt Mary.» In unserem alltäglichen Sprachgebrauch wird daraus schnell: «Mary wurde von John geschlagen.» Der Fokus, so Katz, liegt schon jetzt auf Mary. Wir haben John aus dem Vordergrund und vom Anfang des Satzes an sein hinteres Ende gerückt. Und wir entlassen ihn weiter: «Mary wurde geschlagen.» Bis am Ende von Mary nichts übrig ist als: «Mary ist eine geschlagene Frau.» John hat das Geschehen schon lange verlassen. Das Problem betrifft nun ausschließlich Mary. Schlimmer noch: Johns Schläge sind jetzt ihre Identität.

Das ist nicht «einfach etwas, das man nun mal so sagt». Es ist nicht «nur Sprache». Sprache offenbart den Kern unseres Fühlens. Denkens. Unseres Handelns. Sprache offenbart auch uns selbst, wer wir sind. Darum müssen wir bereit sein hinzuhören.

Gewalt gegen Frauen zu einem «Frauenproblem» zu erklären, heißt nicht nur: den Frauen die Lösung des Problems aufzubürden. Es bedeutet auch: die Verantwortung für die erlittene Gewalt auf sie abzuwälzen. Im Englischen heißt das «victim blaming». Opferbeschuldigung. Man kennt das Phänomen von Vergewaltigungen. «Warum hat sie auch einen so kurzen Rock getragen!» – «Sie hatte, ehrlich gesagt, ziemlich viel getrunken.» – «Warum ist sie denn überhaupt mit dem Typen ins Hotel / zu ihm nach Hause gegangen!»

Opferbeschuldigung – und die Tatsache, dass sie so verbreitet und gesellschaftlich legitim ist – ist ein Ergebnis der Gewaltkultur gegen Frauen, in der wir leben. *Und* sie ist *ein* Mittel, mit dem wir, Frauen eingeschlossen, diese Gewaltkultur erhalten. Opfer häuslicher Gewalt haben demnach nicht nur die jeweils akute Prügel aktiv herausgefordert. Sie sind überhaupt schuld, dass sie «mit so einem Typen geendet sind».

«Was lässt die sich auch auf so einen Kerl ein!»

«Warum ist hat sie keine Hilfe geholt!»

«Warum hat sie ihn nicht längst verlassen!»

Und natürlich, der Klassiker: «Ja, aber *warum* hat er sie geschlagen?»

Es ist kein Zufall und kein Versehen, dass ich nur hinter den letzten Satz ein Fragezeichen gesetzt habe. Die ersten drei Aussagen sind Anschuldigungen. Nur die letzte ist eine um Verständnis bemühte Frage. Sie zu stellen, ist nicht falsch. Wir stellen sie nur in dem falschen Kontext. Und mit der falschen Intention. Wenn wir fragen: «Warum hat er sie geschlagen?», meinen wir nicht: «Warum gibt es in unserer doch ach so fortschrittlich geglaubten Gesellschaft noch immer (unvermindert) viele Männer, die ihre Frauen schlagen? Warum glauben diese Männer auf einer, *irgendeiner* Ebene, das sei okay? Warum belassen und bestärken wir sie in diesem Glauben? Was ist los mit den Männern? Was ist los mit uns, mit unserer Gesellschaft?» Das alles sind nicht unsere Fragen hinter dieser Frage. Wenn wir fragen: «Warum hat er sie geschlagen?», dann meinen wir: «Was hat die Frau denn nun wieder getan, das ihn derart gereizt hat, dass er zuschlagen musste?»

Es hat fünf Jahre gebraucht, einen Verlag zu finden, der bereit war, dieses Buch über häusliche Gewalt zu machen. Der Grund war nicht etwa, dass es schon soooo viele Bücher zum Thema auf dem deutschen Markt gab. Es gibt sie im Gegenteil nicht. Was es gibt, sind ein oder zwei Fachbücher. Diverse Möchtegern-Fachbücher nach dem alten «Sie küssen und sie schlagen sich»-Rezept. Und traurige Opferberichte. «Für so ein Buch gibt es kein Publikum», hörte ich immer wieder von den Verlagen. Es beträfe bestenfalls eine Minderheit (die wiederum ausnahmslos aus Frauen bestünde). Und die läsen es eh nicht.

Ein «kleiner Frauenverlag» wäre vielleicht eine Lösung gewesen, die für mich keine Lösung war. Gewalt gegen Frauen ist kein Frauen-, schon gar kein kleines Problem. Darum ist dieses Buch kein Frauenbuch. Es ist ein Buch über ein – in erster Linie – Männerproblem. Zum dem wir alle beitragen. Und das darum uns alle betrifft. Darum bin ich nicht nur froh, dass dieses Buch nun doch noch erscheinen konnte. Sondern auch, dass es dort erschienen ist, wo es hingehört: in einem großen Publikumsverlag.

P. wie Picasso

Ich war 16, als ich P. traf. Er war zehn Jahre älter. Ich hatte keine Ahnung. Er hatte mir erzählt, er sei 20. Ich glaubte ihm. Warum auch nicht? Er sah jung genug aus. Ein paar Wochen später, wir waren bereits ein Paar, sah ich auf seinem Schreibtisch seinen Reisepass liegen. Sein Geburtsjahr darin war 1956. Ich war überrascht. Ich hielt den Pass hoch und rief aufgeregt: «Schau, die haben sich bei deinem Geburtsdatum verschrieben!» Er lachte. Ich glaube: verlegen. Ich denke: Er muss sich ertappt gefühlt haben. In diesen ersten Sekunden. Bis er begriff, dass ich nicht in der Lage war, ihn zu ertappen. Dass ich nicht das seelische Rüstzeug dazu hatte, ihn zu ertappen. Bis er begriff, dass ich, obwohl doch der Beweis schwarz auf weiß vor mir lag, nicht gleich erkannte, dass er log. Er seinerseits erkannte in diesem Augenblick etwas, das für den weiteren Verlauf unserer Beziehung entscheidend war: Ich war bereit, sein Wort über alles andere zu stellen. Es als Gesetz anzunehmen. Das ist die Grundlage jeder kontrollierenden Beziehung.

Sie fällt den Tätern nicht unbedingt in den Schoß. Sie arbeiten daran. Sie schmeicheln. Sie lügen. Sie drohen. Sie beteuern, dass sie das, was sie tun, aus Liebe tun. Dass es zum Besten des Opfers geschieht. Vielleicht terrorisieren sie die Frau nicht bewusst. Vielleicht glauben sie tatsächlich, dass das, was sie tun, Liebe ist. Aber instinktiv wissen sie, worauf sie hinauswollen: Kontrolle. Und sie wissen, mit welchen manipulativen Mitteln sie die erreichen. Dass ein kontrollsüchtiger Mann zehn (oder mehr) Jahre älter ist als die Frau, wie es bei P. und mir war, ist keine Voraussetzung für eine kontrollierende Beziehung. Aber es hilft. Die Machtverhältnisse sind von Beginn der Beziehung an klar. Das Teenagermädchen oder die junge Frau, die den viel älteren Mann gegen seinen Willen verführt und ebenso viel Macht über ihn ausübt wie er über sie, ist einer der hartnäckigsten gesellschaftlichen Mythen.

Auch die Täter erzählen ihn gern. Ihren Opfern und jedem, der bereit ist, ihnen zuzuhören. Das sind leider eine Menge. P. sagte nicht: «Ich habe mir ein 16-jähriges Mädchen gesucht, weil sie durch ihre Jugend und unseren Altersunterschied *noch* leichter zu manipulieren war.» Er sagte: «Sie ist nicht wie eine gewöhnliche 16-Jährige. Sie ist wahnsinnig reif und verständig. *Darum* habe ich Interesse an ihr.» Er sagte: «Mein Gott, du bist so jung und so sexy, ich bin dir komplett verfallen.» Auch dieser Mythos hilft dem Täter. Die Gesellschaft hilft ihm, indem sie an diesem und anderen Mythen festhält.

P. lachte schließlich laut und rückhaltlos. Über mich. Er konnte sich gar nicht einkriegen, wie unfassbar leichtgläubig ich war. Er kugelte sich fast darüber, wie *dumm* ich war! Und ich schämte mich. Fürchterlich. Später gehörte die Reisepass-Geschichte zu jenen drolligen Geschichten, die Paare von ihrem Kennenlernen erzählen. Meist erzählte P.: «Und dann sah sie meinen Pass und das Geburtsdatum und *glaubte allen Ernstes*, dass sich die Pass-Aussteller verschrieben hätten!» Hahaha! Und alle lachten mit. Keiner seiner Zuhörer (und Zuhörerinnen) rief jemals: «Aber, das ist doch nicht lustig!» Keiner empörte sich und sagte: «Was soll denn daran komisch sein, wenn sich ein erwachsener Mann gegenüber einem Teenagermädchen sechs Jahre jünger macht?» Damit der Altersunterschied zwischen ihm und ihr nicht ganz so erschreckend ist. Damit das Ungleichgewicht, auch für das Mädchen, nicht auf den ersten Blick offensichtlich ist.

Ich schäme mich heute nicht mehr, wenn ich daran denke. Heute ist mir klar, wie viel älter und erfahrener P. war: ein Mann. Ich schäme mich nicht mehr, wenn ich mich an P.s Lügen erinnere und wie willig ich auf ihn hereinfiel. Ich fühle mich nicht mehr als Idiot vorgeführt durch sein Gelächter. Und das Gelächter seiner Zuhörer. Es macht mich zornig. Wahnsinnig zornig. Ich denke: Ich war nicht doof. Ich war jung. Ich war unerfahren. Ich war verliebt. Ich vertraute. *Das* waren die Gründe, ein paar der Gründe, warum ich für ihn leichte Beute war. Und P. war ein Beutegreifer. Gerissen. Gefährlich. Ein instinktgetriebener und mit allen Wassern gewaschener Manipulator. Er war ein Mann, der sich an einem Mädchen vergriff. Und er hatte Helfer.

Der Junge, mit dem ich vor P. zusammen war, kam aus dem Nachbardorf. Dem Dorf meiner Mutter. Schon das hatte ihr nicht gefallen. Er war drei Jahre älter als ich, was eine Menge ist, wenn du ein Mädchen von dreizehn Jahren bist. Später, im Vergleich zu dem Altersunterschied zwischen P. und mir, war es nichts. Als wir uns kennenlernten, hatte er gerade eine Lehre begonnen, er wollte Maurer werden, wie mein Stiefvater. Er war freundlich und zuvorkommend, hatte schulterlanges Haar, fuhr ein Moped und kaufte mir manchmal Rosen. Meinen Eltern gefiel er nicht. In den drei Jahren, die ich mit ihm zusammen war, durfte er kein einziges Mal unsere Wohnung betreten. Abends, wenn auf dem Bau Feierabend war, kam er mit dem Moped angefahren, setzte sich vor dem Haus auf die Treppe und wartete auf mich. «Hat der nichts Besseres zu tun?», knurrten meine Eltern. Wenn er mit seinen Rosen ankam, zog meine Mutter die Stirn in Falten.

«Was soll denn das Theater?», fragte sie. «So etwas würde mich ja schon stutzig machen!»

Sie sagte, was sie oft sagt, wenn Menschen sie misstrauisch machen: «Ich habe da so ein Gefühl.»

Meine Mutter hat oft «so ein Gefühl». Gegenüber vielen Menschen. Sie ist immer und überall auf der Hut. Von kleinsten «Anzeichen» augenblicklich aufs äußerste alarmiert. Ich denke: Wie jeder, der in seinem Leben einmal (oder öfter, oder dauerhaft) großer Gefahr ausgesetzt war. Ich weiß nicht, was genau meine Mutter erlebt hat. Wovon sie einmal bedroht war. Oder noch bedroht ist. Wir sprechen darüber nicht. Ich weiß nur, wie das ist. Wie eine einmal (oder öfter, oder dauerhaft) erlebte Gefahr alles künftige Spüren aufs äußerste schärft. Ich halte das im Grunde für eine prima Sache.

Ich bin ein großer Fan von Gefühlen. Ich bin sehr dafür, auf die Intuition zu vertrauen. Ich glaube unbedingt daran, dass Menschen Dinge erspüren können, die noch nicht zu einhundert Prozent belegbar sind. Ich glaube auch: Damit das funktioniert, muss man den Mut haben und sich die Zeit nehmen, deutlich in sich hineinzufühlen. Man muss sich mit den Gefahren auseinandersetzen, mit den vergangenen und den gegenwärtigen. Und mit sich selbst.

Das alles ist unerlässlich, damit «so ein Gefühl» Wert bekommt. Damit man es mit einiger Sicherheit einordnen kann. In Kategorien wie «hilfreich». Und «falscher Alarm».

Meine Mutter kann ihre plötzlichen Ängste, ihre üblen Vermutungen, ihr ständiges Misstrauen gegenüber jedermann (und jederfrau) nicht erklären. Sie hat nur das: «So ein Gefühl». «Darum», rät meine Mutter, «immer das Schlechteste erwarten! Dann wird man auch nicht enttäuscht.» Freuen kann man sich zur Not immer noch. Empfiehlt sich aber nicht wirklich, da Freude nie hält. Hinterher fühlt man sich umso leerer. Als Kind erlebte ich mich permanent unter ihrem Verdacht. Wegen etwas, irgendetwas. Was es genau war, warum sie mal wieder «stutzig» wurde, konnte sie nicht sagen. Bestenfalls deutete sie es an. Oft erlebe ich das noch heute. Wenn wir miteinander sprechen, sehe ich mich im Verlauf des Gesprächs schnell und für mich (noch immer) unvorhersehbar einer namenlosen Verdächtigung ausgeliefert. Plötzlich ist ihr Ton distanziert. Feindselig. Sie macht vage Andeutungen. Sie sagt nichts, worauf ich (oder jemand anders) sie festnageln könnte. Sie lässt mich hören: «Da ist wieder etwas.» Sie sieht, hört und spürt durch mich, die ich mich bemühe, «ganz normal zu klingen», hindurch. Das ist anstrengend. Es ist verstörend.

Als Kind gab ich oft klein bei und akzeptierte, dass da *etwas* ist. Dass da etwas gewesen sein *musste.* Dass ich etwas gedacht, geplant, gemacht hatte, *irgendetwas*, von dem sie nichts wusste (ich auch nicht), aber das sie, mit ihrem untrüglichen Gefühl, aufs höchste alarmierte. Wenn ich unter ihrem Verdacht zu stottern begann, wenn ich zitterte, weinte, was vorkam, wenn ich wütend wurde, was kaum je vorkam, sagte sie: «Aha, siehst du, wusste ich's doch! Das ist das schlechte Gewissen!» Und: «Ich kenne dich eben! Ich kenne dich besser als du dich selbst.» Ich begriff: Etwas stimmte nicht mit mir.

Ich nehme an, diese permanente, diffuse Alarmbereitschaft ist so anstrengend für sie wie für mich. Es ist ein Leben an der Kante. Es ist aufreibend. Für uns beide. Für meinen Stiefvater auch. Aber, und das ist der Witz, wenn wirklich mal etwas höchst Alarmierendes passiert, geben wir unser Bestes und tun, als passierte und bemerkten wir nichts. Wenn wir einer echten Gefahr gegenüberstehen, versagt der Alarm. Oder vielleicht versagen wir uns ihm. Meine Mutter mochte P. Sie fand «nicht gut», dass er mich schlug, selbstverständlich nicht. Und das sagte sie ihm auch ein paarmal. Aber sie mochte ihn. Sie verstand es wie so viele, ich lange eingeschlossen, den Mann von seinen Taten zu trennen. Dass P. seine Fehler hatte, dass er manchmal die Kontrolle verlor, dass er hin und wieder über die Stränge (und mich) schlug, machte ihn doch nicht grundsätzlich zu einem schlechten Menschen. Oder?

Pablo Picasso hat gesagt: «Frauen sind entweder Göttinnen oder Fußabtreter.» Auch: «Frauen sind Leidensmaschinen.» Und: «Jedes Mal, wenn ich meine Frauen austausche, sollte ich die jeweils letzte verbrennen. So wäre ich sie endgültig los. Sie könnten nicht länger herumhängen und meine Existenz verkomplizieren. Vielleicht brächte es mir auch meine Jugend zurück. Du tötest die Frau und löschst damit die Vergangenheit aus, die sie repräsentiert.» Müssen wir darum das kreative Genie, das hinter solchen Worten steckt, gleich verdammen? Zeugt es nicht viel mehr von Reife und Weisheit, wenn wir verstehen, den Künstler vom Mann zu trennen und den Mann von seinen Worten?

Ich frage mich: Wie soll das gehen?

Picasso war ein kreatives Genie. Selbstbezogen, nonkonformistisch, rücksichtslos. Ein blendender Entertainer und Selbstdarsteller. Ein Mann, der die Menschen zum Staunen brachte. Und zum Lachen. Ein Mann, der die Frauen (und Kinder), mit denen er lebte, mit seinen abrupten und extremen Stimmungswechseln in Angst und Schrecken versetzte. Der den Frauen brennende Zigaretten ins Gesicht hielt. Gerade so weit von der Haut entfernt, dass sie schmerzlich die Hitze spürten. Sieht aus, als hielt er, wie das bei Männern seines Schlages so üblich ist, seine selbstproklamierte Trennung zwischen Göttin und Fußabtreter nicht lange aufrecht. Über kurz oder lang trat er alle Frauen mit Füßen. Das hatte Folgen. Für die Frauen. Eine seiner Exfrauen erschoss sich. Eine Geliebte von ihm erhängte sich. Zwei andere wurden verrückt. Eine starb nach nur vier Jahren mit ihm eines natürlichen Todes. Es hatte auch Folgen für seine Kinder. Und für seine Enkel. Ein Sohn soff sich zu Tode, der Enkel schluckte gleich Bleiche. Picasso hatte, es versteht sich fast von selbst, eine Vorliebe für junge Mädchen. Die letzte Frau, die er «eintauschte», war 41 Jahre jünger als er.

Das alles sehe und höre ich jedes Mal, wenn ich eines der Meisterwerke oder ein Foto von diesem großen Künstler sehe. Und dann denke ich: Er *war* ein Künstler. Ein Genie, er war ein *blendender* Entertainer.

Es war dieser Mann, dieser Künstler, dieser Mensch, der abwertend über Frauen sprach und sie (und mit ihnen seine Kinder) quälte. Seine Bilder, Worte, Taten entsprangen dem, was er in seinem Kern war: ein ganz gewöhnlicher selbstbezogener und gewalttätiger Mann. Warum wollen wir beides trennen? Wem zum Gefallen stellen wir uns blind für das, was diese Männer *wirklich* sind? Was sagt es aus über unsere eigene Einstellung zu Frauen, über uns, wenn wir in den Feuilletons so reife und weise Kommentare schreiben und drucken wie diesen: «Obwohl Picasso Affären mit Dutzenden, vielleicht Hunderten Frauen hatte und keiner einzigen treu war – mit Ausnahme vielleicht der letzten –, scheint doch jede einzelne dieser Frauen auf als ein entscheidender Katalysator seiner Entwicklung. Jede von ihnen steht für eine andere Periode in seiner Karriere und repräsentiert ein ergänzendes oder widersprüchliches Ideal, das die Evolution einer neuen visuellen Sprache inspirierte.» Welche Lehren vermitteln der Feuilletonist und die Zeitung ihren Lesern mit diesen Worten? *Es ist zwar nicht unbedingt schön, wenn ein Mann Frauen wie Scheiße behandelt, aber wenn dabei schöne Bilder in Millionenwert herauskommen, macht es Sinn und hat Wert – auch für die Frauen.*

Die Frau als der Katalysator für das Genie des Mannes. Als seine – für einen guten Zweck bis aufs Blut gequälte – Inspiration. «Dutzende, vielleicht Hunderte» Frauen waren allein für Picasso bereit, diese Funktion zu erfüllen. Und Millionen sind weiter bereit dazu, für jeden gewöhnlichen P. Nicht, weil sie Masochisten oder einfach nur blöde sind. Sondern weil die Gesellschaft ihnen seit Urgedenken einpaukt, dass dem Mann nützlich zu sein ihre Aufgabe ist. Ihr Ticket zu wahrer Liebe. Zum Glück. Und weil sie den Frauen vorgaukelt, dass der Mann in gleichem Maß von ihnen abhängig ist und leidet wie sie. «In dem gleichen Maß, wie die Frauen sich obsessiv auf ihn einließen, war Picasso abhängig von ihnen.» Das stimmt. Auf seine Art. Jeder Gewalttäter ist süchtig nach Kontrolle. Und damit abhängig von der Ergebenheit, der Unterwürfigkeit einer Frau. Irgendeiner. Das macht ihn nicht zum Opfer.

Auch P. war ein blendender Entertainer. Er war charmant. Er brachte die Leute zum Lachen. Auch meine Mutter. Sie kamen blendend miteinander aus. Sozusagen. Er war einfach, von den Schlägen abgesehen, «ihr Typ». Einer, der, statt mir verdächtig mit Rosen zu kommen, scherzte: «Blumen kaufe ich Frauen nur für den Friedhof.» Er war neun Jahre jünger als meine Mutter. Der

Altersunterschied zwischen den beiden war geringer als der zwischen P. und mir. Das war mir damals nicht bewusst. Sie kamen so gut miteinander aus, dass ich, jung und dumm wie ich war, einmal zu ihr sagte: «Schmeiß dich doch nicht so ran.» Sie sagte nichts. Sie schlug zu. Ich heulte und rannte aus dem Haus.

Natürlich glaube ich nicht, dass sie sich «ranschmiss». Das war es nicht, was ich meinte und worüber ich so aus dem Häuschen geriet. Es war ein Verrat auf anderer, auf einer tieferen Ebene, den ich so deutlich spürte. Der mich verzweifeln ließ. Und gegen den ich unangemessen tobte. Es war eine alles in allem hässliche Szene. Und wenn sie zu etwas nütze war, dann nur dazu: meine Eltern und den verblüfften P. davon zu überzeugen, dass ich einen wirklich zur Weißglut treiben konnte. P. mochte seine Fehler haben. Aber die wirklich Verrückte war ich.

Wenn mein Stiefvater den wartenden Motorrad-Jungen auf der Treppe sah, knurrte er: «Da draußen sitzt schon wieder dieses langhaarige Etwas.» So hieß er für meine Eltern: Langhaariges Etwas. Sie nannten ihn so über die ganzen drei Jahre. Ich weiß nicht, wie der Junge es unter diesen Umständen drei Jahre auf unserer Treppe ausgehalten hat. «Sage mir, mit wem du gehst, und ich sage dir, wer du bist, Mädchen!», drohte mein Stiefvater. «Was willst du mit dem», sagte meine Mutter. «Der ist für dich zu dumm.» Sie war gekränkt, dass ich gekränkt über ihr Urteil war. «Das ist doch ein Lob!», klagte sie. Und: «Wenn du das selbst nicht siehst, muss man dir das sagen!» Sie kannte mich eben am besten. Sie wusste, was gut für mich war.

«Wir wollen nur dein Bestes», sagten beide, meine Mutter und mein Stiefvater oft. Ich nehme an, sie glaubten das tatsächlich. Sie verwechselten willig mein «Bestes» mit dem, was ihnen nützlich war. Fürsorge mit Kontrolle. Das haben sie mit P. gemein. Ich glaubte ihnen allen dreien.

Neulich schrieb meine Mutter: «Wir haben gestern deinen ehemaligen Freund, den Mopedtypen, getroffen. Er hat uns gleich erkannt und kam ganz freundlich auf uns zu! Wir haben uns lange unterhalten. Was für ein netter, zuvorkommender Mensch!» Ich schrieb zurück: «Das war er schon immer.» Meine Mutter fragte alarmiert: «Worauf willst du hinaus?» Ich dachte: Ich kann ihr hier nichts zum Vorwurf machen.

Aber es ist hilfreich, zu begreifen, wer wir sind. Und aus welchen Gründen.

Die perfekte Frau

Ich war ein Punk, als ich P. traf. Mit maulwurfskurzen, orangefarbenen Haaren. Ich trug ausschließlich Bundeswehrhosen, von denen ich ein Bein lila gefärbt hatte und das andere schwarz. Was unglaublich schwierig war, weil die Farbe in dem imprägnierten Bundeswehrstoff so gut wie nicht hielt. Meine italienischen Armeejacken hatte ich vorn und auf den Schultern mit so vielen Ketten behängt, dass mein Klassenlehrer während einer Erdkundeklausur gedankenverloren zu mir sagte: «Sagen Se mal, Anke Sowieso, haben Se eigentlich nich' Angst, dass Se mit Ihrem ganzen Klimbim an unseren Magnetwänden kleben bleiben?» Er konnte sich meinen Namen trotz Klimbim nie merken. Ich nahm ihm das nicht übel. Den Magnetwandspruch auch nicht. Er war ziemlich in Ordnung. Wir mochten einander. Wenn ich wieder mal auf dem Flur vor der Klassentür saß, weil ich aus dem Unterricht geflogen war, und er vorbeikam, nickte er und sagte: «Na, Anke Sowieso, Französisch?» Dann wusste ich, dass auch er wusste, dass der Französischlehrer ein Arsch war, und lachte.

Ich war gerade in so einer Phase im Leben, ich konnte ein paar Alliierte gebrauchen. Mein Punk-Auftritt stand dazu nicht im Gegensatz. Er war ein Ausdruck dafür. Der Klassenlehrer hatte das erkannt. Der Französischlehrer möglicherweise auch. Sie wussten beide, dass ich, tief drinnen, unter der Punkhülle, glaubte, ich hätte auf ihrem Gymnasium nichts zu suchen. Sie gingen nur jeweils anders damit um.

Nach dem Realschulabschluss hatte ich mich an meinen Eltern vorbei aufs Gymnasium geschlichen. Das Gymnasium gehörte zu den vielen Dingen, die nicht «unsere Liga» waren. Realschulabschluss reichte. Das war schon eine Stufe über dem Abschluss, den meine Eltern hatten. Alles hat seine Grenzen, auch Fortschritt. «Fürs Abitur bist du viel zu faul», bestimmte meine Mutter. «Dich dahin zu schicken, wäre nur verschwendete Zeit und Geld.» Und überhaupt, was wollte ich nach dem Abitur machen? Studieren? Wer sollte *das* bezahlen? Wir «einigten» uns auf eine Krankenschwesterausbildung. Meine Mutter behauptet bis heute: «Das war dein Traumberuf!» Und ich glaube ihr, dass sie das glaubt. Sehr wahrscheinlich habe ich ihr das glaubhaft vermittelt. Ich glaube, sie weiß wirklich nicht, wie viele meiner frühen Ansichten, Traumvorstellungen und die meisten unserer «Einigungen» zustande kamen. Sie kann es nicht wissen. Wenn sie es wissen wollte, wäre es mit dem Traum von der Einigkeit vorbei.

Wir verschickten 50 Bewerbungsschreiben an 50 Krankenhäuser. Mindestens. («Wir haben dich wirklich immer nach Kräften unterstützt!», sagt meine Mutter. Und das ist wahr. Auf eine Art.) Während wir auf Antwort warteten, ging ich heimlich in das Gymnasial-Direktorenbüro und füllte die Anmeldung aus. Sie nahmen mich, trotz der Ketten. Und so war's mit der Heimlichkeit schnell vorbei. «Nur so lange, bis ich den Ausbildungsplatz habe», bat ich.

«Du wirst schon sehen», sagte meine Mutter. «Das ist nichts für dich!» – «So schlau bist du nicht.» – «Du hast da nichts zu suchen.» Das waren ihre Mantras. Mein Stiefvater schwieg und sagte damit genug. Nach einem Jahr gab ich tatsächlich auf. Der Französischlehrer war erleichtert. Meine Eltern auch: «Wir haben's ja gleich gesagt. Wir kennen dich eben besser.» Später sagte ich einmal zu einer Freundin: «Ich weiß gar nicht, ob meine Eltern mich jemals in etwas anderem unterstützt haben als im Versagen.» Wir lachten. Und es ist auch lustig. Im Nachhinein, wenn man es erkannt hat. Damals fiel es mir allerdings schwer, darüber zu lachen.

Ich war ein Punk, der einzige in unserem Städtchen. Als P. mich zwei Monate später seinen Eltern vorstellte, sagte er: «Stellt euch vor, als ich sie fand, sah ihr Kopf aus wie eine Mandarine!» Alle lachten. Auch ich. «Sie war ein Punk», sagte er. «Zehn Jahre zu spät.» In Großbritannien, Heimat des Punks, war diese Ära in den siebziger Jahren zu Ende gegangen. Ich traf P. 1982. «Gut, dass ich sie aufgegabelt habe», sagte er zu den Eltern und seinen Schwestern. «Wer weiß, wie sie sonst geendet wäre.»

Bevor ich ein Punk wurde, hatte ich David Bowie sein wollen. Und davor James Dean. Und bevor ich am liebsten James Dean gewesen wäre, wollte ich der Beduinenfürst sein, der in dem Film «Der Wind und der Löwe» die amerikanische Witwe Eden Pedecaris aus Tanger entführte und damit eine politische Krise auslöste. Eine beinahe wahre Geschichte. Der Dauersatz des Beduinenfürsten durch den Film hindurch war: «Mrs. Pedecaris, Sie machen mir große Schwierigkeiten!» Auch das fand ich lustig. Weil wahr. Ich sah es wie der Fürst. Die Entführte, diese doofe Kuh, machte dem coolen Entführer riesige Schwierigkeiten. Um ein Haar endete er wegen ihr im Krieg mit den USA. Er verliebte sich aber trotzdem in sie. Und sie sich in ihn. War ja klar.

Ich kann mich nur an ein einziges Mal erinnern, an dem ich – um ein Haar – eine Frau sein wollte. Ich kaufte in einem Vintage-Laden in Hannover ein original Fünfziger-Jahre-Kleid. Mit Pastellblumendruck und Petticoat. Ich zog es einmal an, in jenem Laden. Und dann nie wieder. Ich war wieder «zur Besinnung gekommen» und wusste: Kleider und Röcke sind «nicht mein Ding». Genau wie Spitzen, Rüschen und höhere Hacken. Und wie langes Haar. Alles nicht mein Ding. Ich finde es heute noch überraschend, dass ich das Kleid damals in dem Laden probierte und kaufte. Es kostete ein Vermögen. 180 Mark. Ich muss mir in dem Kleid gefallen haben. In dem Augenblick vor dem Spiegel, allein, in dem Laden. Ich muss mich gut gefühlt haben. Als Frau.

Ich glaube, es ist fair zu sagen: Meine Eltern sind keine Fans von Weiblichkeit, mit allem, was zur Weiblichkeit dazugehört und ihr Ausdruck verleiht. Ich war sechs und kam gerade in die Schule, als sie mir meine Haare abschneiden ließen, die mir bis dahin lang und lockig bis über den Hintern gereicht hatten. Jetzt waren sie streichholzkurz, weil das «praktischer» war und «vernünftig» aussah. «Gott sei Dank!», rief mein Stiefvater, als ich nach dem Friseurbesuch tränenüberströmt im Esszimmer stand. «Jetzt siehst du wenigstens nicht mehr aus wie ein vom Himmel gefallener Engel!» Ich habe mich über die Jahre oft an seinen Ausruf und die Szene erinnert. Wie er da am Esszimmertisch saß, über seiner Zeitung, wie meine Mutter mich ihm in meiner frischen Kurzhaarigkeit präsentierte und wie er sein Urteil fällte, das ich lange nicht verstand. Ich rätselte über Jahrzehnte, was er mit seinem Ausruf gemeint hatte. Und ich erinnere mich an mein Gefühl, damals, zwischen den beiden. Es ist noch frisch, nach fast fünfzig Jahren. Ich fühlte mich verloren. Es sollte lange mein Lebensgefühl bleiben.

Später, als Teenager, versuchte ich, meine Haare lang zu tragen. Und dann wieder, als erstmalig frisch Geschiedene. «Endlich!», riefen meine Eltern immer, wenn ich mich wieder besonnen und mir die Haare hatte abschneiden lassen. «Jetzt siehst du wieder vernünftig aus!» Ich war so erleichtert wie sie. Wir waren uns wieder mal einig. Später, als mein Bruder die langhaarige Freundin nach Hause brachte, die ein paar Jahre darauf seine Frau werden sollte, kam sein Vater, mein Stiefvater, mit angeekelter Miene aus dem Badezimmer. Zwischen Daumen und Zeigefinger hielt er ein langes Haar hoch, das er aus dem Waschbecken gefischt hatte. «Ich hasse das!», knurrte er. Mehr nicht. Dann herrschte, wie bei uns üblich, Schweigen. Die Freundin schämte sich fürchterlich. Sie hat es mir ein paar Jahre später erzählt. Kurzhaarig, an meinem Küchentisch.

Meine Mutter trägt ihr Haar, seit ich denken kann, militärisch kurz. So gut wie kein Make-up. Schon in jungen Jahren trug sie kaum jemals Kleider. Jetzt, mit über 70, überhaupt nicht mehr. Ihre Farben sind gedeckt. Einmal, als ich ein Teenager war, kaufte sie sich einen knallroten Mantel, den sie, glaube ich, sehr liebte.

Wenn sie ihn trug, rief mein Stiefvater: «Mädchen! Du siehst ja aus ein Leuchtpfahl!» Der Begriff wurde schnell zum Namen. Für meine Mutter im roten Mantel. «Komm her, du Leuchtpfahl!», rief gut gelaunt mein oft unberechenbar gelaunter Stiefvater. Was war dagegen zu sagen? In zugetanen Momenten nannte er meine dicke Mutter «Speckmaus». Das waren nur zwei von vielen «liebevollen Sticheleien». Ein andermal belegte meine Mutter einen Schminkkurs. Es ist eine der gern und oft erzählten Anekdoten meines Stiefvaters, wie sie damals von dem Kurs nach Hause kam und er bei ihrem Anblick «zu Tode erschrak». «Mädchen!», ruft er, 40 Jahre später. «Du sahst aus wie ein Clown! Fürch-ter-lich!» Und ich höre mir, wie alle, die Geschichte immer noch einmal an. Klaglos. Aber immerhin ohne zu lachen.

Tatsächlich würde ich bei diesen immer gleichen, ach so lustigen Geschichten ganz gern mal weinen. Stellvertretend für meine Mutter (und viele andere Frauen), die dieser Art von Humor ausgeliefert war, sicher schon lange bevor mein Stiefvater ihre private Bühne der üblichen Komiker betrat. Die sich diesem speziellen Humor über Jahrzehnte brav ausgeliefert hat. Ich nehme an, es schien ihr der aussichtsreichste Weg, um sich das Wohlwollen der Mächtigen in ihrem Leben zu sichern.

Ich würde auch immer gern noch mal etwas sagen. So etwa in der Art von: «Das ist nicht witzig. Es ist verletzend. Es ist als Humor und – womöglich noch schlimmer – ‹liebevolle Stichelei› getarnte Verachtung.» Ich hab's ein paarmal versucht. Die Antwort ist immer die gleiche: «Mädchen, du spinnst!» Unisono, von meinem Stiefvater und meiner Mutter. Ich kann einfach nur keinen Spaß verstehen. Ich hab's nur nie kapiert. Beispielsweise, wie gut meine Mutter es mit mir meinte, als ich das erste Mal ihren kaum je benutzten Lippenstift und die vergessene Mascara an mir probierte. Als ich mit roten Lippen und schwarz verschmierten Wimpern aus dem Badezimmer kam, im Flur auf sie traf, und sie sagte: «Du siehst aus wie eine Nutte!» Frauen geben den erlernten

Selbsthass oft eins zu eins weiter. An andere Frauen. In vorderster Schusslinie stehen ihre Töchter.

In den Erzählungen meiner Eltern von Bekannten und Nachbarn, mit deren Verhalten sie nicht einverstanden sind, schneiden die Frauen stets schlechter ab als die Männer. Meine Eltern, beide zu gleichen Teilen, sind den Frauen gegenüber stets gnadenloser. Die Wortwahl und der Tonfall, mit denen sie von diesen (und oft auch anderen) Frauen sprechen, ist abfälliger als ihre Wortwahl und ihr Tonfall für die Männer. In diesen Erzählungen sind Frauen oft «Biester» oder «dumme Weiber». Es ist nicht leicht, vor den Augen meiner Eltern zu bestehen. Schon gar nicht als Frau. Viel weniger noch als Tochter. Diese Art, über Menschen zu sprechen und über Frauen im Besonderen, verletzt mich. Nicht nur, wenn sie mich direkt betrifft. Sie verletzt mich grundsätzlich. Denn ich weiß: Sie betrifft mich immer.

Ich weiß nicht, wann ich das erstmals begriff. Ich kann mich gut (und schmerzhaft) an Zeiten erinnern, in denen ich genauso oder ähnlich über Frauen sprach. Nicht nur mit meinen Eltern. In denen Frauen für mich in der Mehrzahl dumm, lächerlich, schwach, zickig und/oder bösartig waren. In denen ich sie für die für alles Verantwortlichen und damit für die in erster Linie Schuldigen hielt. Egal, ob es das Unglück anderer oder ihr eigenes betraf.

Auch ich fand es leicht, über Frauen Witze zu machen und über sie zu lachen. Ich fand es leicht, über und gegen sie zu wüten. Man findet leicht Mitlacher. Mitwüter. Unter Männern und Frauen. In einer englischen Tageszeitung las ich kürzlich, dass laut einer Studie Frauen genauso häufig wie Männer frauenspezifische Schimpfworte gegen Frauen richten: Schlampe, Hure, Fotze. Ich weiß, dieses traurige Ergebnis lässt sich auf deutsche Frauen übertragen. Ich kann es lesen. In Internetforen und Leserkommentaren. Ich kann es hören, wenn Frauen über Frauen sprechen – gegenüber Männern ebenso wie unter Frauen. Wir Frauen scheinen uns weltweit nicht besonders zu mögen. Nicht untereinander. Und nicht uns selbst.

Wir haben – allen feministischen Bemühungen und unseren feministischen Bekenntnissen zum Trotz – noch immer das Bedürfnis, die *bessere* Frau zu sein. Hübscher, dünner, klüger. Es reicht uns nicht, eine gute, wir wollen die *bessere* Partnerin sein. «Was hat sie, was ich nicht habe?» Die uralte, ewig neue Frage einer Betrogenen an ihren Partner. Und, wichtiger vielleicht noch, an sich selbst. Es geht nicht mehr darum, dass der Mann sie betrügt. Es geht nicht mehr um ein Problem zwischen diesen beiden, den Partnern. Der Mann tritt, wie in der Diskussion um die häusliche Gewalt, in den Hintergrund. Es ist jetzt ein Problem zwischen zwei Frauen. Hillary Clinton, US-Senatorin, ehemalige Präsidentschaftskandidatin und wiederholt betrogene Ehefrau des ehemaligen Präsidenten Bill Clinton, bezeichnete die Frauen, mit denen ihr Mann sexuelle Beziehungen aufnahm, kategorisch als «unwürdig». Und immer wieder als «trash». Müll. In einem Interview im Sommer 1999, kurz nach Bekanntwerden der sexuellen Beziehung des Präsidenten mit seiner 27 Jahre jüngeren Assistentin, erklärte sie seine notorische Untreue so: «Er war noch sehr jung, gerade mal vier, als er von Misshandlung gezeichnet wurde. Es gab damals einen schrecklichen Konflikt zwischen seiner Mutter und Großmutter. Ein Psychologe hat mir gesagt, dass es unvermeidlich ist, dass ein im Zentrum eines solchen Kampfes gefangenes Kind schwer geschädigt wird.»

Ja, auf die Psychologen ist seit Sigmund Freud Verlass. Wenn es darum geht, Frauen generell für neidisch, eifersüchtig, rachsüchtig, verschlagen, kurzum für hysterisch zu erklären. Freud gelang das Husarenstück, Frauen «wissenschaftlich» als verkrüppelte Version des Mannes und inzestgeil nachzuweisen: Zeitlebens neide die Frau dem Mann seinen Penis, verlange nach Sex mit dem Vater, bringe die Männer so in Bedrängnis und mache ihnen und darüber hinaus ihrer eigenen Mutter das Leben zur Hölle. Millionen Psychologen und andere Experten quatschen ihm dieses Frauenbild seither dankbar nach. Tatsächlich fand Freud zu seiner weltbegehrten

Diagnose erst auf Druck seiner Mitmänner und Kollegen. Zuvor hatte er, gegen Ende des 19. Jahrhunderts, ein Papier mit dem Titel «Die Ätiologie der Hysterie» veröffentlicht, in dem er die «Hysterie» seiner Patientinnen auf sexuellen Missbrauch zurückführte. Viele seiner Patientinnen, die zumeist Angehörige der Oberschicht waren, hatten ihm ihren Missbrauch durch männliche Verwandte anvertraut. Freuds Kollegen reagierten mit Empörung. Mit Zorn. Sie verlachten den jungen Psychoanalytiker. Männer von herausragendem Status und mit exzellentem Ruf sollten ihre Töchter, Enkelinnen, Schwestern, Nichten, Cousinen missbraucht haben? Was für ein Affront! Mit den Jahren duckte sich Freud schließlich unter dem Druck und revidierte seinen Schluss. Statt des Missbrauchs erklärte er nun den «Ödipuskomplex» schuldig an den «emotionalen Störungen» der Frauen: Tatsächlich *sehne* sich jedes Mädchen danach, Sex mit ihrem Vater zu haben, und trete so in einen direkten Konkurrenzkampf um seine Gunst mit der Mutter. Die Frauen seien nicht missbraucht worden. Der Sex habe niemals stattgefunden. Sie hatten ihn sich nur so sehr gewünscht, dass er in ihrer Vorstellung Wirklichkeit geworden sei.

Oder sie hatten den Missbrauch mit ihrem Wunschdenken herbeigeführt. Provoziert. Initiiert. Während ihrer Präsidentschaftskandidatur 2016 dazu befragt, ob die damalige Beziehung ihres Mannes mit seiner sehr viel jüngeren Assistentin möglicherweise ein Missbrauch gewesen sei, wenigstens ein Missbrauch von Macht, sagte Hillary Clinton: «Auf keinen Fall! Die Frau war erwachsen.» ‹Die Frau› war 22. Bill Clinton war 49. Sie war eine Büroassistentin in ihrem ersten Job. Er war der Präsident der Vereinigten Staaten. Die maßgeblichen Frauenorganisationen ließen Hillary Clintons Kommentar unkommentiert.

In letzter Konsequenz entschuldigte Clinton die Untreue ihres Mannes im Interview mit ihrem eigenen Versagen: Er stand unter großem Stress. Sie hatte sich nicht genug um seine Bedürfnisse gekümmert. Ihre Freundin Diane Blair notierte aus Gesprächen:

«Sie denkt, sie ist nicht klug genug, nicht sensibel genug, zu sehr mit ihren eigenen Dingen und Sorgen beschäftigt, um zu merken, welch hohen Preis er (für sein Amt) zahlte.» «Er hat lauter Nacktfotos von ihr auf seinem Handy!», hat eine Freundin meiner 25-jährigen Tochter neulich empört gesagt, als sie ihren Freund beim Betrug ertappte. «Unfassbar! Die Alte hat gar keine Titten!» Von der degradierenden Wortwahl mal abgesehen: Wenn «die Alte Titten gehabt» hätte, hätte sie sich dann gerechtfertigt betrogen gefühlt? Warum? Nach wessen Standards? Wo haben wir die gelernt? Und wie und warum vermitteln wir sie immer weiter?

Deutschland ist, so lese ich, im internationalen Ländervergleich noch immer ein Hort der traditionellen Rollenverteilung. Die Frau ist noch immer zuständig für die Familie, das Heim, die Kinder. Früher gehörte sie an den Herd. Heute steht sie am Herd nach ihrem Arbeitstag im Büro. Die Männer helfen am Wochenende. Wir haben seit ewigen Zeiten eine Kanzlerin, die das Volk «Mutti» nennt. Wohl weil Mutterschaft noch immer eines der Hauptkriterien ist, an denen wir das Können und Nichtkönnen und folglich den Wert einer Frau bemessen.

Das Familienglück liegt weiter in Frauenhand. Dazu gehört, natürlich, auch und in erster Linie das Glück des Mannes. So macht die Gesellschaft uns und so machen wir einander glauben. «Wie machen Sie Ihren Mann glücklich?» Mit dieser alles entscheidenden Frage beschäftigen Frauenmagazine und Internetseiten mit Namen wie «Wunderweib» auch weiter ihre Leserinnen. Wie schafft man es? Ich lese: mit viel Fürsorge, regelmäßigem Lob, indem man ihm Freiheit schenkt und – natürlich – mit gutem Sex. Ich frage mich: Wie schenke ich als Frau meinem oder – gottbewahre – irgendeinem Mann guten Sex? Ist er daran etwa nicht beteiligt? Stelle ich ihm den guten Sex auf seinen Nachttisch, in einer Geschenkbox, mit einer roten Schleife darum? Sieht so aus. Mittlerweile bieten sogar Lidl und Aldi am Valentinstag sexy Dessous feil, mit denen Frauen ihren Partner beglücken können.

Und wie schenke ich meinem Mann Freiheit? Setzt der Gedankengang nicht voraus, dass ich es bin, die seine Freiheit in der Hand hat? Wie komme ich dazu? Nach welchen Vorstellungen und Regeln leben wir noch immer unsere Beziehungen? Und wem zum Schaden? «Wunderweib» empfiehlt Leserinnen, die fürchten, in ihrer Beziehung zu kurz zu kommen: «Das Beziehungskonto kommt uns vor allem deshalb nie ausgeglichen vor, weil wir nicht beurteilen und wissen können, was der Partner für uns tut. Deshalb ist es hilfreich, immer etwas mehr einzuzahlen als die erforderlichen 50 Prozent. Das wirkt großzügig und liebevoll und macht beide glücklich.»

«Du musst lieb sein. Und lach mal!», hörte ich auf einem deutschen Bahnsteig einen Großvater zu seiner missgelaunten Enkelin sagen. «Wenn du nicht lieb bist und nicht lachst, bekommst du später keinen Mann.» Das Mädchen war geschätzte zehn, das Jahr 2008. Ich drehte mich zu ihr um und sagte: «Und weißt du, was das wirklich Schlimme daran ist? Dass es womöglich stimmt.» Der Großvater lachte. Ich hätte gern geweint.

Ich war ein Punk, mit Ketten behängt, in gefärbten Bundeswehrhosen, der vielleicht gern mal ein Mädchen im Fünfziger-Jahre-Blumenkleid gewesen wäre. Aber irgendwie habe ich mich nicht getraut. Später traute ich mich noch immer nicht. Da war ich eine Frau in Jeans und derben Stiefeln. Ich glaubte weiter, Kleider und Röcke seien «nicht mein Ding». Ich sage nicht, dass es für Frauen richtiger ist, Kleider und Röcke zu tragen. Dies ist keine Debatte um Bundeswehrhosen oder Blumenkleider. Um kurzes oder langes Haar. Frauen können sich auch im Kleid, mit Stöckelschuhen und Engelshaar hassen. Ich sehe mir «Germany's Next Topmodel» an und denke: Das Drama ist doch nicht nur, dass die jungen Frauen als Anglotzobjekt vorgeführt werden. Das Drama ist auch, wie sie dargestellt werden: zickig, verschlagen, rachsüchtig und alles in allem hysterisch – die perfekte Frau.

Ich glaubte, die klügere, bessere Frau sein zu können, indem ich keine sein wollte. Ich neidete keinem Mann den Penis. Ich fürchtete ihren Status. Darum schlug ich mich auf die (vermeintlich) sichere Seite. Die Seite der Stärkeren. Ich machte mich, so gut es ging, mit den Mächtigen gemein, indem ich alles Weibliche, wie es unser gesellschaftliches Denken beherrscht, verdammte. Ich hatte diese Karikatur von Weiblichkeit verinnerlicht und zu verachten gelernt, noch bevor ich Gelegenheit gehabt hätte, zu einer echten Weiblichkeit zu finden. Zu mir selbst. Ich verdammte mich als Frau. In der Hoffnung, dass mir die Mächtigen so nichts anhaben würden. Aber natürlich war auch das nicht «richtig».

Die amerikanische Psychologin und Psychotherapeutin Phyllis Chesler schreibt in «Frauen und Wahnsinn» («Women and Madness»): «Frauen gelten als ‹verrückt›, wenn sie die (allgemeingültige) Frauenrolle ausleben. Und sie gelten als verrückt, wenn sie sich dieser Rolle verweigern.» Welche Eigenschaften und welches Verhalten einer Frau als «verrückt» angesehen werden (und welche, eventuell, als «gesund»), beruhe auf Normen, die von Männern festgelegt werden und die einer «männlichen Ethik von mentaler Gesundheit» entsprechen. Chesler schrieb ihr Standardwerk 1970 und überarbeitete es 2005. An den von ihr in der Erstfassung beschriebenen Umständen hat sich nicht viel geändert. Und vielleicht hat sich überhaupt nur geändert, dass wir uns immerzu versichern, es habe sich «sehr viel geändert».

Ich, als Möchtegern-Nichtfrau, war genauso «verrückt» wie die anderen, die normal-verrückten «Weiber». Ich war genauso verletzlich. Ich war manipulierbar. Abhängig von dem Bild, das andere von mir hatten, beziehungsweise von mir haben sollten.

Ich war, in Bundeswehrhosen und Kettenjacke, die perfekte Frau.

Die Hölle sind nicht nur die anderen

Im September 2018 berichtete die Tageszeitung *Die Welt* unter der launigen Titelzeile «Mord mit Bratpfanne und Messer» über einen 32-jährigen Inder, der vom Hamburger Landgericht zu lebenslanger Haft verurteilt worden war. Der Mann hatte im Dezember des Vorjahres seiner ehemaligen Freundin in der Hamburger Wohnung ihrer Eltern von hinten eine Bratpfanne auf den Kopf geschlagen, sie gewürgt und mehrfach ein Messer in ihren Hals gerammt. Die junge Frau hatte sich geweigert, ihn zu heiraten. Er, illegal in Deutschland, hatte sich eine Aufenthaltsgenehmigung von der Heirat versprochen.

In München vergewaltigen zwei Afghanen, 27 und 17 Jahre alt, eine 16-jährige Schülerin. Ein dritter Mann, 18 Jahre alt, auch Afghane, wird gerade noch von einem Augenzeugen gehindert, ebenfalls über das Mädchen herzufallen. Ein Eritreer «belästigt», vielmehr *bedroht* eine Neunjährige, indem er sie küsst und begrapscht. In Berlin ersticht ein 17-jähriger Afghane seine 14-jährige Freundin. In Flensburg ersticht ein 21-jähriger Afghane seine 17-jährige Freundin. Aus «Eifersucht», so steht es in der Zeitung. Am Kölner Hauptbahnhof fallen in der Silvesternacht 2015/16 Gruppen von Männern «vornehmlich aus dem nordafrikanischen und arabischen Raum» über Hunderte Frauen her, begrapschen sie überall und berauben sie. Auch Vergewaltigungen werden gemeldet.

Die Pressemeldungen überschlagen sich. Grundsätzlich: Endlich mal und Gott sei Dank! Deutschland ist zu Recht empört. Mit ihm empören sich die Nachbarländer Österreich und die Schweiz.

Auch dort spielen sich seit dem Zustrom der Flüchtlinge aus den Krisengebieten, aus Afghanistan, Syrien, Nordafrika, dem Irak und dem Iran ähnliche Szenen ab. Man liest von Vätern, die ihre Töchter «nur noch mit Kopftuch» auf die Straße schicken. Damit die üblichen Verdächtigen sie als zu respektierende Musliminnen ansehen. Und nicht etwa als deutsches, Schweizer oder österreichisches Freiwild. Auch dem westlich-kultivierten Mann und Vater scheint das wohl die beste, wenn nicht die einzig denkbare Gewaltprävention: dass Frauen Männer «nicht unnötig provozieren». Der baden-württembergische Ministerpräsident Winfried Kretschmann fordert in einem Radio-Interview – für das er gelobt und gerügt wird –, die «Männerhorden zurück in die Pampa» zu schicken. Vielleicht glaubt er tatsächlich, damit werde in der Heimat schon (wieder) alles gut. Vielleicht ist sein Satz aber auch nur eine Adaption dessen, was die Männer im Dorf meiner Omma immer sagten, wenn ein Mann aus dem Nachbardorf mit einer von «ihren» Frauen abzog: «Wir können unsere Hühner alleine treten!» Vor dem Hintergrund einer Studie über Gewalt gegen Frauen in Deutschland, die von den Bielefelder Professorinnen Dr. Ursula Müller und Dr. Monika Schröttle im Auftrag des Bundesfamilienministeriums erhoben wurde, machte diese Deutung Sinn: Jede siebte Frau erfährt demnach wenigstens einmal in ihrem Leben sexuelle Gewalt. 60 Prozent aller Frauen wurden schon einmal sexuell belästigt. Die Untersuchung stammt aus dem Jahr 2004. Lange vor dem «Flüchtlingsstrom».

Als ich sie neulich in einem Zeitungsbeitrag zum Thema Männergewalt zitierte, pflaumte die leitende Redakteurin: «Kommen Sie mir doch nicht mit so alten Zahlen. Es muss ja wohl neuere Untersuchungen geben.» Leider: nein. Die Untersuchung ist die jüngste und einzige zum Thema, die es hierzulande gibt. Das darf einen stutzig machen. Und wütend. Ich konnte die Redakteurin diesbezüglich gut verstehen. «Nur bitte», sagte ich. «Meine Schuld ist das nicht.»

Auch häusliche Gewalt, so liest und hört man es immer wieder, sei erst durch den Zuzug der Flüchtlinge so richtig schlimm geworden. Tatsächlich? Laut der jüngsten Polizeistatistik war bei knapp 95000 der 138893 Gewaltverbrechen, die 2017 in Beziehungen hierzulande verübt wurden, der Täter ein Deutscher. Die Anzahl der Frauen, die Opfer von Männergewalt werden, ging weltweit leider nicht zurück, sagte Frau Dr. Schröttle in einem Interview neulich. Tatsächlich: Sie steigt. Nach Angaben der Polizei nimmt die Zahl der Opfer häuslicher Gewalt in Deutschland seit 2012 kontinuierlich zu. Und das liegt nicht daran, wie in der Presse und in Talkshows so oft kolportiert wird, dass «nun endlich auch Männer wagen, sich als Opfer ihrer Frauen zu outen». Oder daran, dass «Frauen immer gewalttätiger werden». Über 80 Prozent aller Opfer häuslicher Gewalt sind weiterhin Frauen. Daran hat sich nichts geändert.

Was sich geändert hat, ist, dass Frauen mehr Rechte fordern. Dass sie öfter bereit sind, für ihre Rechte einzustehen. Dass sie, haben sie diese gefunden, ihre Stimme erheben. Dagegen muss «Mann» offenbar angehen. Mit aller ihm zur Verfügung stehenden und ihm rechtmäßig erscheinenden Gewalt. «Diese Männerhorden sind das Schlimmste, was die Evolution hervorgebracht hat!», sinnierte der Ministerpräsident Kretschmann noch. Nein, Herr Kretschmann. Nicht die Evolution. Sondern: unsere Gesellschaft. Und solange wir das nicht erkennen, so fürchte ich, wird sich nicht viel daran ändern.

Dass der Mann, der mich verprügelt hat, aus England und noch dazu «gemischtrassig» war, fanden ein paar Verlagsleute, denen ich anbot, ein Buch über häusliche Gewalt zu schreiben, «für das Buch nicht gut». Sie dachten, es sei nicht «repräsentativ». Sie hörten das imaginäre Publikum sagen: «Ja, aber! Der Mann war Ausländer! *Und* er war schwarz! Was hat das mit uns zu tun?!» So, als sei undenkbar, dass ein deutscher Mann seine Frau schlage. Als seien in Deutschland nicht zwei Drittel aller gegen ihre Partnerinnen gewalttätigen Männer Männer mit deutschem Pass. So, als seien die Täter immer nur die «Anderen».

P.s Herkunft und Hautfarbe waren für seine Gewalttätigkeit kein entscheidender Faktor. Studien aus den USA zeigen: Die schwarze Gesellschaft dort bringt nicht mehr häusliche Gewalttäter hervor als die weiße amerikanische Gesellschaft. Die Zahlen und die Art der Gewalt gleichen sich. Sie gleichen auch den Zahlen in Deutschland und der Art der Gewalt, die deutsche Männer gegen ihre Partnerinnen verüben. Und den Zahlen und der Art der Gewalt in Großbritannien. Die Täter aus diesen Kulturen sind austauschbar. So, wie ihre Beweggründe austauschbar sind.

P.s Herkunft und Hautfarbe machen diese Geschichte nicht zu einer «besonderen» Geschichte. Und das auch nicht, weil P. etwa als «man of colour» zunächst in seiner Heimat Großbritannien und später in Deutschland Rassismus ausgesetzt gewesen wäre. Er *war* Rassismus ausgesetzt. In den fünf Jahren, die wir – immer wieder – zusammenlebten, hörte ich oft abwertende und abscheuliche Wörter und Sätze. Ich erlebte Attacken. Gegen ihn. Mich. Und gegen unsere Kinder, die noch Babys waren. Aber er war sicher nicht öfter oder schlimmeren Formen von Rassismus ausgesetzt als Hunderttausende andere Männer «of colour». Die *nicht* ihre Frauen beleidigen, erniedrigen und zu Klump schlagen. Was P. zum Gewalttäter machte, war nicht seine Herkunft, nicht seine Hautfarbe oder der erlebte Rassismus: Es war seine Einstellung gegenüber Frauen. Die Art, wie er über sie dachte. Wie er über sie zu denken gelernt hatte. Die fehlende Wertschätzung, die er ihnen entgegenbrachte.

P. kann sich, was seine Gewalt gegenüber Frauen betrifft, nicht hinter dem von ihm erlebten Rassismus verstecken. So wenig, wie sich der deutsche Bauarbeiter, der nach Hause kommt und seine Frau und Kinder anbrüllt, hinter seinem stressigen Arbeitstag verstecken kann. Oder der Lehrer, der seine Frau «nur im Suff» schlägt, hinter seinen vier Bier. Oder der praktizierende Arzt, der seine Frau eine «peinliche, dumme Nuss» nennt und ihr den Arm umdreht, wenn sie ihm widerspricht, hinter dem eigenen Vater, der ihn in seiner Kindheit beschimpfte und quälte.

Ich will hier niemandem Gelegenheit geben, sich zu distanzieren. Keiner in unserem westlich-weißen, von Männern beherrschten Kulturkreis hat sich Distanz verdient. Die Zahl der Frauen, die Gewalt von ihrem Partner erfahren, ist überall in Europa, in den Vereinigten Staaten und in Kanada nahezu gleich.

Einmal, ich war schon lange von P. geschieden, sah ich einen Facebook-Post seiner Schwester. Der Videoclip zeigte einen Iraner, der seine Frau verprügelt. «Abschaum!», hatte die Schwester daruntergeschrieben. «Solchen Dreck brauchen wir hier nicht!» So ist das, dachte ich. Die Hölle sind für uns immer und überall die anderen. Aber natürlich ist das nur selten wahr. Wir lenken so nur uns und andere von unseren eigenen Fehlern ab.

Wir sind nicht so fortschrittlich, wie wir gern glauben. Erst seit 1977 dürfen Frauen in Deutschland eine bezahlte Arbeit aufnehmen, ohne zuvor ihren Mann um Erlaubnis zu fragen. Gleicher Lohn wurde 1980 im Gesetz verankert – und bis heute nicht überall durchgesetzt. In Deutschland haben wir mit die höchsten Verdienstunterschiede zwischen Männern und Frauen in ganz Europa. Seit 1994 müssen Frauen bei einer Heirat nicht mehr den Namen ihres Mannes annehmen, werden also nicht länger automatisch zum Anhängsel ihres Manns. Abtreibung, ein Recht der Frau auf Selbstbestimmung über ihren Körper, ist (in Maßen) seit 1995 erlaubt. Vergewaltigung in der Ehe wurde in Deutschland erst 1996 für strafbar erklärt (in England und Wales bereits 1991 und in den Vereinigten Staaten 1993). Und während die USA auf dem Weg sind, ein Gesetz zu erlassen, das den Mann verpflichtet, die Zustimmung der Frau zum Sex mit einem eindeutigen «Ja» einzuholen, haben wir es erst 2016 geschafft, durchzusetzen, dass das «Nein» einer Frau als «Nein» gilt. Eine Frau sich also nicht *nachweislich* mit Händen und Füßen gewehrt haben muss, damit eine

Vergewaltigung auch bei uns als Vergewaltigung anerkannt wird. Nach einer Erhebung von Eurostats von 2017 werden in Deutschland mehr Frauen von ihrem Partner oder Expartner ermordet als in den europäischen Nachbarländern: 0.23 pro 100 000 Frauen. Während es in der Schweiz «nur» 0.13, in Italien 0.11, in Spanien 0.12 und Frankreich 0.18 Frauen sind.

Die junge Frau, von der ich zu Beginn dieses Kapitels erzählte, war, wie der Mann, der ihr das Leben nahm, Inderin. Sie gehörte zur Religionsgemeinschaft der Sikh. Der Mann war Hindu. Weil die Eltern der jungen Frau gegen die Verbindung waren (vornehmlich aus religiösen Gründen, obwohl sie doch, wie sich schließlich zeigte, treffende Gründe gegen die Beziehung hätten haben können), hatten die beiden «ein paar Jahre heimlich eine zunächst glückliche Beziehung geführt». So sagte es der Hamburger Richter bei seiner Urteilsverkündung. Und verließ sich bei der Feststellung der «zunächst glücklichen Beziehung» wohl ganz auf die Aussage des Mannes. Denn die einzige andere Person, die von der Beziehung gewusst hatte und die eine Aussage über ihre Qualität hätte machen können, war tot. Ermordet von dem, der jetzt sagte, dass die junge Frau über Jahre glücklich mit ihm gewesen sei.

Ich denke: Man muss nicht die unzähligen gleich- oder ähnlich klingenden Fallbeschreibungen der Experten gelesen haben, die seit Jahrzehnten mit Misshandlern arbeiten, um zu wissen, dass ein Mann, der seine Partnerin misshandelt / ermordet, keine zuverlässige Quelle hinsichtlich des Lebensgefühls seiner Partnerin und des Zustandes seiner Beziehung sein kann. Man muss auch nicht Opfer in einer Gewaltbeziehung gewesen sein, um zu wissen, dass und mit welcher Überzeugungskraft Misshandler lügen. Ab 2016 sei es dann zu Streitigkeiten gekommen, sagte der Hamburger Richter weiter. «Der Angeklagte schlug ihr dabei auch einmal mit Fäusten ins Gesicht und in den Rücken. Zudem habe er gedroht, dass er sie absteche, wenn sie ihn nicht heirate.»

Faustschläge in Gesicht und Rücken. Morddrohungen. So sehen für einen deutschen Richter «Beziehungsstreitigkeiten» aus. Für die junge Inderin offenbar nicht. Sie ging schließlich zur Polizei. Das war im August 2017, nachdem der «immer eifersüchtigere» Mann ihr Handy gestohlen und all ihre Nachrichten gelesen hatte. Der Beamtin sagte sie, dass ihr Exfreund sie bis zu 60 Mal am Tag anrufe oder anzurufen versuche. Von einer Reise nach Indien im Oktober, bei der die Eltern sie einem anderen Mann versprachen, brachte sie ihm Kleidung als Geschenk mit. Anfang Dezember, als er gerade seine Wohnung verloren hatte und sie in dem Restaurant aufsuchte, in dem sie als Kellnerin arbeitete, gab sie ihm ein paar hundert Euro. Er hatte doch nun also *wirklich* keinen Grund, ihr ein Messer in den Hals zu stoßen. Sie tat ja alles, um ihn zu besänftigen. Sie war ihm ja weiterhin dienlich, soweit es (auch ohne die Zustimmung ihrer Eltern) ging. Sie versprach ihm sogar, zum Schein, dass sie noch einmal mit ihrem Vater bezüglich einer möglichen Heirat reden werde.

Mir wird selbst ein bisschen der Hals eng, wenn ich mir vorstelle, wie sie alles ihr nur Erdenkliche tat, um endlich vor diesem Mann Frieden zu haben. Wie sie alles tat, was die Gesellschaft Frauen weltweit lehrt, das sie zu tun haben, damit ein oder ihr Mann sie nicht anbrüllt. Sie beleidigt. Erniedrigt. Damit er nicht zuschlägt. Zutritt. Damit er sie nicht vergewaltigt. Oder ersticht: Still sein. Sich kleinmachen. Ihm und seinem Ego dienlich sein. Sich nicht die Frechheit herausnehmen, zu sagen, dass sie eigene Wünsche und Bedürfnisse hat. In letzter Instanz: Nicht sagen, bloß nicht!, dass sie nicht mehr will. Dass sie ihn nicht mehr will. Nicht einfach gehen. Und frei sein. Frieden haben. Denn Freiheit und Frieden sind etwas, das er gewährt. Oder eben nicht. Mir wird der Hals eng, weil ich so oft in einer ähnlichen, wenn nicht in der gleichen Situation war. Sicher, P. schrie nur. Schlug nur. Trat nur. Vergewaltigte nur. Er stach nicht zu. Aber das war nur Glück. Ich war seiner Gnade ausgeliefert, so, wie die junge Inderin der Gnade ihres Exfreundes ausgeliefert war. Und jeder Tag hätte der Tag sein können, an dem mir P. diese Gnade, mich leben zu lassen, nicht mehr gewährte.

Mir wird der Hals auch darum eng, weil ich weiß, dass all das, was man uns Frauen lehrt zu tun, uns nichts nützt. Frauen schweigen, machen sich klein, dienen, sie geben ihre Wünsche und Bedürfnisse auf. Es nützt ihnen nichts. Denn Frieden und Freiheit sind in den Augen dieser Männer, die wir Frauen zu beschwichtigen und für uns zu gewinnen versuchen, eine willkürlich zu gewährende Gnade. Sie sehen nur sich selbst. Diese Männer schreien und schlagen trotzdem zu. Egal, was die Frau tut und macht, was sie aufgibt und wie sehr sie sich verrenkt. Tatsächlich schlagen sie öfter und härter zu, je ergebener sich die Frau um ihr Wohlwollen bemüht. Mit ihrer Ergebenheit, mit ihrem beständigen Fokus auf diesem Mann und seinen unberechenbaren Gefühlen, spielen Frauen der Einstellung dieser Männer zu, die Ergebenheit und Dienstbarkeit einer Frau sei ihr Recht. So, wie wir als Gesellschaft dieser Einstellung zuspielen, wenn wir fragen: «Aber was hat sie denn getan, dass er zugeschlagen hat?»

So, wie ein Hamburger Mann und Richter dieser Einstellung zuspielt und seine eigene preisgibt, wenn er den Mord eines indischen Mannes an dessen Exfreundin in seinem Urteilsspruch erklärt: «Er war enttäuscht und verzweifelt, dass die Frau ihn nicht heiraten wollte.»

In den letzten drei Tagen vor dem Mord klingelte dieser Mann, der sich um sein Recht betrogen sah (hier konkret: um seine Aufenthaltsgenehmigung durch Heirat), 406 Mal bei seinem Opfer an, bevor er sie an ihrem Arbeitsplatz in dem Restaurant aufsuchte. Sie fuhr dann trotzdem mit ihm in die Wohnung ihrer Eltern. Dort war sie mit ihm allein. «Dumm!», könnte man meinen. Ich glaube: Das war sie nicht. Ich weiß nicht, warum sie sich entschieden hatte, dem Mann dann doch noch so sehr zu vertrauen, dass sie ihn mit in die Wohnung nahm. Ich kann es nur aus meiner eigenen Geschichte und so vielen anderen, ähnlichen, so vielen im Kern immer gleichen Geschichten heraus vermuten. Ich weiß, wie groß die Not einer Frau sein kann, den Mann, diese akute Bedrohung für Leib und Leben, im Zaum zu halten. Mit allen ihr von der Gesellschaft als notwendig verkauften Mitteln. Die nicht nur untauglich, die lebensgefährlich sind.

So sieht Verzweiflung aus. Das andere ist nur die hässliche Fratze der Macht.

Grooming

Er brachte mich an diesem ersten Abend von der Disco nach Hause. Zu Fuß. Die ganzen vier Kilometer. Er bestand darauf. «Ich werde sicher nicht eine junge Frau nachts allein nach Hause gehen lassen», sagte er. Das fand ich toll. Aufmerksam. Ich hielt es für ein Bekenntnis echten Interesses, und vielleicht war es das auch. Auf seine Art. Ich war mit Elternsprüchen aufgewachsen wie: «Pass bloß auf, die meisten Männer wollen nur das Eine. Und wenn sie es erst bekommen haben, lassen sie dich fallen wie eine heiße Kartoffel.» War ich erst mal fallengelassen geworden, hob mich keiner je wieder auf. «Kein Mann kauft gern benutzte Ware», sagte mein Stiefvater auch. Ich lernte: Mein unberührter Körper war mein Kapital. Setzte ich es achtlos ein, verspielte ich es, war es für immer verloren. Und ich mit ihm.

Ich lernte: Sex war etwas, das «Männer wollten». Nicht Frauen. Frauen gaben den Männern nur, was sie wollten. Oder sie hielten es, wenn sie klug waren, solange es ging, zurück. Bis sie zwischen den vielen Gleichen (die nur das Eine wollten) den einen Besonderen ausgemacht hatten, der sie wirklich wert war. Sie verkauften mir das als Macht. Auch knapp 40 Jahre später klagen Männer öffentlich allen Ernstes: «In Wirklichkeit haben doch die Frauen die Macht!» Sie meinen: weil Frauen sich weigern können, mit ihnen zu schlafen. Als verliehe ihr Recht, sich dem Mann zu verwehren, den Frauen generell mehr Macht, als alle politischen und wirtschaftlichen Ämter zusammen (die in der Mehrzahl noch immer mit Männern besetzt sind) es könnten.

Tatsächlich fühlte ich mich durch die Ermahnungen meiner

Eltern nicht ermächtigt. Ich sah mich den Männern und ihrem guten Willen ausgeliefert. Ich hatte schreckliche Angst, «an den Falschen zu geraten». An einen von den vielen Männern, die nur das Eine von mir wollten. Ich hatte schreckliche Angst, von so einem Mann «fallengelassen» zu werden. «Danach». Ich fürchtete mich sehr viel mehr vor dem Fallengelassen-Werden als davor, dass der Mann, wenn ich nicht aufpasste, sich das Eine von mir holte. Notfalls mit Gewalt. Das Es-sich-Holen dauerte nur einen Moment. Das Fallengelassen-Werden war für ewig.

Als P. mich zum Abschied küssen wollte, sagte ich: «Nein.» Er lachte. Neckte mich. Bettelte drollig. Er klagte, dass ich ihn wohl gern leiden sähe, versuchte noch ein bisschen, mich auf diese oder jene Art rumzukriegen, was mir unangenehm war, aber ich konnte damit umgehen. Ich duckte mich unter seinen Neckereien. Ich entwand mich geschickt seinem Zugriff. Die Aufgabe war, sich seiner Avancen erfolgreich zu wehren, ohne – schon mit 16 – dazustehen wie eine Zicke, mit der «Mann» *überhaupt keinen* Spaß haben kann. Darin hatte ich Übung. Wie viele Frauen. «Mann» gibt uns reichlich Gelegenheit, das zu trainieren. Hier eine kleine Auswahl meiner Trainer, aus mittlerweile 50 Jahrzehnten: Der Onkel, der mich auf Familienfesten gern intensiv drückte und auf einen Abschiedskuss drängte. Der Opa, der sich immer wieder interessiert nach den intimen Fortschritten mit meinem ersten Freund erkundigte: «Was macht ihr denn so, schon mehr als nur küssen?» Der *Spiegel*-Redakteur, der auf einen Ton des Unwillens von mir bezüglich seines geringen Honorarangebotes kommentierte: «Mmmmhhh – Sie knurren so schön.» Der Vermieter, der mein Aussehen begeistert komplimentierte und fragte, ob ich, mit Ende 40, zurück zur Uni gehe, um einen Mann zu finden: «Damit hast du sicher keine Schwierigkeiten!»

Das ist «Grooming». Jene Taktik, die zum Ziel hat, Perspektiven zu verschieben. Realitäten zu verzerren. Gefühle zu verwirren. Sie dient dazu, Widerstände, nein, nicht zu brechen. Das ginge ja noch. Wenn einer dir etwas bricht, dann merkst du das. Es tut weh. Es ist ein plötzlicher, scharfer Schmerz. Wer dich «groomt», bricht dir nichts. Er untergräbt dich. Er trägt dich ab. Stück für Stück. Er macht dich klein. Und kleiner. Du verschwindest. Kaum, dass du es bemerkst. Ein englisches Sprichwort sagt: «Schmeiße einen Frosch ins kochende Wasser, und er wird rausspringen, um sein Leben zu retten. Setze ihn ins kalte Wasser und erwärme es nach und nach, und der Frosch stirbt.»

Meine Beziehung mit P. lief vom ersten Augenblick an (von einer Person) gezielt auf das zu, was sie nicht lange nach unserer ersten Begegnung war: eine kontrollierende und in der Folge gewalttätige Beziehung. Ich hätte es nicht sagen können, weil ich nichts über die Dynamiken in einer solchen Beziehung wusste. Weil ich nicht wusste, dass das, was mit mir geschah, «grooming» war. Das ist das Wesen und die Absicht des Vorgangs. Ich hätte auch später nicht sagen können: «Ich werde von P. misshandelt.» Weil ich, all der Vorarbeit sei «dank», seine Misshandlungen nicht als Misshandlungen wahrnahm. Ich definierte sie als einen unglücklichen Umstand, dem gegenüber P. ebenso hilflos war, dem er so sehr ausgeliefert war wie ich.

P. gab schließlich auf. «Für heute», sagte er. Und zwinkerte wieder. «Ich rufe dich an. Gleich morgen Abend.» Ich könnte noch heute nicht sagen, worüber ich damals mehr erleichtert war. Darüber, dass er mir – fürs Erste – eine Verschnaufpause ließ. Oder darüber, dass er mir meine Abwehr nicht übelnahm. «Wann?», fragte er. «Um sechs», sagte er. «Ich werde punktlich sein!» Ich lachte. Er konnte, als Engländer, das «ü» nicht sprechen. Und er hatte diesen kleinen Sprachfehler. Ein Lispeln, bei dem er die S-Laute quetschte. Ich fand, beides klang zauberhaft. Spitzbübisch. Auf eine liebenswerte Art verletzlich. Ich meine: Er sah so gut aus. So anders. Anders als der Moped-Junge und überhaupt. Er war so gut gekleidet. In Jeans, schwarzem Hemd, mit Trenchcoat und teuren Schuhen. Er schwärmte von Musik, die ich nie gehört hatte. Sprach über Bücher, die ich nie gelesen hatte. Er begeisterte sich über Filme, diesen und jenen, und ich musste zugeben, ich hatte keinen davon gesehen. Er war mir so schwindelerregend hoch überlegen. Ich glaube: Sein kleines Lispeln und das fehlende «ü» machten ihn in meinen Augen etwas weniger bedrohlich.

Ich hätte doch nie für möglich gehalten, dass sich einer wie er für mich interessierte. Ich hätte doch nie für möglich gehalten, dass sich einer wie er *genau darum* für mich interessierte.

Als ich vor nicht langer Zeit in einem deutschen Frauenmagazin über meine Prügelehe schrieb, höhnte eine andere Frau unter dem Artikel online: «Das sind doch immer die gleichen, die so etwas mit sich machen lassen. Graue Mäuse, denen man schon von weitem ansieht, dass sie keinen Funken Selbstbewusstsein haben!» ‹Tatsächlich?›, dachte ich. Tina Turner, nur so als Beispiel, wirkte auf mich nie wie eine graue Maus. Auch ich bin keine. Ich war es auch damals nicht. Ich bin so wenig die Frau, der man schon von weitem ansieht, dass sie «so etwas mit sich machen lässt», wie Tina Turner. Wie die Jazzgröße Nina Simone. Wie Johnny Depps nun Exfrau Amber Heard. Und wie Millionen anderer Frauen, mit denen Männer «so etwas» machen.

Ein kontrollsüchtiger Mann sucht sich gezielt eine graue Maus, die er dann leicht beherrschen kann? So simpel ist es nicht. Ein kontrollsüchtiger Mann sucht sich eine schöne, kluge, und, ja, auch das: eine starke Frau. Eine Frau, die er vorzeigen kann. Er will eine Frau, die ihn erhebt. Vor anderen und vor sich selbst. Er will eine Frau, die ihm das alles bieten *und* die er beherrschen kann. Er, ganz exklusiv. Und je mehr sie nach außen strahlt und ihn erhebt, umso mehr muss er sie erniedrigen. Für sich selbst. *Das* ist die Teufelei.

Er rief pünktlich an. Auf die Minute! Meine Eltern hätten stolz auf ihn sein können. Und auf mich, für die sich ein Mann wie er interessierte.

Wir gingen zusammen essen. Er bestellte Pizza, ich Mailänder

Schnitzel mit Spaghetti in Soße. Er saß mir gegenüber am Tisch und erzählte. Lachte. Strahlte. Und das Einzige, was mir den Abend verdarb, war, dass ich nicht wusste, wie die soßengetränkten Spaghetti in meinen Mund bringen. Ohne dass es auf meine Bluse tropfte. Ich glaube nicht, dass P. meine Not bemerkte. Er hielt meine Hand und sah mich an wie im Film. «Ich bin verliebt», sagte er. «Mehr als verliebt. Ich bin verrückt nach dir.» Als er sich über den Tisch beugte und flüsterte: «Ich bin so scharf auf dich, dass mir die Eier weh tun», stockte mir für einen Augenblick das Herz. Aber er lachte, drückte meine Hand und rief: «Keine Angst, du! Das ist das größte Kompliment, das ein Mann einer Frau machen kann!»

Er stieß auf dem Fußballplatz mit einem anderen Spieler zusammen, lag ein paar Tage im Krankenhaus, und ich ging ihn besuchen. Ich war scheu. Ich wusste nicht, ob ihm das gefallen würde. Aber P. strahlte. Er scherzte über die Blumensträuße auf seinem Nachttisch und über die Pralinen. «Von meinen *Fans*», sagte er. Und zwinkerte, wie es so seine Art war. «Aber ich habe auf *dich* gewartet!» Er zog mich neben sich, auf das Krankenbett. Da saßen wir dann, die ganze Besuchszeit lang, und er las mir vor aus «Schindlers Liste». Der Kuss zum Abschied war unser erster. Er entließ nur zögerlich meine Hand aus seiner.

Nachdem er aus dem Krankenhaus entlassen war, trafen wir uns in meiner Schülerkneipe zum Kaffee. Er war witzig. Wortgewandt. Er wusste Dinge. Er fluchte über Margaret Thatcher und darüber, wie sie Englands Norden, Liverpool im Besonderen, hatte verkommen lassen. Er pries die Vorzüge des Kommunismus und verfluchte die Gräuel der Naziherrschaft. Er hatte «Schindlers Liste» zu Ende gelesen, hing am Historien-Haken und fraß alles, was er finden konnte, über Hitler und seine Komplizen. Er kannte die Details aller Schlachten und jeden Nazischergen mit Rang und Namen. Er war der Mann, den die anderen Männer mit Schulterschlag grüßten. Er war der Mann, den die Frauen im Vorbeigehen streiften und zu dem sie dann, von der anderen Seite der Bar, herüberlächelten. Er lachte darüber. Legte seinen Arm um meine Schultern. Er fragte: «Mein Gott, wie entkommen wir denen bloß?» Als er mir ins Ohr flüsterte: «Ich hoffe, du bist schön eng», hätte ich mich von ihm lösen und gehen sollen.

Ich ging nicht. Ich hätte nicht gewusst, wie.

November 2018 – Angst

Ich weiß nicht mehr, warum ich dieses Buch schreibe. Ich weiß nur noch, warum ich es einmal schreiben wollte. Um aufzustehen. Meine Stimme zu erheben. Um mich endlich zu wehren. Für mich, meine Töchter und die vielen anderen Frauen. Für «jede dritte Frau». Mindestens. Und, das versteht sich von selbst, für meine Söhne. Ich wollte einen Unterschied machen. Die Welt verbessern. Ein bisschen. Darüber kann man lachen. Ich lache auch. Beinahe. Was habe ich mir vorgestellt? Was habe ich geglaubt, wer ich bin? Zorro? Was glaubte ich, wer «die anderen», wer «die da draußen» sind? Und warum dachte ich, sie hätten meinen Einsatz nötig? Warum dachte ich, sie würden ihn, irgendwie, schätzen? Im vergangenen Jahr hat der russische Präsident und (mutmaßliche) Trump-Wahlhelfer Vladimir Putin ein Gesetz erlassen, nach dem Misshandlungen innerhalb der Familie nicht mehr strafbar sind. Höchstens noch, wenn das Opfer gleich krankenhausreif geprügelt wird. War eine eher kleine Meldung. Russland ist so weit weg. Amerika auch.

Im März dieses Jahres gewann Putin erneut die Präsidentenwahl, diesmal mit einem Erdrutschsieg von über 70 Prozent. Zu diesem Zeitpunkt stand er bereits seit langem in dem Verdacht, seine politischen Gegner verfolgen und ermorden zu lassen. Beispielsweise: einen nach Großbritannien geflohenen Spion und seine Tochter. Zwei Wochen vor Putins Wiederwahl wurden sie mit Nervengift attackiert. Sie überlebten gerade so eben. Ein paar Monate später starb eine Frau. In derselben Stadt, an demselben Gift. Sie war niemals Spionin gewesen, nicht mal Russin. Sie hatte nur zufällig ein Parfüm-Fläschchen mit dem Rest Gift gefunden. Das hatten die Mörder wohl weggeschmissen. Manchmal ist Russland ganz nah.

Angela Merkel war eines der ersten Staatsoberhäupter, die Putin zu seiner Wiederwahl «wärmstens gratulierte(n)». Ich wollte vor Wut und Verzweiflung weinen. Mein schwuler Freund sagte beruhigend: «Das ist Diplomatie: Die Verrückten wie Normale behandeln, damit sie nicht final durchknallen!» Und natürlich, das ist es auch. Trotzdem denke ich: Das kann nicht die Lösung sein. Vielleicht hoffe ich es auch nur. Und ich frage mich, ob es angesichts solcher Machtverhältnisse, überall auf der Welt, ein Wunder ist, dass Frauen von ihren Partnern weiter zu Klump geschlagen und – immer wieder mal – von ihnen ermordet werden? Ob wir nicht längst wie jene 68 Prozent der Trump-Wähler sind: Wir wissen Bescheid. Aber es kümmert uns nicht.

In den USA hat gerade die Psychologie-Professorin Christine Ford gegen den für das höchste US-Gericht nominierten Richter Brett Kavanaugh ausgesagt. Ford sagt, der Richter habe sie, als sie beide noch Highschool-Schüler waren, bei einer Party in ein Zimmer geschubst, auf ein Bett gedrückt, überall begrapscht und versucht, ihr die Kleider vom Leib zu reißen und sie zu vergewaltigen. Als sie versuchte zu schreien, habe er ihr die Hand auf den Mund gepresst. Ford sagte: «Ich glaubte, er würde mich aus Versehen töten.» Sie mit seiner auf ihren Mund gepressten Hand ersticken. Sie sagte das vor einem Senatoren-Gremium, laufenden Kameras und jedem mehr oder weniger interessierten Fernsehzuschauer auf der ganzen Welt. Die dann darüber zu entscheiden hatten (die Senatoren), beziehungsweise darüber entscheiden durften (der Rest der Welt), ob Ford das nun wirklich widerfahren war. Und wenn ja, in welchem Maß. Und hatte sie den Richter nicht vielleicht doch mit einem anderen Partyjungen verwechselt? Und ob, wenn sich alles so zugetragen hatte, wie von ihr geschildert, das wirklich ein Grund sein könnte, dürfte, müsste, dass dieser

Richter *nicht* höchster Richter des Landes werden könne. Es war – wenn es sich überhaupt zugetragen hatte! – doch alles schon so lang her! Und der Richter hatte mittlerweile Karriere gemacht. Er hatte eine sehr nette Frau und hübsche Töchter und ein gepflegtes Haus, im – ich rate hier, es ist nicht schwer – teuersten Viertel Washingtons, und er ging immer tadellos gekleidet, im Anzug. Er war ja nicht länger der Highschool-Rowdy, mit einem Hang für viel, viel zu viel Bier. Jedenfalls: Nicht, dass man's wüsste, weil man es auf den ersten Blick sähe.

Christine Blasey Ford sagte trotzdem gegen ihn aus. «Nicht, weil ich den Aufstieg Kavanaughs unter allen Umständen verhindern will. Sondern weil ich es als meine Bürgerpflicht ansehe, die hochverehrten Senatoren, die über seine Wahl entscheiden, auf alles aufmerksam zu machen, was für ihre Entscheidung maßgeblich sein könnte. Und von dem ich weiß.» In diesem Sinne sei sie nicht freiwillig hier, sagte Ford. Im Gegenteil: «Ich habe fürchterliche Angst.»

Ich denke: ‹Ich habe auch Angst.› Schreckliche Angst. Vor allem, wenn ich mir angucke, was mit Christine Blasey Ford passiert ist und weiter passiert, seit sie an die Öffentlichkeit getreten ist. Sie lebt seither nicht mehr in ihrem Haus. Sie zieht mit ihrer Familie, ihrem Mann und den Kindern, von Hotel zu Hotel, von Unterkunft zu geheimer Unterkunft, unter dem Schutz des FBI. Das liegt an den Morddrohungen, die sie erhalten hat. Im Internet. Und per Post. Der Präsident der Vereinigten Staaten hat sich gerade öffentlich über sie lustig gemacht. In einer Rede vor Tausenden Menschen. Er äffte ihre Erinnerungslücken vor dem Senatoren-Komitee nach: «Wie sind Sie nach Hause gekommen? Ich kann mich nicht erinnern. Wie kamen Sie zu der Party? Ich kann mich nicht erinnern. Wie viele Jahre ist das her? Ich weiß es nicht. In welcher Gegend war das? Ich weiß es nicht. Wo genau ist das Haus? Ich weiß es nicht. War es oben? Unten? Ich habe keine Ahnung.» Seine Anhänger lachten und kreischten und applaudierten. Und ich frage mich, soll man, muss man hier, nur so, vorsichtshalber, zum aber-x-ten Mal darauf hinweisen, dass Psychologen, Psychiater, Trauma-Experten sagen, dass solche Lücken nicht fragwürdig sind. Sondern *normal*. Nicht oder nicht *nur*, weil der Angriff lange her ist. Sondern vor allem, weil Fords Gehirn, als er stattfand, vollends mit Todesangst beschäftigt war.

Ford, die sich in ihren psychologischen Forschungen seit 20 Jahren mit den Auswirkungen und der Überlebbarkeit von Traumata beschäftigt, erklärte dem Komitee persönlich und dezidiert, wie unsere Erinnerung funktioniert. Wie sich ein Trauma uns ins Gehirn brennt. «Der Neurotransmitter Epinephrin codiert Erinnerungen in den Hippocampus und schließt das Erleben, das im direkten Zusammenhang mit dem Trauma steht, dort ein. Während die Nebensächlichkeiten verlorengehen.» Darum könne sie sich an das Gelächter der beiden Männer erinnern, die sie angriffen (Brett Kavanaugh und sein Freund Mark Judge). Aber nicht an die genaue Adresse. Ich gebe Fords wissenschaftlich detaillierten Wortlaut hier so genau wieder, weil ich glaube, dass er sein Übriges für ihre spätere Verspottung tat. Fords Fehler war: Sie war offensichtlich intelligent. Und trotz ihrer oft brechenden Stimme pragmatisch beherrscht. Sie war weit intelligenter und beherrschter als der Mann, gegen den sie aussagte. Und der sich im Anschluss an ihre Aussage durch seine eigene Anhörung brüllte, heulte und wütete.

«Ein Paradebeispiel für die Rollenverteilung in unserer Gesellschaft», schrieben einige Kommentatoren. «Christine Blasey Ford, die hier doch die Geschädigte ist, tritt devot und entschuldigend auf. Aufs äußerste bemüht, es dem Senat recht zu machen.» Ford bedankte sich wiederholt bei dem Vorsitzenden, dass das Komitee ihr Gelegenheit gegeben hatte, zu sprechen. Während der Anhörung fragte sie vor jeder der im Terminplan für sie vorgesehenen Pausen höflich, ob es wirklich in Ordnung und für die Senatoren passend sei, wenn sie die Pause nähme. Sie entschuldigte sich wiederholt für ihre (unverschuldeten) Erinnerungslücken und dafür, dass sie dem Komitee darum keine «größere Hilfe» sei. Durch ihre gesamte Aussage hindurch hinterfragte sie und kritisierte sie sich. Ganz anders der Beschuldigte! Von einer Senatorin gefragt, ob es zutreffe, dass er während seiner Schul- und Studienzeit viel, sehr viel getrunken habe, schnappte Brett Kavanaugh höhnisch: «Ich mag Bier, okay? Jungs mögen Bier. Ich mag Bier!» Gefragt, ob er nach solchen Gelagen eventuell mal einen Blackout erlitten habe, pampte der Richter zurück: «Keine Ahnung. Hatten Sie schon mal einen Blackout?» Es war kein Ausrutscher. Er biss gleich noch einmal nach: «Na? Also? Hatten Sie? Einen Blackout?!» Kaum vorstellbar, dass der Richter Brett Kavanaugh in seinen Verhandlungen ein solches Verhalten ihm gegenüber hinnehmen würde.

«Laut, zornig, bedrohlich. Rasend darüber, dass und wie jemand wagen kann, ihn und die Rechtmäßigkeit seines Anspruchs auf das höchste Richteramt in Frage zu stellen», schrieben die Kommentatoren. Dass es auch Männer gab, die das so sahen und kommentierten, machte mir Hoffnung.

Es ist leicht vorstellbar, was (noch) mit Christine Blasey Ford geschehen wäre, hätte sie vor dem Komitee ähnlich gerast. Man hätte ihren Auftritt nicht «energisch und kraftvoll» genannt. Wie es anschließend für Kavanaugh galt. Sondern: «respektlos», «hysterisch», «ausgeflippt», «unprofessionell». Gut denkbar auch, dass sie in der Folge ihren Wissenschaftsjob verloren hätte. Weil man ihre Professionalität, Integrität und Verlässlichkeit in Zweifel gezogen hätte. Über seinen respektlosen, aggressiven Kandidaten Kavanaugh aber tweetete der Präsident: «Er hat Amerika heute genau gezeigt, warum ich ihn nominiert habe. Seine Aussage war stark, ehrlich und mitreißend.» Was Männern (nicht nur) beruflich weiterhilft, bricht Frauen das Genick.

Oft genug brechen es ihnen andere Frauen. Oder drohen ihnen damit, mehr oder weniger subtil. Die Redakteurin eines Frauenmagazins schrieb mir auf unsere Honorarverhandlungen über einen Text hin: «Ich finde solche Verhandlungen immer problematisch ...» Sie fand, sie biete genug. Ich solle nicht nach mehr fragen. Es reichte ihr nicht, zu schreiben: «Tut mir leid, mehr zahle ich nicht.» Oder auch nur: «Mehr zahle ich nicht!» Das wäre – vergleichsweise – okay gewesen. Sie wollte, dass ich mich klaglos, wortlos mit dem zufriedengab, was man mir bot. Auch wenn es verflucht wenig war. Und obwohl ich, wie jeder in der Branche, weiß, dass männliche Kollegen mehr Geld für ihre Texte bekommen. Sie schrieb: «Sie nerven!» Als ich dem Honorar schließlich zähneknirschend zustimmte, kam es über Wochen nicht. Ich musste immer wieder nachfragen. Die Redakteurin schrieb zurück: «Sorry!» Das Geld kam trotzdem nicht. Mittlerweile sind zwei Monate vergangen. Ist vielleicht auch keine Absicht. Aber dass ich das nicht ausschließe, ist nicht der Grund, warum ich ihr nicht zurückschreibe: «Sie nerven!» Obwohl ich allen Grund dazu hätte.

In einem Gespräch mit der Frauenrechtlerin Alice Schwarzer sagte ich einmal: «Ach, wissen Sie, die Männer sind gar nicht die Schlimmsten. Viel schlimmer finde ich, dass so viele Frauen anderen Frauen Knüppel zwischen die Beine werfen.» Weil man es von ihnen eher nicht erwartet. Weil man denkt: Frauen müssten es besser wissen. Von wegen! Frau Schwarzer rief: «Aber meine Liebe! Das sage ich doch seit Jahren!»

Auf ihrem Twitter-Account postete die Frauenmagazin-Redakteurin zur Zeit unseres Honorardebakels einen Artikel über die «Gender Pay Gap», den Verdienstunterschied zwischen Männern und Frauen. In Deutschland beträgt der noch immer bis zu 25 Prozent. Er ist einer der höchsten geschlechterspezifischen Verdienstunterschiede in Europa. Weit höher als, beispielsweise, im «Macho-Land» Italien. Dort sind es nur sechs Prozent. Über den Artikel hatte die Redakteurin geschrieben: «WHY???» Ich hätte ihr sagen können, warum. Ich tat es nicht – aus haargenau den gleichen Gründen.

Ich denke: Es gibt keinen richtigen Tonfall, in dem ich hier meine Geschichte erzählen könnte. Wenn ich meine Geschichte, die die Geschichte vieler Frauen ist, so wütend erzähle, wie ich oft bin, dann riskiere ich, als «unglaubwürdig» abgetan zu werden. Und meine Wut degradiert zu sehen zu: «Hysterisch!» – «Verbittert!» – «Paranoid!» Wenn ich meine Geschichte ausschließlich vernünftig, überlegt, beherrscht erzähle, habe ich – vielleicht – eine größere Chance, gehört zu werden. Aber ich diene nicht der Sache. Nur meiner diktierten Rolle. Einer der Senatoren, nach der Anhörung zu der Glaubwürdigkeit Christine Blasey Fords befragt, lächelte und sagte: «Ich fand sie sehr attraktiv.» Und auf die Nachfrage des Journalisten, was er damit meine: «Nun, ich meine, ich finde sie sehr gefällig.» Ich hätte ihn gern geschlagen.

Es ist schwer für Frauen, das richtige Maß von Gefälligkeit, die richtige Balance zu finden. Es ist nahezu unmöglich. Ich weiß das. Und P. wusste es. Er war ausgezeichnet darin, mich in meinen Gefälligkeitsbemühungen scheitern zu lassen. Wenn es ihm gefiel, lachte ich zu wenig / zu viel. Sprach zu leise / zu laut. Ich starrte ihn an / sah ihm nicht in die Augen. Ich war den Gästen gegenüber zu reserviert / zu offen. Früher, wenn mich eine oder einer fragte: «Aber was hast du denn getan, dass er dich geschlagen hat?!», fiel mir die korrekte Antwort nie ein. Heute weiß ich, sie muss lauten: «Alles!»

Fords Fehler war nicht, dass ihre Aussage nicht glaubwürdig, nicht überzeugend war. Ihr Fehler war, dass sie zu glaubwürdig, dass sie absolut überzeugend war. Dass sie den Mann, gegen den sie aussagte, mit ihrer beherrschten, überlegenen Haltung wie einen Trottel aussehen ließ. Obwohl, ehrlich, das bekam er auch ohne ihre Hilfe hin. Sie überzeugte nicht nur mich und viele andere «normale» Menschen. Sie überzeugte auch die Mehrheit der internationalen Presse. Sie überzeugte sogar die, oder doch einige von denen, die lieber nicht von ihr überzeugt gewesen wären. Die konservativen Senatoren, die Kavanaugh gern in das höchste Richteramt wählen wollten. Und deren Tenor jetzt nicht mehr war: «Wer weiß, ob die Geschichte stimmt!» Sondern: «Auch wenn sie (offenbar) stimmt, wir wollen ihn trotzdem zum Richter ernennen.» Das scheint mir schlimmer, als wenn sie ihr nicht geglaubt hätten. Es zeigt: Unsere Gesellschaft bestärkt und fördert Gewalt gegen Frauen auch weiterhin.

An Fords Aussage zweifelte (anfangs) nicht einmal der Präsident. «Ich fand sie sehr überzeugend, und sie sieht wie eine ganz feine Frau für mich aus, wie eine ganz feine Frau.» Das war kurz nachdem sie mit zittriger und doch beherrschter Stimme vor den Senatoren gesprochen hatte. Ich frage mich, wie er reagiert hätte, hätte sie nicht wie eine «feine Frau» für ihn ausgesehen. Hätte er sich gleich über ihre Aussage lustig gemacht? Oder: Hätte er ihr geglaubt, und eben auch, dass sie das, was ihr passiert ist, verdient? Hört sich an, als glaube er das so oder so. «Ich kann mich an nichts erinnern – außer, dass ich ein Bier getrunken habe, stimmt, oder?», höhnte er vor der johlenden Menge. So bringt man Frauen zum Schweigen. Er und seine Jubilanten hätten Ford und jeder anderen Frau, die Gewalt erfahren hat und sich endlich ihrer Haut wehrt, auch gleich unverblümt ins Gesicht brüllen können: «Halt's Maul!» Oder ihr aufs selbige schlagen.

Ich halte nicht (mehr) das Maul. Tatsächlich schwieg ich doch nur aus dem Grund, aus dem wir alle schweigen: Angst.

Ich habe Angst etwa in der Art wie damals, als ich auf einem Volksfest zwischen einen Mann und die Frau trat, auf die er gerade einschlug und an deren Haaren er zerrte. Sie war (noch) «seine» Frau. Sie hatten «Streit». «Misch dich da nicht ein!», zischte jemand, der wie ich mit den beiden nichts zu tun hatte. «Als Nächste kriegst du von dem etwas auf die Fresse!» Er hatte sicher recht. Ich ging trotzdem rüber, und die Frau rettete sich hinter meinen Rücken. Derweil tobte ihr Mann vor mir, schimpfte mich ein paar der üblichen Namen, aber er schlug nicht zu. Auf Dauer wollte ich darauf nicht vertrauen. Ich rief über das Handy die Polizei. Sie kam nicht. Sie kamen eine ganze Weile nicht. Ich rief noch einmal an, und die Polizistin am Telefon sagte: «Eine Familienstreitigkeit. Da mischen wir uns nicht ein. Machen Sie keinen Ärger, gehen Sie einfach weiter, die werden sich schon beruhigen.»

Als hätte *ich* den Ärger gemacht. Und als handele es sich hier um zwei gleichberechtigte, gleich starke Kampfhähne, die nur mal eben Dampf ablassen mussten. Ich wartete dann, bis die Frau mit ihren Kindern gegangen war. Ihr Mann ging ihr nicht hinterher. Sie lebten bereits in Scheidung. Sie war ihm nur zufällig auf dem Jahrmarkt über den Weg gelaufen.

Ich zitterte für den Rest des Abends. Nicht so sehr wegen des lebensbedrohlichen Mannes. Der war keine Überraschung. Ich zitterte hauptsächlich wegen der Reaktion, Nichtreaktion der Polizei. Aber ich fühlte mich besser, als ich mich gefühlt hätte, wäre ich einfach weitergegangen. Jedenfalls glaube ich das.

Ja, es sind «einzelne Männer, die ausrasten», wie es ein Leser unter dem Beitrag «Häusliche Gewalt – der blinde Fleck von MeToo» in der *Zeit* kommentiert. Nur sind es schrecklich viele Einzelne. Und es ist «DIE Gesellschaft», die Männer Glauben macht, dass sie ein Recht haben, Kontrolle über Frauen auszuüben. Sie lächerlich zu machen, klein zu machen, sie zu erniedrigen. Und zuzuschlagen. Dass es zumindest entschuldbar ist. Und: «Ausrasten» sieht anders aus. Frauen setzen die «Gewaltspirale» gegen sich nicht selbst in Gang, wie es derselbe Leser in seinem Kommentar darstellt. Sie sind NICHT verantwortlich dafür, dass sie geschlagen, getreten, vergewaltigt, ermordet werden. Die Entscheidung, Gewalt auszuüben, treffen die Gewaltausübenden allein. Und sie allein tragen die Verantwortung dafür.

Ich sehe dieses Buch als meine Pflicht an. Als meine Bürgerpflicht, Weltbürgerpflicht meinetwegen. Und ich habe Angst. Obwohl ich hier nicht gegen einen für das höchste Gericht nominierten Richter aussage. Sondern «nur» gegen einen ganz gewöhnlichen Mann.

Ich fürchte nicht länger P. Das ginge ja noch. Ich fürchte uns alle.

Traumpaar

Hier ist, was ich denke, als ich mit P. zusammen bin – und ich denke es noch lange Jahre danach: Wir sind ein Traumpaar. Wir gehören zusammen. Unsere Begegnung, auf einer Straße der Kleinstadt, in der ich aufgewachsen bin, war kein Zufall. Sie war Schicksal! Das Beste, Tollste, was Gott oder das Universum für zwei Menschen zu bieten hat. Ich saß, 16-jährig, bei meiner Mutter im Auto, als dieser Mann vor uns über die Straße ging. Schlank, im Trenchcoat, in Jeans und in schicken Schuhen. Er sah gut aus. Anders. Ein großer, verwegener, verletzlicher Junge. Und auch sonst sah er nicht aus wie die Jungs im Städtchen. Er war dunkler. Mit kurzem, lockigem Haar, das glänzte. Er war von anderswo, ganz offensichtlich. Von wo, war nicht leicht zu sagen. Er ging, wie einer geht, der weiß, dass er gut aussieht und anders ist. Er kreuzte die Straße. Von rechts nach links. Meine Mutter musste halten. Ich sah ihm nach.

Und dann, plötzlich, drehte er sich zu mir um. Er streckte die Zunge heraus. Lachte. Und ich fühlte mich ertappt.

Später erfuhr ich seinen Namen und dass er aus Liverpool war. Beatles-Stadt. Er wohnte bei meinem Mathelehrer. Der, abgesehen davon, dass er uns mit Mathematik und Physik quälte, der coolste Lehrer an unserer Schule war. So dachten wir Schüler alle. Er war ein Althippie in bunten Strickpullis und hatte einen verkrüppelten Arm. Jeden Morgen fuhr er auf einem Spezialrad zur Schule. Es hatte drei Räder, vorne eines und hinten zwei. Auf einem normalen Rad hätte er die Balance nicht halten können. Wir durften ihn duzen. Aber natürlich nicht während der Schulzeit. In seiner

Freizeit war der Mathelehrer der Trainer des örtlichen Fußballvereins. Bezirksliga. Da spielte P.

Der Mathemann, der ein-, zweimal einen Spieleraustausch mit P.s Liverpooler Verein organisiert hatte, hatte P. schließlich dauerhaft ins Städtchen gelockt. Zu Hause, in Liverpool, lief's für P. derzeit nicht rund. Arbeit war knapp, der Trainer war mit der Vereinskasse durchgebrannt, und P. war wegen eines minderschweren Deliktes angeklagt – Erregung öffentlichen Ärgernisses wegen betrunkenen Pinkelns auf offener Straße –, aber auf Kaution freigelassen worden. P. überschlug kurz seine Perspektiven, so alles in allem, und entschied, dass das Angebot des Mathemannes – «Du kommst her, kannst bei uns im Verein der gefeierte Stürmer sein, und ich besorge dir einen gutbezahlten Job und eine eigene Wohnung» – sein Sechser im Lotto war. Er schiss auf die Kautionsauflagen und den anberaumten Gerichtstermin und setzte sich in den Zug nach Deutschland.

Der Mathemann, den ich nach seinem Fußballstar und Mitbewohner fragte, sagte: «Du spinnst wohl!» Er meinte nicht wegen meines Alters. Er meinte: «Die Mädchen rennen mir wegen P. schon die Bude ein, der kann an jeder Hand zehn Weiber haben. An Pipi-Mädels wie dir ist der nicht interessiert.» Offenbar kannte er seinen Star nicht sehr gut. Und was mich betraf, ich hatte jetzt etwas zu beweisen. Als Frau.

Das nächste Mal, dass ich P. über den Weg lief, war in der Disco. King George Pub. P. lachte darüber. Dass eine deutsche Kleinstadt im Nirgendwo ihre Disco nach einem britischen König benannte und zum «Pub» erklärte. «Das ist so Möchtegern, typisch Spießbürger», feixte P., der kein Spieß-, sondern ein gestrandeter Weltbürger war. Und ein um seine Zukunft geprelltes und weit unter Wert verscherbeltes Fußballtalent in einem Bezirksliga-Verein. Denn es war nicht ganz so glorreich gelaufen, wie von dem Mathemann versprochen. «Der hat mich verarscht», sagte P. Der Verein, den er dem damals noch fernen und ahnungslosen P. mit den Worten «spielt auf demselben Niveau wie Hannover 96» beschrieben hatte, war ein Fuzzi-Club unter ferner liefen. Der «gutbezahlte Job» war eine Ganztags-Putzstelle im Kernkraftwerk. Und die «eigene Wohnung» ein Zimmer unter dem Dach des Trainers und dessen Freundin. «Jetzt sitze ich hier fest», grollte P. «In dem Spießbürgerkaff, mit Idioten.»

Ich konnte P.s Wut verstehen. Ich fühlte mit ihm. Ich war wütend für ihn. Und für mich. Für uns beide. Obwohl ich nicht aus Liverpool kam. Obwohl ich eine von den «Idioten» war. Ich strengte mich wahnsinnig an, P. zu beweisen, dass ich hier genauso deplatziert und verloren war wie er. An den Tagen, an denen mir das gelang, waren wir ein Bilderbuchpaar.

Ich sah ihn, gleich nachdem ich die Disco betrat. Er stand an der Bar rechts von dem schmalen Durchgang, durch den ich mich drängte. Und er sah mich. Magie! Er winkte begeistert, als seien wir alte Bekannte. Ich war überrascht. Ich hatte darauf gehofft, dass er sich an mich erinnerte. Aber nicht damit gerechnet. Er machte einen Schritt auf mich zu, schob seine Hand zwischen den dichtgedrängten Discobesuchern hindurch und griff nach meinem Arm. Ich war verhaftet. Er zog mich hinter sich her, zur Bar. Er strahlte. «Ich habe auf dich gewartet», brüllte er. Über den Lärm hinweg, direkt in mein Ohr. Er drückte meinen Arm. Himmel, er sah so glücklich aus. War es zu fassen? Er hielt meinen Arm gedrückt. Ich hatte nicht für möglich gehalten, dass er sich für mich interessieren könnte.

Es ist seltsam, was in mir vor sich geht, jetzt, wo ich diesen Part erzähle. Die alten Gefühle sind wieder da. Wie jung wir waren. Wie wir uns fühlten, so ganz am Anfang. Aufgeregt, hoffnungsfroh. Vielleicht fühlte auch nur ich mich so. An diesem ersten Abend mit P. und noch eine ganze Weile danach. Wie lange, kann ich nicht sagen. Ich erinnere mich nicht mehr, wann sich das erste Unbehagen einschlich. Hier und da, und anfangs nur für Sekunden. Nicht lange und nicht intensiv genug, dass es gereicht hätte für einen echten Zweifel. Damals noch nicht. Heute schon. Heute bin ich auf der Hut. Manchmal sagen Freunde, die meine Geschichte kennen: «Ach, komm, das (oder den) findest du jetzt nur verdächtig, weil du mal mit einem Mann schlechte Erfahrungen gemacht hast!» Dann sage ich: «Ganz genau!»

×××

«Was trinkst du?», brüllte P. über die Musik hinweg, Geldschein schon in der Hand. Ich schüttelte den Kopf. «Ich bestelle mir selbst etwas», sagte ich, aber er hielt mich fest. Er lachte. «Keine Frau, die mit mir unterwegs ist, kauft ihre Getränke selbst», sagte er. «Ich könnte meiner Mutter nicht mehr unter die Augen treten, wenn sie hören müsste, dass ihr einziger Sohn eine Frau bezahlen lässt.» Er zwinkerte. «Ich bin ein Gentleman.» Seine Hand noch immer auf meinem Arm. Er bestellte mir, was er trank. Southern Comfort mit Kirschsaft auf Eis. Er zwinkerte wieder, zog den linken Mundwinkel hoch und schnalzte dabei mit der Zunge. Das war so sein Ding. Verwegen. «Du wirst es mögen», sagte er und schob mir das Whiskey-Kirschsaft-Glas hin. Dann stand er eine Weile nur da, Hand auf meinem Arm, grinste und starrte mich an. Ich wusste nicht, was sagen. Es war sowieso zu laut zum Reden.

Sein Trenchcoat-Arm lehnte neben mir auf dem Tresen. Lässig. Nah dran. Er hatte unglaublich schmale Hände. Lange Finger. Auf der Außenseite seines Handrückens wuchs jeweils ein schmaler Streifen schwarzen Haars. «Wenn du die Hände eines Mannes nicht magst, kannst du den Kerl dazu gleich vergessen», sagte meine Mutter immer. «Die Hände sind ein todsicherer Indikator.» Meine Mutter mochte die Hände meines Vaters nicht. Des Mannes, der sie verließ, als sie 19-jährig mit mir schwanger war. In welchem Monat genau, weiß ich nicht. Mein Vater, der richtige, ist eines der Dinge, über die wir nicht sprechen. Nicht wirklich. Mein Vater ist eines der Dinge, die riesig und allmächtig sind. Weil es sie nicht gibt. Nicht geben darf. Die Engländer haben dafür den Ausdruck: «The elephant in the room». Der Elefant im Zimmer, von dem alle so tun, als sei er nicht da. Mein Vater, der richtige, ist so ein Elefant. Dass es ihn gab, fand ich heraus, als ich zwölf Jahre alt war. Im Schulbus. Eine Cousine hat es mir erzählt. Wir hatten einen Streit, worüber, weiß ich nicht mehr, der Anlass wird nichtig gewesen sein. «Weißt du überhaupt, was *du* bist!», höhnte sie. «Weißt du, wo *du* herkommst!» Dann holte sie aus zum finalen Schlag. «Dein Vater ist gar nicht dein Vater! Dein Vater ist abgehauen, als deine Mutter schwanger war. Der *wollte* dich nicht!» Und obwohl ich keine Ahnung hatte, wovon sie sprach, wusste ich gleich: Was sie sagte, war wahr.

Wenn meine Mutter nach der Schulbuskatastrophe von meinem Vater sprach – zwangsweise, weil ich nicht aufhörte zu fragen –, dann nur in Andeutungen und düsteren Anekdoten. «Einmal hat er einen Hund überfahren. Und ist dann nicht ausgestiegen, um sich zu kümmern.» *So* einer war mein Vater. «Und seine Hände konnte ich auf Anhieb nicht leiden.» – «Warum nicht?», fragte ich. – «Die waren so grob und seine Finger verdickten sich an den Knöcheln.» Sie schüttelte sich. Hätte sie damals doch nur auf ihren Männer-Hände-Instinkt gehört! «Ich hätte mir einiges erspart!» Mich zum Beispiel. Aber das sagte sie nicht. Nicht so direkt. «Das kannst du dir merken: Wenn du die Hände eines Mannes nicht magst, taugt der ganze Kerl nichts.» Ich war zwölf. Zu jung, um ihre Lehre zu testen. Stattdessen sah ich mir meine Hände an. Ich überprüfte sie auf ihre Grobheit. Darauf, ob meine Finger sich an den Knöcheln zu sehr verdickten. Ich konnte es nicht sagen. Ich wagte nicht, meine Mutter zu fragen.

Ich mochte P.s Hände. Sie gefielen mir auf Anhieb. Ich liebte seine Hände noch, lange nachdem er sie erstmals zu Fäusten geballt hatte. Ich konnte nicht verstehen, dass und wie so schöne Hände mir so weh tun konnten. Ich hatte die größten Schwierigkeiten, diese eleganten Hände mit meinen blauen Flecken, den aufgeplatzten Lippen, dem geplatzten Trommelfell und meinen schwarz-gelb geränderten Augen in Zusammenhang zu bringen. Die Eleganz seiner Hände ließ keine Schlüsse darauf zu, wozu ihr Besitzer fähig war.

P. sah meinen Blick. Er strich mit dem Finger über den dünnen

Haarstreifen auf seinem Handrücken. Ich fühlte mich ertappt. «Das ist sehr sexy.» Er zwinkerte. «So hat man mir gesagt.» Ich wusste nicht, was darauf entgegnen. Wohin mit meinem Blick. Mit meinen eigenen Händen. Ich war 16. Er war ein Mann. Nahm meine Hände in seine. Und ich hielt still.

×××

Bei einem Drehbuchkurs, den ich kürzlich besuchte, zeigte uns die Referentin einen Ausschnitt aus dem Elia-Kazan-Film «Die Faust im Nacken» (On the Waterfront) von 1954. In der betreffenden Szene begleitet der junge Marlon Brando in der Rolle des Werftarbeiters Terry die von ihm heimlich verehrte Edie, gespielt von Eva Marie Saint, nach Hause. Terry würde Edie spürbar gern bitten, mit ihm auszugehen. Aber er ist ein scheuer, rauer, simpler junger Mann, der sich Edie, die auf eine Klosterschule geht, sichtbar unterlegen fühlt. Die Tatsache, dass er Edies Bruder Joey zuvor in einen Hinterhalt gelockt hat, in dem Joey (von anderen, und unbeabsichtigt von Terry) ermordet wurde, ist für die Szene nicht unbedingt von Bedeutung. Edie weiß nichts von Terrys Rolle beim Mord an Joey. Und doch ist ihr unbehaglich zumute.

Sie eilt voran, in dem Versuch, sich von ihm zu lösen. Terry folgt ihr. «Du musst keine Angst vor mir haben. Ich beiße nicht ... Aber ich denke mal, da, wo du herkommst, lassen sie dich nicht einfach mit Grobianen herumspazieren.» Edie sagt ertappt, entschuldigend: «Du weißt ja, wie Nonnen sind.»

Sie verliert ihren Handschuh. Terry hebt ihn auf und fingert an ihm herum. «Versuchst du auch, Nonne zu werden?» Edie gibt ausweichend Antwort. Er drängt in schroffem Ton weiter. Wie oft kommt sie her? Was macht sie genau? Wer ist sie? Edie antwortet zögerlich. Gegen ihren Willen. Aber sie antwortet. Sie weiß nicht, wie sie nicht antworten kann. Das ist das Ding. Er zwängt seine Hand in ihren Handschuh. Sie versucht, ihn sich zurückzuholen – vergeblich. Ihr Unbehagen ist so deutlich, dass die Szene schwer auszuhalten ist.

Für mich. «Du willst Lehrerin werden?», fragt Terry. «Das ist gut. Ich bewundere Leute mit Grips. Mein Bruder hat Grips.» – «Es reicht nicht, Grips zu haben», sagt Edie entnervt. «Man muss ihn auch einsetzen können.» Und plötzlich spricht Terry darüber, wie Edie früher, als Teenager, ausgesehen hat. Mit ihrem Flechtezopf, der ausgesehen habe wie ein zerfranstes Seil. Mit ihrer Zahnspange. Und der dicken Brille. Er lacht. «Du sahst scheiße aus.» Endlich reicht's ihr. Sie nimmt ihren Handschuh. «Ich komme gut allein heim, danke.» – «Ach, komm», sagt Terry. «Kein Grund, sauer zu sein. Ich mach nur ein bisschen Spaß.» Was er habe sagen wollen, sei: «Du hast dich echt rausgemacht.» «Ich nehme an, du erinnerst dich nicht an mich?», ruft Terry jetzt hinter ihr her. Edie dreht sich um. Und dann setzt die süße Musik ein. «Ich habe dich gleich in dem Moment erkannt, in dem ich dich zum ersten Mal wiedersah ... Ich erinnere mich, dass du immer Ärger hattest.» Die Musik trällert weiter. «Ja, das bin ich», sagt Terry. «Ich weiß nicht, warum die Nonnen mich immer geschlagen haben. Die wollten wohl die Erziehung in mich reinprügeln. Aber ich hab's ihnen gezeigt.» Süße, süße Musik! «Vielleicht wussten sie nicht, wie man mit dir umgehen muss», sagt Edie zart. Terry, kaugummiwälzend, will's wissen: «Wie hättest du es gemacht?» Edie lächelt. Sie sieht Terry jetzt so süß an, wie die Musik klingt. «Nun, mit ein bisschen mehr Geduld. Und Güte.»

Im Kurs zu der Szene befragt, sagte ich mit zitternder Stimme: «Ich bin gespannt, wie es mit den beiden weitergeht. Ihre Begegnung ist ein Paradebeispiel für den Beginn einer gewalttätigen Beziehung.»

Die Referentin war erschrocken. «Du bringst etwas von dir selbst hier ein», sagte sie schnell. Ich sagte: «In der Tat.»

Terry bricht Edie später nicht die Nase. Er schlägt ihr nicht die Augen blau. Ihre Beziehung entwickelt sich nicht gewalttätig in der Art, wie wir Gewalt erkennen. Die Filmemacher haben sich diese erste Begegnung nicht so gedacht. Sie stellen sie als eine «ganz normale, romantische» erste Begegnung dar. Mit darauffolgender «ganz normaler» Beziehung (als Edie schließlich erfährt, welche Rolle Terry beim Mord ihres Bruders gespielt hat, schickt sie ihn zunächst fort, liebt ihn dann aber doch). Und genau das ist das Problem. Noch heute.

Die Filmwelt ist voll mit Edies und Terrys. Mit Frankies & Johnnys (Eine «Komödie» aus den frühen neunziger Jahren, in der Michelle Pfeiffer als Frankie über anderthalb Stunden verzweifelt versucht, einen grenzüberschreitenden, kontrollsüchtigen und aggressiven, aka «liebestrunkenen» Al Pacino / Johnny loszuwerden. Es gelingt ihr nicht. Stattdessen gelingt es Johnny, die «einfach nur von Männern enttäuschte» und darum «verkniffene» Frankie davon zu überzeugen, dass er von Anfang an besser wusste, was gut und richtig für sie ist. Nämlich: er). Mit Bellas und Edwards (Vampir trifft eine junge Frau, steigt nachts wiederholt von ihr unbemerkt in ihr Fenster ein und «beobachtet sie beim Schlafen». Was die junge Frau, als er es ihr gegenüber bekennt, so unglaublich romantisch findet, dass sie sich in ihn verliebt. Fast möchte man sagen «unsterblich». Kann man aber nicht. Denn um mit Edward für immer zusammen sein zu können, tut Bella haargenau das: Sie stirbt).

So sieht für uns Romantik aus. So beginnt für uns beziehungsweise das ist für uns wahre Liebe.

Und wir können gar nicht früh genug unsere Kinder mit diesem Liebesbild vergiften. Arielle, die kleine Meerjungfrau, verzichtet nicht nur auf ihre Heimat, Familie und Freunde, um mit dem Mann, den sie liebt, zusammenleben zu können. Sie verzichtet auf ihre Stimme. In «Die Schöne und das Biest» lernen schon kleine Mädchen (und Jungs), dass und wie Frauen einen aggressiven, gefährlichen Mann für sich gewinnen können: Egal, wie feindselig und furchterregend er dir gegenüber ist, wenn du nur lange genug lieb genug bist, verwandelt er sich kraft deiner Liebe und Ergebenheit in deinen Traumprinzen. Besser bringt kaum ein Film die Mythen, die wir um (gewalttätige) Beziehungen ranken, auf den Punkt. Klarer zeigt kaum ein Film, wie wir Frauen fatal belügen.

Warnhinweise

Hier sind ein paar. Zusammengestellt aus Hinweisen auf «Hiddenhurt», der britischen Beratungs-Webseite zu häuslicher Gewalt (www.hiddenhurt.co.uk), und den Hinweisen des Amerikaners Lundy Bancroft, der seit über 30 Jahren mit häuslichen Gewalttätern arbeitet. Ich habe sie ergänzt um meine eigenen Beobachtungen und Erfahrungen.

1. Kontrolle – Oft maskiert der Misshandelnde sie als Sorge, Fürsorge. Oder als Liebe. «Ich flippe nur so aus, wenn du nicht ans Telefon gehst oder zu spät kommst, weil ich Angst um dich habe.»

2. Eifersucht – Häufig als Liebe getarnt: «Tut mir leid, dass ich so heftig reagiert habe, als ich dich mit deinem Kollegen / Nachbarn / ehemaligen Freund gesehen habe, aber der Gedanke, dich zu verlieren, ist mir unerträglich.» Eifersucht ist Besitzdenken, nicht Liebe.

3. Eine zu schnelle, zu enge Bindung – Ihr seid «füreinander gemacht», es war «Liebe auf den ersten Blick». Du bist die erste und einzige Frau, mit der er so offen sprechen kann, mit der er sich so gut / frei / glücklich fühlt, du bist die Einzige, die ihm jemals so viel bedeutet hat. Oder die ihn richtig liebt. Mein zweiter Mann zog bereits in der ersten Woche unseres Kennenlernens bei mir und meinen Kindern ein. Er «vermisste» mich einfach so, wenn wir getrennt waren, und wollte «immer zusammen sein» mit mir. Wenn ich nach Hause kam, hatte er nicht nur die Wohnung aufgeräumt und geputzt, sondern auch die Möbel neu arrangiert. Auf meinen Ärger darüber reagierte er gekränkt: «Ich wollte dir lediglich einen Gefallen tun. Es ist ja offensichtlich, dass du für Sauberkeit und Gemütlichkeit nicht viel übrighast.» Ich war dann nicht mehr ärgerlich. Ich fühlte mich undankbar und ziemlich klein.

4. **Unrealistische Erwartungen** – Du bist perfekt. Du machst ihn glücklich. Du bist seine Welt, sein Leben. Du bist alles, was er braucht. Und wenn du ihn wirklich liebst, dann brauchst du nichts und niemanden als ihn. Wehe dir allerdings, wenn du seine Erwartungen nicht (immer) und damit sein Glück nicht erfüllst! Der Mann, der früh meine Wohnung auf- und umräumte, legte dabei gleich fest: «Wenn ich dich mal verlassen sollte, dann weil du unordentlich bist!» Mit diesem Damoklesschwert über meinem nichtwürdigen Kopf lebte ich mehr als 14 Jahre.

5. **Unerwartete, unangenehme Großzügigkeit** – Er will alles für dich tun und noch viel mehr. Oft gegen deinen erklärten Willen. Er streicht deine Wohnung für dich (oder räumt sie auf und um, siehe oben), er fährt deine Kinder zu ihren Verpflichtungen, er repariert das Auto deiner Schwester oder bietet dir Kredite an. Er drängt dir seine «Gefallen» geradezu auf und schafft in dir das Gefühl, du stündest in seiner Schuld.

6. **Respektlosigkeit dir gegenüber** – Er lacht über deine Vorlieben, ignoriert deine Wünsche und Sorgen und disqualifiziert deine Ansichten. Er schneidet dir das Wort ab, oder er ist sarkastisch. Er putzt dich runter, wenn ihr allein seid und vor anderen. Darauf angesprochen, findet er für sein Verhalten immer einen guten Grund.

7. **Respektlosigkeit gegenüber seinen früheren Partnerinnen** – Er spricht sehr früh in der Beziehung extensiv über den Schmerz,

den seine ehemalige/n Partnerin/nen ihm zugefügt haben, und abwertend über sie. Besondere Vorsicht ist geboten, wenn er sich als Gewaltopfer einer Frau darstellt und/oder wenn er Sätze sagt wie: «Und dann behauptete sie auch noch, ich hätte sie misshandelt!» Die Mehrzahl aller Misshandlungsvorwürfe ist berechtigt. So, wie 92 Prozent aller Vergewaltigungsvorwürfe korrekt sind.

8. Eine negative Einstellung gegenüber Frauen im Allgemeinen – Frauen sind für ihn hysterisch, berechnend, verschlagen, rachsüchtig, weinerlich, «sehen sich gern in der Opferrolle», et cetera, et cetera. Sein Fazit ist: Du bist die letzte, die einzige tolle Frau auf der ganzen Welt, und er ist ein Glückspilz, dass er dich gefunden hat. Er lässt dich strampeln, um ihm zu beweisen, dass du «ganz anders als andere Frauen» bist und sein Vertrauen und seine Liebe auf Dauer verdienst. Selbstverständlich strampelst du vergeblich. Es wird nicht lange dauern, bis er sich daran erinnert, dass auch du eine Frau bist – und seine Verachtung verdienst. P. hatte grundsätzlich nichts Gutes über Frauen zu sagen. Speziell schöne, selbstbewusste und erfolgreiche Frauen entfachten seine Wut und schürten seinen Hass. Sie waren «krank», «egoistisch», «lesbisch» und brauchten «einfach mal wieder einen Schwanz zwischen den Beinen», um zur Vernunft zu kommen. Elizabeth Taylor war für ihn eine «alte Schlampe», weil sie mehrfach verheiratet war. Solche Urteile sollen dich lehren, dass du, wenn überhaupt, nur als kleine graue Maus seine Liebe verdienst. Und wenn er dich erst so richtig klein und grau gemacht hat, wird er dich *dafür* verlachen und zunichtemachen.

9. Rigides Rollenverständnis – Gewalttäter sind üblicherweise Anhänger einer stereotypen geschlechtlichen Rollenverteilung. Der Mann erwartet vielleicht, dass die Frau ihm dient und gehorcht. In letzter Instanz auch bei strafbaren Dingen. Er sieht Frauen oft als unterlegen, als dümmer an, und als unvollkommen, solange sie nicht in einer Beziehung sind. In P.s Welt (die er zu meiner machte) sollten Frauen in der Kneipe ihr Getränk nicht selbst bestellen. Frauen, die ihre Zigaretten selbst drehten, offenbarten sich dadurch als «Schlampen». Frauen, die Melodien pfiffen, auch. Letztere Vorstellung ging Hand in Hand mit einer von meiner Omma gern zitierten deutschen «Lebensweisheit»: «Mädchen, die pfeifen, und Hähnen, die kräh'n, soll man beizeiten die Hälse umdreh'n.»

10. Verbale Gewalt – Er verletzt dich willentlich und wiederholt mit Worten. Er erniedrigt dich, redet dich schlecht und wertet dich und deine Arbeit und deine Erfolge ab. Er tut dies zu Hause oder auch in der Öffentlichkeit. Du bist, in seinen Augen, dumm und ohne ihn verloren. Vielleicht hält er dich nach einem Streit wach, um «das ein für alle Mal zu regeln», oder er weckt dich mitten in der Nacht auf, um dich weiter zu beschimpfen. Manchmal ist er dir gegenüber nett, aber er macht dich vor anderen schlecht. Er macht «Witze» auf deine Kosten. Er beleidigt dich und ist grausam, und wenn du darüber empört oder traurig bist, klagt er: «Du verstehst keinen Spaß!» Oder: «Es war doch nur nett gemeint!» Mein Stiefvater rief mich meine Kindheit über «Zappel» (ich saß zwar bei Tisch artig still, war aber im Großen und Ganzen nie artig und still genug). Für meine Mutter und mich verwendet er, wann immer er es für nötig erachtet, bis heute die strenge Ansprache «Mädchen». Mein zweiter Mann rief unsere Tochter vor ihren Freunden «Dicke». P. scherzte mit seiner Mutter, in meinem Beisein, über meine körperlichen «Vorzüge» und «Fehler». Mein Stiefvater hat übrigens, soviel ich weiß, meine Mutter nie geschlagen. Und mich, soweit ich mich erinnern kann, nur ein- oder zweimal. Es gibt andere, genauso wirksame und verletzende Techniken, Frauen und Mädchen zu kontrollieren. Gewalt fängt nicht erst mit Schlägen an.

11. Jekyll-&-Hyde-Persönlichkeit – Kaum ein Gewalttäter ist ausschließlich grob, gemein, sarkastisch und brutal. Weder privat noch in der Öffentlichkeit. Viele von ihnen treten in der Außenwelt als nette, zuvorkommende und angenehme Persönlichkeiten auf, mit respektablen Stellungen im Arbeitsleben und in der Gemeinde. Sie reservieren ihre gewalttätige Seite für ihre Partnerin daheim. Dann wieder geben sie sich für eine Weile der Partnerin gegenüber liebe- und rücksichtsvoll. Es ist auch für einen Gewalttäter anstrengend und langweilig, immer nur grausam zu sein. Darüber hinaus würde Dauer-Grausamkeit über kurz oder lang sein Ziel gefährden. Willkürlich eingestreute Episoden der Zugewandtheit dagegen helfen, die Partnerin weiter zu verwirren und das Bild des Täters in der Öffentlichkeit makellos zu halten. P. konnte in der einen Minute der liebenswerte, wortgewandte Spaßvogel sein. In der nächsten war er der Obszönitäten brüllende, prügelnde Terrorist. Diese für das Opfer unberechenbare Von-jetzt-auf-gleich-Wechselhaftigkeit ist kein Zeichen einer psychischen Erkrankung des Täters. Sie ist angewandte Manipulation.

12. Grausamkeit gegenüber Kindern – Gewalttäter übertragen die unrealistischen Erwartungen, die sie an ihre Partnerinnen haben, oft auf die Kinder. Sie erwarten von ihnen, dass sie sich wie kleine Erwachsene benehmen, dass sie «gesunden Menschenverstand» weit jenseits ihrer kindlichen Kapazitäten zeigen und ein unrealistisches Maß an Verantwortung übernehmen. Nachdem unser erster Sohn geboren war, erwartete P. von ihm, dass er nach Erfüllung der offensichtlich notwendigsten Bedürfnisse, wie Füttern und Wickeln, allein in seinem Kinderbett zufrieden war und einschlief. Wann das weinende Baby hochgenommen werden durfte, entschied allein P. «Du machst ein Muttersöhnchen aus ihm», knurrte er, wenn ich mich seinen Anweisungen widersetzte. Seine Erwartungen an das Baby und sein «Erziehungsstil» glichen denen meiner Eltern, die meinen neugeborenen und «grundlos schreienden» Bruder nur selten hochnahmen und trösteten. Weil er früh lernen sollte, dass er «nicht mit dem Kopf durch die Wand kann». Ich war 18 und selbst zum ersten Mal schwanger, als mein Bruder geboren wurde. Ich wohnte für die ersten vier Lebenswochen meines Bruders noch zu Hause und erboste mich oft hilflos und ganz umsonst über meinen Stiefvater, der stundenlang reglos neben der Wiege mit seinem schreienden Sohn saß, um, wenn er ihm auch nicht «seinen Willen ließ», doch sicherzugehen, dass «alles in Ordnung» war. Auch von mir erwarteten meine Eltern früh ein hohes Maß an Fügsamkeit und «Kompatibilität». Während der Mahlzeiten durfte nicht getrunken und gesprochen werden. Meine Eltern erzählen noch heute stolz, wie sie einmal in einem Restaurant dafür gelobt wurden, wie absolut still und «artig» ich am Tisch saß. Mit sechs. Ich hatte noch als Teenager ungewöhnlich früh (abends um sechs) und auf die Minute pünktlich zu Hause zu sein. Das kleinste Zuspätkommen wurde drakonisch bestraft. Vier Wochen Hausarrest für fünf Minuten Verspätung schienen ihnen angemessen. Ein Lieblingssatz meines Stiefvaters war: «Die einzige Entschuldigung für Zuspätkommen ist: Du bist tot!»

13. **Grausamkeit gegenüber Tieren** – Der gewalttätige Mann bestraft Tiere möglicherweise brutal und unverhältnismäßig. Er versorgt sie unregelmäßig mit Futter und Wasser oder vernachlässigt sie auf andere Art bis zur Grausamkeit. Er verschreckt oder verstört sie. Akute Untersuchungen deuten auf einen starken Zusammenhang zwischen Grausamkeit gegenüber Tieren und häuslicher Gewalt hin. Vor ein paar Jahren traf ich mich mit einem Mann zu einem Ausritt. Wir fuhren in seinem Jeep, unsere Pferde auf dem Anhänger hinter uns. An dem Ausreitgelände angekommen, benahm er sich acht- und rücksichtslos. Gegenüber seinem und meinem Pferd und gegenüber mir. Auf dem Nachhauseweg erzählte er, wie er sein Pferd einmal verprügelt hatte, weil es mit ihm durchgegangen und er gestürzt war. Er bestand nicht nur darauf, dass sein Pferd diese «Erziehung» nötig hatte. Er war stolz auf sein «Durchsetzungsvermögen». Ich wäre gern sofort ausge-

stiegen und hätte mein Pferd von seinem Hänger geholt, statt mich 20 Kilometer von ihm nach Hause bringen zu lassen. Ich traf ihn nie wieder.

14. **Er hat niemals Schuld** – Er ist stets das Opfer widriger Umstände und gemeiner Mitmenschen. Und bald wird er sich zu deinem Opfer erklären. Er macht gern Versprechungen, die er nicht hält, und findet für seine Verfehlungen immer neue Gründe.

15. **Er ist selbstbezogen** – Einmal hatte ich einen Mann zu Gast, der, während er an meinem Gartentisch Kaffee trank und Kuchen aß, pausenlos über sich selbst sprach. Er erzählte eine tolle Geschichte über seine diversen Jobs, Hilfseinsätze, Reisen, Frauen und sonstigen Erfolge nach der anderen. Ab und zu versuchte auch ich, einen Satz zu sagen – zunächst ernsthaft, im weiteren Verlauf des Nachmittags nur noch als Test, um mein Bild von ihm zu überprüfen –, aber für mehr als eine jeweils kurze, anerkennende Bemerkung und ein paar Nachfragen meinerseits hatte er nicht die Geduld. Beim Wegfahren klagte er: «Ich habe gar nichts über dich erfahren.» – «Was Wunder!», lachte ich. «Du hast drei Stunden am Stück über dich gequatscht.» Er war über mein «ungerechtes Urteil» empört.

16. **Er drängt früh auf Sex** – Siehe: «Respektlosigkeit» und «Selbstbezogenheit». Deine Wünsche und Bedürfnisse sind für ihn bedeutungslos, stattdessen sieht er Frauen als Mittel zum Erfüllen seiner Wünsche und Bedürfnisse. Das gilt selbstverständlich auch, wenn er darauf drängt, dass du mit ihm schläfst, um ihm dein «Vertrauen und deine Liebe zu beweisen».

17. **Alkohol- und Drogenmissbrauch** – Alkohol- und Drogenmissbrauch sind keine eindeutigen Hinweise auf eine gewalttätige Persönlichkeit, und sie führen auch nicht zwingend zu Misshand-

lungen und Gewalttätigkeiten – aber sie gehen oft mit ihnen Hand in Hand. Sie vervielfachen das Risiko, und oft wird der Misshandelnde seine Gewalttätigkeiten auf den Alkohol oder die Drogen schieben. Wer allerdings weiß, dass er nach dem Genuss von Drogen gewalttätig wird und dennoch Drogen zu sich nimmt, der wählt, gewalttätig zu sein.

18. Eine Geschichte von häuslicher und anderer Gewalt – Misshandlungen, Schläge und sexuelle Gewalt sind keine «Ausrutscher». Ein Schläger wird jede Frau, mit der er zusammen ist, schlagen. Ein sexueller Gewalttäter wird gegen jede seiner Partnerinnen gewalttätig sein. Es sind niemals «die Umstände» oder ehemalige Partnerinnen gewesen, die das «Schlechteste aus ihm herausgeholt» und ihn so zur Gewalt gezwungen haben. Er hat *gewählt* zuzuschlagen. Und er wird es wieder wählen. Auch bei dir. Egal, wie oft er beteuert, dass du «ganz anders bist», dass er «dich zu sehr liebt» oder dass du «klüger» bist als deine Vorgängerinnen und ihn darum gewiss nicht bis zum Äußersten reizen wirst. Fakt ist: Wann er «bis zum Äußersten» gereizt ist, entscheidet allein er. Dann erteilt *er* sich die Erlaubnis zur Gewalt. Immer wieder. Dass er zuschlägt, ist jeweils seine Entscheidung und seine Schuld. Es ist nicht die Schuld seiner Expartnerinnen. Und nicht deine.

19. Verletzlichkeit zieht ihn an – Beispielsweise, wenn ein Mann sich von sehr viel jüngeren Frauen (oder Mädchen) angezogen fühlt. Oder von Frauen, die ein geringeres Selbstwertgefühl haben, weniger Lebenserfahrung und/oder Wissen, und die den Mann willig als ihren Lehrer und Mentor annehmen. Andere Männer suchen gezielt Frauen, die eine Form von Trauma durchlebt haben oder noch durchleben. Eine gewalttätige Kindheit, gesundheitliche Probleme, ein schwerer Verlust, et cetera. Sie präsentieren sich den Frauen als Retter. Chris Watts, der 2018 im US-Bundesstaat Colorado festgenommen wurde, nachdem er seine hochschwangere Frau und die beiden Töchter umgebracht hatte, hatte seine Frau kennengelernt, während sie an Depressionen litt. In ihren glücklichen Familien-Videos pries sie ihn wiederholt als ihren Retter. Als ich meinen zweiten Mann kennenlernte, war ich 23, alleinverantwortliche Mutter von zwei kleinen Kindern und, ohne dass es mir bewusst war, von dem Terror, der Angst und der Einsamkeit in meiner ersten Ehe traumatisiert. Ein Mann, der mich nicht schlug, erschien mir schon wie eine vom Himmel gesandte Gabe. Ich bin sicher, er hat das gewusst. Später erzählte er mir, dass auch seine erste Frau von einer früheren Beziehung traumatisiert gewesen war. «Komisch», rief er und lachte. «Ich kriege immer die Frauen mit den Männerproblemen!» Er «kriegte auch immer die Frauen mit Kindern». Das war schon sein Muster gewesen, bevor er mich an Land zog. Und als ich mich nach 14 Jahren Ehe endlich von ihm trennte, zog er innerhalb des ersten halben Jahres zu einer anderen Frau mit vier Kindern und heiratete sie.

20. Er misst mit zweierlei Maß – Für ihn gelten grundsätzlich andere, sehr viel weniger strenge Regeln als für dich. P. ging und kam, wie er wollte. Während er mir meine «Ausgehzeit» (und möglichen Ausgehfreunde) streng zuteilte und mit Argusaugen darüber wachte, dass ich mich an seine Gebote und Verbote hielt, erteilte er sich die Erlaubnis, auf Partys rückhaltlos mit anderen Frauen zu flirten und sie zu küssen. Wenn ich nur mit einem anderen Mann sprach, war ihm das schon Anlass zu einer Szene. Oft auch für Prügel.

21. Gewaltdrohungen – Dazu zählen selbstverständlich offene Drohungen wie: «Wenn du das noch mal machst, bringe ich dich um», oder «Wenn das meine Frau wäre, könnte sie was erleben». Aber auch versteckte Drohungen, wie: «Ich könnte ohne dich nicht leben.» Mein zweiter Mann drohte nach einem Streit mit Selbstmord und lief – wie es aussah – in den Wald, an dem wir lebten. Er ließ seine Ringe und seinen Ohrring im Badezimmer zurück und seine Kaffeetasse auf dem Waldweg nahe unserem Haus fallen. Die von mir alarmierte Polizei suchte über zwei Stunden nach ihm. Darunter ein befreundetes Paar, die beide bei der örtlichen Kriminalpolizei arbeiteten. Schließlich schickte mein Mann überraschend ein Fax aus einem Computerladen in der nahen Stadt, in ihm klagte er bitterlich über das «Unrecht», das ich ihm «angetan» hätte. Ich war außer mir vor Wut. Unsere Kripo-Freunde fanden meine Wut gegenüber dem «armen» Mann empörend. Selbst aus der Distanz und von «Experten» ist also offenbar nicht leicht zu durchschauen, dass Gewaltdrohungen, egal welcher Art, der Manipulation und Kontrolle dienen.

22. Das Einschlagen auf und das Zerbrechen von Gegenständen – Er schlägt auf Gegenstände ein und/oder zertrümmert Möbel, Türen und andere Gegenstände und/oder persönlichen Besitz. Er entschuldigt seine Zerstörungswut damit, dass du ihn «zur Weißglut» getrieben hast und er die Kontrolle verloren habe. In der Realität dienen seine Attacken dazu, dich in Angst und Schrecken zu versetzen und dazu zu bringen, klein beizugeben. Als Amber Heard, mittlerweile Exfrau des Schauspielers Johnny Depp, ihren Mann wegen häuslicher Gewalt anklagte und als Beweis ein Video auf YouTube stellte, das Depp zeigte, wie er in ihrer Küche auf und ab tobte, Drohungen brüllte, mit Gegenständen um sich schmiss und die Küchenschranktüren knallte, schrieben zahllose Zuschauer (unter anderen, noch sehr viel hässlicheren und dümmeren Kommentaren): «*Das* ist doch keine Gewalt. Er macht ja nur Sachen kaputt!» Doch, «Sachen kaputt machen» ist eine Form von Gewalt. Sie enthält unter anderem die Botschaft: «Guck mal, wozu ich in der Lage bin! Jetzt zerbreche ich nur den Küchenschrank. Aber gleich zerbreche ich vielleicht dich.» Oft hat der Mann, der vorgibt, «die Kontrolle verloren» zu haben, sich genug unter Kontrolle, um nur zu zerstören, was dir gehört. Das hat den zusätzlichen Effekt einer Entpersonalisierung: Dir gehört nichts, und du bist nichts.

23. Jegliche Machtdemonstration während eines Streits – Er brüllt dir direkt ins Gesicht, hält dich fest, versperrt dir den Weg, schubst dich, drängt dich gegen die Wand, schmeißt mit Gegenständen nach dir. Alle Machtdemonstrationen sind ein akuter Warnhinweis darauf, dass dir bald Schlimmeres widerfährt.

Es gibt zahlreiche Warnhinweise, die auf eine gewalttätige Persönlichkeit schließen lassen – P. zeigte sie alle. Das erkenne ich heute, im Nachhinein.

Heute erkenne ich diese Anzeichen auch bei anderen Männern. Beispielsweise: Wenn einer erzählt, wie er sein Pferd verprügelt hat, nachdem es mit ihm durchgegangen und er runtergefallen ist, weil es «Erziehung» brauchte. Ich bin alarmiert, wenn ein Mann sich von seiner Frau bedienen lässt und/oder «Witze» über sie macht. Ich weiß mittlerweile, dass es nicht lustig ist und «nur Spaß», wenn ein Mann (oder eine Frau!) Kinder neckt, bis deren Unbehagen deutlich spür- und sichtbar ist. Oder gar bis sie weinen. All das alarmiert mich auch darum: weil ich «mal schlechte Erfahrungen mit einem Mann gemacht habe». Diese Erfahrung hat mich nicht «paranoid gemacht», wie Leute bisweilen vermuten. Sie hat mich für die frühen Warnzeichen sensibilisiert.

Diese Sensibilität ist nichts, was eine Frau sich ausreden lassen sollte. Der Versuch, einer Frau ihr «schlechtes Gefühl» einem bestimmten Mann gegenüber auszureden, noch dazu, wenn sie die Gründe für ihr Gefühl benennen kann, es kleinzureden, krankzureden, sich darüber und über sie lustig zu machen, ist fahrlässig. Er nützt, wie so vieles, den Tätern. Das «schlechte Gefühl» einer Frau und ihre Sensibilität für die Warnzeichen schützen sie vor Verletzungen. Seelischer und körperlicher Natur. Bisweilen retten sie ihnen das Leben.

V wie Verrat

Dies geschah an dem Abend, als ich zum ersten Mal bei P. schlief.

Wir waren zusammen in der Disco gewesen. Wir trafen uns zu der Zeit bereits ein paar Wochen. Wir waren schon so etwas wie ein Paar. Ich war 16, in vier Monaten würde ich 17 werden. Ich hatte drei Jahre einen Freund gehabt, den Motorradjungen. Meine Mutter hatte mir die Pille besorgt, und ich hatte ein paarmal mit ihm geschlafen. Er war rücksichtsvoll, zärtlich gewesen, und alles in allem fand ich den Sex okay. Er war nur nicht das ganz tolle Ereignis, das mir die *Bravo* versprach. «Nothing to write home about», sagt man auf Englisch. Nichts, worüber man begeisterte Briefe schreibt an die Lieben daheim. Ich weiß noch, was meine Mutter sagte, als ich sie scheu fragte, ob mit mir eventuell etwas nicht in Ordnung war. «Ich gebe dir einen heißen Tipp: Versuch's mal mit einem anderen!» Ich fand das revolutionär.

Ich wollte es trotzdem nicht mit einem anderen versuchen. Ich fühlte mich noch nicht dazu bereit. Fürs Erste trennte ich mich von dem Motorradjungen, der darüber traurig war. Es war das erste und einzige Mal, dass meine Mutter ihn ins Haus gelassen hatte: als er, ein paar Tage nachdem zwischen uns Schluss war, tränenüberströmt und mit einem Riesenrosenstrauß vor der Haustür stand. Später, als er von Bekannten hörte, dass ich ihn gegen einen Schläger «eingetauscht» hatte, lachte er und sagte: «Geschieht ihr recht!» Manchmal frage ich mich, ob er der nette Typ war, den ich lange in Erinnerung hatte. Oder nur einer von den Männern, die nett und zuvorkommend sind, solange ihnen die Frau «gehört».

Und wenn sie dann eigene Wege geht, wünschen sie ihr die Pest an den Hals.

Nach der Disco ging ich mit P. nach Hause. In die Anderthalb-Zimmer-Mansarde beim Mathemann. Eine Art Wohnzimmerbüro mit einem Schreibtisch, Sofa, zwei Sesseln und einem Couchtisch darin. Dem angeschlossen war eine Schlafnische. Darin lagen P.s Matratze und Bettzeug. Ganz gemütlich.

Wir saßen in dem Wohnzimmerbüro auf den Sesseln und hörten Musik. David Bowie, den ich damals verehrte. P. hatte alle Platten von David Bowie. P. wusste alles über David Bowie. Dass er eigentlich David Jones hieß und als Künstler den Namen «Bowie» gewählt hatte, weil seine Musik sein sollte wie das Messer mit gleichem Namen: «Scharf und auf den Punkt.» Dass seine verschiedenfarbigen Augen, eins grün, eins braun, aus einer Schuljungen-Keilerei wegen eines Mädchens herrührten. Dass seine erste Frau, Angie, sich von ihm hatte scheiden lassen, nachdem sie ihn mit einer anderen im Bett erwischte. Später las ich in Angie Bowies Erinnerungen, Bowie habe sie aus Los Angeles angerufen, es ging ihm schlecht, etwas war los, er war aufgelöst, er sagte, sie müsse sofort kommen, er brauche sie, dringend, also nahm sie das nächste Flugzeug von London nach L. A. Als sie im Hotelzimmer ankam, hatte er gerade Sex mit einer Soul-Sängerin. Angie Bowie schrieb: «Was immer ihn bedrückt hatte, es hatte sich offenbar erledigt.» – «Sorry», sagte David.

Aber damals war auch er für mich noch der Tollste.

Wir tranken Portwein, hörten Bowies «Ziggy Stardust»-Album von Anfang bis Ende und dann «Hunky Dory». P. legte mir die LP-Hülle in den Schoß. «‹Hunky Dory› heißt ‹Alles in Ordnung›.» Das gefiel mir. Er zeigte mir Bowies auf die Hülle gedruckte Notizen. «For small Z.» hatte er an den Rand des Songtextes von «Kooks» geschrieben. «Z. steht für seinen Sohn, Zowie», sagte P. «Bowie hat den Song für ihn geschrieben, als er noch ein Baby war.» Er lachte und nahm meine Hand. «Wenn wir mal einen Sohn haben, werde ich ‹Kooks› für ihn rauf und runter spielen. Das ist unser Lied. Aber so einen blöden Namen gebe ich unserem Sohn nicht.» Wir lachten beide. «Bleib doch ein Teil unserer Lovestory», sang Bowie für den kleinen Zowie. «Du wirst es nicht bereuen, denn wir glauben an dich. Bald schon wirst du groß, also genieß deine Zeit mit einem Paar Verrückter, die an die Liebe glauben.» Noch hatten wir keinen Sohn. Nicht einmal Sex.

«Was jetzt», sagte P. «Hunky Dory» war vorbei. Ich wusste es nicht. Ich hatte Musik gehört. Ich hatte etwas über David Bowie gelernt. Das hatte mir gefallen. Über ‹Was jetzt› hatte ich mir keine Gedanken gemacht. Vielleicht hatte ich sie auch verdrängt.

P. wartete. «Ich muss gehen», sagte ich. Aber es fühlte sich mehr so an, als wollte ich bleiben. Es kam nur auf die Bedingungen an. «Du kannst auf meinem Sofa schlafen», sagte P. «Oder in meinem Bett. Da ist genug Platz.» Ich sagte nichts. Ich nahm einen Bleistift von P.s Tisch und schrieb, was ich nicht sagen konnte, auf die Innenhülle von «Hunky Dory». Ich reichte P. die Nachricht. Er las, lächelte und schrieb zurück. So ging es hin und her. Über gefühlte Stunden, aber ich denke, es kann höchstens eine gewesen sein. Ich erinnere den genauen Wortlaut unserer Nachrichten nicht mehr. Nur den Inhalt.

«Ich würde gern bleiben, aber ich habe Angst.»

«Wovor?»

«Vor dir.»

«Warum?»

«Nicht vor dir. Du weißt schon.»

«?»

«Ich will keinen Sex. Ich würde nur gern bei dir übernachten.»

«Warum nicht?»

«Ich habe erst mit einem Mann geschlafen. Ich bin noch nicht so weit.»

«Cool, eine Beinahe-Jungfrau!»

«Ich mein's ernst.»

«Das war ein Scherz!»

«Versprichst du, dass ich keinen Sex mit dir haben muss?»

«Hmmm, vielleicht ... Na klar! Was denkst du denn, ich bin kein Monster.»

«Wenn du es nicht versprechen kannst, muss ich nach Hause gehen.»

«Hey, ich bin ein GENTLEMAN.»

«Sehr lustig.»

Warum tat ich das? Was war los mit mir? Warum saß ich stumm da, in dem Zimmer? Warum schrieb ich, statt mit P. zu sprechen, auf einer Plattenhülle mit ihm hin und her? Das habe ich mich drei Jahrzehnte gefragt. Es kam mir so kindisch vor. So unreif. So lächerlich. Die Erinnerung an dieses Mädchen und ihr Plattenhüllen-Theater störte mich mehr als die Erinnerung an das, was nach dem Theater geschah.

Heute denke ich: Es *war* unreif. Es war kindisch. Aber nicht im lächerlichen Sinne. Ich war 16. Er war 26. Ich denke: Er wusste, was er tat. Die einzige Nachricht, an die ich mich Wort für Wort erinnere, ist die, die er mir zuletzt auf die Plattenhülle schrieb:

«Ich werde dich vergewaltigen ...»

Ich verstand 30 Jahre lang nicht, warum ich nicht ging. Warum ich mich zu ihm in die Schlafnische legte. Wie ein Schaf auf die Schlachtbank. Was war los mit mir? Ich hatte doch Angst. Warum suchte ich seine Nähe? Wir trugen Unterwäsche. Und ich ein T-Shirt. Durch den Stoff konnte ich seinen Körper spüren, seine warme Haut. Das gefiel mir. Er hielt mich. Er küsste mich. Ich hatte nichts dagegen. Als er seine Hand unter mein T-Shirt schob, hielt ich sie fest und sagte ‹Nein›. Als er seine Hand zwischen meine Beine schob, presste ich sie zusammen und sagte ‹Nein›. Ich versuchte, mich wegzudrehen, und sagte: «Bitte, ich will nicht.» Er sagte nichts.

Was war mit ihm los? Das fragte ich mich nie.

Ich schrie nicht. Ich rief nicht um Hilfe. Ich versuchte nicht, aufzustehen und davonzulaufen. Ich sagte ‹Nein›. Ich sagte: «Ich will nicht.» Mehrmals. Ich versuchte, ihn von mir zu schieben. Ich kratzte und schlug mit den Fäusten auf seinen Rücken. Das liest sich nach mehr Widerstand, als da war. Irgendwann tat ich nichts mehr. Er muss das als ‹Mitmachen› verstanden haben. Warum sonst hätte er gesagt: «Frauen mögen diesen kleinen Kampf»?

Als es vorbei war, lief ich nicht fort. Ich blieb liegen. Ich ging ihm nicht aus dem Weg. Ich ging immer wieder hin. Ich suchte seine Nähe. Ich sagte: «Ich liebe dich.» Und ich meinte es so. Ich heiratete ihn. Ich bekam von ihm zwei Kinder.

Ich konnte mich lange nicht verstehen. Ich dachte lange, es müsse an meiner Jugend gelegen haben. An meiner Unerfahrenheit, an einer spezifischen Schwäche.

Heute weiß ich, wie oft und leicht auch erwachsene, starke Frauen von Männern in Situationen gebracht werden (können), in denen es ihnen die leichtere, elegantere Lösung zu sein scheint, dem Sex zuzustimmen. In denen sie sich nicht nur zu dem Sex hinmanipuliert erleben. Sondern auch zu dem Glauben, sie hätten ihn gewollt.

Was mit Frauen «passiert», oder: Der verfluchte «Passiv Irrelevantis»

Über Gina-Lisa Lohfink und ihren Vorwurf, von zwei Männern – Pardis F. und Sebastian Castillo Pinto – vergewaltigt worden zu sein, ist viel geschrieben worden. Die ehemalige Kandidatin von «Germany's Next Topmodel» stand wegen dieses Vorwurfs 2016 in Berlin vor Gericht. Die beiden Männer hatten verschiedenen Medien ein Video zum Kauf angeboten, in dem zu sehen ist, wie sie Sex mit Lohfink haben. Anschließend verbreiteten sie es im Internet. Lohfink hatte erst gegen die Veröffentlichung des Videos geklagt, der Sex allerdings sei einvernehmlich gewesen. Später gab sie an, auch den Sex nicht gewollt zu haben. Das Gericht verurteilte die beiden Männer wegen der Verbreitung des Videos zu einer Geldstrafe und kam nach Befragung der Zeugen und Sichtung des Video- und Fotomaterials zu dem Schluss, dass Lohfink mit ihrem Vorwurf der Vergewaltigung gelogen habe und der Sex einvernehmlich gewesen sei. Lohfinks in dem Video mehrfach zu hörendes ‹Nein› und ‹Hör auf› habe sich ausschließlich auf das Filmen bezogen. Nicht auf den Sex. Das Gericht verurteilte Lohfink zu einer Geldstrafe von 24 000 Euro.

Die Polizeibeamtin, die die von den Männern abwechselnd gedrehten Videos im Zuge von Lohfinks Vernehmung angesehen hatte, sagte vor Gericht: «Das war kein schöner zärtlicher Sex. Aber Gewalt konnte ich nicht erkennen.» Ich habe mir die Videos – die paar Minuten, die von ihnen im Internet übrig sind – auch angesehen. Es war, um es vorwegzunehmen, kein Vergnügen. Aber ich will mich nicht leichtfertig dem Vorwurf aussetzen, den die stellvertretende Chefredakteurin der *Zeit*, Sabine Rückert, der damaligen Bundesministerin für Familie, Senioren, Frauen und Jugend Manuela Schwesig machte, als die sich für die Angeklagte Lohfink einsetzte: «Sie hat offenbar keine Ahnung.» Und ich denke: Das kommt darauf an, wie man Gewalt definiert.

In den Video-Ausschnitten sieht man pornotypisches Gerammel. Eine Frau, die größtenteils unbeteiligt auf dem Rücken liegt, und zwei Männer, die abwechselnd in sie hineinstoßen und sich dabei pausenlos gegenseitig anfeuern: «Fick sie! Ja, fick sie. Sie braucht's härter.» Ab und zu schiebt einer ihr seinen Penis in den Mund, während der andere mit der Handykamera draufhält. Lohfink dreht den Kopf weg. «Hör auf», sagt sie. «Laber nicht», sagen die Männer. Einmal lächelt die Frau unter ihnen auch. Und ich weiß nicht, ob es dieser Augenblick ist, der den Verteidiger eines der beiden Männer zu dem Urteil hat kommen lassen: «Sie hat den Sex ganz eindeutig genossen.» Oder ob die anderen, nicht mehr vorhandenen Filmpassagen ihm dieses Urteil gestatten. Die Polizeibeamtin, die alles gesehen hat, sagte: «Es war nicht besonders würdevoll, wie man mit Frau Lohfink umgegangen ist.» Und ich denke, vielleicht vertrat der Verteidiger ja nicht nur einen der beiden Männer, sondern überhaupt die Auffassung, dass Frauen es «härter brauchen».

«Es stimmt, dass sie heftig penetriert wird», sagte die Polizeibeamtin noch. «Aber ich sehe kein Abwehrverhalten. Sie hat viel mit sich machen lassen.»

Das ist immer wieder gern Thema. Man liest: Frauen lassen sich benutzen, sie lassen sich erniedrigen, vorführen. Sie lassen sich schlagen. Man liest auch: Frauen werden benutzt, erniedrigt, vorgeführt. Und – gar nicht so selten – geschlagen. Gar nicht so selten werden sie sogar vergewaltigt. Jene zuvor schon erwähnte, vom Bundesfamilienministerium 2004 in Auftrag gegebene Studie kommt zu dem Schluss, dass dies jeder fünften bis siebten Frau wenigstens einmal im Leben «passiert». Nach US-Studien erfährt bereits jedes Teenagermädchen in seiner Beziehung sexuelle und/oder eine andere Form von Gewalt.

Ich habe auch die Berichterstattung zum «Fall Lohfink» in den verschiedenen Medien gelesen und mir angesehen, darunter waren *Bild*, *Spiegel*, *Stern*, *Zeit*, *Süddeutsche Zeitung*, *Tagesspiegel*, *Promiflash* und *Handelsblatt*. Und ich frage mich: Warum diskutieren wir das, was mit Frauen «passiert», nahezu ausschließlich im «passiv irrelevantis»?

Pardis, Pinto, P. und Millionen anderer Männer – und leider auch Frauen – haben ihre Weisheiten über und ihre Einstellung zu Frauen nicht aus dem Hut gezaubert. Sie sind nicht auf die Welt gekommen mit ihren Auffassungen von «geilem Sex» und davon, wie Mann dabei mit Frauen umgehen kann, soll und muss («Fick die Alte!»). Mit ihren Vorstellungen davon, was Frauen brauchen («Die braucht es härter!») und mögen (alles, was ihrer eigenen Befriedigung dient). Und ich spreche hier nicht von den Sexwünschen zwischen zwei gleichberechtigten Partnern. Ich spreche nicht von der Art Erniedrigung, die Frauen als lustvoll empfinden können – wenn sie in einem spielerischen, grundsätzlich respekt- und vertrauensvollen Rahmen geschieht.

Vor Gericht dazu befragt, wie er das fand, dass sein Kumpel Pardis mit Gina-Lisa im Schlepptau morgens um fünf vor seiner Wohnungstür stand, sagte Pinto: «Coole Nummer!» Wie er das meint, fragte die Richterin (die er im Übrigen während des Prozesses mehrfach unterbrach). «Na, da steht eine, von der man weiß, dass sie gern Pornos dreht. Und dann will die nicht mal Geld!» Ja, da lachten die Männer und Frauen im Gericht in einigem Erkennen! Ist doch clever, wenn einer die Frau vor seiner Wohnungstür gleich als Gelegenheit erkennt. Ich lese: Mehr als einmal feuerte das Publikum ihn während des Prozesses so an. Auch die Staatsanwältin lachte bisweilen mit. Dann hielt sie sich schnell die Hand vor den Mund.

Sebastian Castillo Pinto und seinesgleichen, draußen in der Welt, werden die Botschaften sicher auch von hinter der vorgehaltenen Hand verstanden haben. Das tun sie immer.

Nach dem Prozess verteilte Pinto Interviewtermine an die Journalisten. Mittlerweile ist er Rapper mit einem Song zu dem Prozess auf YouTube. Und ich denke: Es gibt Musikproduzenten, die so etwas fördern, verbreiten und vermarkten – und wir tun so, als fielen Männer wie Pinto vom Himmel. «Paris Hilton kriegt ’nen Korb, Gina-Lisa durfte ran, bin schon wieder in der Presse, denn ich stehe meinen Mann», singt Pinto. Und dass er darauf scheißt, was andere über ihn denken, singt er auch. Aber das ist nicht wahr. Einer wie er lebt vom Applaus der anderen.

Gina-Lisa Lohfinks Prozess und die Urteilsverkündung fielen in die Zeit, in der die Gesetzgeber gerade darüber diskutierten, ob das ‹Nein› einer Frau zum Sex künftig auch in Deutschland als ‹Nein› gelten sollte. In anderen westlichen Ländern war das bereits seit langem Gesetz, und Deutschland sah sich im Zugzwang. Nach deutschem Recht setzte der Tatbestand einer Vergewaltigung bis zu diesem Zeitpunkt voraus, dass der Täter physische Gewalt angewandt oder der Frau mit «gegenwärtiger Gefahr für Leib und Leben gedroht» hatte. Er setzte voraus, dass die Frau sich in einer «schutzlosen Lage» befunden hatte. Also über keinerlei effektiven Schutz oder Verteidigungsmöglichkeiten verfügte, nicht flüchten und keine fremde Hilfe erreichen konnte. Beispielsweise, wenn sie in einem einsamen Park, einem verlassenen Gebäude oder einem abgelegenen Waldstück vergewaltigt wurde. Ein Wohnhaus gehörte nicht dazu. Die Frau musste dem Täter «Vorsatz» nachweisen können. Sie musste beweisen können, dass der Mann gewusst hatte, dass sie keinen Sex will. Hatte sie nur ‹Nein› gesagt, geweint oder versucht, sich ihm zu entwinden, statt ihm ‹ordentlich› Widerstand zu leisten, so, dass er ihn nur mit Gewalt oder Drohungen hätte überwinden können, lag im rechtlichen Sinn keine Vergewaltigung vor.

Das war nicht nur an den Gesetzen anderer Länder gemessen rückständig. Es war auch gegen die Auffassungen und Rechtsprechungen des Europäischen Gerichtshofes und die Auflagen der von der Bundesrepublik unterzeichneten, aber lange nicht ratifizierten Istanbuler Konvention. Die fordert, *jede* nichteinverständliche sexuelle Handlung unter Strafe zu stellen, ungeachtet dessen, ob das Opfer aktiven körperlichen Widerstand geleistet hat oder nicht (Artikel 36).

Die deutsche Rechtsprechung aber fokussierte weiter auf die «Versäumnisse» des Opfers statt auf das Handeln des Täters. Der Gesetzgeber fürchtete, indem er ein ‹Nein› als Verweigerung gelten ließe und Frauen so das Recht gäbe, selbst zu erkennen und zu entscheiden, ob sie vergewaltigt worden waren oder nicht, Falschbeschuldigungen Tür und Tor zu öffnen. Viele Bürger und manche Medien teilten offenbar diese Furcht. Sabine Rückert, stellvertretende Chefredakteurin der *Zeit*, wetterte gegen diese «unnötige Gesetzesänderung»: «Der angestrebte ‹Paradigmenwechsel› besteht offensichtlich darin, bei Nötigung und Vergewaltigung die Wahrheitsfindung unüberprüfbar aus der Objektivität heraus und in die persönliche Deutungshoheit der Anzeigeerstatterin zu legen. Was leidenschaftliche Liebesnacht und was Vergewaltigung war, definiert die Frau am Tag danach.» Ganz so, als summten Frauen am Morgen danach regelmäßig über ihrem Frühstückskaffee: «Hm, will ich heute vergewaltigt worden sein? Oder lasse ich ihm die Nacht als einvernehmlichen Sex durchgehen?» Eine seltsame Sorge. Ist doch aus internationalen Untersuchungen das Gegenteil bekannt: Frauen erstatten meist nicht einmal dann Anzeige, wenn sie sich vergewaltigt fühlen.

Die Mehrzahl der Frauen wird in der eigenen oder in der Wohnung des Partners vergewaltigt. In 85 Prozent der Fälle kennt die vergewaltigte Frau ihren Täter. 50 Prozent aller Vergewaltigungen werden von Partnern, Ehe- oder Expartnern verübt. Generell erstattet nur eins von drei Vergewaltigungsopfern Anzeige. Nach

«Bekanntschaftsvergewaltigungen» wagen noch weniger Opfer diesen Schritt: gerade mal 15 Prozent. Frauen wissen, dass sie in der Öffentlichkeit und vor Gericht – vorausgesetzt, dass ihre Anzeige überhaupt zu einer Verhandlung führt – noch weniger Chancen haben, Recht zu bekommen, wenn ihre Vergewaltigung nicht dem allgemeinen Bild einer ‹normalen› Vergewaltigung entspricht. Wenn ihr Vergewaltiger nicht der ‹normale› Vergewaltiger, aka der phantastische Fremde im einsamen Park war. Sondern der nette Studienkollege, ihr Date, ihr Mann oder ihr Freund in der heimischen Wohnung. Sie wissen, wie schlecht ihre Chancen stehen, wenn sie sich nicht wie ein ‹normales› Opfer verhalten haben.

Frauen begründen ihr Schweigen außerdem mit der Unsicherheit, ob es sich bei der Tat tatsächlich um ein Verbrechen gehandelt hat und/oder ob der Täter ihnen wirklich hat weh tun wollen. Acht Prozent der Opfer glaubten, was ihnen widerfahren ist, sei nicht wichtig genug, um es anzuzeigen. 13 Prozent hielten ihr Vergewaltigt-worden-Sein für eine Privatangelegenheit. Weitere 13 Prozent zweifelten, dass die Polizei etwas unternehmen würde, um ihnen zu helfen. In der Tat ist das Risiko einer Verurteilung für den Täter lächerlich gering: Von 310 angezeigten Vergewaltigungen führen 57 zu einer Verhaftung. Nur elf der Verhafteten stehen irgendwann vor Gericht. Sieben von ihnen werden verurteilt und bestraft. Und nur sechs Vergewaltiger werden inhaftiert.

Und die so gefürchteten Falschanzeigen?

Die glaubwürdigsten, weil mit jeweils einer zweiten, unabhängigen Studie verglichenen Studien (beispielsweise des FBI) kommen zu dem Schluss: Nur zwei bis maximal acht Prozent aller Vergewaltigungsanzeigen sind Falschanzeigen. Die Spanne ergibt sich aus der Unsicherheit, was als «unbegründete Anzeige» gewertet wird. Viele Polizeibeamte legen eine Anzeige als «unbegründet» ab, wenn sie sich außerstande sehen, die Tat nachzuweisen. Was nicht heißt, dass die Tat nicht verübt wurde. Was also fürchteten Volk, Gesetzgeber und Kommentatoren, wenn ihre gegen eine Gesetzesänderung ins Feld geführte Sorge, dass Frauen fortan böswillig das Leben Tausender unschuldiger Männer ruinieren könnten, nachweislich unbegründet war? Dass sie ihr Augenmerk von den Opfern weg auf die Täter lenken und sie endlich bedingungslos zur Verantwortung ziehen müssten? Dass sie in der Folge den Fokus auf das eigene Verhalten und Nichtverhalten richten und sich selbst zur Verantwortung ziehen müssten?

«Sie haben allen echten Vergewaltigungsopfern einen Bärendienst erwiesen!», rügte der Richter, als er das Verleumdungs-Urteil gegen Lohfink bestätigte. Wie denn? Selbst wenn Lohfinks Aussage falsch war, ändert das nichts an den oben genannten Zahlen. *Das* hätte der Richter sagen können. Darauf hätte er hinweisen müssen, wenn er ein aufrichtiges Interesse daran hat, dass Lohfinks Prozess – aus welchen Gründen auch immer – andere Frauen («echte» Vergewaltigungsopfer) nicht davon abschreckt, Anzeige zu erstatten. Es ist fraglich, ob der Sex zwischen Gina-Lisa Lohfink und den beiden Männern nach der neuen Gesetzgebung, in Kraft getreten im Sommer 2016, als Vergewaltigung hätte anerkannt werden müssen. Es ist fraglich, ob es sich um eine Vergewaltigung, im Sinne von «erzwungenem Sex», handelte. Vielleicht war es tatsächlich so, dass Lohfink sich, nachdem das Video einmal im Umlauf war, dazu bequatschen ließ, von ihren Anwälten oder wem auch immer, den Sex darin als Vergewaltigung hinzustellen. Sie hätte dafür – auch ohne dass ihr ein Prozess geldwerte Aufmerksamkeit einbrächte, wie allgemein als Motiv vermutet – gute Gründe: Eine Frau, die zu der Art von Sex gezwungen wurde, wie er in dem Video zu sehen ist, ist immer noch akzeptabler als eine Frau, die solchen Sex (mehr oder weniger) freiwillig hat. Das wird auch Lohfink gewusst haben.

Die Wochenenden verbrachte ich jetzt in P.s Bude. Bei meinem Mathelehrer. Der war nicht begeistert darüber. Aber was konnte er machen? Seine Freundin schlich sich manchmal die Treppe hinauf, vor P.s Dachzimmertür, und lauschte. Sie schlich und lauschte nie leise genug. Oder nicht immer. Oft konnten P. und ich sie da draußen hören. Dann kicherten wir, in P.s Bett, unter der Schräge. «Am liebsten würde die mich verhaften», flüsterte er. Aber natürlich verhaftete sie nur mich. So gut wie. Eines Sonntagsmorgens lauerte sie mir auf, vor dem Badezimmer, das P. sich mit ihr, die ein eigenes Zimmer im Haus bewohnte, teilte. «Flittchen!», sagte sie. «Findest du das okay, dass du hier bei einem erwachsenen Mann ein und aus gehst und übernachtest?» Sie war eine erwachsene Frau. Anfang 30. Sie wusste, wie erwachsene Leute sich fühlten, wenn halbgare Flittchen sie bedrängten.

«Was sagen überhaupt deine Eltern dazu?» Nicht viel. Eigentlich gar nichts. Das überraschte niemanden mehr als mich. Ich wundere mich noch heute darüber. Dass und wie meine sagenhaft strengen Eltern, die in den Wochen davor noch darauf bestanden hatten, dass ich abends um Punkt sechs zu Hause war, sich jetzt stillschweigend damit einverstanden erklärten, dass ich nächteweise gar nicht mehr kam. Vielleicht galt ich für sie, ab einem gewissen Zeitpunkt, als nicht mehr zu retten.

Ich nahm die «Flittchen»-Attacke der Lehrerfreundin nicht leicht. Sie schnürte mir die Kehle zu, da, vor dem Badezimmer. Sie brachte meine Knie zum Zittern. Ich weiß nicht mehr, was ich darauf zu der Freundin sagte. Sehr wahrscheinlich sagte ich nichts. Ich ging auf wackligen Knien zurück zu P., in sein Zimmer. Beinahe hätte ich geweint. Vor Wut, dachte ich. Ich hätte nicht zugeben können, dass und wie sehr mich ihr Angriff verletzte. «Na ja», sagte P., «irgendwo hat sie doch recht. Du bist ganz schön frühreif.» Er zwinkerte. «Aber in Wirklichkeit ist sie natürlich scharf auf mich und darum wahnsinnig neidisch.» Ich glaubte es ihm sofort. Der Lehrerfreundin zahlte ich es heim, indem ich ihre Schwangerschaftstests aus dem Bad benutzte. «Die beiden versuchen das schon ewig», sagte P. «Stell dir vor, sie kann nicht, und du wirst schwanger. Die flippt aus.» Ich wurde nicht schwanger. Noch nicht. Die Teststreifen in den Röhrchen blieben weiß. Ich verpulverte all ihre teuren Tests für nichts und wieder nichts und wusste nicht, ob mich das zum doppelten Sieger machte. Oder zum Verlierer.

Wir hörten David Bowie. Marc Bolan und Roxy Music. P. legte Platten von Bands auf, die ich nicht kannte. Echo & The Bunnymen. Lloyd Cole & The Commotions. The Teardrop Explodes. «Merseysound», sagte P. «Typische Liverpooler Musik.» Keiner in unserem Kaff hatte je von diesen Bands oder dem Sound gehört. «Hinterwald», grollte P. «Ehrlich.» Einmal hatte er einem Fußballkumpel eine Bruce-Springsteen-Platte geliehen, «Nebraska». «Hat mir nicht gefallen», sagte der Kumpel, als er sie ihm nach zwei Jahren zurückgab. «Wow», sagte P. «Du hast verflucht lange gebraucht, um das herauszufinden.» Er sagte es nicht wirklich. Er murmelte es in seinen Jackenaufschlag. So, dass der Kumpel es nicht hörte. «Was soll's», sagte P. zu mir. «Der ist ein Idiot. Lohnt sich nicht, mit dem darüber einen Streit anzufangen.» Überhaupt, wenn er einmal anfinge, sagte P., wäre nicht garantiert, dass er wieder aufhören konnte. «So bin ich. Lege ich einmal los, gibt es kein Halten.» Die anderen konnten ehrlich von Glück sagen, dass er sich, ihnen gegenüber, so gut im Griff hatte. Aber im Griff hatte er sich eigentlich immer.

Der Sex war jetzt gut. P. war im Großen und Ganzen zufrieden. Klar, ich war noch nicht so der ganz große Knaller im Bett. Ich war noch nicht ganz locker. Ich hatte noch von so vielen Dingen keine Ahnung. Aber ich war lernfähig. Und willig. Das zählte. Ich dachte: Je mehr Spaß er am Sex mit mir hat, umso mehr Spaß werde auch ich daran haben. Und das stimmte. Auf eine Weise. Ich wusste nicht, dass es mehr gab. Ich dachte: Das ist Liebe.

An den Abenden in seinem Zimmer, vor dem Sex, las P. mir aus dem *The Face*-Magazin vor. Oder er legte mir ausgewählte Artikel daraus hin und beobachtete mich, während ich las. Ich verstand, er wartete hier auf etwas. Auf eine Reaktion. Die richtige. Ich las und bemühte mich währenddessen herauszufinden, welche die richtige Reaktion auf den jeweiligen Text war. Ich wollte sie ihm gern geben. Es waren keine leichten Texte. *The Face* war damals gerade Kult. In England. Ein linksgerichtetes Magazin mit Musik- und gesellschaftlichen Themen. Die Top-*Face*-Schreiberin war Julie Burchill. Burchill war Punk. Presse-Piratin. Sie marschierte, schreibend, für die britische Arbeiterklasse, tobte gegen soziale Ungerechtigkeit, ätzte über die Verlogenheit der Gesellschaft. «Die Leute sagen, ein hübsches Gesicht ist ein Pass», schrieb sie. «Es verschafft dir überall Einlass. Stimmt nicht. Ein hübsches Gesicht ist ein Visum. Und es läuft irre schnell ab.» Julie Burchill gab einen Dreck auf ihr hübsches Gesicht. Auf ihre Erscheinung im Großen und Ganzen. Sie soff. Kokste. Hatte Männer. Und Frauen. Sie schrieb «fuck», «piss» und «shit». Und «intellektuell» so verschraubte Sätze, dass ich sie drei- oder zehnmal lesen musste, bis ich sie verstand. Ich gab nicht auf. Und das lohnte sich. P. war begeistert. «Ich kann nicht fassen, dass du Burchill verstehst! Die ist so anspruchsvoll, die begreifen nicht mal erwachsene Leute, in deren Muttersprache sie schreibt!» Ich hielt auch das für Liebe.

P. verehrte Julie Burchill. Diese Frau, die öffentlich einen Scheiß gab auf alle und alles, eine Frau, scheinbar außerhalb jeder Kontrolle, war seine Ikone. Ich verstand: Wollte ich seinen Respekt, seine Anerkennung, wollte ich ihm etwas gelten, musste ich eine Julie Burchill sein. Wann immer ich das auf die ein oder andere

Art versuchte, nannte er mich eine «Schlampe» und prügelte mich zusammen.

Ich weiß nicht mehr, wann das zum ersten Mal passierte. Ich erinnere mich nicht mehr, was der Anlass war. Würde ein genaues Datum, ein «Grund» meine Erinnerung und damit meine Geschichte glaubwürdiger machen? Für die normalen, die «ordentlichen Leute»? Für diejenigen, denen «so etwas» nicht passiert? Vergewaltigungsopfer scheitern vor Gericht (wenn sie es überhaupt so weit schaffen) oft an ihrer «mangelhaften Erinnerung». «Wie war es denn nun genau!», fragen Anwälte und Richter dann. «So? Oder doch so? Sie verstricken sich hier in Widersprüchen!» Ich denke, ich weiß, wie sich (auch) diese Frauen fühlen. Mein Kopf ist die Büchse der Pandora. Ich muss aufpassen, dass mich ihr Inhalt, einmal rausgelassen, nicht frisst.

Ich weiß nicht mehr, wie fest er zuschlug. Beim ersten Mal. Lange dachte ich: Er schlug gleich beim ersten Mal «richtig». So, dass mein Auge blau unterlief und meine Lippe platzte. So erzählte ich es, als ich zum ersten Mal über meine Beziehung mit P. schrieb. Heute halte ich das nicht mehr für wahrscheinlich. Heute bin ich sicher, dass es auch auf seine körperlichen Misshandlungen bezogen eine Ouvertüre gegeben haben muss. Ein sich so unmerklich wie schnell steigerndes Crescendo. Ein erstes Schubsen. Ein wiederholtes Sich-in-den-Weg-Stellen. Und Gegen-die-Wand-Drängen. Ein grobes Zugreifen. Festhalten. Eine erste Ohrfeige. Dann noch eine. Hier und da. Bis zum ersten größeren Knall. Ich weiß jetzt, dieser «erste» Schlag, an den ich mich erinnere, der Schlag oder eher die Schläge, unter denen meine Lippe aufplatzte und nach denen mein Auge blau unterlief, waren eben nur das: die ersten Schläge, an die ich mich erinnere. Es waren die ersten Schläge, die ich registrierte.

... und andere Mythen

Immer wieder kommt die Frage nach den «Gründen», warum Männer wohl «ihre» Frauen schlagen. Hier sind ein paar. Beziehungsweise: Hier ist eine Liste der allgemein akzeptierten und zum Fakt erklärten «Ursachen», warum ein Mann zum Schläger wird. Lundy Bancroft, der Mann, der seit über 30 Jahren mit gewalttätigen Männern arbeitet und versucht, sie in seinem Misshandler-Programm «umzupolen», was hier heißen soll: ihre Einstellungen und Denkweisen gegenüber Frauen und sich selbst im Kern zu ändern, nennt sie «Mythen».

1. Der Mann hat ein geringes Selbstwertgefühl.
2. Er kann sich nicht mitteilen und/oder weiß nicht, wie er Konflikte lösen soll.
3. Er verliert die Kontrolle.
4. Er misshandelt seine Partnerin, weil er Alkohol getrunken und/oder Drogen genommen hat.
5. Er fühlt sich seiner Partnerin unterlegen und/oder von ihr provoziert.
6. Er wird von seinem Boss heruntergeputzt, darum lässt er seinen Stress zu Hause raus.
7. Er wurde als Kind misshandelt.
8. Er wurde von seiner Expartnerin schlecht behandelt und hasst darum nun alle Frauen und behandelt sie entsprechend.
9. Er leidet unter seiner Gewalttätigkeit ebenso sehr wie die von ihm misshandelte Frau – beide sind Opfer.

10. Er ist seelisch krank.
11. Es gibt ebenso viele gewalttätige Frauen wie Männer, und Männer, die zuschlagen, wehren sich meist nur ihrer Haut.
12. Er tut denen weh, die er am meisten liebt.

Alle diese Mythen haben eines gemein: Sie entheben den Mann, ganz oder teilweise, der Verantwortung für seine Gewalttätigkeit. Und sie fokussieren darauf, was andere, in erster Linie die Frau, tun können, damit der Mann sich – hoffentlich – besser fühlt. Das muss nicht weiter verwundern, wenn man sich klarmacht, wie diese Liste zusammengekommen ist. Die meisten dieser «Gründe» wurden in die Welt gesetzt von den gewalttätigen Männern selbst. Bevor ihre Partnerinnen, ihre Psychologen, die Presse und schließlich jedermann begann, sie bis in alle Ewigkeiten zu wiederholen.

Der Mann hat ein geringes Selbstwertgefühl? Dann muss die von ihm misshandelte Frau ihn unterstützen, ihn unermüdlich wissenlassen, dass und wie sehr sie ihn liebt, richtig? Falsch. Wie sehr ich P. auch liebte (und wie dringend, wie verzweifelt ich ihn das wissenließ), wie sehr ich mich auch um ihn kümmerte, wie bereitwillig ich meine Wünsche und Bedürfnisse seinen Bedürfnissen unterwarf, es war nie genug. Er steigerte seine Ansprüche und Forderungen ins Bodenlose. Im Sommer 1986 lud er ein paar Kumpels zu uns nach Hause ein, um ein Fußballweltmeisterschaftsspiel zu gucken. Ich war am Vortag aus dem Krankenhaus gekommen, mit unserem neugeborenen Sohn. P. verlangte, dass ich für ihn und seine Gäste kochte und sie bediente. Das war denen offenbar peinlich. «Lass mal», sagten sie. «Wir können doch selbst für uns sorgen.» Und das taten sie auch. Sie versicherten P., das sei kein Problem, und sie meinten es sicher so. Ich nehme an, sie wussten schon, dass P. ein Schläger war, oft genug war es nicht zu übersehen. Obwohl natürlich auch sie das niemals so gesagt hätten. Die offizielle Beschreibung lautete damals wie heute: «Die beiden haben ein paar Probleme.» Ich nehme an, sie wollten uns bei diesen Problemen helfen, indem sie mich «aus der Schusslinie» nahmen. Sie waren kaum aus der Tür, als P. zuschlug, weil ich ihn «vorgeführt» und vor seinen Kumpels «lächerlich gemacht» hatte. «Jeder hat gesehen, was für eine Scheißehefrau ich habe. Jeder lacht sich über mich kaputt.»

Lundy Bancroft entdeckte diese Dynamik (je intensiver der gewalttätige Mann umsorgt wird, umso mehr fordert er – umso gewalttätiger wird er) durch Zufall, zu Beginn seiner Arbeit. Er und seine Kollegen hatten Klienten, die hervorragende Fortschritte gemacht hatten, gebeten, Fernsehinterviews zu geben oder vor Hochschülern eine Rede zu halten. «Wir dachten, die Öffentlichkeit könnte davon profitieren, wenn sie von dem jeweiligen Mann selbst über sein früheres Verhalten hörten und wie er sich verändert hatte. Aber jedes Mal, wenn wir einem Klienten öffentliche Aufmerksamkeit gaben, hatte er gleich danach einen schlimmen Rückfall und misshandelte seine Partnerin. Er fühlte sich wie ein Star und ein ‹neuer Mann›.» Bancroft stoppte daraufhin die öffentlichen Auftritte seiner Klienten.

Der Mann kann sich nicht mitteilen und/oder weiß nicht, wie er Konflikte lösen soll? P. war ein Wort- und Gefühlsakrobat. In seiner Freizeit schrieb er Kinderbücher und schickte sie an Verleger. Er konnte über seine Sorgen und Ängste sprechen. Er konnte weinen. Er konnte um Vergebung bitten. Genauso versiert war er darin, meine Gefühle (und die anderer) zu nutzen. Unter seinen Freunden, im Fußballverein und am Arbeitsplatz löste er Konflikte, wie die meisten von uns Konflikte lösen: durch Gespräche. Wenn er zu Hause zuschlug, war das nicht Ergebnis seiner «Un*fähigkeit*, sich mitzuteilen». Es war das Ergebnis seines Un*willens*.

Wenn P. ‹traurig›, enttäuscht oder wütend war, schwieg er finster vor sich hin. Er stampfte durch die Wohnung, schlug Türen, er knallte mit dem Geschirr. Er zerstörte meine Sachen. Und er sprach offen und oft über seine Gefühle. Er schmiss sie mir vor die

Füße. Mein zweiter Mann weinte gern. Er brach oft unvermittelt in Schluchz- und Schreianfälle aus. Beispielsweise, wenn ich wieder mal herausgefunden hatte, dass er mich betrog. Ich erinnere mich noch Wort für Wort daran, was er sagte, nachdem er, zwangsweise, seinen ersten Betrug gestanden hatte: «Was du dich fragen musst, ist: Warum habe ich es getan? Was fehlt mir in unserer Ehe? Wo versagst du, dass diese Frau mir überhaupt so nahekommen konnte?» Seine Gefühle waren über Stunden, Wochen, Jahre unser Thema. Ein-, zweimal suchte er einen Psychologen auf. Dann ging er nicht mehr hin. «Weil du mir das Gefühl gibst, dass du das Geld für meine Fahrten dorthin nicht investieren willst.» Ich rief den Psychologen an. Er durfte selbstverständlich über seinen Klienten nichts sagen. Sagte dann aber doch so viel: «Wissen Sie, was er mir erzählt hat? Dass er den Führerschein verloren hat. Packen Sie Ihre Sachen. Der ändert sich nicht. Weil er sich nicht ändern will.»

Der Mythos, dass Männer ihre Gefühle nicht oder nur unzureichend mitteilen können, sodass Frauen ihnen das nachsehen, Abstriche machen und diesen Mangel mit ihren eigenen Gefühlen kompensieren müssen, zählt zu den verbreitetsten Mythen überhaupt. Er ist einer der bequemsten, und zwar nicht nur für Männer und speziell die gewalttätigen unter ihnen. Auch meine Mutter wurde und wird nicht müde, die Sprachlosig- und Unnahbarkeit und das unberechenbar Aufbrausende meines Stiefvaters zu entschuldigen. Sie forderte Verständnis dafür. In erster Linie von mir, erstmals als ich etwa acht Jahre alt war und sie sagte: «Er weiß nun mal nicht, wie ein Vater sein sollte, weil er selbst lange keinen hatte.» Sie verlangte, dass ich seinen Mangel an emotionalem Einsatz mit eigenem, entsprechend gesteigertem Einsatz wettmachte. Dass ich die Konflikte, die er (und sie) nicht lösen konnten, stellvertretend für sie beide löste. Meist, indem ich den Mund hielt.

Eine Bekannte von mir akzeptiert, dass ihr Mann regelmäßig ihren und die Geburtstage der Kinder vergisst, weil sie weiß, dass ihrem Mann «Geburtstage eben nichts bedeuten, auch sein eigener nicht». Sie sagt, das sei nun mal seine Einstellung. P. schenkte «aus Prinzip» keine Blumen, weil er Blumen «albern» fand. Und er hatte mich, wie die Männer meiner Bekannten ihre Frauen, erfolgreich dahin gemobbt, dass ich mir lächerlich vorkam, wenn ich schön und wichtig fand, was er für lächerlich erklärte. Da sage noch einer, diese Männer können nicht mit Gefühlen umgehen.

Er verliert die Kontrolle? Gegenüber Freunden, Bekannten, Arbeitgebern etc. hatte P. sich wie gesagt eins a im Griff. Er hatte sich auch im Griff, als ich nach einer seiner Prügelattacken einmal die Polizei rief (und dann nie wieder). Er trat ihnen, Minuten nachdem er mir gegenüber den Wahnsinnigen gegeben hatte, als gesetzter, gesitteter Mann gegenüber. Als besorgter, verantwortungsbewusster Vater, der sein weinendes Kind in den Armen wiegte. Derweil ich, die Mutter, zersaust, verbeult und auch sonst ziemlich von der Rolle, auf dem Treppenabsatz stand. Die Polizisten hatten, wie so viele Menschen, die größten Schwierigkeiten, mein erbarmungswürdiges Erscheinungsbild mit dem vorbildlichen meines Mannes in einen ursächlichen Zusammenhang zu bringen. Es ist ein Zaubertrick, den die meisten gewalttätigen Männer beherrschen. Er sichert ihnen Verständnis, Entgegenkommen und Vertrauen. Und immer wieder mal sichert er ihnen, den «psychisch stabilen Charakteren» mit der so offensichtlich «emotional aus den Fugen geratenen» Frau, auch das Sorgerecht für die gemeinsamen Kinder.

Er misshandelt seine Partnerin, weil er Alkohol getrunken und/oder Drogen genommen hat? P. terrorisierte, beleidigte und schlug zu, wann immer er wollte. Nach Alkoholgenuss oder ohne. Er entschuldigte seine Gewalttätigkeit nicht mit Alkohol oder Drogenmissbrauch, wie es viele Gewalttäter tun. Er trank einfach nicht genug, sodass (auch noch) diese Entschuldigung halbwegs plausibel hätte klingen können. Alkohol und Drogen können

Gewalt potenzieren. Aber sie machen aus einem respektvollen Mann keinen gewalttätigen Mann. Und auch ein entwöhnter, jetzt nüchterner Schläger bleibt, was er ist: ein Schläger. Oder ein sonst wie gewalttätiger Mann.

Er fühlt sich seiner Partnerin unterlegen und/oder von ihr provoziert? Ein gewalttätiger Mann fühlt sich seiner Partnerin nicht unterlegen. Er fühlt sich ihr überlegen. Er ist überzeugt, dass er wertvoller ist und mehr Rechte hat als sie. Und dass es sein Recht und seine Aufgabe ist, seine Partnerin zu kontrollieren. Das tut er mittels Gewalt. In P.s Welt waren Frauen, die selbstbestimmt Sex hatten, mit wem, wie und so oft sie wollten, «Schlampen». Männer hingegen konnten nicht genug Sex mit genug Frauen haben. Als die Amerikanerin Amanda Knox 2007 in Italien wegen Mordes an ihrer Mitbewohnerin Meredith Kercher vor Gericht gestellt wurde, war eines der Hauptverdachtskriterien gegen sie, dass sie im Alter von «nur 20 Jahren bereits mit sieben Männern» geschlafen hatte. Die Presse brandmarkte und vermarktete sie als «sexsüchtiges Monster». So einer war alles zuzutrauen! Knox wurde zunächst verurteilt und nach vier Jahren Haft wegen Mangels an vernünftigen Beweisen freigesprochen. Sie erhält bis heute Morddrohungen. Auch Vergewaltigungsopfer, die zuvor (freiwillig) freizügig Sex hatten, haben damit retrospektiv «ihrer Glaubwürdigkeit als Opfer geschadet». Männer, auf der anderen Seite, schaden mit ihrem «Lebensstil» ihrer Glaubwürdigkeit nicht. Und auch ihre offen zur Schau gestellte Missachtung von Frauen macht sie offenbar nicht hinreichend eines Verbrechens verdächtig. Als im Frühjahr 2018 in Belfast drei Spieler des Ulster Rugby-Vereins wegen Vergewaltigung einer 19-Jährigen vor Gericht standen, legten Staatsanwaltschaft und die Verteidigung der Klägerin die Whatsapp-Gruppen-Nachrichten der jungen Männer als Beweismittel für deren «Lebensstil» und ihrer Haltung gegenüber Frauen im Allgemeinen vor. Sie lasen sich – auszugsweise – wie folgt:

- «Irgendwelche Schlampen gefickt worden letzte Nacht?»
- «Kostbare Geheimnisse ...»
- «Wir alle sind erstklassige Ficker.»
- «Da war etwas Spießbraten im Gange letzte Nacht, Jungs.» («Spit roasting», Spießbraten, ist Ausdruck für einen Akt, bei dem ein Mann eine Frau von hinten penetriert, während sie einen zweiten Mann oral befriedigt.)
- «Da war ziemlich viel Spießbraten im Gange.»
- «Was war denn da los? Letzte Nacht war ein Riesenspaß!»
- «Warum sind wir nur alle solche Legenden.»

Die Richter verwarfen diese und ähnliche Nachrichten als «typische Scherze junger Männer». Diese Einstellung und Akzeptanz von den höchsten Vertretern und Verfechtern unserer gesellschaftlichen Werte ist entlarvend und abstoßend genug. Das Gericht befand weiter, es sei keine naheliegende und schon gar keine logische Schlussfolgerung, dass Männer, die sich in dieser Art über Frauen äußerten, auch bereit und in der Lage seien, eine Vergewaltigung zu begehen. Es stand, wie so oft in Vergewaltigungsverfahren, ein Wort gegen das andere. Das eines 19-jährigen Mädchens gegen das dreier gefeierter Helden der Nation. Die jungen Männer wurden freigesprochen.

Er wird von seinem Boss heruntergeputzt, darum lässt er seinen Stress zu Hause raus? Lundy Bancroft nennt diesen Mythos die «Boss misshandelt Mann, Mann misshandelt Frau, Frau misshandelt Kinder, Kinder schlagen den Hund, Hund beißt Katze»-Erklärung. Er schreibt dazu: «Das Bild scheint plausibel, aber zu viele Puzzleteile passen nicht.» Hunderte seiner Klienten seien beliebte, erfolgreiche, gutaussehende Männer. Nicht der plakative Typ am unteren Ende der Leiter, der seinerseits nach einem Boxsack sucht, an dem er sich austoben kann. Die wichtigste Erkenntnis, die er diesbezüglich im Verlauf seiner Arbeit gewonnen habe, sei diese:

«Ich hatte noch nie, noch nicht einen Klienten, dessen Verhalten zu Hause sich gebessert hätte, weil seine Job-Situation sich gebessert hatte.» Ein Satz, den Bancroft in Fettschrift setzt.

Er wurde als Kind misshandelt? Eine der eindrücklichsten Szenen, die ich mit P. erlebte, war, als er eines Nachmittags, scheinbar unvermittelt, am Kaffeetisch meiner Mutter zusammenbrach. Er schlug wiederholt seinen Kopf auf die Tischplatte. Er weinte. Er schrie. Zunächst Unzusammenhängendes. Es war beängstigend. Meine Mutter und ich saßen dem konsterniert und schweigend gegenüber. Bis er sich sammelte und, unter Schluchzen und Tobsuchtsausbrüchen, zu erzählen begann. Seine Mutter hatte die Familie immer wieder ohne Ankündigung verlassen. Er und seine jüngeren Schwestern waren noch Kinder. Die Mutter ging «eben schnell einkaufen». Und kehrte für Monate nicht zurück. Sonntagnachmittags ging der Vater dann jeweils mit den Kindern zu Kaffee und Kuchen zur Großmutter, und da saß die Mutter. Nach dem Kaffee und Kuchen ging sie wieder mit ihnen nach Hause. Bis zum nächsten Mal. Keiner der Beteiligten verlor jemals darüber ein Wort. Keines der Kinder fragte. Kein Erwachsener erklärte. Die Mutter saß da, als sei nichts geschehen, als sei sie nie weg gewesen. Und alle taten, als sei das normal. Keine Frage: Das muss schrecklich gewesen sein. Das Verschwinden der Mutter, ihr wortloses Wiederauftauchen und das Verleugnen waren Misshandlung. Sie kann zerstörerisch sein, und oft genug ist sie es, bis ins Erwachsenenalter. Ich weiß es. Ich habe meine eigenen Kindheitserlebnisse, an denen ich heute noch zu knabbern habe. Aber Untersuchungen, die sich der Frage widmeten, ob Männer, die ihre Partnerinnen misshandeln, selbst in ihrer Kindheit misshandelt worden waren, fanden keinen nennenswerten Zusammenhang. Mit einer Ausnahme: Männer, die Opfer von Kindesmissbrauch gewesen waren, wendeten oft die extremste Gewalt gegen ihre Partnerinnen an. Die Forscher schlossen daraus, dass eine schlechte Kindheit einen Mann nicht zum Gewalttäter gegenüber Frauen *macht* (tatsächlich waren Männer, die Opfer von Kindesmisshandlung waren, eher gewalttätig gegenüber anderen Männern). Aber sie kann einen Mann, der ohnehin schon gewalttätig gegenüber Frauen ist, *besonders* gefährlich machen. Ähnlich, wie Drogen und Alkohol das schon vorhandene Gewaltpotenzial verstärken.

P. brach mit seinem Kindheitstrauma heraus, just als ich – vorsichtig, vorsichtig, und im Beisein meiner Mutter, von der ich mir immer noch Unterstützung erhoffte – versucht hatte, «unsere Probleme» anzusprechen. Sein Ausbruch hatte den entsprechenden Effekt: Seine Misshandlungen gegenüber mir waren fortan nie mehr Thema. Sein eigenes Trauma allerdings auch nicht. Nach diesem Nachmittag noch einmal darüber zu sprechen, war mir verboten. Ich versuchte es trotzdem, ich glaube, zweimal und zunehmend verzweifelt. Weil auch ich damals noch überzeugt war, dass dieses Trauma der Auslöser für seine Gewalttätigkeit sein musste. Und weil ich hoffte: Wenn er diese Geschichte verarbeiten kann, wird er ein anderer Mann! Womit ich nicht gerechnet hatte, war, dass er kein anderer Mann werden wollte. Die beiden Male, als ich das Thema ansprach, schlug er brutaler zu als je zuvor. Sein «Grund» war jetzt, dass ich «schlecht» über seine Mutter sprach. Einfach, indem ich vermutete, dass ihr Verschwinden für ihn traumatisch gewesen sein musste. Er führte seine Mutter gegen mich ins Feld, wie es ihm gerade passte: Mal als die Frau, die ihn zum brutalen Schläger gemacht hatte. Mal als Heilige, die er an mir rächen musste. Sie gab für ihn immer einen guten Grund ab, mich zusammenzuschlagen.

Lundy Bancroft hat eine hierzu passende Beobachtung bei seinen Klienten gemacht: «Ein Gewalttäter will nur dann auf sein Kindheitstrauma aufmerksam machen, wenn er es als Entschuldigung nutzen kann, so zu bleiben, wie er ist. Nicht, wenn es Anlass sein sollte, dass er sich ändert.»

Er wurde von seiner Expartnerin schlecht behandelt und hasst darum nun alle Frauen und behandelt sie entsprechend? Dieser Mythos ist eine Variation des Schlechte-Mutter-Mythos, der wiederum eine Variation des Schlechte-Kindheit-Mythos ist. Auch hier ist ein anderer, maßgeblich eine Frau, «verantwortlich» für das Verhalten des Mannes. Sie hat ihn belogen, betrogen, bedrängt, sie hat ihm all seine Freiheiten genommen und/oder die Kinder, sie hat ihn «aus Boshaftigkeit» wegen «angeblicher» gewalttätiger Übergriffe angezeigt, und so weiter und so fort. Untersuchungen zeigen, dass mangelnder Respekt gegenüber Frauen häufiger ein Ergebnis kultureller und gesellschaftlicher Erfahrungen ist als persönlicher. Untersuchungen zeigen weiter, dass Männer, die von ihren Müttern misshandelt wurden, nicht zwangsweise eine negative Einstellung gegenüber Frauen entwickeln. Männer, die gewalttätige Väter haben, schon. Die Söhne nehmen die Respektlosigkeit, mit der der Vater seine Partnerin und seine Töchter behandelt, auf und leben sie weiter.

Sicher, es gibt auch Frauen, die Männer schlecht behandeln. Aber wenn ein Mann seine «schlechten Erfahrungen» als Entschuldigung und Erklärung benutzt, warum er seinerseits nun seine neue Partnerin misshandelt, dann darf man seine Geschichten unbesehen für Humbug erklären. Wahrscheinlicher, als dass er in seiner früheren Beziehung das Opfer war, ist: Er war auch dort der Täter. Auch P. hatte Fürchterliches aus seinen früheren Beziehungen zu erzählen. Geschichten von bösartigen, rachsüchtigen, verschlagenen, verlogenen, schlichtweg wahnsinnigen Frauen, die ihm das Herz und die Seele gebrochen hatten. Ich begriff, ohne dass er es mir hätte sagen müssen, dass es meine Aufgabe war, diesen gebrochenen Mann und sein Vertrauen in die Frauen, beziehungsweise: in mich, wieder aufzubauen. Also ihm fortwährend zu beweisen, dass *ich* ganz anders war. Das war nicht nur abwertend gegenüber anderen Frauen und entfremdete mich von ihnen und meiner Identität als Frau. Es kostete mich auch eine (nutzlose) Menge Kraft.

Und selbstverständlich war (auch) diese Investition vergeblich. P. log nicht nur, was die Machtverhältnisse in seinen früheren Beziehungen betraf. Er log bezüglich seiner Beziehungen überhaupt. Er verschwieg, dass er bereits einmal verheiratet gewesen war. Er verschwieg den Sohn, den er mit einer anderen Frau hatte. Später las ich auf den Scheidungspapieren seiner ersten Ehe den Scheidungsgrund: «Psychische und physische Grausamkeit».

Mein Rat ist: Sobald ein Mann seine Expartnerin als Entschuldigung dafür missbraucht, dich zu misshandeln, nimm Kontakt zu ihr auf und höre dir ihre Seite der Geschichte an. Ich tat es spät, am Ende meiner zweiten Ehe. Die Schon-Exfrau meines Noch-Mannes war nicht das gefühllose, verkniffene Monster, das er mir beschrieben hatte. Sie war seit langem wieder verheiratet. Aber sie versuchte noch immer, zu begreifen, was mit ihr in der ersten Ehe geschehen war. Warum er all die Dinge getan hatte, die er tat. Sie war nicht boshaft. Sie hetzte nicht gegen ihn. Sie war offen, freundlich, sie erzählte besonnen. Ich wusste, was sie erzählte, war wahr.

Er leidet unter seiner Gewalttätigkeit ebenso sehr wie die von ihm misshandelte Frau – beide sind Opfer? Eine speziell von Sozialarbeitern, Psychologen, Paartherapeuten und anderen «professionellen Helfern» gern wiedergekäute «Weisheit». Auch P. beteuerte, bisweilen unter Tränen, wie sehr er unter sich selbst und seinen Gewaltausbrüchen litt. Genau genommen litt er viel mehr als ich. So sagte er es. Und seine Familie, meine Eltern, ein paar eingeweihte Freunde und unsere Paartherapeutin glaubten ihm. Ich auch. Tatsache ist: P. lebte nicht fünf Jahre in Terror und Angst – bisweilen in Angst um sein Leben. Er war, anders als ich, frei zu entscheiden, wann er nach Hause kam, wann er ging und wohin. Er war frei zu entscheiden, wie er seine Freizeit einteilte und verbrachte, wofür er sein/unser Geld ausgab und welche Kleidung er trug. Er wählte frei seine Freunde. Er zitterte nicht, wenn ich nach Hause kam (meist war ich ohnehin dort und wartete auf ihn), in welcher Laune ich heute wohl wieder war. Und welche emotionalen und körperlichen Auswirkungen das für ihn haben würde. Er schlich nicht auf Zehenspitzen um mich herum. Er sprach nicht extra leise und extra nett, weil er fürchten musste, dass er sonst die Nacht im Krankenhaus verbringen würde.

Und als es vorbei war, war P., wie für Gewalttäter üblich, binnen Wochen in einer neuen Beziehung. Mit einer Frau, die er schon vor mir misshandelt hatte. Und die er jetzt weiter misshandelt. Ich weiß beides von seiner Schwester. Er ist mittlerweile mit dieser Frau verheiratet. Anders als bei Alkohol- und Drogenabhängigen oft der Fall, enden Gewalttäter nicht in der Gosse. Sie gehen weiter ihrer Arbeit nach, sie haben einen Bekannten- und Freundeskreis, sie ziehen über Jahre, Jahrzehnte von einer Frau, die sie misshandeln, zur nächsten. Ohne ihr Ansehen in der Gesellschaft zu verlieren. Sie lügen sich ihr Selbstbild und Leben immer weiter erfolgreich zurecht. Auf Facebook kommentiert P. zur politischen und gesellschaftlichen Lage. Er postet seine neuesten Urlaubsbilder von den Bahamas. Von einem Trip nach New York. Von einem Nachmittag beim Pferderennen. Er macht schlaue Bemerkungen über Fußball und lustige über Frauen. Er weiß alles über Kindererziehung. Er ist noch immer der Alte. Und er bekommt noch immer den gleichen Beifall. Einmal musste sogar ich lachen. Ich wusste nicht, wie sonst diesem Ausmaß an Irrsinn begegnen. Das war, als er stolz über die Erfolge unseres ältesten Sohnes schrieb (dessen Existenz er, wie die Existenz des jüngeren Bruders, über 23 Jahre ‹vergessen› hatte) und ein Kumpel von ihm kommentierte: «Ich wusste gar nicht, dass du Kinder hast? Und dann so große?» P. orakelte zurück: «Du weißt ja, wie's ist. Dreht man sich einmal um, sind die Kinder schon erwachsen.»

Er ist seelisch krank? Das schien auch mir lange eine plausible und einfache Erklärung. Wenn P. vor Wut raste, Möbel, Geschirr und mich zerschlug, wenn er mich gegen die Wand hämmerte, mir die Kehle zudrückte, wenn er mit entsetzlich verzerrtem Gesicht in meines brüllte, dann *wirkte er wie ein Verrückter*. Besonders das eine Mal, als er unter einer Batterie von Faustschlägen in mein Gesicht brüllte: «Du hast mich und meine Schwestern verlassen! Wo warst du all die Monate, Hure, warum bist du nicht zu mir zurückgekommen?» Ich wusste mir auch die permanenten, oft sinn- und nutzlosen Lügen meines zweiten Mannes und später seine Schläge, nach denen er jeweils brüllte: «Ich habe dich nicht geschlagen! Bist du verrückt?!», nicht anders zu erklären als damit: dass er wahnsinnig war. Lundy Bancroft kam im Laufe seiner Arbeit zu dem Schluss, dass dieser «Wahnsinn» nur eine weitere Taktik ist, die dazu dient, die Partnerin und andere zu verwirren und von den wahren Beweggründen hinter der Gewalt (Kontrolle über die Partnerin zur Sicherung und Wahrung der eigenen Interessen und Bedürfnisse) abzulenken. Jüngste Untersuchungen finden keinen ursächlichen Zusammenhang zwischen Geisteskrankheiten und häuslicher Gewalt. Nur unter den brutalsten Schlägern – die ihre Partner bis zur Bewusstlosigkeit würgen, sie mit Waffen bedrohen, ihnen nachstellen und sie töten – konnten psychologische Gutachter vermehrt eine Geisteskrankheit diagnostizieren. Das legt den Schluss nahe, dass es sich mit psychischen Krankheiten in Bezug auf gewalttätige Männer ähnlich verhält wie mit von ihnen in der Kindheit erlebten, eigenen Misshandlungen, mit Drogen und Alkohol: Auch eine Geisteskrankheit macht keinen Mann zu einem Misshandler. Aber sie kann sein bereits vorhandenes Gewaltpotenzial tödlich erhöhen.

Es gibt ebenso viele gewalttätige Frauen wie Männer. Männer, die zuschlagen, wehren sich meist nur ihrer Haut? Ein Mythos, der in den vergangenen Jahren vermehrt durch die Presse, das allwissende Internet und folglich die Köpfe geistert und immer wieder, allen Statistiken zum Trotz, dreist als Fakt verkauft wird. Hier noch einmal die Zahlen des Bundesministeriums für Familie, Senioren,

Frauen und Jugend, Stand 2018: 82 Prozent der Opfer von Partnerschaftsgewalt in Deutschland (und überall in Europa und den USA) sind Frauen. Die Hälfte der Opfer lebte mit dem Täter in einem Haushalt. Bei Vergewaltigung und sexueller Nötigung in Partnerschaften sind die Opfer zu fast 100 Prozent Frauen, bei Stalking und Bedrohung in der Partnerschaft sind es fast 90 Prozent. Bei vorsätzlicher, einfacher Körperverletzung sowie bei Mord und Totschlag in Paarbeziehungen sind 81 Prozent der Opfer Frauen. Und jede Woche werden in Deutschland, Europa und in den USA durchschnittlich zwei Frauen von ihrem Partner oder Expartner ermordet. Männliche Opfer von Frauengewalt, so liest man, würden seltener, eigentlich kaum je wahrgenommen. Denn Männer schämten sich zu sehr, sich und anderen ihr Opfersein einzugestehen. Ja, Opfer in einer Gewaltbeziehung zu sein, ist verletzend, erniedrigend, potenziell zerstörerisch. Darum soll keiner das Schamgefühl von Frauen in Gewaltbeziehungen unterschätzen. Scham ist einer der Hauptgründe, warum Frauen ihr Martyrium nicht wahrnehmen wollen und es nach außen verschweigen. Dass ihnen auf vielfältige Art die Verantwortung zugeschoben wird für die Gewalt, die Männer ihnen zufügen, ist ein zweiter Grund. P. sagte gern: «Du machst nichts anderes als ich! Du verletzt mich genauso!» Er meinte: mit Worten, mit Gesten, mit Blicken. Meine Mutter sprang ihm oft unbesehen zur Seite: «Er kann sich einfach nicht anders gegen dich wehren.» Mein Stiefvater sagte zu P.: «Ich weiß, das Mädchen kann einen wirklich zur Weißglut bringen.» Sie taten, als seien wir gleichberechtigte Partner. Es war einer der Gründe, warum ich P.s Gewaltexzesse immer häufiger verschwieg: Meine Eltern hatten mich überzeugt, dass ich «aus dem gleichen Holz» war wie P.

Er tut denen weh, die er am meisten liebt? In meiner persönlichsten Rangliste der «Mythen über gewalttätige Männer» verleihe ich diesem das Prädikat «Der perfideste Mythos von allen». P. betete ihn regelmäßig runter: «Ich schlage dich, weil ich dich liebe! Wenn ich dich nicht lieben würde, wäre mir doch egal, was aus dir und uns wird!» Ich glaubte ihm. Ich glaubte ihm, wie ich meiner Mutter und meinem Stiefvater geglaubt hatte, wenn sie, nachdem sie mich beleidigt und lächerlich gemacht hatten, nachdem sie mich «strohdumm» und den «letzten Dreck» genannt hatten, sagten: «Wir wollen doch nur dein Bestes!» Ich glaubte ihm, wie ich all den Popsongs und romantischen Filmen glaubte, deren Botschaft ist: «Liebe tut weh!»

Mit 40 lernte ich singen. Ich nahm Gesangsunterricht bei bekannten Musikern. Ich wagte mich ein paarmal auf eine Bühne. Das Singen war für mich mehr als ein Hobby – es war mir ein Bedürfnis. Ich sehnte mich schon so lange danach, eine Stimme zu haben. Es brauchte ein paar Lehrer und Jahre. Es kostete Überwindung. Aber ich fand meine Stimme. Ich wusste jetzt, wie ich singen musste. Aber ich wusste nicht mehr, was. Jedes melodisch halbwegs ergreifende Lied kommt mit einem solchen Schrotttext daher. Vor allem im Jazz und Blues, meinen bevorzugten Musikrichtungen und meiner Stimmlage. Die Botschaft ist entweder «Liebe ist Leid!» oder «Gott wird mich retten!».

Anlässlich des «White Ribbon Day», mit dem die britische wohltätige «White Ribbon Gesellschaft» im November 2018 auf das grassierende gesellschaftliche Problem der häuslichen Gewalt aufmerksam machte, veröffentlichte der Regisseur Peter Giblin ein zweiminütiges Video auf YouTube. Ein Mann kommt nach Hause, zu seiner auf dem Sofa sitzenden Partnerin, und beginnt sie zu küssen. Erst zart, dann immer fordernder, immer rabiater. An jeder geküssten Körperstelle – auf ihrem Unterarm, ihrem Nacken, auf ihrer Wange, ihrem Auge, ihren Lippen – erscheinen blaue Flecken. Erscheinen Wunden und Narben. Die Frau zieht sich in Panik von dem Mann zurück. Er verlässt die Wohnung. Auf dem jetzt schwarzen Bildschirm erscheint der Schriftzug «If Love hurts». Und dann der zweite Teil: «... it is not Love».

Prügel

Das erste Mal, dass er zuschlägt, beziehungsweise: das erste Mal, an das ich mich bewusst erinnere, ist an Neujahr. Gleich nachdem wir aus Liverpool zurück sind. Gleich, nachdem es ihm über Weihnachten zehn Tage prächtig gegangen ist. Zu Hause, bei seinen Eltern und mit den vier Schwestern. «Der schwarze Romeo!», hat seine Mutter an einem Abend zu mir gesagt, als er allein mit seinen Kumpels unterwegs war. «So nennen sie meinen P. hier.» Sie ist so stolz auf diesen Sohn, ihren einzigen, Erstgeborenen. Der so schön ist. So witzig. So charmant. Der alle um den kleinen Finger wickelt. Sie inklusive. Und seine vier Schwestern. Wir alle rissen uns um ihn. Um sein Wohlwollen, seine Aufmerksamkeit. Wir alle warfen uns ihm zu Füßen. Er war einfach großartig, alles in allem. Und für die paar kleinen Dinge, die nicht ganz so großartig waren, konnte er nichts.

Als wir ankamen, riss seine Mutter die Tür auf und den Jungen in ihre Arme. Sie schrie. Sie schluchzte. So groß war ihre Begeisterung über seine Heimkehr. Wie lange war es her, dass sie sich zuletzt gesehen hatten? Es mussten acht Monate gewesen sein. Er hing in ihren Armen und sie in seinen. Mutter und Sohn. Eine Einheit. Ich fand das bewegend. Beneidenswert. Ich glaube, ich fand es beruhigend. Ihn mit dieser kleinen, blonden Frau zu sehen, die er so offenbar liebte. Und sie ihn. Willst du wissen, wie ein Mann zu den Frauen steht, schau dir seine Beziehung zur Mutter an. Uralte Weisheit. Dann sah sie auf, von seiner Schulter, und ihr Blick fiel auf mich, hinter ihm. Sie schob den Sohn ein Stück von sich. Ihr Blick noch immer auf mir. «P.!», rief sie, und ihre Stimme war eine einzige Klage. «Ich wusste, dass sie jung ist! Aber ich hatte keine Ahnung, dass sie SO jung ist!» Das waren ihre ersten Worte. Ich stand draußen. P. lachte. Ich tat nichts. Sagte nichts. Ich stand nur verflucht jung und stumm da und ließ mich betrachten. Für diese ersten paar Sekunden. Für eine lange Zeit.

Liverpool. Ich war noch nie so weit von zu Hause weg gewesen. Ich bin heute noch überrascht, dass meine Eltern mich nach Liverpool ließen. Mit 16. Noch dazu mit einem zehn Jahre älteren Mann. Sie wussten da schon, dass er mich schlug. «Wenn du dir so was auch bieten lässt», sagte meine Mutter. Es ist der Vorwurf, der in den Leserkommentaren der Zeitungen unter den Geschichten von häuslicher Gewalt hundertfach zu lesen ist.

Die Botschaft ist immer die gleiche: «Schlimm, *wirklich* schlimm, ist nicht, wer schlägt. Wirklich schlimm ist, wer bleibt.» Solche Botschaften bestärken die Täter und halten die Opfer am Boden. Und wenn die Frauen es all dem zum Trotz geschafft haben, sich aufzurappeln, zwingen diese Botschaften sie noch rückwirkend zurück in die Knie: «Wie konntest du nur! Ich verstehe dich nicht!» Ich denke: Erschreckend, *wirklich* erschreckend ist, dass offenbar die Mehrheit der mündigen, wahlberechtigten Menschen nicht in der Lage ist, den Zusammenhang zwischen ihren Einstellungen, ihren Botschaften und der grassierenden Gewalt gegen Frauen zu erkennen. Noch erschreckender ist nur die Vorstellung, dass sie sehr wohl in der Lage sind, den Zusammenhang zu erkennen. Aber nicht dazu gewillt. Weil sie aus ihrer Verleugnung ähnlichen Nutzen schlagen wie die Täter.

Was mich betrifft: Ich war nicht mündig. Nicht wahlberechtigt. Meine «Entscheidung, mich schlagen zu lassen», war die «Entscheidung» einer Minderjährigen, die sehr wohl noch unter dem erzieherischen und rechtlichen Einfluss zunächst einmal ihrer Eltern stand. Ihrer Lehrer (die mich ein paarmal mit blutunterlaufenen Augen in der Klasse sitzen sahen). Der Ärzte (von denen einer ein geplatztes Trommelfell diagnostizierte und es auf

Gewalteinwirkung zurückführte). Und der Ämter. Einen Unterschied machte das nicht. Keiner der noch Verantwortlichen sah sich genötigt, «etwas» zu unternehmen. Sie alle sahen schon in einem 16-jährigen, misshandelten Mädchen, was die Gesellschaft nahezu einhellig in einer misshandelten Frau sieht: eine, die es mit sich machen lässt. Was hatte das mit ihnen zu tun?

Woher hatte ich das Geld für die Fahrt nach Liverpool? Ich hatte kein eigenes Geld. Ich denke: Ich muss mir die Fahrtkarte vorab zu Weihnachten gewünscht haben. Was haben sich meine Eltern gedacht, als sie mir das Geld dafür gaben? Was haben sie sich gedacht, als sie mich ziehen ließen mit P., viel weiter weg, als sie selbst jemals gereist waren. Sie verbrachten ihren Urlaub jedes Jahr in dem gleichen kleinen Ort an der Nordsee. Erst mit mir, dann allein. Das war schon eine Weltreise für sie. Später, als es mit P.s Gewalttätigkeit «gar nicht besser» wurde, natürlich nicht, machte ich dort einmal eine Art Urlaub mit ihm. Eine gemeinsame Auszeit vom Alltag, damit wir uns «endlich mal zusammenrauften». Meine Eltern hatten schreckliche Angst, es könnte schon dort, in ihrer üblichen Ferienwohnung misslingen. «Blamier uns bloß nicht!», sagten sie.

Ich hinterfragte das alles nicht. Ihr Verhalten schien mir normal. Ebenso das der Lehrer, der Ärzte, der Ämter. Die Unnormale war ich. *Ich* war diejenige, die sich schlagen ließ. Ich fragte meine Eltern erst Jahre später, warum sie mich mit dem Mann hatten ziehen lassen. Ich nahm all meinen Mut zusammen. «Wir hatten doch gar keine Wahl», zischte meine Mutter empört. «Wir hätten dich eh nicht zu Hause halten können.» Damit war das Thema beendet.

Ich war das Mädchen, das eben noch Bundeswehrhosen getragen hatte. Und italienische Kampfjacken, behangen mit Ketten. Ich erschien ihnen als unzähmbar. Der Einzige, der mich zähmen konnte, war P. Für ihn hatte ich die Kampfjacke und die Bundeswehrhose ausgezogen. Wortwörtlich. Für ihn hatte ich meine mandarinenroten Haare wieder braun gefärbt. Weil er sich über die mandarinenrote «Sauerei», die sie auf seinem Kopfkissen hinterließen, beklagte. Und weil er über mich mit diesen Haaren lachte. Er war zehn Jahre älter, ja. Er schlug hin und wieder mal zu, ja. Aber er hatte *auch einen guten Einfluss* auf mich. War es so ungefähr das, was sie dachten?

Ich habe drei Töchter. Zwei von ihnen waren in gewalttätigen Beziehungen. Das könnte A) an der Statistik liegen (nach der hätte es eine bis zwei der vier Frauen in unserem Haushalt erwischen müssen); also daran, dass es, wie mein Therapeut es ausdrückte, «wahnsinnig viele sanktionierte und geförderte Kaputte da draußen gibt», oder B) daran, dass ihre Mutter (ich), die in zwei gewalttätigen Ehen gelebt hat, es ihnen «so beigebracht» hat. Suchen Sie es sich aus. Die Männer schlugen meine Töchter nicht (nicht, dass ich wüsste). Sie übten auf andere Art Gewalt aus. Sie erniedrigten sie. Sie sprachen mit ihnen auf einschüchternde Weise. Sie kontrollierten ihre Zeit, Freunde, Bekannten und schoben ihnen dafür die Schuld zu. «Wieso dauert das jedes Mal fünf Minuten, bis du mir endlich antwortest», schrieb einer dieser Männer an eine meine Töchter per SMS. «Bin ich deine Aufmerksamkeit nicht wert!» Der andere, Freund meiner anderen Tochter und 22 Jahre älter als sie, war wahnsinnig locker und lustig. Er machte gern Witze. Am liebsten auf Kosten meiner Tochter. Zum Beispiel als sie, etwas scheu, das kleine Baby ihrer Schwester auf den Arm nahm und der Freund das Kind aufforderte: «Los doch, heule!» Dann wieder offen, als er ein Foto auf seine Facebookseite stellte, auf dem er einen Einkaufswagen schob, in dem meine Tochter saß. Darunter hatte er kommentiert: «Selbstverständlich habe ich zuvor die Geschäftsbedingungen geprüft. Ich kann die Ware jederzeit zurückgeben.»

Als ich mich furchtbar über den Spruch ihres Freundes aufregte, war das in den Augen meiner Tochter Beweis für meine Altbackenheit. Für meine Humorlosigkeit. Sie sagte: «Du kapierst es einfach nicht. So reden wir nun mal miteinander!» Sie ihrerseits wollte nicht verstehen, dass es genau das war, was mich in Angst und Schrecken versetzte. Beide Männer, mit denen ich verheiratet war, sprachen genauso mit mir. Sie machten Witze über meine mangelnde Sportlichkeit. Sie spotteten über meine mangelnde Hausfraulichkeit. Sie ließen sich aus über mein mangelndes Alles. Zur Empörung meiner Töchter ließ ich ihre beiden Männer nicht ins Haus. Ich weigerte mich, mich mit ihnen an einen Tisch zu setzen. Wenn wir uns zufällig trafen, sprach ich nur das Nötigste mit ihnen. Wenn sie ihre «Witze» machten, sagte ich: «Das ist kein Witz. Es ist eine Erniedrigung.» Meine Töchter rollten mit den Augen. Das tat weh. Eine meiner Töchter sprach anderthalb Jahre nicht mit mir. Das tat noch mehr weh. Ich vermisste sie sehr. Aber das Schrecklichste, weil furchterregend daran, war, dass es diesem Mann gelungen war, meine Tochter von ihrer Familie zu isolieren. Ein Trick, den viele gewalttätige Männer anwenden, um ihre Partnerinnen noch effektiver zu kontrollieren. Aber ich wollte weder meinen Töchtern, noch diesen Männern den Eindruck vermitteln, ich fände das Verhalten der Männer auch nur irgendwie okay. Als die Tochter mit dem 22 Jahre älteren Witzbold eines Abends anrief und schluchzte: «Er ist weg!», wäre ich am liebsten vor Erleichterung durch die Küche getanzt. Meine Tochter weiß das. Dass sie es mir nicht übelnimmt, liegt, glaube ich, daran, dass ich es nicht tat. Und dass ich nicht einmal sagte: «Ich hab's ja gleich gewusst! Hättest du nur auf mich gehört! Wie konntest du nur!» Sie schluchzte auch nicht sehr lange. Zwei Minuten vielleicht, dann holte die Erleichterung sie ein.

«Ich hoffe, ihr habt nicht geplant, nach Gretna Green zu fahren», hatte meine Mutter damals vor unserer Abfahrt nach Liverpool zu mir gesagt. Ich hatte keine Ahnung, wovon sie sprach, keine Ahnung, was oder wo «Gretna Green» war. «Das ist eine Stadt in Schottland, in der man auch als Minderjährige und ohne Papiere heiraten kann.» – «Aha», sagte ich. Und fragte mich, woher und warum sie solche Sachen wusste. Ich wollte nicht nach Schottland. Ich wollte nicht heiraten. Ich wollte nach Liverpool, zusammen mit P.

Was habe ich mir gedacht, damals? Warum wollte ich das Weihnachtsfest lieber in einem fremden Land mit einer fremden Familie verbringen als mit meiner eigenen Familie, zu Hause? Warum traute ich mich, als so junges Mädchen, mit diesem so viel älteren Mann so weit weg zu fahren? In sein, wie sollte man es treffender nennen, Revier. Warum vertraute ich ihm? Einem Mann, der bewiesen hatte, dass er kein Vertrauen verdiente. Dass ihm zu vertrauen schmerzhaft war. Gefährlich.

Ich denke: Ich wollte ihn kennenlernen. Ich wollte sehen, woher er kam. Wer seine Familie war. Seine Freunde. Sein Zuhause. Ich wollte begreifen, wer er war. Ich wollte ihn verstehen. Wenn ich verstand, wer er war, verstand ich auch alles andere. In erster Linie: «Unser Problem». Ein Problem, das man verstanden hat, kann man lösen. Und dann musste ich, selbstverständlich, ein Auge auf meinen schwarzen Romeo haben. Und auf die Frauen. «Die Ladys werden ausflippen, dass ich wieder da bin», hatte er zwinkernd zu mir gesagt. Ich zweifelte keine Sekunde, dass es so war. Ich war 16 und hatte die drei wichtigsten Regeln der Liebe begriffen:

1. Die Frau ist verantwortlich für das Glück des Mannes (und später der Familie).
2. Das Glück der Frau ist abhängig vom Glück des Mannes, respektive davon, wie geschickt sie darin ist, ihn glücklich zu machen.
3. Die größte Bedrohung für das Glück einer Frau ist immer eine Frau. Entweder ist sie es selbst. Oder es sind die anderen Frauen.

So gewappnet, machte ich mich mit P. auf den Weg nach Liverpool. P., ich, unsere Liebe, das war ein Roadmovie. Unser Himmel hing voller Popsongs.

×××

An der Victoria Station in London sahen wir ein paar junge Männer mit Gitarrenkoffern, Cello- und Geigenkasten den Bahnsteig entlanghasten und einen Zug besteigen. «Madness!», rief P. begeistert. «Mensch, guck doch, das sind die Jungs von ‹Madness›.» Eine der tollsten Bands im Vereinigten Königreich. Damals. Ich hätte sie nicht erkannt. Am Fahrkartenschalter führte sich ein in ganz England bekannter und beliebter Komiker nicht komisch auf. Er hatte den Zug zu seinem nächsten Auftritt verpasst und tobte. «Fuck you!», sagte er schließlich zu dem Mann am Schalter und stürmte davon. Der Schaltermann zuckte mit den Schultern. «Der denkt, er weiß etwas über Züge», sagte er zu P., der als Nächster in der Reihe stand. Ich neben ihm. «Unglaublich!», rief P. begeistert. «Wenn die Leute wüssten, wie der Typ wirklich ist!» Der Schaltermann, P. und ich lachten. Wir waren uns einig. Was für ein Arsch!

Nachdem sich P.s Mutter in Liverpool über meine Jugend eingekriegt und mich ins Haus gelassen hatte, quartierte sie uns in seinem Kinderzimmer ein. Sozusagen. In dem Raum, den er, 25-jährig, bewohnt hatte, bevor er nach Deutschland gegangen war, um ein gefeierter Stürmer zu werden. Und um einer Verurteilung wegen Betrunken-auf-die-Straße-Pinkelns zu entgehen. Er war – abgesehen von seiner jüngsten Schwester, die in meinem Alter war – der Einzige von den Geschwistern, der noch zu Hause gelebt hatte. Die älteren Schwestern waren verheiratet oder schon wieder geschieden. Seltsam, dass mir das damals nicht seltsam erschien. Dass ich es nicht hinterfragte. Seltsam, dass sie alle dort nicht wirklich etwas sagten. Über P. Seine Geschichte. Darüber, wer er war. Und wozu in der Lage. Einmal fragte seine Mutter mich: «Schlägt er dich?» Ich weiß nicht mehr, warum sie das fragte. Wie sie darauf kam. Ich nickte. «P.!», sagte sie, an den Sohn gewandt und mit Ausrufezeichen. Und der Vater: «Ich habe deine Mutter nie geschlagen! Nicht ein einziges Mal!» – «Ich weiß», sagte P. beschämt. Und das war's. Dann schwiegen wir. Und so ist das, wenn alle sich einig sind: Dann ist das Seltsame nicht seltsam. Dann wird das Unerhörte ganz normal.

Die Gerichtsverhandlung und mögliche Verurteilung von P. standen noch aus. Jetzt nicht mehr nur wegen des ungehörigen Pinkelns. Jetzt auch noch wegen Abhauens auf Kaution. Ich dachte: Das war der Grund, warum P.s kleiner, wortkarger Vater nicht ganz so himmelhochjauchzend über die Heimkehr des Sohnes war. Er fuhr Taxi, sein eigenes. Einmal hatte Omar Sharif daringesessen. Und als sie kurzfristig in London gewohnt hatten, hatte er der Königin jeden Morgen die Frühstückseier zum Buckingham Palace gefahren. Lieferung durch den Hintereingang. Die Königin hatte er dabei natürlich nie gesehen. Nur den Eier-in-Empfang-Nehmer bei Hofe. Aber: Immerhin! Das waren die Geschichten, die sein Sohn mir noch in Deutschland stolz über ihn erzählt hatte. Jetzt, wenn der Vater abends vom Taxifahren nach Hause kam, sprach er kaum mit dem Sohn. Und wenn der Vater ihn fragte, wann er sich endlich mal zusammenreißen und «diese Angelegenheit» regeln wollte, klirrte seine Stimme vor Missfallen.

Ich fürchtete ihn. Damals. Und P., der sich scheinbar so vergeblich um seine Gunst bemühte, tat mir leid. Ich wusste, wie das war, wenn du dein Bestes gibst und es nie genug ist. Ich dachte, diese Vater-und-Sohn-Geschichte hier sei mit meiner Eltern-und-Tochter-Geschichte vergleichbar. Ich dachte, wir säßen in einem Boot. Jeden Gang in die Stadt inszenierten P. und die Kumpels als großen Coup. Immer mit Blick über die Schulter, ob uns schon ein Copper, ein Polizist, auf den Fersen war. Um den offenbar Liverpool-weit berüchtigten und gesuchten kautionsflüchtigen Auf-die-Straße-Pinkler zu verhaften. In die Kneipen traute P. sich nur hinter menschlichem Schutzschild. Die Kumpels bildeten draußen schon einen Ring um ihn, und als Blase schoben wir dann durch die Kneipentür, in die jeweils hinterste Ecke, nahmen im Kreis auf den Hockern Platz. P., für die anderen Gäste unsichtbar, in unserer Mitte. Für den Fall, dass so ein Copper in die Kneipe spazierte, ihn auf den ersten Blick erkannte und in Handschellen legte. Kamen wir von diesen Ausflügen in die Stadt siegestrunken, weil dem Auge des Gesetzes wieder einmal gewitzt entwischt, nach Hause, machte der Vater unserem Bonnie-und-Clyde-Frohsinn schnell ein Ende mit der lahmen Frage: «Wann kommst du zur Vernunft und meldest dich?» – «Wie kannst du das verlangen», empörte sich die Mutter. «Du weißt, wie brutal die Coppers sind. Sie werden ihn einsperren, und wer weiß, was sie dann mit unserem P. machen.» – «Macht euch nicht lächerlich», sagte der Vater. Nach einer Woche brannten P. die Outlaw-Nerven durch, und er meldete sich tatsächlich.

Die Coppers nahmen seine Aussage auf und schickten ihn ganz undramatisch nach Hause. Ein paar Tage später gab es eine Mini-Eilverhandlung, das Gericht wollte ihn nicht an der Rückreise hindern, er musste 100 Pfund Strafe zahlen. Und das schöne Drama war fürs Erste dahin.

An den Abenden, an denen er allein ausging, blieb ich mit seinen Eltern daheim. Er wollte die Kumpels treffen, Jungs-Sachen machen. «Ist okay», sagte ich. Ohne mich wirklich so zu fühlen. Es war seine Bedingung gewesen dafür, dass er mich mitnahm, nach Liverpool. Er kam dann jeweils frühmorgens glückselig betrunken heim. Er trank sonst nicht viel. Nur eben jetzt, aus Heimkehrer-Kumpel-Wiedersehensfreude. Einmal kotzte er beim Nachhausekommen seine Zahnkrone mit ins Klo, die hatte sich ein paar Tage zuvor gelockert. Wir konnten sie in letzter Sekunde, kurz vor dem Spülen, retten. Weihnachten war Weihnachten, nur geringfügig anders. Ich bekam einen Strickpulli, lila, mit großen Blumen darauf, von P.s Eltern. Und einen Fünferpack pastellfarbener Unterhosen von den Schwestern. P. und ich hatten irgendetwas für seine Eltern gekauft, an das ich mich nicht mehr erinnere, und nichts für seine Schwestern. «Ich habe keine Ahnung, was Frauen sich wünschen», hatte P. gesagt. «Da ist es besser, ich schenke nichts als irgendeinen Scheiß.» Das war natürlich vernünftig. Dass ein Mann nicht wusste, was er schenken sollte, lag praktisch in seiner Natur. Das wussten auch die Schwestern. Und weil sie außerdem wussten, wie enttäuschend das dennoch sein kann, für die noch ungeübte Frau, besorgten sie stellvertretend für P. ein Geschenk für mich. Ein silbernes Armband, mit noch unbedruckter Namensplakette. Das überreichte er mir am Weihnachtsmorgen. Die Schwestern hatten es hübsch verpackt. Es war ein bisschen wie bei uns zu Hause, wenn meine Mutter sagte: «Natürlich hat der Papa dich lieb. Er weiß eben nur nicht, wie er es zeigen soll.» Vielleicht fand ich das Armband darum so doof. Ich ging in P.s Kinderzimmer, heulte und tat damit P. und mit ihm allen anderen weh.

Seine Schwestern klopften im Wechsel an die Tür und sagten: «Er ist wirklich sehr, sehr traurig.» – «Er ist ehrlich gekränkt, dass dir sein Geschenk nicht gefällt.» – «Er denkt, es ist nicht gut genug für dich.» – «Er denkt, er ist nicht gut genug für dich.» Das war auch ein bisschen wie bei uns zu Hause. Wenn meine Mutter sagte: «Du hältst dich wohl für etwas Besseres!» Was ich heute fast komisch finde. Weil meine Eltern doch, wie später P., kaum je eine Gelegenheit ausließen, mir vor Augen zu halten, wer und was ich wirklich war: «Der letzte Dreck!» Damals dachte ich, beides sei wahr. Ich war der letzte Dreck, der sich wie etwas Besseres fühlte. Und damit allen das Leben zur Hölle machte. Wie jetzt, in diesem fremden Zimmer.

P., irgendwo unten im Haus, spielte derweil diesen Song von ‹Culture Club›, der damals gerade in den Charts war, immer und immer wieder, ‹Do you really want to hurt me›, auf voller Laustärke. *Willst du mir wirklich weh tun? Willst du mich wirklich zum Weinen bringen?* Ich hätte gerne darüber gelacht. Aber das ging nicht, weil P. «ehrlich am Boden zerstört» war. So versicherten es mir die Schwestern. Ich müsse ihm eine Chance geben, herunterkommen und ihm zeigen, dass und wie sehr ich ihn liebte. Ich trottete also runter, ins Wohnzimmer, wo P. in Tränen aufgelöst neben seiner Mutter auf dem Sofa saß. Ich sagte nicht viel, womöglich nichts.

Während im Hintergrund ‹Culture Club› sang, legte ich etwas steif meine Arme um ihn. Und er legte schniefend das Armband um mein Handgelenk. Und damit war alles gut.

Wo war P.s Vater? Er taucht in meinen Erinnerungen an dieses und viele andere Dramen nicht auf. Ähnlich meinem Stiefvater. Ähnlich meinem leiblichen Vater sowieso. Ich dachte lange, das mache ihn, zusammen mit seiner (berechtigt) reservierten Haltung gegenüber dem Sohn, zu dem besseren, weil vernünftigeren Spieler in unserem Drama.

Unter einen *Spiegel*-Beitrag von Sibylle Berg über die zunehmende Männergewalt gegen Frauen schrieb kürzlich einer online: *«Liebe Frau Berg, ich bin Psychotherapeut und kann ihnen versichern: Männer hassen Frauen nicht, sie fürchten sie ... wenn sie Frauen hassen, dann deswegen, weil die wie ihre Mütter sind. Väter sind doch meist abwesend – Mütter konfrontieren die zukünftigen Männer mit ihren Ansprüchen und dem schmerzhaften Liebesentzug, wenn sie diesen nicht entsprechen ... Ihre Kritik an den Männern geht in die falsche Richtung ... Sie sollten sie an die Mütter richten.»* Als sei es nicht möglich, durch Abwesenheit Einfluss zu nehmen. Als entbinde ihre Abwesenheit Männer nicht nur von allen Verpflichtungen. Sondern auch von jeder Verantwortung.

Ich weiß nicht, ob der Kommentar-Schreiber tatsächlich Psychotherapeut ist. Online ist ja jeder alles. Ich halte es durchaus für möglich. Es ist das für diese Zunft übliche Gebrabbel. Die übliche «Diagnose» einer Branche, deren Weisheiten und Lehren seit Jahrhunderten von Männern beherrscht sind. Deren von Männern festgelegte Regeln und Gesetze unser Denken und Handeln beeinflussen und bestimmen, wie so viele von Männern festgelegte Regeln und Gesetze in so vielen Bereichen.

Die «Alternative für Deutschland» (AfD) gewinnt mit solchen «Weisheiten» und dem Versprechen, die Frauen ihnen zu unterwerfen, an Wählern. Auch unter Frauen. Der kanadische Pop-Psychologieprofessor Jordan B. Peterson begeistert und macht

Millionen, indem er von Männern geschaffene Konstrukte wie «Weiblichkeit ist Chaos, Männlichkeit ist Ordnung» zu ‹Naturgesetzen› verklärt. Und in den sozialen Medien kursiert, unter vielem anderen, ähnlichen Schrott, seit einiger Zeit das Bild einer schönen und, so scheint's, selbstbewussten jungen Frau über dem Spruch: «Unsere Generation ist so sehr damit beschäftigt, zu beweisen, dass Frauen all das tun können, was Männer tun, dass Frauen ihre Einzigartigkeit verlieren. Frauen wurden nicht dazu geschaffen, all das tun zu können, was ein Mann tun kann. Frauen wurden dazu geschaffen, all das zu tun, was ein Mann nicht tun kann.» Kinderkriegen natürlich. Und Fühlen, aber richtig, und diese richtigen Gefühle dann zeigen. Sanft sein. Nachgiebig sein. Erwachsen sein.

Wir leben eine von Männern geschaffene Normalität.

×××

Zu Silvester sind wir zurück in Deutschland. Wir sind zur Party bei P.s Fußballkumpel eingeladen, zusammen mit dem ganzen Team. Und den ‹Spieler-Frauen›. Die Frauen hängen hinten an ihrem Spieler dran. An jedem eine. Ich hänge an P. So ist das hier. «Bei uns ist es auch üblich, dass man sich einen Neujahrskuss gibt», hat P. gesagt, bevor wir losgezogen sind. «Also blamier mich nicht und mach kein Theater, wenn ich da andere Frauen küsse. Das ist ganz normal.» Ich habe ein bisschen Angst vor der Party. Ich fühle mich nicht ganz wohl in meiner Rolle als Anhängsel. Ich glaube, die anderen Frauen haben dieses Problem nicht. Ich kenne sie von den Samstag- oder Sonntagabenden, wenn wir uns nach dem Fußballspiel in immer derselben Kneipe treffen. Und immer dasselbe essen. Jägerschnitzel mit Pommes. Dazu ein paar Bier. Die Frauen schwatzen. Sie lachen. Sie flirten. Sie sehen gut aus. Sie können mit Männern umgehen. Mit ihren eigenen und mit anderen. «Mit denen kann man Spaß haben», sagt P. «Die sind gesellig.»

Ich sitze meist da und sage nichts. Ich bin nicht gesellig. Ich bin nicht locker und lustig. Ich weiß nicht, warum. Etwas stimmt nicht mit mir. Alle wissen das. Jeder, der mich nur einmal anguckt, kann es gleich deutlich sehen, sagt P. «Meine Kumpels fragen mich schon, warum ich ausgerechnet mit dir zusammen bin. Bei der Fresse, die du immer ziehst.» Das tut mir leid. Ich versuche, keine Fresse zu ziehen. Aber jedes Mal, wenn ich denke, jetzt gelingt es mir, ich stehe hier ganz entspannt und lächele, wie eine Professionelle, kommt irgendein Kerl zu mir rüber und sagt: «Boah, ej, lach mal!» Tatsache ist: Ich fühle mich diesen anderen Frauen hoffnungslos unterlegen. Ich will nicht, dass P. sie küsst. Ich fürchte, P. zu verlieren. Und auch das ist natürlich nicht normal. Es zeugt von mangelndem Selbstwertgefühl. Daran muss ich dringend arbeiten. Was ich noch schnell dafür tun könnte, damit diese Party nicht zum Desaster wird, darüber grübele ich auf dem ganzen Weg dorthin nach.

P., der neben mir läuft, merkt das. Er steht schon jetzt, auf dem Weg zur Party, ziemlich unter Strom. Ich kann es sehen. Ich kann es spüren. Ich versaue ihm schon jetzt den Abend. «Zieh bloß nicht so eine Fresse, wenn wir da sind», sagt er.

Die Party ist dann überraschend gut. P.s Fußballkumpels sind ganz okay. Einer vor allem, Arthur, der der Gastgeber dieser Party ist. Ein netter Kerl. An dem halte ich mich fest. Wir schwatzen den ganzen Abend. Kein einziger Kumpel kommt und sagt zu mir: «Mensch, lach doch mal.» Ist gar nicht nötig. P. ist nirgends in Sicht, aber ich denke, mit Arthur hier kann ich Mitternacht überleben. Als es Neujahr schlägt, gebe ich ihm einen Kuss. Ist ja normal.

Wir sind kaum aus Arthurs Wohnung raus, als P. zuschlägt. Mit der flachen Hand ins Gesicht. «Was bist du, eine dämliche Hure.» Das ist keine Frage. Er brüllt nicht. Er spricht. Kühl. Gemessen. Die Emotionslosigkeit seiner Stimme macht mir Angst. Mehr als die Schläge. Er will wissen, warum ich «das» getan habe. «Gehst dem armen Arthur den ganzen Abend auf den Keks und schmeißt dich ihm an den Hals!» Habe ich nicht gemerkt, wie lächerlich ich mich gemacht habe. Habe ich nicht gemerkt, wie lächerlich ich ihn, P., gemacht habe. Der ärmste Arthur hatte keine Chance, mir zu entkommen. Ich entkomme P. auch nicht. Er drängt mich gegen eine Hauswand und schlägt wieder zu. Er schlägt nicht länger mit der flachen Hand. Er schlägt jetzt mit der Faust. Er trifft mein Auge. Meine Nase. Er packt meine Haare und knallt meinen Kopf gegen die Hauswand. Immer wieder. Ich denke: Komisch, dass der nicht platzt. Ich habe Angst, dass mein Kopf platzt. Ich würde mir ganz gern an den Hinterkopf greifen und fühlen, ob da schon etwas kaputt ist. Ob es schon blutet. Aber leider habe ich dafür keine Zeit. Und leider habe ich ja auch nicht tausend Arme und Hände. Die zwei, die ich jeweils habe, muss ich besser einsetzen. Ich muss sie nutzen, um die schlimmsten Schläge abzuwehren. So gut es geht. Es geht nicht immer.

Ein Faustschlag trifft meine Lippe. Ich spüre, wie sie aufklafft. Sich öffnet. Wie eine Blume. Es brennt. Mein Auge schmerzt. Und meine Nase. Ich frage mich, wie ich wohl aussehe. Aussehen werde. Morgen, wenn das alles geschwollen und grün und blau ist. Ich frage mich, wie ich das erklären kann. Zwischen P. und die Hauswand gezwängt, mache ich Pläne. Sonst gibt es nichts, das ich tun könnte. An Weglaufen ist nicht zu denken. Mit P. vor und über mir. Mit seinen Fäusten überall. Und mit seiner kalten, berechnenden Stimme. Er sagt immer das Gleiche. Hure. Schlampe. Fotze. Ein- oder zweimal mache ich den Versuch zu antworten. Ich will sagen, dass da mit dem Arthur doch gar nichts war. Ich will sagen, dass ich doch nur ihn liebe, P. Dass er keine Angst haben muss, dass ich ihn betrüge. Mit irgendwem. Jemals. Oder noch schlimmer: dass ich ihn verlasse. Ich will all die richtigen Dinge sagen. Dinge, die ihn beruhigen. Ihn trösten. Ich muss ihm versichern, dass er der Einzige, dass er der Größte ist. Für mich und überhaupt! In der US-Dokumentation «Private Gewalt» (Private Violence), die von ARTE in synchronisierter Fassung ausgestrahlt wurde, erzählt Kit Gruelle, Aktivistin gegen häusliche Gewalt, aus ihrer eigenen gewalttätigen Ehe. Ihr Mann aß sein Eis gern mit Erdnüssen. Er verlangte, dass sie dafür gesalzene Erdnüsse kaufte und das Salz dann von ihnen abwusch. Wenn er glaubte, noch ein Salzkorn herauszuschmecken, schlug er zu. Gruelle, die Polizeibeamte im Umgang mit Opfern häuslicher Gewalt schult, sagt zu den Beamten: «Wenn also eine Frau bei euch im Einsatzwagen sitzt und immer wieder sagt: ‹Es ist meine Schuld, allein meine Schuld, ich habe die Erdnüsse nicht gründlich genug gewaschen›, dann zeugt das nicht davon, dass sie verrückt ist. Es ist das, was sie lebt.» Schrecklicherweise sind all die richtigen Dinge, die ich in dieser Neujahrsnacht zu P. sage, die falschen. Denn natürlich muss ich ihm gar nicht sagen, dass er der Größte ist. Für mich und überhaupt. Das weiß er längst. Darum zertrümmert er mich ja hier.

«Was glaubst du, wer du bist.» Mein Kopf knallt gegen die Wand. «Glaubst du im Ernst, ich habe Angst, dass du mich verlässt? Glaubst du das?!» Es ist echt ein verdammtes Wunder, dass mein Kopf nicht platzt. «Ich lach mich tot, was bildest du dir ein. Ich kann jede haben! Jede dieser Frauen auf der Party wäre glücklich, wenn sie mich haben könnte! Kapier das!» Ich kapier's nicht. Gar nichts mehr. Ich lasse mich stumm an der Hauswand hinuntergleiten, Arme über dem Kopf verschränkt. Ich bin am Boden. *Warum gehen diese Frauen denn nicht einfach weg?* Darum:

Als er endlich mit mir fertig ist und sich zum Gehen wendet, bin ich so klein, dass ich gar nichts mehr bin. Es sind nicht die Schläge. Wenn es nur die Schläge wären, wäre es ein Leichtes zu schreien. Sich aufzurappeln. Zu laufen. Zu gehen. Kein Mensch lässt sich einfach so schlagen. Die Schläge sind nur die Spitze des Eisberges. Sie sind der wahrnehmbare Teil der Gewalt. Für die Außenwelt. Und lange Zeit waren sie auch für mich der einzig wahrnehmbare Teil. Aber zwischen den immer wiederkehrenden körperlichen Attacken ist noch etwas anderes. Etwas Mächtiges. Fesselndes. Es ist nicht (nur) die vielzitierte Jekyll-and-Hyde-Mentalität der Täter. Ihre Fähigkeit, sich von jetzt auf gleich zu wandeln: von einem scheinbar liebenden Partner zu einem rasenden, lebensgefährlichen Mann. Und umgekehrt. Es sind auch nicht (nur) die «guten Momente», beziehungsweise ist es nicht die Erinnerung an sie, die mich hoffnungslos an diesen Mann bindet.

Was mich tatsächlich fesselt, einfriert, was es mir, über lange Zeit, unmöglich macht zu gehen, ist die Tatsache, dass er Besitz von mir ergriffen hat. Von meinem Geist, meinem Denken. Von meinem Körper sowieso. Er hat mich infiltriert. Mit seinem Denken, seinen Werten, seinen Wahrheiten. Das ist das Netz, das die «scheinbar einzelnen» Attacken miteinander verbindet. Es ist das Netz, das mich auch zwischen den tätlichen Angriffen gefangen hält. Seine Attacken sind keine vereinzelten Attacken. Keine sporadischen Vorkommnisse, unterbrochen von «Phasen der Normalität». In einer kontrollierenden Beziehung, für die physische Gewalt nur *ein* Ausdruck, und meist leider der entscheidende ist, gibt es keine «Phasen der Normalität». Keine «Verschnaufpausen» für die Frau.

In «Private Gewalt» erzählt Kit Gruelle, wie sie Frauen gefragt hat: «Was genau hat er getan, was hat dich ihm derart ausgeliefert?» Die Antwort der Frauen sei immer die gleiche: «Alles.» Sein Blick. Seine Gesten. Seine Worte. Die vielen, nahezu unbemerkt gebliebenen oder weggelachten «Maßnahmen» zwischen (oder anstelle von) «echten» Attacken: Der Mann einer Freundin, der immer wieder anruft, während wir in der Stadt unterwegs sind, und sich erkundigt, «wie lange es denn noch dauern soll». Der Exfreund einer Bekannten, der an Abenden, an denen ausgemacht ist, dass er das gemeinsame Kind hütet, weil sie ausgehen will, regelmäßig plötzlich Verpflichtungen hat. Die Nachbarin, die nicht mehr mit mir Fahrrad fahren darf, weil ihr Mann nicht mag, wenn wir allein unterwegs sind. Das alles ist Kontrolle. Schläge sind nur ihre logische Konsequenz. Der Forensiker Evan Stark, der im Verlauf seiner Forschungen wiederholt gewalttätige Männer zu den Gründen für ihre Gewalt gegenüber Frauen befragt hat, hörte von vielen die gleiche Antwort: Wären Frauen weiterhin bereit, ihre Unterlegenheit als natürliches Phänomen anzusehen und sich entsprechend zu unterwerfen, hätten Männer es nicht nötig, «drastische Maßnahmen» zu ergreifen.

Dies sind die Dinge, die ich nicht tat, an jenem Abend, als P. mit mir fertig war:

- Ich ging nicht zurück ins Haus, zu den Partyleuten, um Schutz und Hilfe zu suchen.
- Ich ging nicht zu meinen Eltern.
- Ich rief nicht die Polizei.

Ich tat das Einzige, was ich für möglich hielt: Ich lief ihm hinterher. Ich folgte ihm nach Hause, zu ihm nach Hause, wie ein getretener Hund. Er ging schnell. Er rannte fast. Ich musste mich anstrengen, um mithalten zu können. Meine Beine taten mir weh. Meine Arme, mein Gesicht. Ich sagte: «Es tut mir leid.» Er sagte nichts. Aber er schlug mich nicht mehr. Und er stieß mich nicht fort. Das war Fortschritt. Das war Normalität. Bei ihm angekommen, legte er sich schlafen.

Ich setzte mich auf das Sofa, auf dem wir sonst gemeinsam David Bowie hörten und ich für ihn Julie Burchill las. Es kann sein, dass ich weinte. Ich bin mir nicht sicher. Vielleicht saß ich auch einfach nur stumm und taub da. Ich bin, an der Vorstellung der üblichen Experten gemessen, kein glaubwürdiges Opfer. Ich erinnere mich nicht flott und fließend. Ich stolpere durch meine Erinnerungen. Ich schleiche. Ich zögere. Ich bleibe stehen. Ich gehe ein Stück zurück und schlage plötzlich Wege ein, wo eben noch keine Wege waren. «Ach! Nun war es plötzlich *so*?!» Ja. So ist das mit den Bedrohungen für Leib und Leben und den Erinnerungen an sie. Beide sind kein Tanz durch ein blühendes Mohnfeld.

Als ich mit Weinen fertig war, legte ich mich neben den schlafenden P. und fühlte mich einsam. Morgens weckte ich ihn. Ich zeigte auf mein blaues Auge. Auf meine geplatzte Lippe. Ich sagte: «Sieh dir das an.» Das ist der Teil meiner Erinnerung, der mir stets präsent war. Gleichbleibend lebhaft. Es ist der Teil, der sich nie in den Nebeln verlor. Nicht ein einziges Mal, über fast 40 Jahre. Ich sehe mich noch in aller Klarheit dasitzen. Unter der Dachschräge, auf dem Rand der Matratze. Ich hatte nie Schwierigkeiten, mich an die Momente zu erinnern, in denen ich mich klein und schwach fühlte. Gemessen an der Deutlichkeit und der Schmerzhaftigkeit dieser Momente, sind P., seine Schläge und meine Angst kaum präsent.

Ich erinnere mich nicht mehr daran, was oder ob er überhaupt etwas an diesem Morgen sagte. Woran ich mich erinnere, ist sein Gesichtsausdruck. Und die Haltung seines Körpers, wie er da in den Decken lag. Auf dem Rücken, den angewinkelten Arm über seinem Kopf auf den Kissen.

Er sah aus, als hätte er gern noch eine Weile geschlafen.

Das perfekte Opfer

Ich könnte noch einige solcher Szenen wie die aus jener Neujahrsnacht schildern. Sie wiederholten sich. Mit steigender Intensität. Im Durchschnitt erlebt eine Frau in einer körperlich gewalttätigen Beziehung pro Jahr bis zu 69 Angriffe auf Leib und Leben. Und Hunderte, bisweilen Tausende über den Verlauf der Beziehung, bis sie es – in den glücklicheren Fällen – schafft, sich dem direkten Zugriff des Täters zu entziehen. Eine Frau braucht durchschnittlich sieben Jahre, bis sie nach Hilfe sucht. Und sieben Anläufe, um sich aus einer gewalttätigen Beziehung zu befreien. Durchschnittlich sechs Mal gehen die Frauen, die den Mann kurzfristig verlassen haben, zunächst zu dem Täter zurück.

Sie tun es, weil der Mann sich verzweifelt gibt. Weil er überzeugend weint. Weil ihm so furchtbar leidtut, was er ihnen (und oft auch den Kindern) angetan hat. Sie tun es, weil Familie, Freunde, Bekannte ihnen sagen, dass sie nicht so «herzlos» sein sollen. Sie tun es, weil Paartherapeuten stirnrunzelnd sagen: «An Beziehungen muss man arbeiten.» Weil Jugendamtsbetreuer sagen: «Die Kinder brauchen doch einen Vater!» Weil Sozialhilfeangestellte sagen: «Wie wollen Sie das denn allein schaffen.» Sie tun es, weil der Therapeut, den der Mann seit ihrem Weggang wundersamerweise aufsucht, «vermittelt». Beispielsweise, indem er sagt, dass es für die positive Entwicklung seines Klienten sehr hilfreich wäre oder gleich unerlässlich ist, dass die Frau ihm noch einmal eine Chance gibt. Sie tun es, weil die Frauenhäuser nicht genügend Plätze haben (sechs von zehn hilfesuchenden Frauen müssen abgewiesen werden). Weil sie sich verlassen fühlen. Und weil der Mann ihnen beteuert, dass er sich bessert. Oder weil er ihnen droht, dass er sie seinerseits wegen Körperverletzung, Erpressung etc. anzeigen wird. Oder weil er ihnen droht, dass er sie früher oder später finden wird und sie «ihr blaues Wunder erleben» werden, wenn sie nicht zurückkommen. Oder dass er sie gleich umbringt. Sie tun es, weil Polizisten, Anwälte und Richter die Täter «verstehen», ihre Gewalt verharmlosen und sie entschuldigen. Sie tun es, weil sie wissen, dass sich kein Gesetz effektiv zwischen sie und den Täter stellt. Weil sie wissen, dass sie ihm ausgeliefert sind. Auf Lebenszeit.

Der Forensiker Evan Stark vergleicht die Gewalt, die Männer an ihren Partnerinnen verüben, mit der Gewalt von Kidnappern gegenüber ihren Geiseln. Er fordert, diese Gewalt in ihrer «Generalität» zu sehen, um ihre Dimension zu erkennen und ihre komplexe Wirkung zu begreifen. Statt nur die Spitze des Misshandlungs-Eisbergs, Schläge und andere körperliche Verletzungen, zur Kenntnis zu nehmen, müssen wir bereit sein und lernen, die subtilen Formen der Gewalt zu erkennen. Allen voran das Monopol der Täter auf die «korrekte Wahrnehmung». Bei beiden Männern, mit denen ich verheiratet war, war ihre Sicht der Welt (und speziell ihre Sicht von mir) Gesetz. Es war ein Prinzip, das ich schon von meinem Stiefvater kannte. Gegenüber meiner Mutter. Und gegenüber mir. «Mädchen! Hättest du 's Maul gehalten, hätte ich dich für klüger gehalten», war so ein Dauerspruch, mit dem er mir klarmachte, wer von uns beiden die Welt *richtig* sah. Auch meine Mutter ist, mit Anfang siebzig, noch immer das «Mädchen!», das man (mit etwas gutem Willen) für klug halten kann – solange sie's Maul hält.

«Mädchen!», rief er, als ich (Mutter von sechs Kindern, gerade zum zweiten Mal geschieden) wagte zu sagen, dass ich die Fernsehserie «Sex and the City» witzig fand. «Diesen *Schrott* findest du witzig?! Da muss ich aber wirklich an deinem Verstand zweifeln!»

Wer sich von dem Wahrnehmungsmonopol von Männern im

Allgemeinen überzeugen möchte, sollte sich, ist dieser öffentlich, in einen Vergewaltigungsprozess setzen. Der Tenor dort ist länderübergreifend weiterhin: Was sich für eine Frau wie eine Vergewaltigung *anfühlt*, muss noch lange keine Vergewaltigung sein. So sprach 2017 in Italien ein Gericht zwei Angeklagte vom Vorwurf der Vergewaltigung frei, weil es die Klägerin für «nicht attraktiv genug» befand. Also: keiner Vergewaltigung wert.

Gewalttätige Männer benutzen ihr Monopol auf die korrekte Wahrnehmung gern als Entschuldigung dafür, dass und wie ihre Partnerinnen, wenn sie (wenngleich kurzfristig und mit kontinuierlich abnehmender Frequenz) eine eigene Wahrnehmung äußern, sie in den «Wahnsinn treiben». Sie fühlen sich durch eine Wahrnehmung, die der eigenen nicht entspricht, rechtmäßig provoziert. Lebensratschläge wie «Die Klügere gibt nach» und die generelle Forderung an Frauen, in ihrer «Hauptrolle als Partnerin, Mutter und verantwortlich für das Glück und den Zusammenhalt der Familie» die Dinge ‹nicht so eng zu sehen›, bestätigen Männer in dieser Haltung.

Andersherum nutzen gewalttätige Männer ihr Wahrnehmungsmonopol, um ihre Partnerinnen (und ihre Kinder) in den Wahnsinn zu treiben. Eine Spezialität meines zweiten Mannes war es entsprechend, etwas zu sagen oder zu tun und im nächsten Moment das gerade eben Gesagte oder Getane kategorisch abzustreiten. Psychologen nennen diese Technik «Gaslighting». Nach dem Theaterstück «Gaslight» des Briten Patrick Hamilton, 1938, in dem ein Mann seine Frau in den Wahnsinn treibt, indem er die Gaslichter im Haus jeweils heller und dunkler dreht und dann behauptet, sie bilde sich die Veränderungen nur ein. Mein zweitältester Sohn brach über das «Gaslighting» seines Stiefvaters einmal in hilflose Tränen aus und brüllte: «Das macht der immer! Es macht mich irre!» Einmal, wir standen auf der Terrasse, schüttete mir der Mann seinen Kaffee ins Gesicht. Meine Empörung darüber konterte er, entgegen allen physikalischen Beweisen, kühl:

«Du spinnst. Ich habe ihn dir nicht ins Gesicht geschüttet, sondern in den GARTEN! Da siehst du noch den Fleck.» Das war der Tag, an dem ich seinen Therapeuten anrief. In Panik. Ich schilderte ihm die Szene. Seine Antwort war: «Ja, so macht er das. Und das wird immer schlimmer werden. Bringen Sie sich in Sicherheit.» Es brauchte noch ein halbes Jahr, bis ich das schaffte.

Andere, mit den Techniken von Geiselnehmern, in Gefängnissen, totalitären Systemen und in Kriegsgefangenenlagern verwandte Techniken gewalttätiger Männer sind: Isolation der Opfer, Überwachung ihres Verhaltens und Brechen des Willens. Wenn mein Stiefvater nachmittags von der Arbeit kam und meine Mutter mit Gästen am Kaffeetisch und Krümel auf dem Teppich vorfand, nahm er wortlos den Staubsauger und saugte demonstrativ um die Füße der Gäste und meiner Mutter herum. Meine Mutter beeilte sich, aufzustehen und ihm den Staubsauger abzunehmen. Er saugte stur zu Ende und grollte: «Mädchen, du weißt, wie ich das hasse!» Damals dachte ich, er meinte Krümel auf dem Teppich. Und ich glaube, meine Mutter dachte das auch. Heute denke ich, die Krümel waren ihm scheißegal. Was er hasste, war, wenn er von der Arbeit nach Hause kam und meine Mutter in Freizeitlaune vorfand. Kaffeetrinkend, mit Gästen. Statt sich ‹um den Haushalt› respektive um ihn zu kümmern.

Ich bin mir sicher, er hat meine Mutter nie geschlagen. Und mich nur einmal. Es war gleich nach ihrer Hochzeit, als wir zusammenzogen. Wir hatten gerade das Auto meiner Mutter, einen anthrazitfarbenen VW-Käfer, verkauft und kamen an der neuen Wohnung an. In dem grünen FIAT, der jetzt unser Familienauto war. Ich wollte nicht aussteigen. Ich hatte nicht gewollt, dass sie den Käfer verkauften. Dieses letzte Stück unseres alten Lebens, meiner Mutter und meins. Bevor er kam. Ich wollte nicht in die neue Wohnung. Ich blieb auf der Rückbank des FIAT sitzen und heulte. Ich schrie. Er, schräg vor mir auf dem Fahrersitz, brüllte. Dann schlug er zu. Über die Rückenlehne seines Sitzes hinweg, immer wieder, ich rollte mich auf der Rückbank zusammen, ich trat gegen seinen Sitz, gegen seine Hände, und er hieb auf mich ein, wahllos, er traf mich, wo er mich treffen konnte. Ich war sechs.

Meine Mutter sprang aus dem Wagen, riss die Hintertür auf und versuchte, mich von der Rückbank zu zerren. Sie griff nach meinen Beinen, Armen, in meine Haare (die waren noch lang). Sie muss eine Höllenangst ausgestanden haben. Um das schöne, neue Familienglück. Und sicher auch ein bisschen um mich. Tatsächlich waren die Schläge selbst nicht so schlimm. Schlimm, weil lange Jahre für mich prägend, war die Lektion, die sie mir an jenem Tag (und an zahllosen anderen, ohne Schläge) erteilten: In unserem Leben hatte jetzt der Mann das Sagen. Auch über mich, die ihn noch nicht wirklich kannte. Die ihm, noch bevor sie Gelegenheit bekam, ihn kennenzulernen und Vertrauen zu ihm zu fassen, schon «Respekt» entgegenzubringen hatte. Und Liebe. Ohne dass ich je fühlte, dass er beides erwiderte. Ich lernte: Das lag an mir. Beides: dass ich nicht fühlte, was er für mich empfand. Und dass er nicht in der Lage war, es mir zu zeigen. Ich machte es ihm einfach zu schwer.

P. inspizierte, wenn er von der Arbeit nach Hause kam und ihm danach war, unsere Wohnung auf Sauberkeit. Er überprüfte den Inhalt des Kühlschranks. Er erwartete ein vernünftiges Essen. Versagte ich in einem dieser Punkte, oder in einem anderen, willkürlich gewählten, beließ er es nicht bei bösen Blicken. Er schlug zu. Er war, auch das ist für gewalttätige Männer üblich, ein Experte in Kindererziehung. Er sah mir bei meinen Erziehungsversuchen (meist) geduldig zu. Er ließ mich meine Fehler machen. Wenn es nottat, griff er rettend ein. Er schlug nicht. Nicht die Kinder. Er wurde meist nicht einmal laut. Er griff einfach nur ein, auf meine Kosten. Ich war die Mutter, die als Versorgerin zur allfälligen Verfügung stand. Aber die und deren Wort nichts galt, nicht in letzter Instanz. In letzter Instanz galt nur er. Er war der Mann im Haus, den auch die Kinder zu respektieren hatten, zu dem sie aufsehen mussten. Einfach so. Ohne Grund. Ohne dass er sich das verdiente. Mit Fürsorge. Vertrauen. Mit Liebe. Das alles hatte er, wie schon mein Stiefvater, nicht nötig. Respekt, Bewunderung, und, ja, so etwas wie Liebe, fallen diesen Männern einfach so zu. Sie sind ihr naturgegebenes Recht.

Mein zweiter Mann überprüfte, bevor ich auf Rechercheresen ging, regelmäßig den Inhalt meiner Reisetasche. Fand er die gepackte Unterwäsche «zu sexy», unterstellte er mir ein Verhältnis mit dem jeweiligen mich begleitenden Fotografen (oder einem anderen Mann, irgendeinem, den ich gewiss treffen würde). Er drohte nicht. Er schlug nicht. Er weinte. Er sagte: «Ich habe doch nur Angst. Ich bin hier allein zu Hause mit den Kindern, und du immer unterwegs mit fremden Männern. Kannst du das nicht verstehen!» Ich verstand. Ich verstand auch, wie selbstsüchtig und unsensibel ich war, und packte folgsam die verdächtige Unterwäsche aus. Wenn er gar nicht anders zu beruhigen war und wir es uns irgendwie leisten konnten, sagte ich die Geschäftsreise kurzfristig ab. Einmal auch einen Trip zu einer Preisverleihung. Ich hatte gewonnen. Diesmal war es nicht Unterwäsche, die in Panik versetzte. Diesmal war er todtraurig, weil immer nur ich alle Aufmerksamkeit bekam. Weil er, der Hausmann, von allen übersehen wurde. Ich rief die Veranstalter an und erzählte etwas von plötzlicher Krankheit. Sie waren trotzdem sauer. Ich kann mir vorstellen, welchen Eindruck ich auf sie machte: «Crazy!» Ich fühlte mich selbst schon so.

Später, in unserem Scheidungsverfahren, klagte der Anwalt meines Noch-Mannes: «Die Frau hat sich nicht um meinen Mandanten gekümmert. Stattdessen versuchte sie, den Lebensunterhalt für die Familie sicherzustellen.» *Sie versuchte, den Lebensunterhalt sicherzustellen.* So nennt ein deutscher Scheidungsanwalt das, wenn eine Frau 14 Jahre lang erfolgreich die alleinige Geldbeschafferin für eine zuletzt achtköpfige Familie ist. Und Geldverdienen ist auch für einen deutschen Familienrichter keine akzeptable Art, sich zu kümmern – wenn es die Frau ist, die das Geld verdient: «Sie waren immer nur an Ihrer Karriere interessiert, derweil Sie Ihren Mann und Ihre Kinder zurückgelassen haben.» Wahr ist: Ich verdiente in unserer Ehe das Geld. Mein Mann war ‹verantwortlich für den Haushalt›. Es war seine selbstgewählte Rolle: «Ich habe keine Lust, mich da draußen mit Idioten auseinanderzusetzen. Ich arbeite lieber eigenverantwortlich.» Auch darum hielt ich unsere Beziehung lange für ‹anders›, für ‹modern›. Ich dachte, wir hätten das so gut wie Unmögliche geschafft: Wir hätten jeder unsere Rolle frei von Konventionen gewählt.

Ich war überzeugt, mehr Rechte für mich gewonnen zu haben als ‹gewöhnliche› Frauen. Ich fühlte mich stärker. Ich übersah, dass und wie ich meine grundlegenden Rechte aus der Hand gab: Das Recht auf Freiheit. Auf (ungestörte) Arbeit. Das Recht, mich nach meinen Wünschen zu kleiden. Ich übersah, wie sehr auch mein Mann mich in der Hand hatte. Nicht trotz meiner ‹besonderen› Rolle. Sondern mit ihrer Hilfe. Als ich es endlich durchschaut hatte und versuchte, mich zu befreien, erlebte ich mich mehr als jede ‹gewöhnliche› Frau gefangen.

Ich hätte in der Verhandlung damals gern etwas dazu gesagt. Ich hätte den Anwalt und den Richter gern gefragt, warum sie einen erwachsenen Mann von Anfang 40, sieben Jahre älter als ich, auf eine Stufe mit Kindern stellten. Warum, in ihren Augen, eine Frau sich um den Mann zu kümmern hatte. Warum sie glaubten, dass eine Frau ihren Mann, wie die Kinder, «zurückließ», wenn sie den Lebensunterhalt für ihre Familie verdiente (nicht: *zu verdienen versuchte*). Ich war so wütend. Ich bin es noch. Um ein Haar hätte ich etwas gesagt. Aber meine Anwältin legte mir die Hand auf den Arm und sagte: «Sch-sch.» Sie wusste, wie wichtig es für eine Frau war, (auch hier) devot aufzutreten. Bescheiden. Angenehm. *Hättest du 's Maul gehalten, hätte ich dich für klüger gehalten.* Sie wusste, dass es in erster Linie nicht um das Recht ging. In erster Linie ging es, wieder einmal, darum, es sich nicht zu versauen. «Es ist zum Kotzen», sagte sie später zu mir. «Die Frauen stehen mit dem Rücken zur Wand.»

Die Geschichte zeigt: Gewalt von Männern gegen Frauen ist nicht allein durch das motiviert, was Männer sind oder wollen. Sie richtet sich auch danach, was Frauen sind und was sie haben. Je mehr Frauen fordern und erreichen, umso intensiver ist der Einsatz der Männer, es ihnen zu verweigern oder wieder zu nehmen. Wir erleben es gerade. Die Gewalt von Männern gegen Frauen nimmt zu, kontinuierlich. Entgegen aller vermeintlichen Aufklärung und allen Bemühungen, sie einzudämmen oder zu stoppen. Sie nimmt zu, nicht *trotz*, sondern *aufgrund* aller tatsächlichen Emanzipation.

×××

Gewalttätige Männer verfolgen mit ihren verschiedenen Formen der Gewalt dieselben drei Hauptziele wie ‹offizielle› Geiselnehmer. Auch ihr Handeln ist in seiner Komplexität darauf ausgerichtet, das Opfer zu bestrafen, zu verletzen und/oder zu kontrollieren. Der politisch motivierte Terrorist, Geiselnehmer, Folterer kennt seine Geisel dabei meist nicht persönlich. Er hat kein persönliches Interesse an ihr und an ihrer Zerstörung. Seine Foltermethoden, wie und mit welchen Mitteln er sein Opfer quält, haben allgemeinen Charakter. Er fügt dem Opfer Schmerzen zu. Er bedroht es. Er entzieht ihm Nahrung und/oder Wasser. Er terrorisiert es mit minimalistischen, aber über Stunden und Tage kontinuierlich wiederholten Mitteln, wie bei der chinesischen Wasserfolter. Diese Qualen finden in den meisten Fällen außerhalb des Zuhauses und in jedem Fall losgelöst vom Alltag der Geisel statt. Sie stehen in keiner Verbindung zu den Personen, denen sie vertraut, die sie liebt und von denen sie sich geliebt glaubt.

Zwangskontrolle, als eine Form der Gewalt von Männern gegen ihre Partnerin, ist dagegen persönlich. Sie dient keinen «höheren», etwa politischen oder religiösen Zielen. Sie ist gegen die Person und ihre Persönlichkeit gerichtet. Der Täter kennt die Sehnsüchte und Ängste seiner Partnerin. Sie wird ihm, wie in intimen Beziehungen üblich, ihre ‹Geheimnisse› anvertraut haben. Erlebnisse aus der Kindheit und aus vergangenen Beziehungen, die sie geprägt haben. Er kennt ihre Schwächen.

Meine Männer wussten beide meine belastete Beziehung zu meinen Eltern zu nutzen. Sie spielten virtuos mit den Unsicherheiten und dem Kontrollbedürfnis meiner Eltern. Mit meiner Angst vor Ablehnung und dem Verlassenwerden, mit meinen Gefühlen von innerer Heimatlosigkeit und dem daraus resultierenden Bedürfnis nach Anerkennung. P. lachte gern mit (seiner und meiner) Familie und Freunden über ‹Macken›, die ich ihm zuvor anvertraut hatte. Als ich erstmals den Wunsch äußerte, meinen zweiten Mann zu verlassen, rief der meine Eltern zu Hilfe, «um uns noch eine Chance zu geben». Er und mein Stiefvater tauschten sich auf einem langen Spaziergang über mich aus und darüber, wie ich ihnen das Leben bisweilen zur Hölle machte. Ich war selbstsüchtig. Sturköpfig. Ich sah immer alles falsch. Das führte zu Stress. Die Affären beispielsweise, wegen denen ich nun so aus dem Häuschen geriet, dass ich von Scheidung sprach, waren nicht wirklich Affären gewesen. Sie waren nur hilfloser Ausdruck des Stresses, unter den ich meinen Mann setzte. Evan Stark erzählt von einem Klienten, der sich im Kleiderschrank zu verstecken pflegte und, wenn seine Frau ins Zimmer trat, heraussprang, um sie zu erschrecken. Wenn seine Frau schrie und in Tränen ausbrach, gab er sich gekränkt. «Es ist doch nur Spaß!» Dieser Mann wusste, dass der Onkel seiner Frau ihr, als sie noch ein Teenager war, im Kleiderschrank aufgelauert hatte, bevor er sie vergewaltigte.

Von ihrem Partner misshandelte Frauen erleben die Gewalt zu Hause. In einem Bereich, den wir allgemein als unsere sichere Zone sehen. Als unsere Zuflucht. Dieser intime, alles beherrschende Terror hat eine eigene Qualität. Er dämpft das Gespür für die eigenen Bedürfnisse, Wünsche, für die eigene Sicherheit.

Er verzerrt die Realität. Er verkehrt Normalität und Wahnsinn. Er bricht den Willen des Opfers und löscht seine Persönlichkeit aus.

Als bekannt wurde, dass Jaycee Lee Dugard, die als Elfjährige von dem Ehepaar Phillip und Nancy Garrido entführt und über 18 Jahre von ihren Kidnappern in deren Hinterhof gefangen gehalten, geschlagen und vergewaltigt worden war, mit den Kidnappern bisweilen einkaufen gehen und andere Ausflüge in die Öffentlichkeit machen durfte, war das Erstaunen und Unverständnis in der Bevölkerung groß. Warum war sie nicht geflohen? Warum hatte sie nicht auf sich und ihre Lage aufmerksam gemacht? Dugard antwortete in einem Interview mit dem US-Fernsehsender ABC auf diese wieder und wieder an sie gestellte Fragen: «Ich habe mich das selbst oft gefragt. Ich weiß, es gab kein Entkommen. Die Manipulationen im Kopf zusammen mit den körperlichen Misshandlungen, die ich anfangs erlitt, da gab es kein Entkommen.»

Dugard kannte ihre Entführer nicht. Der Terror, den die Garridos über sie ausübten, fand abseits von ihrem Zuhause statt, jenseits ihres Alltags. Sie hätte – theoretisch – um die unbedingte Unterstützung ihrer Familie wissen können. Sie hätte wissen können, dass das, was die Garridos ihr antaten, kriminell und im höchsten Maß strafbar war. Sie hätte darauf vertrauen können, dass Polizei und Gesetz hinter ihr standen. Auch diese Punkte hatte sie Frauen in Gewaltbeziehungen (theoretisch) voraus. Und doch gab es in Jaycee Lee Dugards Realität kein Entkommen. Sie war ein Kind, als sie entführt wurde. Als sie befreit wurde, hatte sie selbst zwei Kinder, gezeugt von Phillip Garrido. Und doch taten sich viele Menschen schwer, zu verstehen, warum sie, später, als sie älter war, nicht versucht hatte, ihren Entführern zu entkommen. Sie fanden es «seltsam». Geradezu verdächtig. Bill O'Reilly, amerikaweit bekannter und beliebter Moderator der Fernsehshow «The O'Reilly Factor» zog diese Schuld-Schraube noch ein paar Umdrehungen weiter an, als er in seiner Show unterstellte, dass Shawn Hornbeck – ein Junge aus Missouri, der 2002 im gleichen Alter wie

Jaycee Lee Dugard entführt und für viereinhalb Jahre in einem Ein-Zimmer-Apartment gefangen gehalten und vergewaltigt wurde – nicht versucht habe zu entkommen, weil da offenbar «etwas war, das dem Kind an diesen Umständen gefiel. Die Situation war für das Kind, so stellt es sich für mich dar, sehr viel spaßiger als das Leben mit seinen ‹alten Eltern›. Er musste nicht zur Schule. Er konnte herumrennen und tun, worauf immer er Lust hatte.» In einer Gesellschaft, die Frauen unterstellt, dass sie Gefallen daran finden, von ihren Partnern grün und blau gehauen zu werden, sind Kinder, die Spaß daran haben, entführt und über Jahre vergewaltigt zu werden, nur eine weitere logische Konsequenz.

Es fällt uns offenbar schon schwer genug, uns vorzustellen, wie Kinder von Fremden derart manipuliert werden können, dass sie keinen Versuch unternehmen, ihren Misshandlern zu entfliehen. Für den Terror, den geliebte Menschen über uns ausüben können, haben wir, scheint es, gar kein Konzept. Es fehlt uns die Bereitschaft, uns auszumalen, welche Auswirkung dieser Terror haben kann und tatsächlich hat. Als mein zweiter Mann erstmals zuschlug, schlug ich zurück. Er schlug daraufhin, erwartungsgemäß, noch ein paarmal und sehr viel härter zu. Dem hatte ich nichts mehr entgegenzusetzen. Ich versuchte es folglich mit dem Zurückschlagen kein zweites Mal. In der Scheidungsverhandlung klang das dann so: «Die Partner waren gegeneinander gewalttätig.» P.s neue Frau, seine dritte, stach zu und brachte ihn so (wenigstens) einmal in die Notaufnahme. Der Vorfall veranlasste seine Schwester zu dem Urteil: «Na ja, diese beiden nehmen sich nichts!» Und obwohl ich für einen Moment erleichtert war, dass diese neue Frau ihm scheinbar gewachsen war, weiß ich doch: Es ist nicht wahr. Ihre Messerstiche sind nichts im Vergleich zu dem Terror, dem dieser Mann sie Tag für Tag unterwirft. Frauen, die sich wehren, indem sie zurückschlagen, dürfen noch weniger auf Verständnis hoffen. Frauen, die zurückschlagen, gelten als «selbst gewalttätig». In der Gesellschaft, bei Paartherapeuten und vor

Gericht. Eine Frau, die zurückschlägt, ist kein ordentliches Opfer. Sie ist nicht hilflos. Nicht schutzbedürftig. Dahinter steckt das gleiche Denken, das sich offenbart, wenn ich sage oder in einem Magazin schreibe, dass ich auf die Jagd gehe, und die Leute entsetzt erwidern: «Die sollte sich schämen! Und dann noch als Frau!» Es sind vor allem Frauen, die sich so empören. Die schreiben: «Der sollte man die Kinder wegnehmen, bevor sie die auch noch abknallt!» Wir haben unsere Rolle geschluckt. Wir sind so stolz darauf, echte, gute Frauen zu sein. Gute Partnerinnen, gute Hausfrauen, gute Mütter. Und wir sind exzellent darin, auch andere Frauen in diese engen Schranken zu weisen. Ich frage mich, ob das ein Hinweis darauf ist, dass (wenigstens diese) Frauen nicht ganz so glücklich mit ihrer Rolle sind, wie sie oft vorgeben zu sein.

Als in Groveland, Kalifornien, die 25-jährige Valoree Day ihren Partner Steve Brown erstach, nachdem er sie seinerseits mit einem Messer in der Hand durch die Wohnung gejagt und sie, noch immer bewaffnet, in eine Ecke gedrängt hatte, verurteilte das Gericht sie zu sechs Jahren Haft wegen Totschlags. Das Gericht war zu dem Schluss gekommen, dass Days Verhalten während der sechzehn Monate währenden Beziehung «mit Notwehr nicht vereinbar» gewesen sei. Sie hatte sich gegen die Angriffe ihres Freundes stets gewehrt. Ihre Berufung gegen das Urteil lehnte die Staatsanwaltschaft ab mit der Begründung, Day sei kein Opfer häuslicher Gewalt. Sie zeige nicht die «friedfertigen, unterwürfigen, bescheidenen, einnehmenden, unaggressiven, abhängigen, ruhigen, sich anpassenden und selbstlosen» Wesenszüge, die für geschlagene Frauen charakteristisch seien.

Friedfertig. Unterwürfig. Bescheiden. Anpassungswillig. Selbstlos. So wird die perfekte Frau zum perfekten Opfer gemacht. Sich wehren ist keine Option.

2016 begnadigte der damalige französische Präsident François Hollande die damals 68-jährige Jacqueline Sauvage. Sauvage war drei Jahre zuvor zu zehn Jahren Haft wegen Mordes an ihrem

Ehemann Norbert Marot verurteilt worden. Sie hatte ihn, nach 47 Jahren unstrittigen häuslichen Terrors, von hinten erschossen. Marot hatte sie über die Dauer ihrer Ehe erniedrigt, geschlagen und vergewaltigt. Er erniedrigte, schlug und vergewaltigte auch die drei gemeinsamen Töchter. Und, sehr wahrscheinlich, den gemeinsamen Sohn. Der hatte sich an dem Tag, bevor seine Mutter den Vater erschoss, das Leben genommen, ohne dass seine Eltern schon davon wussten.

Jacqueline Sauvage war 18 Jahre alt, als sie Norbert Marot heiratete. Mit 25 war sie Mutter von vier Kindern und betrieb gemeinsam mit ihrem Mann eine Spedition. Sie hatte keine Freunde oder engen Bekannten. Und sie hatte jeden Kontakt zu ihrer Ursprungsfamilie, den Eltern und ihren fünf Brüdern sowie allen anderen Verwandten, verloren. Die Familie mochte Marot nicht. Die Nachbarn fürchteten ihn. Seine Grobheit, Wutausbrüche und generelle Gewaltbereitschaft waren bekannt. Aber was ein Mann seiner Familie antut, da sind sich auch französische Nachbarn einig, geht sie nichts an. Von einem Reporter der *New York Times* befragt, sagte ein Dorfbewohner: «Diese Dinge passieren hinter geschlossenen Türen.» Das ist wahr. Und doch passieren sie unter aller Augen. Und mit genereller Akzeptanz.

In einer Septembernacht 2012 weckte Norbert Marot seine schlafende Frau mit einem Faustschlag ins Gesicht und forderte, sie solle ihm etwas zu essen machen. Statt, wie auf solche Forderungen und Misshandlungen hin für sie üblich, in die Küche zu gehen, holte Frau Sauvage ein Jagdgewehr aus dem Waffenschrank, trat auf die Terrasse hinter ihren Whiskey trinkenden Mann und schoss ihm dreimal in den Rücken.

«Verrückt!», sagten die männlichen Anwaltskollegen, als Sauvages Anwältinnen auf Notwehr plädierten. Marot hatte seine Frau, als sie ihn erschoss, nicht akut bedroht. Er saß friedlich (mit jener selbstgefälligen Nach-Prügel-Friedlichkeit, die für Männer seines Schlags üblich ist) mit seinem Whiskey auf der Terrasse. Zweimal gab ein französisches Gericht ihnen recht. Jacqueline Sauvage habe nicht aus Notwehr gehandelt, sondern ihren arglosen Mann hinterrücks ermordet. Nach der ersten Verurteilung lehnte der Staatsanwalt Sauvages Antrag auf Berufung ab mit der Begründung, sie hätte auf die Gewalt ihres Mannes mit einem «verhältnismäßigen Akt» reagieren sollen.

Wie sah so ein Akt nach Meinung des Gerichtes aus? Einmal hatte Sauvage in ihrer Ausweglosigkeit versucht, sich das Leben zu nehmen. War *das* verhältnismäßig? Der Arzt, der sie behandelte, fragte nicht nach den Gründen. Eine der Töchter zeigte den Vater an, als er sie vergewaltigte. War *das* verhältnismäßig? Der Dorfpolizist, der die Anzeige aufnahm, rief gleich darauf den Vater an und setzte ihn von der Anzeige der Tochter in Kenntnis. Woraufhin sie, aus Angst vor ihrem Vater, die Anzeige widerrief. War *das* verhältnismäßig?

Auch einige Feministinnen fühlten sich mit Jacqueline Sauvages ‹unverhältnismäßigem Akt› nicht wohl. Eine Frau, die seit Jahrzehnten Opfer von schwersten Misshandlungen gewesen war und nun ihren Misshandler tötete, war die nicht letztendlich genau wie er? Weil sie Gewalt als Ausweg gewählt hatte? Auch sie übersahen den entscheidenden Unterschied zwischen der Art von Gewalt, die Norbert Marot 47 Jahre gegen seine Frau verübt hatte, und der Art von Gewalt, mit der sie, schließlich, darauf reagierte. Ihre Gewalt war nicht auf Dauer ausgerichtet. Es waren keine koordinierten Handlungen mit dem Zweck, den anderen mittels Angst und Schmerz lebenslang zu unterdrücken und zu kontrollieren. Es war ein einziger Akt. Er diente einem einmaligen Zweck: ihrer Befreiung. Einen anderen Weg, das hatte Sauvage erkannt, gab es für sie nicht mehr. Dem Gericht lagen Dokumente vor, aus denen hervorging, dass Norbert Marot mehrfach gedroht hatte, sie und die Kinder umzubringen, sollte sie ihn verlassen.

Ich sage nicht, jede Frau, die von ihrem Mann misshandelt wird, sollte warten, bis er, nachdem er sie wieder mal zusammengehauen hat, einen Whiskeymoment genießt, und ihn dann erschießen. Was ich sage, ist: Die systematisch und mit großer gesellschaftlicher Akzeptanz gegen ihre Partnerinnen verübte Gewalt von Männern gleichzusetzen mit der Gewalt von Frauen, die sich gegen diese Gewalt wehren, heißt, Äpfel zu Birnen zu erklären. Es heißt, den Tätern einmal mehr in die Hände zu spielen. Indem den Frauen in letzter Instanz ein Menschenrecht abgesprochen wird, das die Gesellschaft jeder «normalen» Geisel, jedem Entführungsopfer, jedem Kriegsgefangenen etc. zugesteht: die eigene Freiheit und das eigene Leben zu verteidigen. Frauen, die ihren Misshandler töten, weil er auch die eigenen Kinder misshandelt und missbraucht, haben da etwas bessere Karten. Zu Jacqueline Sauvages Unglück waren ihre Töchter bereits erwachsen, als sie dem Martyrium ein Ende machte.

Nachdem François Hollande Jacqueline Sauvage begnadigt hatte, tobten (nicht nur) in Frankreich die «Experten». Politiker, Juristen, Philosophen. Der Rechtsanwalt Régis des Castelnau schrieb in seinem Blog von einem durch die Medien und die «uninformierte öffentliche Meinung» geschaffenen ‹Kult der unschuldigen Schuldigen›. Er nannte Sauvages Begnadigung eine «Beleidigung der Unabhängigkeit der Justiz, der Anwälte und der Republik». Die Anwältin Florence Rault pflichtete ihm in ihrem Blog und in der Presse bei. Der Fall zeige einmal mehr die Bereitschaft der Medien, einen «Opfer-Feminismus zu fördern und auf der Unmöglichkeit der Existenz weiblicher Gewalt zu beharren». Der Philosoph Robert Redeker nannte in seinem Kommentar in der Tageszeitung *Le Figaro* die Begnadigung «eine Beleidigung der Demokratie, motiviert durch eine Opfer-Ideologie». Und Michel Onfray, ein weiterer Philosoph, sah in ihr die Wegbereitung zu wahlloser Notwehr und persönlichen Racheakten.

Einer misshandelten Frau zuzugestehen, dass sie sich, in letzter Instanz, ihrer Haut wehren darf, ist «Opfer-Feminismus»? Das ist «Opfer-Ideologie»? Frauen könnten nicht effektiver zu Opfern gemacht werden als dadurch, dass man von ihnen verlangt, dass sie dem friedfertigen, unterwürfigen Rollenbild, das die Gesellschaft und die Justiz für sie entworfen haben, ausnahmslos unter allen Umständen entsprechen. *Das* ist Opferkult. In reinster, in gnadenloser Form. Ich weiß nicht, wie viele solcher Angriffe wie den in jener Neujahrsnacht ich erlebt habe. Und schlimmere. Ich habe nicht gezählt, wie oft er mir die Augen blau und meine Lippen blutig schlug und mir die Nase brach. Wie oft ich, weil er mir wie ein Berserker in den Rücken und in die Beine getreten hatte, vor Schmerzen kaum laufen konnte. Die Häufigkeit dieser Angriffe und Verletzungen schien mir irrelevant. Sie ist irrelevant, auf eine Art. Auch darum werde ich, bis auf jenen Neujahrsangriff und den entscheidenden, am letzten Abend, keine weiteren Angriffe schildern. Jeder neue Angriff müsste die Leser langweilen. So, wie es meine Eltern langweilte, wenn ich wieder einmal zerschlagen vor ihrer Tür stand. So, wie jeder neue Hilferuf von immer der gleichen Frau Polizisten langweilt. Freunde. Bekannte. Nachbarn. Sozialarbeiter und Therapeuten. Auf eine für die Frauen gefährliche, bisweilen lebensgefährliche Art.

Als Polizist nimmt man den nächsten Notruf aus dem gleichen Haushalt entgegen, fährt hin. Nimmt den Mann vielleicht fest. Oder eher nicht. Fährt wieder weg. Bis zum nächsten Mal. Wenn überhaupt, reagiert man – als Polizist, Familie, Freunde oder Sozialarbeiter – nur noch auf die schlimmsten «Vorfälle». Auf die mit den deutlichen Verletzungen. Bei denen mehr als nur Haut und Weichteile verletzt werden. Auf Knochenbrüche zum Beispiel. Oder Stichwunden. Der große Rest bleibt unnotiert. Er wird nicht wahrgenommen als das, was er in seiner Gesamtheit ist: ein Crescendo der Gewalt. Ein gewalttätiges System mit absehbarem Ausgang.

Evan Stark nennt diese Art der Normalisierung «einen Abwehrmechanismus, der dem hilfestellenden Fachpersonal seinerseits hilft, sein Versagen, die Misshandlungen zu stoppen, zu rationalisieren, indem es mit dem Vorbehalt reagiert, dass sich sowieso nichts ändern wird». Allein in Deutschland bezahlt jeden zweiten Tag eine Frau diesen Rationalisierungsversuch mit ihrem Leben.

Der Inder, der 2017 seine ehemalige Freundin in Hamburg erstach, schlug ihr in den Monaten zuvor mit den Fäusten ins Gesicht und in den Rücken. Er drohte ihr, sie ‹abzustechen›, wenn sie ihn nicht heiraten sollte. Er nahm ihr das Telefon weg, um ihre Textnachrichten zu lesen. Daraufhin ging die junge Frau zur Polizei. Ihr Expartner rufe sie bis zu 60 Mal am Tag an oder versuche, sie anzurufen, sagte sie dort. Es stand nichts darüber in der Zeitung zu lesen, was die Polizisten daraufhin taten. Es kann nicht sehr viel gewesen sein. Es war nicht genug, um die junge Frau vor dem Mann zu schützen. Nach 406 weiteren Anrufen und Anrufversuchen, über drei Tage, schlug und stach er bei einem letzten Treffen schließlich zu.

Eine Art von Freiheit

Ein paar Wochen nachdem er zugeschlagen hat, so richtig, ziehe ich mit P. zusammen. Raus aus seinem Mathelehrer-Mansardenzimmer in eine Zwei-Zimmer-Wohnung im Hinterhof einer Diskothek. Unser Mansardenaus- und Hinterhofeinzug kommt nicht von ungefähr. Der Mathelehrer und seine Freundin haben P. nahegelegt, sich etwas Eigenes zu suchen. Sie wollen «das nicht mehr hier haben». «Das» ist dieses junge, grün und blau geschlagene Mädchen in ihrem Haus. «Das» bin ich. Geht doch auch nicht. Der Mathelehrer ist Mathelehrer. Und Fußballtrainer. Wenn rauskommt, dass da einer, noch dazu sein Kleinstadt-Stürmerstar, in seinem Haus ein junges Mädchen, ehemalige Schülerin von ihm, verprügelt, wie steht er dann da!

Die Wohnung haben P. und ich uns leider im Dunkeln angeguckt. Da schien sie ganz okay. Im Hellen, nachdem wir den Mietvertrag unterschrieben haben, sehen wir, dass das Schlafzimmerfenster in einen dem Haus angebauten Schuppen hineingeht. Hatte der Vermieter vergessen zu erwähnen. Meine Mutter lacht. «Wer guckt sich denn auch eine Wohnung im Dunkeln an!» Ja, wer – P. und ich, leider. Die Doofen. Die Wohnung ist nicht mal schuppengerecht billig. 450 Mark für zwei kleine Zimmer mit Küche und Bad. Im Hinterhof. Einer Diskothek.

P. ist ziemlich wütend wegen des Schlafzimmerfensters mit Schuppeninnenansicht-Aussicht. Aber er will den Vermieter lieber nicht darauf ansprechen. Quasi aus Selbstschutz. Und zum Schutz des Vermieters. Denn für P. selbsterklärtes Temperament gilt weiterhin: «Wenn ich einmal anfange, mich aufzuregen, höre ich nicht wieder auf.» Das weiß ich. Ich habe es schon ein paarmal erlebt. Darum hat P. sicher recht. Es ist besser, gute Miene zum bösen Spiel zu machen, die Klappe zu halten und monatlich brav seine 450 Mark Miete abzudrücken. Ich bin zwar mittlerweile 17, aber P. und ich können von Glück sagen, dass der Mann uns beide hier wohnen lässt. Wir haben überhaupt ein saumäßiges Glück. Bevor sie mir die Genehmigung zu meinem Auszug zu Hause und zum Zusammenziehen mit P. erteilt haben, haben meine Eltern beim Jugendamt angerufen und sich erkundigt, ob sie dadurch irgendwie in Schwierigkeiten kommen könnten. Nicht, dass es so aussieht, als hätten sie mich vor die Tür gesetzt. Oder als machten sie sich sonst strafbar. Das Jugendamt hat meine besorgten Eltern beruhigen können: «Nein, nein, wenn Ihre Tochter das möchte und Sie einverstanden sind, ist das rechtlich okay.» Ich weiß nicht, ob sie dem Jugendbeamten die ganze Geschichte erzählt haben. Auch den Part mit den blau gehauenen Augen und so. Oder ob es nur ums Ausziehen generell ging. Ich habe sie nie gefragt.

Aus der Hinterhofwohnung gehe ich weiter zur Schule. Aufs Gymnasium. Aber nur so lange, bis ich endlich den Ausbildungsplatz in meinem «Traumberuf» habe und «etwas Vernünftiges» werden kann. Krankenschwester. Oder Kinderkrankenschwester. Es kann sich höchstens noch um ein paar Wochen handeln. Bundesweit beugen sich gerade 60 oder mehr Krankenschwesterschulleiterinnen über meine Bewerbungsschreiben und grübeln, ob ich für ihren vernünftigen Beruf vernünftig genug bin. Ein paarmal wurde ich schon zu einem Vorstellungsgespräch eingeladen. Und einmal zu einem Eignungstest. Er ging über acht Stunden, mit Mittags- und kurzer Kaffeepause, und wurde geleitet von Psychologen. Sie hatten einen ganzen Schwung Bewerber eingeladen, wir saßen zusammen im Test-Saal. Es war kein berufsbezogener Eignungstest, mehr so ein allgemeiner Intelligenztest. Mit ein paar wenigen berufsbezogenen Fragen. Die habe ich alle genauso beantwortet, wie man sie sicher beantworten sollte.

Am Ende hat die Schulleiterin mich gut gelaunt zum Gespräch in ihr Büro gebeten. «Ich habe mir eben Ihre Ergebnisse angeguckt», hat sie gesagt. «Und, ehrlich, ich kann gar nicht aufhören zu lachen.» Ich bin ziemlich erschrocken, weil ich schon ahnte, dass das nichts Gutes bedeuten kann. Und dann fragte sie auch schon: «Du liebe Güte, was *wollen* Sie hier?!» Mir wurde kalt. Sie schüttelte den Kopf, immer noch bestens gelaunt. «Sehen Sie, ich könnte Ihnen sofort einen Platz an unserer Schule anbieten, es reizt mich sogar, das zu tun. Aber ich weiß, Sie werden sich hier *zu Tode langweilen*. Wenn nicht von Anfang an, dann spätestens nach ein paar Wochen. Das tue ich Ihnen nicht an.»

Wovon sprach die Frau? Ich wollte Krankenschwester werden. Ich war ziemlich sicher, dass ich das wollte. Praktisch schon immer. Seit ich ein Kind war und meine Omma mit ihrem kaputten Herzen alle paar Wochen auf der Intensivstation lag. «Schon halb auf dem Totengräber seine Schüppe», so nannte meine Omma, die aus dem Kohlenpott kam, das. Hinterher, wenn sie zum x-ten Mal von der Totengräberschüppe gesprungen war. Während wir alle am Rad drehten, weil die Omma wieder mal um ein Haar starb, hatten die Krankenschwestern die Ruhe weg und wussten, was zu tun war. Wenn ich nicht Krankenschwester werden konnte – was dann? Andere Vorstellungen von einer Zukunft hatte ich nicht.

Darum weinte ich fast in dem Büro, gegenüber dieser elend gutgelaunten Schulleiterin. Ich sagte: «Bitte!» Es klang haargenau so verzweifelt, wie ich in dem Moment war. Sie schüttelte wieder den Kopf. «Ehrlich», sagte sie. «Ich täte damit weder Ihnen noch mir einen Gefallen.» Und: «Sie müssen unbedingt etwas machen, was Ihrer Begabung entspricht.» Ich dachte: Die will mich nicht. Wirklich nicht. «Was machen Sie denn zurzeit?», fragte sie. «Ich gehe aufs Gymnasium.» – «Na, also», sagte sie. «Machen Sie das zu Ende. Machen Sie Ihr Abitur. Studieren Sie. Besser kann ich Ihnen nicht raten.»

Auf dem Nachhauseweg, im Auto, hat meine Mutter sich schrecklich aufgeregt. Jetzt war ich also nicht nur zu dumm für Sachen, das kannte man von mir ja schon. Daran hatten sie sich beinahe schon gewöhnt. Jetzt war ich auch noch *zu schlau*. «Zu schlau, um einen Ausbildungsplatz zu bekommen», schimpfte sie. «Hat man so etwas schon gehört. Das kann auch nur dir passieren!» Und mein Stiefvater zu Hause sagte: «Tja, Mädchen, Intelligenz und Wahnsinn, du weißt ja, die liegen ganz dicht beieinander. Pass mal schön auf!»

Besonders dicht beieinander liegen die Intelligenz und der Wahnsinn bei Frauen. Und Intelligenz und Boshaftigkeit. Intelligenz und Verschlagenheit. Intelligenz und Verlogenheit. Die treten bei Frauen immer paarweise auf, Hand in Hand. «Schlauen Frauen ist nicht zu trauen» – das sollte mal einer auf T-Shirts drucken, die kämen nie aus der Mode. Neulich las ich in der *Zeit* ein Interview mit einem der, leider, bedeutendsten Verhaltenspsychologen und Gerichtsgutachter Deutschlands. Er begutachtet vor allem Vergewaltigungsopfer und solche, die wohl nur gern Vergewaltigungsopfer wären. Aus welchen Gründen auch immer. Um die einen von den anderen einwandfrei zu trennen, fühlt er den Frauen mit seinem geballten verhaltenspsychologischen Wissen und Witz auf den Zahn. In dem Interview klang das dann so: «Die Frage ist doch immer: Wäre die Zeugin kognitiv in der Lage, sich das angebliche Erlebnis auszudenken, wenn sie es nicht selbst erlebt hätte? Wenn ich ein geistig schlichtes Mädchen exploriere, das spontan hochkomplizierte und ausgefallene Sachverhalte schildert, dann wird mir schnell klar, es ist völlig undenkbar, dass sie sich das ausgedacht hat. Aber wenn ich eine hochbegabte, eloquente Zeugin vor mir habe, dann muss ich komplexere Fragen stellen, auf die auch diese Person nicht schon eine Antwort vorbereitet haben kann. Oder ich muss die Fragesituation künstlich erschweren.»

Wehe der klugen Frau, die klug genug ist, zu spüren, dass der Gutachter ihrer Klugheit wegen ein wenig befangen ist. Und sie von Anfang im Verdacht hat, dass ihr Erlebnis nur ein «angebliches» ist. Wenn diese Frau dann vor lauter Unbehagen (doch, ja, ein solches Unbehagen spüren auch Menschen, die die Wahrheit sagen) mit ihren Erinnerungen ins Stolpern und Stottern gerät, sieht der Gutachter sonnenklar: «Mache ich einem Zeugen seine Chronologie kaputt, frage ihn kreuz und quer, dann kommt er womöglich ins Schleudern – aber nur, wenn die Aussage nicht erlebnisbegründet ist.» Das Interview war erschienen unter dem Titel: «Böse Eloquenz». Genauer hätte es heißen müssen «Böse weibliche Eloquenz». Denn um diese ging es in dem Interview ausschließlich.

Ich passe also schön auf, wie man es mir empfohlen hat. Ich gebe acht, dass ich nicht zu clever erscheine. Einmal habe ich nicht aufgepasst und meinen Stiefvater verbessert, als er einen grammatischen Fehler gemacht hat. Die macht er oft. Er hat diese Art zu sprechen, ist nicht weiter schlimm. Mir rutschte nur diese «Klugscheißerei» raus, im Reflex. Ich muss geglaubt haben, weil er und meine Mutter mich selbst allübergreifend korrigieren, sei das okay. Ich glaube, mein Stiefvater hat's gar nicht bemerkt. Aber meine Mutter schoss mir diesen Blick zu, der sagte: «Noch mal, und ich bring dich um!» Ich will nicht umgebracht werden. Das ist mir die Grammatik nicht wert. Ich will nicht mal anecken. Ich gebe mein Bestes, angenehm eckenlos zu sein. Zu Hause, in der Schule. Später, bei P.

Das ist wie ein Spiel. In dem geht es nicht darum, Möglichkeiten zu schaffen. Erreichbare Ziele zu stecken. Es ist so ähnlich wie beim Rennen zwischen dem Hasen und dem Igel. Immer wenn du glaubst, jetzt hast du das Ziel, das die anderen dir gesetzt haben, erreicht, stecken sie ihre Zielfahne anderswo auf. Die unerfüllbaren und widersprüchlichen Anforderungen, die die Gesellschaft an Frauen stellt (und die in der Folge Frauen an sich selbst stellen), haben, neben der Überlastung bis zum Nervenzusammenbruch, auch das zur Folge: Frauen fühlen sich inkompetent. Sie erreichen das «Klassenziel» nicht. Frauen erleben sich zunehmend als Versager. Die Frauen von heute sollen weiterhin «gute Mütter» nach dem alten Muster sein: fürsorglich, liebevoll, aufopferungsvoll, stets für die

Kinder und den Mann da. Ohne, und das ist neu, über alldem sich selbst aus dem Blick zu verlieren. Denn Frauen sollen heute nicht nur altbacken gute, sie sollen auch moderne und attraktive Partnerinnen sein. Selbstbewusst und selbständig. Intelligent, gebildet und im Beruf erfolgreich. Extrem belastbar. Und selbstverständlich sollen sie dabei jederzeit aussehen wie ein Star.

Eine Frau soll unbedingt ihren eigenen Weg gehen, das ist modern und wünschenswert. Sie muss sich nur an die vorgeschriebene Route halten.

Besser als mit unerfüllbaren, widersprüchlichen, konfusen Forderungen hindert man keinen am Abheben. Zuverlässiger zwingt man keinen zu Boden. Bereits 2012, in einem Interview mit der *Süddeutschen Zeitung*, beschrieb Angela Finkenberger, Leiterin einer Klinik des Müttergenesungswerkes für Mütter und Kinder mit psychosomatischen Gesundheitsstörungen, ihre neue Klientel als Frauen, «die mitten im Leben stehen, alles gewuppt bekommen und dennoch fix und fertig in die Klinik kommen und fragen: ‹Was stimmt nicht mit mir? Warum wird mir alles zu viel? Warum funktioniere ich nicht?›» Zuverlässiger als mit diesen überhöhten Anforderungen scheucht man Frauen nicht zurück in die Küche. An den für sie vermeintlich sichersten Ort.

Meine Eltern wollten eine Tochter, die ihnen Ehre machte, indem sie selbstbewusst ihren Weg in der Welt ging. Und die sich unter ihnen duckte. P. wollte eine attraktive, intelligente, selbstbewusste Frau, mit der er sich sehen lassen konnte. Und die sich ihm bedingungslos unterordnete. Mein zweiter Mann brauchte eine Frau, die seinen und den Lebensunterhalt der Familie sicherstellte. Und die dabei akzeptierte, dass sie, im Vergleich zu ihm, nicht wirklich etwas leistete und ihre Rolle als Partnerin und Mutter verfehlte.

Frauen in Gewaltbeziehungen, beziehungsweise Frauen, die der Beziehung entkommen sind, können ein Extralied von den verwirrenden Botschaften und widersprüchlichen Anforderungen der Gesellschaft an Frauen, speziell an Mütter, singen. Solange sie mit dem Mann zusammen sind, erfahren sie allseits Unverständnis und sind das Ziel schärfster Kritik. Warum gehen sie nicht? Was tun sie ihren Kindern an? Jugendämter drohen Müttern mit der Wegnahme der Kinder, wenn sie nicht endlich für deren Wohlbefinden sorgen, indem sie den Mann verlassen. Und kaum haben sie ihn verlassen, wendet sich das Blatt. «Nur weil er Sie geschlagen hat, ist er noch lange kein schlechter Vater.» – «Er ist und bleibt der Vater der Kinder. Und damit hat er einen Anspruch auf sie.» – «Du darfst die Kinder nicht mit euren Eheproblemen belasten.» – Das ist nur eine Auswahl der Sätze, die ich zu hören bekam, nachdem ich mich von den Männern getrennt hatte. Ich hörte sie von Familie und Freunden, von Sozialarbeitern und vom Gericht. Diese widersprüchlichen Forderungen sind noch immer der tägliche Wahnsinn. Frauen respektive Mütter werden dafür bestraft, dass sie die Kinder dem Gewalttäter «aussetzen», solange sie mit dem Täter zusammen sind. Und sie werden dafür bestraft, wenn sie ihm die Kinder nicht mehr aussetzen (wollen). Ungeachtet der zahlreichen Studien und der Morde, die belegen, dass Gewalttäter nach der Trennung oft noch gefährlicher sind als vorher. Für die Frauen. Und für die Kinder.

Immerhin bin ich mit meinen 16 Jahren jetzt fast schon eine richtige Frau. Bevor ich morgens zur Schule gehe, stehe ich früh um sechs als Erste auf und schmiere für P. die Butterbrote. Für seinen Arbeitstag im Kernkraftwerk. Er fegt da noch immer. Fährt morgens um sieben mit dem Putzkolonnenbus los und kommt am Nachmittag heim. Glücklich ist er mit dem Job nicht. «Das ist was für Doofe», sagt P. «Und für Ausländer.» Er hasst es, so abgestempelt und in eine Ecke gedrängt zu werden. Seine Kernkraftwerk-Lichtblicke sind die Geschichten, die er dort erlebt und erzählt. Und keiner erlebt und erzählt die wie er. Von dem türkischen Kollegen, zum Beispiel, der seinen Kirschkuchen in Hühnerbrühe stippt. Als Ersatz für Kaffee, den der Kollege nicht trinkt. «Kirschkuchen in Hühnerbrühe getaucht und dazu ein paar Stücke frischen Paprika, das ist sein Mittagessen. Yummi!» P. lacht, dass ihm die Tränen die Wangen herunterlaufen. Ich liebe es, wenn er so erzählt. Ich liebe ihn. Am Nachmittag warte ich mit einem warmen Essen auf ihn und auf seine Geschichten. Nudeln Bolognese und Jägerschnitzel kann ich am besten. P. liebt Jägerschnitzel.

Abends sitzen wir in unserem Wohnzimmer mit der Waldtapete und dem großen Fenster, das auf den Hinterhof hinausgeht, in dem die Discobesucher stehen und eine nach der anderen paffen. «Scheiße», sagt P. «Die haben Spaß.» Während er Tag für Tag in dem Kernkraftwerk malochen muss, um die Miete für dieses Loch zusammenzukriegen. Ich steuere mein Kindergeld dazu bei. Das zahlen meine Eltern mir aus. Ich weiß nicht, was ich mir von diesem Zusammenleben versprochen habe. Es muss meine Vorstellung von «Endlich erwachsen!» gewesen sein. Mein Traum von Freiheit. Einem Mann morgens früh die Stullen zu schmieren und nach seinem Feierabend mit Nudeln auf ihn zu warten. Ich muss mir das als großartig ausgemalt haben. Tausendmal besser, als abends um Punkt sechs zu Hause sein zu müssen und das ständige Drama, wenn ich wieder mal fünf, oder gottbewahre!, zehn Minuten zu spät war. Jetzt habe ich ein Drama mit P., wenn die Nudeln nicht rechtzeitig fertig sind. Oder wenn es zum dritten Mal in der Woche Jägerschnitzel gibt. Er mag Jägerschnitzel, ja, aber das heißt nicht, dass ich ihn in verflixten Schnitzeln begraben muss. Wir sind beide Gefangene. Nur dass ich es nicht merke, weil sich für mich nicht großartig etwas geändert hat. P. aber hatte vorher ein Leben. Das hat er, Idiot, der er ist, dafür aufgegeben, um hier mit mir rumzuhocken. Bei Rumtata aus dem Hinterhof und mit Aussicht in einen zerfallenden Schuppen. «Was für ein Tausch!», knurrt P. «Ich kann mir abends anhören, wie Leute da unten ihren Spaß haben, und sitze hier mit dir fest.» Das tut mir leid. Aber das hilft nichts. Am nächsten Morgen kichern die Mitschüler. Und der Klassenlehrer, der sich meinen Namen noch immer nicht merken kann, fragt: «Na, Anke Sowieso, wieder mal gegen den Schrank gelaufen?» Was soll er sonst sagen. Ich habe auch Fehlstunden. So viele, dass ich das Jahr sicher werde wiederholen müssen. Aber das macht nichts. Ich sitze hier eh nur auf Abruf. Sobald sich mir eine Tür zu meinem Traumberuf auftut, bin ich auf und davon. «Schade, Anke Sowieso», sagt der Klassenlehrer. «Ich werde Sie vermissen.»

Einmal platzt mir das Trommelfell. Es tut nicht wirklich weh, es zwickt nur ein bisschen, und mein rechtes Ohr ist so gut wie taub. Als hätte ich beim Schwimmen zu viel Wasser ins Ohr bekommen. Ich schüttele ein paarmal den Kopf und halte ihn schief. Ich stecke mir den kleinen Finger so weit es geht ins Ohr und wackele mit ihm herum. Das Taubheitsgefühl und das Zwicken bleiben. Ich weiß nicht, was macht man mit einem geplatzten Trommelfell, muss man damit zum Arzt? Und was sagt man dem dann? Wie viele normale Arten gibt es, auf die ein Trommelfell platzen kann? Das muss ich herausfinden, bevor ich überhaupt daran denken kann, zu einem Arzt zu gehen. Vielleicht muss man auch gar nicht zum Arzt. Ich meine, was kann der schon machen? P. sagt: «Mein Gott, ich habe mir beim Fußball schon sonst was getan und bin damit nicht gleich zum Arzt.» Es ist wahr. Seine Beine sind voller Narben und dunkler Flecke. Überbleibsel zahlloser Verletzungen. Er kann von jeder einzelnen sagen, wo und bei welchem Spiel er sie erlitten hat. P.s Beine sehen aus wie ein Schlachtfeld. Am schlimmsten sehen die Stellen aus, wo er über den Kunstrasen geschlittert ist. Die Reibungshitze verwandelt den Rasen in schmorendes Plastik. Das brennt sich auf ewig in die Haut. «Kunstrasen ist eine Sauerei», knurrt P. «Was die uns damit antun!» P. hasst Kunstrasen. Und jeden Verein und die Verantwortlichen, die ignorant genug sind, diese Sauerei seinen und den Gastspielern zuzumuten. Ich hasse diese Verantwortlichen auch. «Spinn nicht», sagt P. «Das ist nicht geplatzt.» Was will ich überhaupt sagen? Dass er zuhaut, so fest, dass es einem das Trommelfell zerschlägt? Dass er ein Schläger ist? Ein brutaler Idiot? Ich will nichts sagen. Natürlich nicht. Ich weiß ja selbst, dass da nichts los sein kann, in meinem Ohr. Da ist eben nur das Zwicken, und ich kann nicht mehr richtig hören. P. sagt entnervt: «Dann geh zum Arzt, aber lass dir was einfallen. Ich habe keine Lust, Ärger zu kriegen wegen dir.» Er hat Angst, natürlich. Wenn der Arzt hört, wie das mit dem Ohr passiert ist, wird er ihn zur Verantwortung ziehen. Er wird ihm die Schuld geben. Ohne sich die Mühe zu machen, zu begreifen, wie das hat passieren können. Ich habe noch keine Vorstellung, wie die Welt funktioniert. Ich weiß noch nicht, wie irrational meine Sorge ist. Ich habe keine Ahnung, dass P. mich nicht als Verteidigerin braucht. Dass er genug Verteidiger hat, da draußen. Bewusste und unbewusste.

Der Arzt zieht an meiner Ohrmuschel, zerrt sie nach oben, nach links, er muss den Gehörgang richten, damit er etwas erkennen kann, da unten, auf dem Grund meines tauben Ohrs. Er leuchtet mit einer Spezial-Ohrenlampe hinein. «Ihr Trommelfell ist geplatzt», sagt er. «Wie ist denn das passiert?» Ein Rest von dem blauen Fleck ist noch da. Er zieht sich in grüngelben Rändern über meine Wange. Mein verflixter Körper. Wird grundlos grün und blau und kriegt sich dann über Wochen nicht wieder ein. «Ich bin die Treppe runtergefallen», sage ich. «Hm», macht der Arzt, und mir sinkt das Herz. Er hantiert eine Weile schweigend auf seinem Instrumententisch herum. «Ich werde über den Riss zwei kleine Papierstreifen legen müssen. Als Verbinder. Damit das wieder ordentlich zusammenwächst.» Es könnte aber sein, dass dort eine Narbe bleibt. Sehr wahrscheinlich sogar, sagt er. Er popelt mit Pinzette und Papierstreifen in meinem Ohr herum. Es tut weh. Wäre ich bloß nicht gekommen. «Wie sind Sie denn die Treppe runtergefallen?», fragt er beiläufig. «Für so eine Verletzung braucht es eigentlich eine direkte Gewalteinwirkung.» Ich sage nichts. «Wie beispielsweise einen Schlag», sagt er. Jetzt bin ich ehrlich empört. Was will der Mann? Wofür hält er mich? Vielleicht ist es auch nur die nackte Angst, die plötzlich diese Empörung in mir entfacht. «Ich bin die Treppe runtergefallen!», schnappe ich.

Ich bin über mich selbst überrascht, dass ich fähig bin zu einem solchen Tonfall. Gegenüber einem erwachsenen, fremden Mann. Dass ich dazu in der Lage bin, plötzlich und unerwartet, fühlt sich gut an. Ich bin doch nicht so klein und doof. Ich bin nicht wehrlos. Ich kann mich für mich einsetzen. In mir steckt doch auch noch eine starke Frau, nicht nur ein erbärmliches Opfer. Ich denke: Der Ohrenarzt muss von mir beeindruckt sein. Ebenso sehr wie ich. Der Ohrenarzt, dieser Wicht, sagt nichts mehr.

Einmal rufe ich auch meine Eltern an. Mitten in der Nacht. Ich muss dafür raus und ein Stück die Straße runter, zu einer Telefonzelle. P. und ich haben kein eigenes Telefon. Meine Mutter reicht mich auf meinen dringenden Wunsch gleich an meinen Stiefvater weiter. Es ist geradezu ein Wunder, dass er den Hörer nimmt. Er hasst es, zu telefonieren. Erst recht mitten in der Nacht. Da hat noch keiner gewagt, ihn aus dem Bett zu klingeln. Aber ich will ihn sprechen. Nur ihn, niemanden sonst. Ich weiß nicht, warum. Ich heule. Ich schreie. Ich bettele. «Bitte, bitte, Papa, komm und hilf mir, bitte.» – «Komm her, wenn du was willst», brummt er. Aber irgendwann knickt er doch ein. «Na gut, Mädchen, dieses eine Mal», sagt er. «Aber wirklich nur dieses eine einzige Mal!» – «Ja, ja», sage ich. Ich würde ihm alles zusichern. Wenn er nur kommt, um mich zu retten. Wie das genau gehen soll, weiß ich nicht. Aber ich will, dass er mit P. spricht. Dass er ihm, unmissverständlich, sagt, dass das, was er macht, auf keinen Fall geht. Dass P. mich, seine Stieftochter, nicht schlagen darf. Seine Tochter. Ich will seine Tochter sein. Ich will, dass er mein Vater ist. Ich laufe nach Hause. P. schläft. Es dauert eine Ewigkeit, bis mein Stiefvater kommt. Aber dann ist er doch da, er steigt die Außentreppe zu unseren zwei Hinterhofzimmern hinauf. Ich erwarte ihn oben an der Tür, mit verschwollenem Auge. «Mädchen», sagt mein Stiefvater. Und schüttelt den Kopf. Was soll er sonst auch sagen.

P. kommt aus dem Schlafzimmer getorkelt, in Boxershorts und verschlafen. Er reißt verwundert die Augen auf. «Hallo», sagt er. «Du hier? Um diese Zeit?» Er lacht. So ein bisschen jungenhaft, verlegen. Ich kann sehen, wie peinlich meinem Stiefvater dieser Auftritt ist. Und P. sieht es sicher auch. Der Stiefvater hier, in dieser Rumtata-Wohnung, zu nachtschlafender Zeit. Mit seinem Altmänner-Käppi auf dem Kopf, ohne das er nicht aus dem Haus geht. Und ihm gegenüber der halbnackte Junge in Unterhose. In welche Situation habe ich sie hier beide gebracht. Was tue ich ihnen an? P. lacht wieder. «Warte», sagt er. «Ich ziehe mir schnell was an. Was trinkst du?» Dann sitzen die beiden Männer im Wohnzimmer. P. auf dem Sofa, mein Stiefvater in dem Sessel ihm gegenüber. «Junge», sagt mein Stiefvater. «Was machst du denn. Ich habe meine Frau nie geschlagen.» – «Ich weiß», sagt P. und senkt den Kopf. «Es tut mir leid. Aber sie hat so eine Art, die kann einen echt auf die Palme bringen.» Mein Stiefvater seufzt. «Ich weiß.»

Ich würde gern schreiben, dass ich ihn nie wieder um Hilfe anrief. Aber das ist natürlich nicht wahr. Wahr ist, dass er sein Versprechen hielt. Er kam nicht mehr zu uns. Ich kam zu ihm. Zu ihm und meiner Mutter. Ich stand vor ihrer Tür. Nicht jedes Mal, aber immer mal wieder. Und irgendwann sagten sie: «Schluss!» Sie sagten: «Du brauchst hier gar nicht mehr anzukommen, wenn du wieder mal was auf die Schnauze gekriegt hast.» Ich ging ja doch immer nur wieder zu ihm zurück. Sie sagten: «Wir haben dir jede denkbare Unterstützung geboten, um dir da rauszuhelfen. Aber du bist es echt nicht wert.» Sie feixten: «Und wir dachten, du bist so schlau!»

Vielleicht wollten sie mich so antreiben, zu gehen. Vielleicht dachten sie, sie müssten mich erst so richtig tief fallenlassen, um mich aufheben zu können. Vielleicht dachten sie, ich müsse nur erst so richtig am Boden, am besten in der Gosse liegen. Dann rappelte ich mich schon auf. Wie ein Alkoholiker. Oder ein Junkie. Aber ich war kein Alkoholiker und kein Junkie. Ich war nicht süchtig nach P. Schon gar nicht war ich süchtig nach Schlägen. Ich glaubte, ich hätte die Schläge verdient.

Gewalt, Sex und Richter, oder: Wie Fakten und Meinungen entstehen

In einer von TNS-Infratest 2010 durchgeführten Umfrage sahen 44 Prozent der Deutschen und 52 Prozent der EU-Bürger «Provokatives Verhalten der Frau als Ursache für häusliche Gewalt». Zehn Prozent der Deutschen (und sieben Prozent der EU-Bürger) waren «unentschieden». Der Psychotherapeut und Eheberater Franz Thurmaier weist Frauen per se den «klassischen Fehler» des «vorwurfsvollen Anklagens» zu, also: eine aktive, nervige Aggression. Die Männer dagegen hören, seiner Einschätzung nach, einfach nur nicht richtig zu. Sie haben also die passive Rolle. Thurmaier nennt sie darüber hinaus kumpelhaft «Jungs». Wen wundert es da, dass sich, in seiner Schlussfolgerung, diese armen, passiven «Jungs» angesichts ihrer aggressiven Partnerinnen hilflos und immer hilfloser fühlen. Bis sie ihnen nichts anderes mehr entgegenzusetzen haben, als ihnen eine zu knallen.

Selbstverständlich war ich nicht nur schuld daran, wenn P. zuschlug. Ich war schuld daran, dass er in den zwei Disco-Hinterhofzimmern festsaß, während er sich anhören musste, wie andere Leute Spaß hatten. Ich war schuld, wenn er nicht gut Fußball gespielt hatte, weil er nicht den Kopf frei hatte, wegen meines ewigen Theaters. Oder wie wir am Sonntagmorgen vor dem Spiel Sex gehabt hatten. Das hatte der Trainer den Spielern verboten. Später war ich schuld, dass die Kinder weinten, mit vier Wochen noch nicht durchschliefen, dass sie mit acht Monaten noch immer nicht aus den Windeln waren. Und als unser Sohn durch eine schwierige

Pubertät ging, 13 Jahre nachdem P. verschwunden war, und ich Kontakt zu seiner Familie aufnahm, weil ich dachte, das könnte dem Pubertierenden helfen, lagen die Schwierigkeiten natürlich darin begründet, dass ich eine miserable Mutter war. Und ein miserabler Mensch überhaupt. Das sagte der Mann, der während unserer Ehe (auch) körperlich extrem gewalttätig gegen mich war. Auch während meiner zweiten Schwangerschaft. Auch vor den Kindern. Der sich nach der Trennung mal eben vom Acker gemacht hatte, ohne jemals Unterhalt zu zahlen oder sich sonst wie zu kümmern. Und der sich nach diesem, wie soll man es nennen, Gespräch? sieben weitere Jahre weigerte, seine Kinder zu treffen. Das alles tat offenbar seinem Expertentum in Sachen Kindererziehung keinen Abbruch. Das alles änderte nichts an der Tatsache, dass schwierige Phasen, durch die unsere Kinder gingen, allein meine Schuld waren.

Als ich von meinem zweiten Mann geschieden wurde, bestand der Richter darauf, dass die Kinder, gegen ihren Willen, den gewalttätigen Vater treffen sollten: «Kinder, die ohne Vater aufwachsen, werden kriminell.» Der Richter berief sich damit auf eine New Yorker Studie, die von Forensikern damals schon zerrissen worden war. Weil sie andere Lebensumstände der beteiligten Mütter und Kinder und gesellschaftliche Faktoren außer Acht gelassen hatte. Dem Richter genügte sie dennoch, um seiner persönlichen Meinung im Gerichtssaal «Gewicht zu geben». Und, auf längere Sicht, zur öffentlichen Meinung beizutragen. Als ich Anfang 2019 in der *Zeit* über die toxische Auffassung von Männlichkeit schrieb, an der unsere Gesellschaft weiterhin krankt, antworteten mir gleiche mehrere (männliche) Leser so oder ähnlich: «Da in unserer Gesellschaft die Frauen die Kinder und also auch die Jungs erziehen, sind die Frauen auch schuld daran, was aus denen wird! Ich nehme an, das machen die mit Absicht?» So einfach ist das. Weisheiten wie «Es braucht ein Dorf, um ein Kind zu erziehen», taugen wohl als Demonstration der eigenen Tiefsinnigkeit auf Facebook. Mit dem Leben haben sie nichts zu tun.

Gewalttätige Männer sind Meister im Verleugnen. Wenn bei der Polizei oder vor Gericht «ein Wort gegen das andere steht» – das des gewalttätigen Mannes gegen seine Partnerin –, ohne dass die Frau «glaubhafte» Beweise vorlegen kann, gilt automatisch das Wort des Mannes. Es gilt die in unserem westlichen Strafgesetz verankerte «Unschuldsvermutung». Sie soll Unschuldige vor einer vorschnellen und falschen Verurteilung schützen und ist grundsätzlich eine feine Sache. Nur geht sie bei den üblichen «Ein Wort gegen das andere»-Szenarien, in Fällen von häuslicher Gewalt und bei Vergewaltigungen, oft zulasten des Opfers. Indem sie die Erlebnisse und die Realität der Anklagenden scharf in Frage stellt. Beziehungsweise davon ausgeht, dass die Klägerin lügt. Und, wenn die Klägerin darin «versagt», das Gericht vom Gegenteil zu überzeugen, zu ungerechtfertigten und oft gefährlichen Freisprüchen führt. Und zwar entgegen aller Erfahrung, allen Studien und Statistiken. Entgegen der Wahrscheinlichkeit. In ihrem Kreuzgutachten (‹Discounting Women: Doubting Domestic Violence Survivors' Credibility and Dismissing their Experiences›, 2019) befassen sich Deborah Epstein und Lisa A. Goodman mit den Zweifeln, beziehungsweise dem Unglauben, mit dem unsere Gesellschaft und ihre sozialen und rechtlichen Institutionen den Überlebenden häuslicher Gewalt und ihren Erfahrungen unvermindert begegnen. Die Autorinnen begründen dies teilweise mit dem Versagen, die Symptome neurologischer und psychologischer Traumata zu verstehen und ihre einschränkenden Folgen für das Leben der Betroffenen zu erkennen. Dieses Versagen und die daraus resultierende Fehlinterpretation des Verhaltens von Frauen im Gerichtssaal führe dazu, dass die Vertrauenswürdigkeit der Überlebenden zu Unrecht herabgesetzt wird und ihre Erfahrungen diskrediert werden. Ein zweiter Grund für ihre reflexhafte Diskreditierung seien negative kulturelle Stereotypen über Frauen und ihre Motivationen, sich Hilfe zu suchen.

Frauen, so ein weitverbreiteter Glaube, zeigen Männer oft

grundlos wegen häuslicher Gewalttaten an. Nach einer Trennung, oder schon vorher. Aus Rache. Um ihnen zu schaden. Um sie zu vernichten. Man kennt den Vorwurf auch von Vergewaltigungen. Auf der Webpage der Hamburger Kanzlei für Sexualstrafrecht, die dort für ihre erfolgreiche Vertretung von «vermeintlichen» Sexualstraftätern wirbt, liest sich dieser Vorwurf so: «Professor Dr. Günter Köhnken, der zu den renommiertesten Aussagepsychologen des Landes zählt (Anmerkung der Autorin: Das ist der Gutachter aus dem bereits erwähnten *Zeit*-Interview), schätzt die Quote der Falschaussagen auf etwa 30 bis 40 Prozent – in ‹Aussage gegen Aussage›-Konstellationen mit verheerenden Folgen.» Fast die Hälfte aller Vergewaltigungsvorwürfe ist demnach nur böswillig falscher Alarm? Die Kanzlei hat sogar noch bessere Nachrichten für potenzielle Klienten: «In einer schon 2005 von der Polizei Bayern veröffentlichten Statistik heißt es, dass 58,4 Prozent der angezeigten (versuchten) Vergewaltigungen mangels Tatverdacht eingestellt wurden.» Großartig! Bei der Polizei in Bayern werden bei mangelndem Tatverdacht also nicht nur die Ermittlungen, sondern gleich die Vergewaltigungen selbst eingestellt! Und das in nahezu 60 Prozent der Fälle. Das lässt hoffen.

Ironie beiseite: Anwälte sollten wissen, dass ein «mangelnder Tatverdacht» nicht automatisch bedeutet, dass keine Tat stattgefunden hat. Laut einem Report von 2009, den Forscher für das ‹Nationale Zentrum für die Verfolgung von Gewalt gegen Frauen› (NCPVAW) in den USA anfertigten, stellen Polizisten – und gewiss tun das nicht nur amerikanische – Ermittlungen bisweilen ein und legen die Anzeige als «Falschanzeige» ab, wenn sie *persönlich* der Überzeugung sind, dass die Frau lügt. Oder wenn es ihnen aussichtslos erscheint, den Fall vor Gericht zu bringen und/oder dort zu gewinnen. Ähnlich vertrauenswürdig sind die von den Anwälten veröffentlichten Zahlen bezüglich der «Falschanzeigen». Sie widersprechen allen seriösen Studien. Die Forscher David Lisak, Lori Gardinier, Sarah C. Nicksa und Ashley M. Cote beziffern sie in ihrem Bericht von 2010 mit dem Titel «Falschaussagen bezüglich sexueller Übergriffe: Eine Analyse von gesammelten Fällen aus zehn Jahren» auf zwei bis maximal acht Prozent. Auch hier liegen, leider, eingehende Untersuchungsberichte nur aus den USA vor. Aber wer wollte annehmen, dass deutsche Frauen häufiger lügen als amerikanische?

Rachsucht, der Wunsch nach Aufmerksamkeit, das seien Gründe, warum immer mehr Frauen Männer fälschlich der häuslichen und/oder sexuellen Gewalt bezichtigen, so hört und liest man. Nicht allein auf der Webseite jener Kanzlei. Um den Eindruck der generellen Unglaubwürdigkeit potenzieller Klägerinnen weiter zu festigen, diagnostizieren die Anwälte sie auf einer Seite mit dem Titel «Falschbeschuldigung und Borderline» vorsorglich auch noch populär-medizinisch durch: «Oftmals sind auch (ihre) persönlichen Beziehungen instabil, vor allem sexuelle Partnerschaften. Diese verlaufen ebenso intensiv wie schnell wechselnd, wobei es auch hier schnell zu Um- und Neubewertungen von Personen kommt. Der heute noch innig geliebte Vater oder Partner wird schon morgen als Feind wahrgenommen, der bekämpft werden muss.» Eine derartige Deutung meiner Anschuldigungen habe auch ich erlebt: Jahrelang hatte ich schließlich behauptet, in zweiter Ehe mit dem Mann meines Lebens verheiratet zu sein. Und jetzt sollte derselbe Mann manipulativ, bedrohlich und gewalttätig sein? Solche eine «Um- und Neubewertung» konnte unmöglich auf einem allmählich gewonnenen Durchblick beruhen. Sie musste vielmehr Ausdruck einer psychischen Störung sein. Und zwar meiner.

Der Scheidungsrichter glaubte den Beweis dafür gefunden zu haben: «Sie waren mit dem Mann 14 Jahre verheiratet und haben vier Kinder mit ihm bekommen! Sie können mir nicht erzählen, dass Sie da ständig unter Druck gestanden haben. Sie *müssen* den Mann geliebt haben!» Ja, das glaubte ich auch. Ich war überzeugt, dass das, was ich für die Männer, die mich misshandelten, empfand, Liebe war. In jedem Fall liebten sie mich nicht zurück. Das begriff ich, in seiner ganzen Härte, erst hinterher. Beispielsweise: Als P., bevor er verschwand, unseren gesamten Hausstand verschenkte. Und unsere Söhne und mich ohne Möbel, Hausrat, Kleidung oder Geld zurückließ. Er nahm auch das Auto, das ich gekauft hatte, und ließ unser Konto mit 5000 Mark Überziehungskredit zurück. Ich begriff es, als er 13 Jahre später erstmals wieder anrief und zu unseren Söhnen kein gutes Wort über mich, die seinen Teil der Verantwortung mitgetragen hatte, zu sagen hatte. Ich begriff es, als mir Bekannte später (selbst fassungslos) erzählten, wie mein zweiter Mann über mich geredet hatte. Was er ihnen alles «anvertraut» und wie er sich, mich und unsere Beziehung dargestellt hatte. Ich begriff es, als ich herausfand, dass er bereits Jahre zuvor heimlich eine Lebensversicherung abgeschlossen hatte, auf die er einen Gutteil unseres Geldes einzahlte. Während ich nicht verstand, warum das Geld, das ich verdiente, kaum je zu reichen schien.

Stell dir vor, du begreifst, dass der Mann, den du liebtest und dem du glaubtest, dass er dich liebt, dich belogen und in jeder Hinsicht betrogen hat. Du hattest keine Ahnung, wen du da liebtest. Mit wem du verheiratet warst. Der, dem du vertrautest, dem du dich anvertrautest, war in Wirklichkeit ein Fremder. Ein Fremder, der dich, seinerseits, in- und auswendig kannte. Der sich dieses Wissen und dich zunutze machte.

Hier ist, was ich fühlte, als ich das begriff: Leere.

Wer argumentiert, dass Frauen, die endlich erkennen, dass und in welchem Ausmaß sie betrogen wurden, psychisch krank sind und den Partner, Expartner, Sexualpartner, den Freund oder Verwandten nur schlechtmachen wollen, der nimmt ihnen jede Chance, diesen Anderen verdient «um- und neu zu bewerten» und sich letztendlich von ihm zu befreien. Der Hamburger Kanzlei, und mit ihr vielen Straf- und Familiengerichten, ist das noch nicht genug: «Zu dieser emotionalen Instabilität tritt beim Borderline-Typ hinzu, dass die Personen ein undefiniertes Selbstbild haben: Das Gefühl von Wertlosigkeit sowie innerer ungen mittels Schneiden und Ritzen der Haut vorzufinden, zudem Verbrennungen mit Zigaretten. Genauso kommen Suizidversuche ohne konkreten äußeren Anlass signifikant häufiger vor.»

Wahr ist, wenngleich Anwälten, Psychologen, Gutachtern und Richtern oft keine Erwähnung, geschweige denn eine Berücksichtigung in ihrer Beurteilung der Frauen und Mütter wert: Mangelndes Selbstwertgefühl, emotionale Krisen, Depressionen, Selbstverletzungen und Suizidversuche sind häufig das *Ergebnis* von Traumata. Das Nationale Institut für mentale Gesundheit (NIMH) nennt, neben einer entsprechenden Familiengeschichte und Hirnschädigungen, folgende *mögliche* Gründe für die Entstehung einer Borderline-Störung: «Umwelt-, kulturelle und soziale Faktoren: Viele Menschen mit einer Borderline-Persönlichkeitsstörung berichten, traumatische Lebenserfahrungen gemacht zu haben, wie Missbrauch, Verlassenwerden, Zeiten der Not oder des Unglücks in der Kindheit. Andere waren vielleicht unsicheren, sie entwertenden Beziehungen ausgesetzt oder kriegerischen Konflikten.» Das NIMH vermerkt auch: «Obwohl diese Faktoren das Risiko einer Person erhöhen, heißt es nicht, dass sie zwangsweise eine Borderline-Störung entwickeln wird. Umgekehrt können auch Menschen, die nicht solchen Risiken ausgesetzt waren, eine Borderline-Störung entwickeln.» Und Deborah Epstein und Lisa A. Goodman diskutieren in ihrem oben erwähnten Gutachten die «erheblichen negativen Auswirkungen», die das Diskreditierungsmuster auf die Überlebenden hat: Es sei ein Echo der bereits erlittenen Misshandlungen und füge ihnen weiteren seelischen Schaden zu. Zusätzlich hindere die konstante Abwertung sie, den Misshandler zu verlassen und/oder nach Sicherheit und Gerechtigkeit zu suchen.

Wahr ist auch, dass viele Gewalttäter bei ihren Mitmenschen, bei Polizisten, Gutachtern und Richtern einen ruhigen, besonnenen, ausgezeichnet stabilen Eindruck hinterlassen. Sie sehen nicht aus wie Sexualverbrecher oder ein Mann, der seine Frau seit Jahren psychisch quält, ihre Zeit und ihre Ressourcen kontrolliert und/oder sie immer wieder mal grün und blau haut. Sie sind schrecklich sympathisch. Ganz anders oft die von ihnen vergewaltigte, missbrauchte und/oder misshandelte Frau, bei der die Vergewaltigung oder die über Jahre erlebte Gewalt deutliche Spuren hinterlassen hat. Die Frau mag als hysterisch, depressiv oder rachsüchtig eingeschätzt werden. Oder, weil sie sich vor der Rache des gewalttätigen Mannes zu Recht fürchtet, paranoid wirken. Es ist wie in dem alten Witz: «Kann schon sein, dass ich paranoid bin. Aber was, wenn sie wirklich hinter mir her sind?» Nur dass dieses Wissen, das er hinter dir her ist, kombiniert mit dem Unglauben der anderen eben nicht witzig ist.

Dann kommt es zu Gerichtsentscheiden, wie jenem aus einer Kurzdokumentation des Bayerischen Rundfunks von Oktober 2018. Nach langen Jahren der Erniedrigungen und Misshandlungen hatten die Kindergärtnerinnen bei der Mutter eines Jungen eines Tages schwere Verletzungen bemerkt. Sie fuhren Mutter und Kind sofort ins Frauenhaus. Die Frau erstattete mit Unterstützung der Mitarbeiterinnen Anzeige gegen ihren Mann. Aber weil sie mit ihren Verletzungen nie bei einem Arzt gewesen war, entschied das Gericht, sie habe keine Beweise. Zudem war sie durch die jahrelangen Misshandlungen geschwächt. Am Ende des Gerichtsverfahrens ließ sich der Richter von dem Mann überzeugen, dass seine Partnerin «psychisch instabil» sei. Das Aufenthaltsrecht für den Sohn sprach er dem gewalttätigen Vater zu. Das Kind darf sich fortan nicht mehr bei der Mutter aufhalten. «Ohne Opferschutzbegleitung gehen viele Prozesse so aus», sagt die Sprecherin am Schluss des Films.

Der Gewalttäter als die Person richterlichen Vertrauens und der bessere Elternteil: ein für die betroffenen Frauen und Kinder traumatisches Possenstück, das Familiengerichte überall in unserem westlichen Kulturkreis aufführen. Lundy Bancroft, der solche Verfahren oft aus erster Hand erlebt, schreibt: «Die Behandlung, die

Müttern, die ihre Kinder schützen wollen, vonseiten der Familiengerichte widerfährt, gehört zu den beschämendsten Geheimnissen der modernen Rechtsprechung. Die Familiengerichte sind die einzige mir bekannte soziale Institution, die Müttern regelmäßig verbietet, ihre Kinder vor Misshandlungen zu schützen.»

Bancroft hat offenbar noch keine Bekanntschaft mit deutschen Jugendämtern gemacht. Die stehen den Familiengerichten in nichts nach. Bei meiner zweiten Scheidung verlangte der Mann vom Jugendamt, dass ich vor den Kindern «ausschließlich positiv» über meinen gewalttätigen Mann sprechen solle. «Er ist und bleibt der Vater.» Ich lehnte ab. Schon weil die Kinder ihre eigenen Erfahrungen mit ihm gemacht hatten, meine Lügen durchschauen und durch sie erst recht verunsichert werden müssten. «Wie sollen die Kinder lernen, sich vor Gewalt zu schützen, wenn ich ihnen den Täter als prima Kerl verkaufe?» Der Jugendamtmann wollte davon nichts hören: «Es ist Ihre Pflicht! Wenn Sie sich widersetzen, kann und werde ich Sie verknacken lassen!» «Verknacken» wollte mich auch der Familienrichter, als ich mich der von ihm verordneten Besuchspflicht der Kinder beim Vater (entgegen deren Willen) wiederholt widersetzte. Er ordnete ein Bußgeld von 500 Euro an und drohte, die Kinder von der Gerichtsvollzieherin zum Vaterbesuch abtransportieren zu lassen.

Ich fragte mich, was meine Kinder aus dieser Machtdemonstration lernen müssten. Was sie aus der Tatsache lernen müssten, dass der Vater, den sie als manipulativ, erniedrigend, bedrohlich und gewalttätig erlebt hatten, von Jugendamt und Richter ins Recht gesetzt und hofiert wurde. Was sie daraus lernen müssten, dass ein Gericht, höchste Instanz über Recht und Ordnung, über ihren von einem psychologischen Gutachter als *glaubwürdig und autark* eingeschätzten Wunsch, dem Vater nicht wieder begegnen zu müssen, über ihr dringendes Bedürfnis, sich vor dem Mann zu schützen, hinwegurteilte. Was sie daraus lernten, dass er niemals angehalten wurde, einen Cent Unterhalt zu zahlen. «Was soll er denn zahlen», rief der Richter und lachte. «Er hat ja nichts!» Und der Anwalt höhnte auf Staatskosten: «Wann wird die Mandantin endlich begreifen, dass sie nie auch nur einen Pfennig von meinem Mandanten bekommen wird!» Ich fragte mich, ob der Richter so nicht auch meine Kinder lehrte, mich als geringerwertig anzusehen. Und mich zu miss- und zu verachten. Und ich fragte mich auch, ob so ein Richter das alles wirklich nicht sah. Oder ob es ihm egal war.

Ich zahlte niemals das Bußgeld. Die Kinder wurden nie von der Gerichtsvollzieherin abgeholt. Ich ging jeden Mittag mit zitternden Knien und schweißnassen Händen zum Briefkasten und saß die Drohungen aus. Es ging über Jahre. Bis die Kinder alt genug waren, dass selbst ein Richter ihre Wünsche anerkennen musste. Diese Kämpfe haben mich mehr beschädigt als meine beiden Ehen zusammen. Sie waren verheerend, weil ich, als ich endlich geschafft hatte, auszubrechen und Hilfe zu suchen, wie es von den Frauen so oft empört gefordert wird, keine Hilfe fand. Was ich fand, waren andere Machthaber, meist Männer, die immer noch einmal zuschlugen. Auf ihre Art.

Bitterkeit. Rachsucht. Borderline-Störung. Ich habe für meine verzweifelten, oft an meine Grenzen und darüber hinaus gehenden Bemühungen, meine Kinder und mich vor dem Mann zu schützen, jedes verfügbare Label aufgedrückt bekommen. Das Gefühl, das mich in jenen Jahren beherrschte, war nicht Wut (und das ist schade!). Das Gefühl, das mich beherrschte, war: Einsamkeit. Verlassenheit. Ich weiß von zahllosen Frauen, denen es ähnlich ergangen ist und ergeht. Es ist höchste Zeit, dieses beschämende Geheimnis moderner Rechtsprechung zu offenbaren und ihm so, hoffentlich, ein Ende zu machen. Und mit ihm ein paar anderen, nicht minder beschämenden, gar nicht so geheimen Geheimnissen.

Forscher an der Universität von Los Angeles fanden in einer Untersuchung von 2017: «Wenn eine Frau ihren prügelnden Partner verlässt, gibt der Schläger seine Kontrolle über sie oft nicht auf. Stattdessen benutzt er das Scheidungs- und Sorgerechtsverfahren, um seinen Missbrauch fortzusetzen. Er kann beispielsweise das Sorgerecht fordern, nur, um im Leben des Opfers weiter präsent zu sein; er kann das Opfer unzählige Male zurück vor Gericht zwingen, um so den Kontakt aufrechtzuerhalten. Er nutzt vom Gericht angeordnete Besuche und das Sorgerecht, um gegen das Opfer körperliche Gewalt auszuüben. Er schüchtert das Opfer in angeordneten Mediationssitzungen dahin gehend ein, dass es einem geteilten Sorgerecht zustimmt. Er weigert sich, den Kindesunterhalt zu zahlen, um so das Opfer zurück vor Gericht zu zwingen. Die Mehrzahl der Familiengerichte sind derzeit nicht in der Lage, dem Missbrauch des Gerichtes und des Rechtssystems durch den Schläger entgegenzutreten.» Auch deutsche Gerichte tun weiterhin, als sei dieser offene Missbrauch von ihnen und durch sie undenkbar.

Als den häufigsten Grund für eine Falschbeschuldigung bei Vergewaltigungen haben die Hamburger Anwälte «bloße Missverständnisse» ausgemacht: «Die Erinnerungen ‹verschwimmen› ... Beide Sexualpartner waren sich nicht einig darüber, was sie wollten, oder brachten die Ablehnung nicht im Geringsten zum Ausdruck. Woher sollte der eine dann wissen, dass der andere dies oder das nicht will?»

Und wessen Erinnerung ist im Fall des «Verschwimmens» nach dieser Lesart die letztlich richtige? Welcher Partner darf bei *Uneinigkeit darüber, was beide wollen*, seinen Willen dem anderen Partner gegenüber durchsetzen? Richtig: Die Oberhand in all diesen Punkten hat «natürlich» derjenige, der das Monopol auf Wirklichkeit hält. Und der das Recht hat, die Andere zu seinen Gunsten zu kontrollieren.

Man darf aus alldem getrost seine Rückschlüsse ziehen, wie es sich mit den «Falschbeschuldigungen» bezüglich häuslicher Gewalt verhält. Die Verbrechen gleichen sich: Beide dienen in erster Linie der Ausübung von Kontrolle und Macht über das Opfer. Die «Gründe für (zunehmende) Falschbeschuldigungen» gleichen sich. Die Täter gleichen sich: Studien zeigen, dass Männer, die an die üblichen Vergewaltigungsmythen glauben (Frauen provozieren den Übergriff durch ihre Kleidung und/oder ihr Verhalten; Frauen wollen vergewaltigt werden; Männer verlieren die Kontrolle etc.), eher bereit sind, eine Frau tatsächlich zu vergewaltigen. Viele gewalttätige Männer wiederum teilen den Glauben an diese Mythen, sie entsprechen ihrer Grundeinstellung gegenüber Frauen. Nach US-Studien werden häusliche Gewalttäter nahezu doppelt so häufig zu Vergewaltigern wie Männer, die nicht gewalttätig gegenüber ihrer Partnerin sind oder waren. Gewalttätige Männer setzen auch Sex als Zwangsmittel ein. Sie erzwingen ihn durch Gewalt, Drohungen, Einschüchterung, durch Penetranz oder andere Arten der Manipulation. Zudem sexualisiert die Mehrzahl der Täter ihre Gewalt. Sie finden die Erniedrigung ihrer Partnerin und/oder die körperlichen Übergriffe erregend. Und in beiden Verbrechen sind die Opfer in der großen Mehrheit Frauen: zu 85 Prozent bei häuslicher Gewalt, zu 94 Prozent bei Vergewaltigungen. Die Berliner Anwältin Christina Clemm, die Opfer häuslicher Gewalt vor Gericht vertritt, schreibt in einem Beitrag in der *Zeit* unter dem Titel «Frau Meier macht einen Rückzug» dann auch: «Frauen wird oft unterstellt, sie würden häusliche Gewalt aus Rache anzeigen. Aus meiner juristischen Praxis kenne ich das Gegenteil: Die Opfer schützen die Täter.»

Entweder zeigen sie gar nicht erst an. Oder sie ziehen die Anzeige kurz darauf oder im letzten Moment zurück. Und in den wenigen Fällen, in denen sie sie aufrechterhalten, sehen sie sich gezwungen, auch ihrerseits alles dafür zu tun, dass der Täter so milde wie möglich bestraft wird. Damit er es ihnen nach der Verhandlung oder, wenn's denn mal so weit kommt, nach der Haft nicht heimzahlt. «Die Frauen schützen die Täter!», heißt es dann allseits empört. Das ist richtig. Wenn auch nur als Nebenprodukt. Denn in erster Linie schützen die Frauen so sich selbst. Oder sie versuchen es zumindest. Weil kein anderer sich in der Verantwortung sieht, sie zu schützen. Weil keiner daran Interesse hat. Auch kein Gericht.

Clemm nennt es «entlarvend, dass die Anwaltverbände kommentarlos hinnehmen, wenn Organisationen, die geschlagene und vergewaltigte Frauen unterstützen, in Juristenkreisen diffamiert werden. Oder wenn ein ehemaliger Richter des Bundesgerichtshofes sich mehrmals in herablassender Weise über die Opferrechtsreformvorschläge empört.» Es ist entlarvend. Auch die Hamburger Sexualstrafrechtler setzen auf ihren Webseiten «das Opfer» gern in Anführungszeichen, stellen die Qualifikationen der Mitarbeiterinnen von «Opferhilfevereinen» generell in Frage und höhnen: «Vor Erstattung einer Strafanzeige nehmen vermeintliche Opfer, also solche, die sich unabhängig von juristischen Definitionen selbst subjektiv als solches fühlen, vielfach Kontakt zu Opferhilfeeinrichtungen auf. Diese Opferhilfevereine sind ausnahmslos einseitig parteilich und feministisch-ideologisch für Opfer ausgerichtet und unterstellen den Opferstatus. Ob jemand tatsächlich ein Opfer ist, gilt es aber erst im Verfahren aufzuklären, insbesondere wenn Aussage gegen Aussage steht.»

Von den rund 14 Millionen Frauen, die in Deutschland Gewalt von ihrem Partner oder Expartner erfahren (jede dritte), zeigen nur eine bis maximal zwei Millionen Frauen die Taten an. Legt man die Berliner Verurteilungszahlen von 2010 bundesweit zugrunde, schaffen es von diesen (maximal!) zwei Millionen Anzeigen 1,7 Millionen vor Gericht. Und nur 440 000 der Angeklagten werden (zu was und in welcher Höhe auch immer) verurteilt. 13,5 von 14 Millionen Mal bleiben die Misshandlungen ungesühnt. Fast könnte man sagen: so gut wie immer. «Der muss irre sein, wenn er glaubt, dass er damit davonkommt», dachte selbst ich, als ich hörte, dass der Expartner einer Bekannten sie im Foyer ihres Arbeitsplatzes in Norddeutschland verprügelt hatte. Am helllichten Tag und unter den Augen ihrer Kollegen. Er war nicht irre. Er hatte wohl nur die Zahlen gelesen und/oder genau hingehört, was die Leute so denken und sagen. Die zu Hilfe gerufenen, aber nicht zu Hilfe gekommenen Polizisten zum Beispiel: «Na ja, so etwas kommt vor, wenn man sich trennt.» Der

Mann wusste, sein Risiko war gering. Vergewaltiger wissen es auch. Sie können es den relevanten Statistiken entnehmen. Dem Tenor in der Presse. Der Social-Media-Meinungsmaschine. Und den Gesprächen der Leute.

Und es gibt Anwälte, die es ihnen bestätigen. Auf ihren Webseiten, kostenlos, noch bevor sich ein «vermeintlicher» oder potenzieller Vergewaltiger in das Anwaltsbüro bemüht. Fast könnte man meinen, diese Art Kundenwerbung kommt einer direkten Ermunterung gleich. Vor dem Hintergrund einer US-Studie von 2004 zum Beispiel, in der einer von drei männlichen Studenten auf die Frage, ob er eine Frau zum Sex zwingen würde, wenn er rechtlich damit davonkäme, «Ja» antwortete. Und ich schreibe hier absichtlich «zum Sex zwingen», nicht «vergewaltigen», weil die «Vermischung» dieser beiden Fragen in der Studie (*Würden Sie eine Frau unter diesen Umständen vergewaltigen?* und *Würden Sie eine Frau zum Sex zwingen?*) bei den üblichen «Experten» für Unmut sorgte: Beides sei nicht das Gleiche! Doch, das ist es!

Befragt, warum sie die alltägliche Gewalt gegen sie nicht anzeigen – in einer EU-Umfrage waren das bei häuslicher Gewalt 17 Prozent –, sagen Frauen, dass sie die Erfolgschancen als zu gering ansehen. Oder «dass sie selbst eine Lösung gefunden haben und lieber alleine zurechtkommen wollen». Richtiger muss es wohl heißen: *und dass sie darum selbst eine «Lösung» finden und alleine zurechtkommen müssen.* Auch Scham ist, immer noch, ein Grund. Die Sozialwissenschaftlerin Monika Schröttle, die die Untersuchung des Bundesfamilienministeriums 2004 leitete, sagt: «Man kann im Alltag besser leben, wenn man das wegschiebt.» Und: «Gerade bei Partnergewalt versuchen Frauen, die Vorfälle nicht als Vergewaltigung oder sexuelle Nötigung abzuspeichern. Fragt man sie dann aber, ob sie erzwungene oder ungewollte sexuelle Handlungen erlebt haben, sagen sehr viele ja.»

Bemerkenswert ist: Bei beiden Verbrechen, bei häuslicher Gewalt und bei Vergewaltigungen, nahmen die «Falschbeschuldigungen» jeweils in dem Maß zu, in dem diesen Themen mehr und eine neue Art von Aufmerksamkeit gewidmet wurde. Sie nehmen zu, in dem Maß, in dem Frauen den Mut finden, sich zu wehren.

Christina Clemm schreibt: «Auch Bewegungen, die sich angeblich für eine fortschrittliche und gleichberechtigte Gesellschaft engagieren, interessieren sich zu wenig für Gewalt gegen Frauen und deren Bekämpfung.» Seit vielen Jahren besuche sie Veranstaltungen zum Thema, bei denen kompetent um sinnvolle Mittel gegen Gewalt gegen Frauen gerungen werde. «Das Publikum besteht allerdings zu 95 Prozent aus Frauen, obwohl Partnerschaftsgewalt bekanntlich vornehmlich von Männern ausgeht.» Wie Jackson Katz, Lundy Bancroft und der Forensiker Evan Stark kommt auch die Anwältin Clemm zu dem Schluss: «Nur wenn Gewalt gegen Frauen als gesamtgesellschaftliches Problem angesehen und von allen fortschrittlichen Kräften gemeinsam angegangen wird, kann sich für Betroffene etwas ändern. Dabei muss es nicht nur um den (dringend zu verbessernden) Schutz der Betroffenen gehen, sondern auch um patriarchale Strukturen, um die ökonomische Situation von Frauen, um Gleichberechtigung, um Familie. Eine solidarische Gesellschaft, in der soziale Gerechtigkeit herrscht, wird es nicht geben, wenn Menschenrechte und Frauenrechte nicht gleichzeitig erkämpft werden.»

Im Rahmen ihres Beitrags «Die 7 wichtigsten Fakten zu sexueller Gewalt» fragte die *Süddeutsche Zeitung* im Auftrag ihrer Leser: «Wie viel Gleichberechtigung brauchen wir noch?»

Ich schlage vor: Haargenau so viel, bis wir gleichberechtigt sind.

Bad Boys, oder: Der erste Preis ist das Arschloch

Kurzfristig ist dann mal Schluss. Ich wünschte, ich könnte sagen: Ich bin gegangen. Aber das ist nicht wahr. P. ist gegangen. Er hatte keinen Bock mehr. Auf sein Gefangenen-Dasein im Hinterhof. Auf mich. Ich bin zusammengebrochen. Ich habe geheult wie noch nie. Ich habe mich ihm in meinem Kinderzimmer zu Füßen geworfen und «Bitte!» gesagt. «Bittebittebitte!» P. hat nur dagesessen, den Kopf geschüttelt und gar nichts gesagt. Er sah mich nicht einmal an. Er war unerreichbar. «Bitte, sieh mich wenigstens einmal an. Bitte!»

Einmal ist zwischendurch meine Mutter ins Zimmer gekommen, hat mich raus und mit in die Küche genommen und gesagt: «Das ist ja ekelhaft, wie du dich dem zu Füßen wirfst. Ich schäme mich für dich.» In ihrem Gesicht konnte ich lesen, *wie* ekelhaft sie mich fand. Das tat weh. Aber es war, wie ich ihr antwortete: «Ich kann nicht anders.»

Es ist der Part, den ich lieber nicht erzählen würde. Es ist der Part, von dem ich fühle, dass ich ihn erzählen muss. Weil ich mir sicher bin, dass ich ihn mit anderen Frauen, die in Gewaltbeziehungen sind oder waren, teile. Weil ich denke, dass diese Frauen sich genauso wenig verstehen wie ich mich. Damals. Ich denke, dass ich diese Frauen im Stich lasse, wenn ich diesen Part verschweige.

Es ist keine Freude, keine Erleichterung, wenn dich der Mann, der dich misshandelt, verlässt. Dieser Mann beherrscht nicht nur deinen Körper. Er hat deine Integrität abgetragen. Er hat dir Stück für Stück von deiner Persönlichkeit genommen. Bis da kaum noch etwas ist. Er hat dein Denken und Fühlen ersetzt durch seines. Er beherrscht deine Realität. Und darum weißt du: Ohne ihn bist du nichts. Darum fühlst du: Du stirbst. Der Mann, der dich am Boden zerstört hat und der dir vermittelt hat, dass er der Einzige ist, der dich je wieder aufheben kann, lässt dich jetzt dort liegen. Es braucht lange, sich davon zu erholen.

Statt einer Zukunft sah ich vor mir ein P.-förmiges Loch. Meine Eltern waren für den Abend zu einem Geburtstag eingeladen, und dann sagte mein Stiefvater etwas Unerhörtes, für mich Unfassbares. Er sagte etwas, das mich noch heute zu Tränen rührt: «Wenn du willst, bleibe ich mit dir hier.» Ich wusste nicht, was ich darauf sagen konnte. Darum sagte ich einfach: «Ja!» Meine Mutter ging allein zu dem Geburtstag. Sie war nicht glücklich darüber, aber mein Stiefvater bestand darauf: «Ich bleibe bei ihr.» Wir verbrachten den Abend nebeneinander auf dem Sofa, vor dem Fernseher. Wir sagten nicht viel. Es waren großartige Stunden. Ich wäre gern für immer dort mit ihm sitzen geblieben. Und das ist so schön, wie es traurig ist.

Ich war frei. So gut wie. Und ohne es zu wissen. Es war Sommer, die Schule zu Ende. Ich flog mit einer Freundin für zehn Tage nach Jugoslawien, so hieß das Land damals noch. Es war das Land, aus dem mein Vater, mein *echter* Vater gekommen und in das er spurlos verschwunden war. Lange bevor ich geboren wurde, und mit dem Auto, das meine Mutter ihm zuvor noch gekauft hatte – damit er in die Heimat fahren und seine Papiere für ihre baldige Heirat holen konnte. So hatte er es ihr versprochen. Es war nur leider so, dass er in Jugoslawien schon verheiratet war. Er hatte dort auch schon ein paar Kinder. Fünf. Das hatte er vergessen, ihr zu erzählen. Seine kroatische Frau also sprach ein Machtwort und sagte: «Den Teufel wirst du tun und mich für diese Frau da in Deutschland verlassen. Du bleibst hier!» So etwas in der Art. Dass die Frau, meine Mutter, schwanger war, wusste sie so wenig, wie meine Mutter wusste, dass es sie, diese Andere, und ihre Kinder überhaupt gab.

Man kann diesen Auftritt seiner Frau, wenn man will, als einen Beweis dafür sehen, dass sie «die Hosen anhatte». Aber ich weiß, dass und wie sehr sie ihm mit ihrer sinnlosen Liebe ausgeliefert war. Später, nachdem er sie tatsächlich verlassen hatte, für die nächste Frau, und auch noch nachdem er gestorben war, ließ sie sein Bild auf ihrem Nachttisch stehen. Ihre Tochter, meine Halbschwester, hat es mir erzählt. Und mir tut leid, dass auch diese Frau, ihre Mutter, nicht erkannte, dass dieser Mann kein Gewinn für sie war. So wenig, wie er für meine Mutter ein Gewinn gewesen wäre. Oder für mich, als Vater. Es tut mir leid, dass sie und meine Mutter nie verstanden, dass sie in keinerlei Konkurrenz zueinander standen. Weil er sich für keine von ihnen aufrichtig interessierte. Weil er keine Frau liebte. Weil er niemand war, um den es sich für sie lohnte zu konkurrieren.

Meine Halbschwester und ich trafen uns erstmals, als ich 42 Jahre alt war. Sie war 43, acht Monate älter als ich. Diese Art Frauenverachter war mein Vater. Ein «Player», Romeo, ein Casanova, ähnlich wie P. einer war. «Ich bin ein Gottesgeschenk an die Frauen», sagte P. oft. Und dass er dabei lachte und zwinkerte, täuschte nicht darüber hinweg, dass er sich tatsächlich so sah. Die Frauen sahen ihn auch so. Ich inklusive.

Ich dachte lange: «Ich kann's offenbar einfach nur nicht.» Ich greife immer wieder daneben. Zwischen all den guten, zugewandten, liebevollen Männern picke ich zielsicher das Arschloch heraus. Warum? Die Arschlöcher und wie sie mich behandelten, musste mir wohl gefallen. Ich glaube, andere Frauen können es sich ebenso wenig erklären wie ich mir damals, warum wir uns immer wieder für die «Bad Boys» entschieden. Sie sagen vielleicht: «Ich stehe eben auf böse Jungs.» Trotzig. Oder kokett. Oder mit einer Mischung aus beidem. Sie geben scheinbar freimütig zu, dass und wie sehr es ihnen gefällt, von einem Typen wie Scheiße behandelt zu werden. Er muss sie ja nicht gleich grün und blau schlagen. Reicht schon, wenn er kaum anruft. Meistens zu spät kommt. Wenn er ihren Geburtstag und andere Termine vergisst. Wenn er's nicht so genau nimmt mit der Wahrheit. Oder der Treue. Wenn das einzig Zuverlässige an ihm seine Unzuverlässigkeit ist. Wenn er gern Witze auf ihre Kosten macht. Und/oder permanent wissen muss, wohin sie geht. Und mit wem.

‹Bad Boys› – das ist mittlerweile ein eigener Qualitätsbegriff für eine bestimmte Art Männer. Die Wissenschaft nennt sie «Dunkle-Triade-Persönlichkeiten». Sie vereinigen die Persönlichkeitszüge des Narzissmus (Selbstverliebtheit), Machiavellismus (zum Erlangen und der Erhaltung der Macht ist jedes Mittel recht) und der Psychopathie (das Fehlen jeglicher Empathie, sozialer Verantwortung und sozialen Gewissens). «Dunkle Triaden» sind unter Männern häufiger zu finden als unter Frauen. Kennzeichen des Narzissmus beispielsweise sind Dominanz, Anspruchshaltung und ein grandioses Selbstbild. Studien zeigen, dass Narzissmus in allen Kulturen bei Männern häufiger vertreten ist als bei Frauen. Es scheint, als seien diese Züge im kurzfristigen Paarungsprozess für die Männer von Vorteil. Sie beinhalten die «Bereitschaft und Fähigkeit, mit dem eigenen Geschlecht zu konkurrieren und Partner(innen) kurz nach dem Geschlechtsverkehr wieder abzustoßen». Dazu passend verfügen Narzissten über ein ausgeprägtes Geschick, neue Partnerschaften einzugehen und «vielfältige Paarungsmöglichkeiten» zu erschnüffeln. Sie leben also eher nicht monogam. Forscher der Universität Durham ermittelten in einer Studie, dass Frauen tatsächlich diese «finsteren Typen» zu bevorzugen schienen. Aber «nature» ist eben nicht alles.

Da ist auch der «nurture»-Part in uns. Die Art, wie wir erzogen werden. Welche Männer uns als erfolgreich verkauft werden. Als tolle Kerle. Welcher Eindruck in uns erweckt wird, was Männer zu tollen Kerlen macht. Begehrenswert. Liebenswert. Zu einem «guten Fang». Auch hier werden Frauen früh zu etwas ermutigt, das ihnen später zum Vorwurf gemacht wird: zu der Wahl des falschen, weil gegenüber Frauen respektlosen Mannes.

Ich war schon zwölf, als ich endlich so richtig begriff, dass der Mann, der in mein Leben getreten war, als ich vier oder fünf Jahre alt war, und den ich bis dahin für meinen Vater gehalten hatte, nicht mein Vater war. Es war eines der Dinge, über die meine Eltern nie sprachen. Dieser Vater war eines Tages vom Himmel gefallen. Wie, warum und wo er vorher gewesen war, das war kein Thema. Und ich war erst zu jung gewesen, später zu furchtsam, um danach zu fragen. Ich tat also das, was am leichtesten war: Ich vergaß. Ich vergaß, dass es eine Zeit vor ihm gegeben hatte. Dass ich ein Leben gelebt hatte, vaterlos, bevor er vom Himmel fiel und mein Vater war. Bis mich eines Tages, im Schulbus, die Cousine aufklärte. «Dein Vater ist gar nicht dein Vater. Dein wirklicher Vater ist abgehauen. Er hat dich nicht *gewollt*.»

Meine Mutter sagte es später genauso: *«Der hat dich nicht gewollt!»* Mehr hatte sie über den Mann nicht zu sagen. Dass ich nicht die Einzige war, die er nicht gewollt hatte, war kein Thema. Vielleicht, wenn sie gelacht und gesagt hätte: «Ach, weißt du, dieser selbstverliebte Scheißkerl interessierte sich für niemanden als sich selbst!», hätte ich mich nicht so danach gesehnt, von ihm gewollt zu werden. So aber fragte und suchte ich überall nach meinem Vater. Ich fragte Tanten. Patentanten. Ich fand ein paar Kroaten, die ihn gekannt hatten und aus seinem Dorf mit nach Deutschland gekommen waren. Da war er schon tot. Sie sagten alle das Gleiche: «Dein Vater war ein so schöner Mann!» – «Dein Vater war ein so kluger Mann!» – «Dein Vater erzählte und lachte wie kein anderer. Er wickelte alle um den Finger. Die Frauen liebten ihn! Und er liebte die Frauen!» Ich war stolz, die Tochter dieses großartigen Scheißkerls zu sein – dass er mich nicht wollte, konnte nur an mir selbst gelegen haben.

Meine Halbschwester, die mit diesem tollen Kerl aufgewachsen war, sagte zu mir: «Weißt du, ich glaube, meine Männerwahl hat auch mit unserem Vater zu tun.» Sie hatte darin keine so ganz glückliche Hand. «Ich glaube, meine auch», sagte ich. Sie begann zu lachen. Und wie. Sie japste, Tränen rannen ihr über die Wangen. Sie hörte gar nicht mehr auf. Als sie wieder Luft bekam, prustete sie: «Ich habe einem Arbeitskollegen unsere Geschichte erzählt. Weißt du, was er gesagt hat? *Dein. Vater. War. Scheiße!*» Und dann lachten wir beide wie die Berserker. «Glaubst du, er wäre glücklich, uns hier so zusammen zu sehen?», fragte ich. «Nein!», brüllte sie. *«Auf keinen Fall!»* Und wir lachten wieder los.

Der Casanova «verfällt» nicht den Frauen, weil er sie *alle liebt*, wie er gern behauptet. Er ist auch nicht «sexsüchtig». Wenn er etwas liebt und nach etwas süchtig ist, dann ist das die Macht, die er mit seiner chronischen Untreue über die Frauen hat. Er kontrolliert seine Partnerinnen mit ihrer Angst vor dem nächsten Seitensprung, mit der (unerfüllbaren) Forderung, dass sie einfach nur besser sein müssen als die anderen Frauen. Dann können sie sich seine Treue und ihn sichern. Er stilisiert sich, wie andere ‹Bad Boys› auch, als den ersten Preis in einem aussichtslosen Rennen, den nur die beste, weil verständnisvollste, aufopferungsvollste, liebevollste Frau gewinnt.

Im März 2014, fünf Jahre nachdem Clare Wood, 36, in Manchester von ihrem ehemaligen Partner ermordet und verbrannt worden war, führte die britische Regierung «Clare's Law» ein, offiziell: Domestic Violence Disclosure Scheme (DVDS). Eine Offenbarungsmaßnahme bei häuslicher Gewalt. Nach Clare's Law können Frauen in England und Wales, die ihren (neuen) Partner als bedrohlich empfinden, bei der Polizei Akteneinsicht in mögliche frühere Anzeigen und Verurteilungen gegen ihn wegen häuslicher und/oder sexueller Gewalt, Belästigung und anderer Übergriffe verlangen. Gleiches gilt für Familie und Freunde einer betroffenen Frau. Und für Männer, die ihre Partnerin als bedrohlich erleben. Auch die Polizei kann von sich aus an Frauen (und Männer) herantreten, die sie als akut gefährdet erlebt, und ihnen anbieten, sie über frühere Gewalttätigkeiten des Partners zu informieren. Aber offizielle Zahlen zeigen, dass das Gesetz nur wenig in Anspruch genommen wird; In letzter Instanz lehnten viele Frauen ab, über die Vergangenheit ihres Partners informiert zu werden. Sie sind der Meinung, die gehe niemanden etwas an. Sie fürchten die Einmischung der Behörden, maßgeblich, wenn sie Kinder haben. Und sie glauben, immer wieder, schon alles aus «erster Hand», von ihm, zu wissen. Und dass die Gewalttätigkeit ihres Partners sie nicht treffen werde. «Ich war nicht wie seine früheren Frauen», sagte eine der von der BBC befragten Frauen. Sie war nicht, wie er ihr seine früheren Frauen geschildert hatte. Sie trank nicht. Sie war nicht streitsüchtig. «Ich dachte, wenn ich ihm keinen Grund gebe, mir etwas zu tun, kann mir nichts passieren. Rückblickend war das wohl etwas naiv.» Ihr Partner schlug ihren Kopf in eine Fensterscheibe, schlitzte ihr den Nacken mit einer Maurerkelle auf. Er schlug sie mit Fäusten, hieb mit Hämmern auf sie ein und drohte, sie und ihre Familie zu ermorden. Als sie nach seiner Verurteilung die ihr von der Polizei angebotene Akteneinsicht annahm, fiel ihr «das Kinn auf den Boden». Er hatte ihr nicht auch nur annähernd die Wahrheit über seine früheren Partnerinnen und Beziehungen gesagt.

Im Januar laufe ich P. erstmals wieder über den Weg. Es ist kurz nach Neujahr, fast genau ein Jahr her, dass er mich das erste Mal blau und blutig gehauen hat. Das sollte mir ein Omen sein, aber er ist ein neuer Mann. Gut gelaunt. Aufgedreht. Lustig. Er zwinkert, als er mich sieht. In der Disco, in der wir uns bei unserem ersten Anlauf schon getroffen haben. Neben ihm steht eine andere. Sie ist nicht so schön wie ich. Sie ist nicht so klug wie ich. Sie ist nicht so unterhaltsam wie ich. Sie ist eine dröge, dämliche Kuh, die keinen P. verdient. Das sehe ich auf Anhieb. Als ich auf die Damentoilette gehe, kommt er mir nach. Er folgt mir in den Vorraum und drückt mich schnaufend an die Wand, wie in einem schlechten Liebesfilm. «Mann, ich habe dich gesucht!», ächzt er. «Ü-ber-all! Wo warst du?» – «Hier», sage ich kalt. So leicht bin ich nicht mehr zu haben.

Ich bin nicht mehr das kleine Mädchen. Ich bin 17, fast 18. So gut wie erwachsen. Ich war mit meiner Freundin im Urlaub in Jugoslawien, allein ohne Eltern und weiter von zu Hause weg, als meine Eltern es jemals waren. Ich habe einen Ausbildungsplatz in meinem Traumberuf als Kinderkrankenschwester. In Minden, Westfalen. Auch das ist weit weg. 100 Kilometer. Ich fange im April dort an und werde im Schwesternheim wohnen. Damit ich bis dahin nicht unnütz herumhocke und auch, weil es für die Ausbildung Pflicht ist, mache ich ein sechsmonatiges Praktikum in unserem heimischen Krankenhaus. Eine Sieben-Tage-, dann eine Fünf-Tage-Schicht, alle zwei Wochen im Wechsel. Auf der Entbindungsstation. Unbezahlt. Ich kann von Glück sagen, dass die mich auf Anhieb genommen haben, sagen meine Eltern. Nicht jeder kriegt gleich einen Praktikumsplatz. Schon gar nicht mit meiner Geschichte.

Ich habe mittlerweile nämlich schon zwei Arbeitsstellen in den Sack gehauen. Erst einen Ausbildungsplatz bei unserem Familienzahnarzt. Da konnte ich auch von Glück sagen, dass der mich genommen hatte. Aber was fällt mir ein: Als er mir in der Praxis auf den Arsch haut, wie er das mit seinen Ausbildungsmädels nun mal so macht, haue ich zurück. Mit voller Wucht, auf seine Hand. Es war natürlich nur ein Reflex, aber er schickte mich trotzdem auf der Stelle nach Hause. Ich durfte nicht wiederkommen. «Muss ich mich schon wieder für dich schämen!», hat meine Mutter gesagt. Und sich beim Zahnarzt an meiner Stelle entschuldigt. Er hat ihr glaubhaft versichert, dass sie nichts für meine Frechheit kann. Aber sie hat sich trotzdem einen neuen Zahnarzt gesucht. Nach zwanzig Jahren als Kundin in derselben Praxis! So peinlich war ihr mein Auftritt.

Der zweite Job war ein Praktikumsplatz in einer Hotelküche im Solling, auch unbezahlt. Dafür durfte ich während der Woche in dem Hotel wohnen. In einem Zimmer mit dem Serviermädchen und heller Blümchentapete. Mein Job war es, die Spülmaschine ein- und auszuräumen. Und dann das saubere Geschirr und Besteck in die Schränke. Das war schon alles. In den Freistunden nahmen der Koch und der Chef mich manchmal mit auf die Jagd. Das machte die langen Stunden, die ich in ihrer Küche stand, beinahe wett. Aber es sollte nicht sein. Eines Morgens, ich hatte frei und war bei meinen Eltern, rief die Chefin an und sagte, ich solle meine Siebensachen abholen. Und zwar sofort! Ohne Angabe von Gründen. Den Hotelkoch machte das noch wütender als meine Mutter. Ihn: auf die Hotelchefin. Meine Mutter: auf mich. Der Koch sagte: «Die faselte was, dass sich das Serviermädchen beschwert habe, weil euer Zimmer immer nach Knoblauch stinkt.» Der Koch lachte hart. «Schwachsinn!», brüllte er. «Die will dich aus dem Haus haben, weil du mit ihrem Alten auf Jagd gehst. Die denkt, da läuft was zwischen euch!» Der Chef war Anfang 30, er sah aus wie 50. Ein kurzbeiniger, dicker Mann mit Schnauzer. Im Lodenanzug und mit Tirolerhut. Ich konnte mir nicht vorstellen, wie ich Interesse an ihm hätte haben sollen. Oder er an mir. Vielleicht fand seine Frau das selbst ein bisschen lächerlich, und darum konnte sie es nicht sagen.

Mit dem Ausbildungsplatz in Minden habe ich jetzt dann doch noch eine Aussicht auf Zukunft. Dass sie sich nicht wie meine anfühlt, tut hier nichts zur Sache. Das ist nun mal so, wenn das Leben beginnt. Das geht allen so. Da muss man durch. Das sagen nicht nur meine Eltern.

Ich glaube, ich habe sogar einen Freund. Einen cleveren, netten Zweimetermann, der an der Fachhochschule im Ort Architektur studiert. Er wohnt in einer 5er-WG in einem Altbau in der Innenstadt. Stuckverzierte Zimmerdecken und an seiner Wand Marilyn Monroe in Lebensgröße. Kokett, im kleinen Schwarzen. Ich bin gern da, in dem Zimmer. Wir sitzen Arm in Arm auf seinem schicken Oldtimer-Sofa und trinken Sekt aus Gläsern mit langem tiefrotem Stiel. Das ist schön. Ich würde gern leben wie er. Leider ist das nicht drin. «Wer sollte denn so ein Studium bezahlen? Damit du uns noch länger auf der Tasche liegst? Und später heiratest du sowieso!» Das sagen meine Eltern. Und natürlich haben sie recht, denke ich.

Für ein paar Monate lebe ich ein Studentenleben aus zweiter Hand. In der Altbau-WG, auf dem Oldtimer-Sofa und in der Hand die rotstieligen Sektgläser meines So-gut-wie-Freundes. Mit dem Sex haben wir es versucht, es ist nicht so unser Ding. Jedenfalls nicht miteinander. Aber das macht nichts. Einmal sage ich mitten in so einem Versuch: «Kann ich mir den Erdbeerjoghurt aus deinem Kühlschrank nehmen?» Es ist die höfliche Art, aufzugeben. «Klar», sagt er, ziemlich froh. Wir sind heute noch Freunde. Er ist Pate meiner ältesten Tochter – «Paten*tunte*», sagt er. Er erzählte es mir, als wir uns erstmals wiedertrafen, drei oder vier Jahre nachdem wir es nicht mehr miteinander versuchten. Und ich zurück zu P. gegangen war.

«Guck, mit was ich mich abgeben muss, weil du mich verlassen hast», sagt P. in der Damentoilette. Ich zwischen seinem bebenden Körper und der kalten Wand. Er lacht. «Hast du sie gesehen? Sie langweilt mich zu Tode! Wie werde ich die jetzt los?» Er versucht einen Kuss, aber ich drehe den Kopf zur Seite. Dass ich ihn verlassen habe, nicht er mich, lasse ich mal so stehen. Es gefällt mir. Besser als die wahre Version. «Ich muss gehen», sagt er und schnalzt, indem er den Mundwinkel verwegen nach oben zieht. «Sie wird sicher schon wahnsinnig da draußen.» Und das ist wahr. Ich kann es sehen, als ich aus dem Vorraum komme, ein paar Anstandsminuten nach ihm. Er steht wieder neben ihr, an der Tanzfläche, und sie starrt zu mir herüber, mit einem Blick, dass ich weiß: Wenn sie könnte, würde sie mich ermorden. Hier und jetzt. Auf der Stelle. Sie beugt sich zu P. und schreit Unhörbares in sein Ohr. Derweil starrt er ungerührt zu mir herüber. Ich grinse. P. zwinkert. Der erste Preis ist mir so gut wie sicher.

In der Nacht klackert etwas gegen mein Kinderzimmer-Fenster

im Erdgeschoss, in der Drei-Zimmer-Wohnung meiner Eltern. Hier wohne ich wieder, seit er mich am Boden zerstört liegen gelassen hat und davonspaziert ist. Mit Siebenmeilenstiefeln, direkt über meinen leblosen Körper. Meine Eltern schlafen im Zimmer nebenan. Klack. Klack. Klack-klack. Draußen steht P. und wirft Steinchen. Ich muss lachen. Romeo, denke ich. Er sieht so jungenhaft aus. Verschmitzt. Verbrecherisch, auf jene liebenswerte Weise. Er gestikuliert wild, dass ich das Fenster öffnen soll, und das tue ich. Aber ich lasse ihn nicht herein.

«Morgen?», sagt er.

«Vielleicht», sage ich.

«Wo?», fragt er.

«Mal sehen», sage ich.

«Morgen!», sagt er. Und zwinkert.

«Gute Nacht», sage ich.

«Ich rufe dich an. Um sechs, gleich nach der Arbeit. Ganz pünktlich!»

Und das tut er. Ein paar Jahre später, als ich schon mit ihm verheiratet bin und wir ein Kind haben, erzählt mir seine Mutter bei einem Besuch in Liverpool: «Als er damals an Weihnachten zu Hause war, haben wir ihn gefragt, ob er wieder eine Freundin hat.» Nichts Ernstes, habe P. gesagt, keine tollen Frauen da. Dann habe er gezwinkert, mit dem hochgezogenen Mundwinkel geschnalzt und gesagt: «Ich glaube, wenn ich zurück in Deutschland bin, gehe ich wieder mit Antje aus.» Sie erzählte es mir strahlend. Mir wurde flau im Magen, und die Knie gaben mir nach. Es fühlte sich fürchterlich an.

Im Kino sehen wir «Merry Christmas, Mr. Lawrence», einen Kriegsfilm mit David Bowie, Tony Conti und Ryuichi Sakamoto, und ich weiß nicht, welchen von den dreien ich am tollsten finde. Ich glaube, es ist der stille Conti, aber ich bin mir nicht sicher. Sakamoto hat auch die Musik geschrieben, und sie ist großartig.

Nach dem Kino gehen wir Hand in Hand zu mir nach Hause,

schleichen uns in mein Kinderzimmer und haben Sex. Leise, damit meine Eltern im Nachbarzimmer uns nicht hören, und ich glaube, der Sex ist gut. Auf jeden Fall fühlt er sich besser an als früher. Es hat vielleicht damit zu tun, dass er in *meinem* Zimmer stattfindet. In *meinem* Revier. Unter *meinen* Bedingungen. Oder dass es sich wenigstens anfühlt, als sei es so. Egal, was es ist: Ich stehe nicht auf, um mir einen Joghurt zu holen. Am nächsten Morgen löffele ich am Esszimmertisch gegenüber meiner Mutter meine Cornflakes, als sei nichts weiter los und als läge P. nicht unter der Decke in meinem Zimmer. Später schmuggele ich ihn aus der Wohnung und aus dem Haus. Unbemerkt. Wir fühlen uns wie die Piraten. Großartig. Ich weiß, diesmal wird alles gut. Ich kann es fühlen. Und dann versaut P. kurzfristig alles, als er mir bei einem Spaziergang in die Seite kneift und mich zwinkernd fragt: «Und was machen wir jetzt? Sollen wir eine Affäre haben?» Der Zweimetermann hat sein Studium mittlerweile beendet und ist als fertiger Architekt nach Berlin gegangen. Aber da ist noch die andere, zu Tode Langweilige, vor Eifersucht Wahnsinnige. Ich hatte sie schon so gut wie vergessen. Und ich hatte gehofft, P. vergisst sie auch. Ich hatte fest damit gerechnet. Warum muss er sie jetzt, hintenrum, erwähnen?

Ich sage nichts. P. lacht.

Ein paar Wochen spielen wir unser Piratenspiel. Er kommt ganz offiziell zu Besuch. Begrüßt freundlich meine Eltern. Wir trinken Kaffee und essen Kuchen, dann gehen wir in mein Zimmer. Spät am Abend verabschiedet er sich. Er schiebt seinen Kopf durch den Türspalt ins Wohnzimmer: «Auf Wiedersehen!», ruft er. «Auf Wiedersehen, P.», brummen meine Eltern. Ich begleite ihn lautstark aus der Tür. Und dann schleichen wir gemeinsam auf Zehenspitzen wieder rein in mein Zimmer. An den Wochenenden bleibt er die ganze Nacht. Wenn ich sonntags morgens auf der Entbindungsstation arbeiten muss, harrt er aus, bis ich wiederkomme. Mucksmäuschenstill. Meine Eltern haben keinen blassen Schimmer. Nur einmal kommt meine Mutter rein. Mit dem Staubsauger. Aber P. hat zum Glück rechtzeitig die Gefahr gerochen und sich in Windeseile unter mein Bett gerollt. Meine Mutter schiebt gleich neben ihm, auf seiner Nasenhöhe, ihren Staubsauger hin und her. Stundenlang. So fühlt es sich für ihn an. Als sie endlich mit Saugen fertig und auf dem Weg aus dem Zimmer ist und P. schon aufatmen will, da unter meinem Bett, dreht sie sich in der Tür um und sagt: «P., das nächste Mal musst du die Füße mit unters Bett ziehen, wenn ich dich da unten nicht sehen soll.» Dann geht sie raus. P. sagt nichts.

Später nur zu mir: «Deine Mutter ist cool.» Und ich bin stolz.

Von der anderen ist jetzt Gott sei Dank keine Rede mehr. Ich weiß nicht, was aus ihr geworden ist. Muss ich auch nicht groß wissen. P. hat nur gesagt: «Sie hat geheult.» P. führt sich auf wie ein wahrhaft erster Preis. Gut gelaunt. Witzig. Er schlägt mich kein einziges Mal.

Ich weiß nicht, wer von uns beiden zuerst auf den Kindertick kommt. Vielleicht liegt es daran, dass ich täglich acht Stunden auf der Entbindungsstation verbringe. Vielleicht ist mir all das Kinderkriegen dort rund um die Uhr und dieses unfassbare Glück, das meistens mit ihm verbunden ist, zu Kopf gestiegen. Vielleicht liegt es auch daran, dass meine Mutter gerade schwanger ist. Mit 36 und nach zwölf Jahren Ehe kriegt sie endlich ein Kind von dem Mann, den sie liebt! Die späte Schwangerschaft ist eine Art seliger Unfall. Seit ich herausgefunden habe, dass mein Vater nicht mein Vater ist, hat sie mir erzählt, dass sie bewusst auf weitere Kinder verzichtet habe. Allein mir zuliebe! «Damit die Leute nicht sagen können, dass ich ein Kind aus meiner Ehe besser behandele als dich!» Sie opferte mir ihr Glück. Das ist ein ganz schöner Brocken. Daran hat man ziemlich zu schleppen. Als diejenige, für die da geopfert wurde. Aber nun ist das Glück da, trotz allem. Sogar trotz Verhütung. Es hätte zu keinem besseren Zeitpunkt passieren können. Geburtstermin ist Anfang März, und vier Wochen darauf bin ich endgültig aus dem Haus, auf dem Weg nach Minden. Ins Schwesternheim. In mein Leben.

Ich habe keinen blassen Schimmer davon, was es bedeutet, ein Kind zu haben. Ich habe keine Vorstellung davon, wie monumental dieser Unterschied ist: zwischen ein Kind *bekommen* und ein Kind *haben*. Und erst recht habe ich keine Vorstellung davon, dass es, wenn's darauf ankommt, nur für eine der beiden Personen, die zusammen ein Kind bekommen, einen riesigen Unterschied macht, das Kind dann auch zu haben. Vor dem Bekommen-Part hat man mich zur Genüge gewarnt: «Pass bloß auf, dass du nicht auch noch ein Kind bekommst!» Sie meinten: *nicht auch noch* zu der Tatsache, dass ich mich ja schon grün und blau schlagen ließ. Das war dämlich genug. Aber P. schlägt mich nicht mehr grün und blau. Er schlägt überhaupt nicht. Er ist der cleverste, lustigste, bestaussehendste, rundum außergewöhnlichste Mann, den ich mir wünschen kann. Und er spricht – wieder mal – vom Kinderkriegen.

«Sollen wir auch ein Kind bekommen?», hat er gesagt, als er hörte, dass meine Mutter schwanger ist. Natürlich war das ein Scherz. Ich fühlte mich trotzdem gut. Geradezu prächtig. Ich fühlte mich gewollt. Wenn ein Mann vom Kinderkriegen spricht, und sei es auch nur im Scherz, dann zeigt das, dass es ihm *ernst* mit dir ist. Und ich arbeite auf der Entbindungsstation und kann jeden Tag mit eigenen Augen sehen, wie weltbewegend das Kinderkriegen für Paare ist. Wie glücklich es sie macht. *Noch glücklicher.* Vom Kinderhaben bekomme ich auf der Entbindungsstation nichts mit.

Meine Mutter schluchzt auf, als ich ihr sage, dass ich schwanger bin. Sie schluchzt ins Telefon, denn sie liegt gerade auf der Entbindungsstation mit ihrem frischen Kind. Und ich stehe in der Telefonzelle, die Straße runter von unserer Wohnung, als ich ihr diese Mitteilung mache. Das Telefon bei uns zu Hause ist noch immer nur für meine Eltern da. Für mich nur im Notfall. «Auch das noch», schluchzt meine Mutter. «Wie kannst du mir das nur antun!» Ich weiß es nicht. Ich will nur allein über meine Zukunft entscheiden. Ich will mir nicht länger von ihr reinquatschen lassen. Ich will nicht, dass sie mit ihrem Schluchzen mein gutes Gefühl zerstört. Das, was nach dem positiven Schwangerschaftstest vom meinem guten Gefühl übrig ist. Und das ist nicht viel. Hauptsächlich fühle ich Angst. Aber das kann und werde ich nicht sagen. Denn ich weiß, was sie erwidern wird: «Selbst schuld! Habe ich dich nicht tausendmal gewarnt!» Das hat sie. Darum ist jede weitere Unterhaltung sinnlos, und ich lege auf.

P. sagt: «Wow! Jetzt brauche ich erst mal einen Schnaps! Haben deine Eltern Whiskey im Haus?» Ich schiebe die Flaschen in der Hausbar hin und her und lese die Label, da ist nur Cognac. «Tut's auch», sagt P. «Irgendetwas, zur Beruhigung.» Das ist das Leben. Genau wie im Film. Phantastisch! Ich schenke uns beiden einen Cognac ein. «Spinnst du!», sagt P. mit einer so warmen Stimme, wie ich sie nie zuvor an ihm gehört habe. «Du bist schwanger. Du trägst mein Kind in dir! Kein Alkohol für dich, gib her.» Er trinkt beide Cognacs, auf ex, und mein Glückseligkeitsgefühl kehrt zurück. Wir beide! Gehören zusammen.

Meine Mutter ist mit ihrem Baby zurück. Es ist ein Junge! Und trotz ihres Alters und ihrer Sorgen ist er ganz gesund. Ich weiß schon: Wenn ich nicht wäre, wäre ihr Glück perfekt. Früher habe ich mir brennend eine Schwester oder einen Bruder gewünscht. Ich quälte sie mit diesem Wunsch. Ich glaube, vor allem wünschte ich mir, nicht mehr allein zu sein. Als Kind, gegenüber diesen beiden. Und jetzt bringe ich schon wieder ihr Glück ins Wackeln. Denn ich gucke das Baby, dieses verflixte Glückskind nicht an. Was bin ich nur für ein Mensch. Ich schäme mich, aber ich kann nicht anders.

Als erste Handlung nach ihrer Rückkehr kommt meine streng katholisch erzogene, schwer gläubige Mutter zu mir in mein Kinderzimmer und sagt: «Ich fahre dich in die nächste Stadt. Die machen das weg. Da muss hier gar keiner erst etwas von erfahren.» Ich lache und sage: «Aha! Wenn's um dich und deinen Ruf geht, dann ist Abtreibung plötzlich okay?» Sie schluchzt wieder auf.

Diesmal vor Zorn. «Ich habe gleich gewusst, dass du mir so etwas an den Kopf schmeißen wirst! Du bist echt das Letzte!» Meine Kinderzimmertür fliegt hinter ihr ins Schloss, und das war's zu dem Thema. Das Baby gucke ich über die nächsten Wochen, meinen letzten in dieser Familie, nur heimlich an. Wenn keiner hinguckt, schiebe ich meinen Daumen in seine unglaublich kleine Hand und streichle mit dem Zeigefinger über die weiche Haut. Ich denke: Ich kann gar nicht abwarten, mein eigenes Kind im Arm zu halten. Und ich habe schreckliche Angst.

Wem soll ich von diesen Gefühlen, die mich fressen, erzählen?

Die Schwierigkeit, gutes Eis von Billigware zu unterscheiden

Natürlich haue ich diesen Ausbildungsplatz, meinen dritten, nicht in den Sack. Natürlich gehe ich nach Minden, wie für mich geplant. Natürlich werde ich in der Kinderkrankenpflegeschule dort sagen müssen, dass ich schwanger bin. Und zwar möglichst bald. Ich werde um Verzeihung für meine Doofheit bitten müssen. Dafür, dass ich auch das Vertrauen dieser Menschen in mich enttäuscht habe. Vor allem werde ich sie bitten müssen, mich *trotzdem* zu nehmen.

P. und ich suchen eine Wohnung. Eine zu finden, ist gar nicht leicht. Für einen so offenkundigen Ausländer und seine sehr junge Partnerin. Unverheiratet. Es ist 1984. Na ja, als ich 2013 ein Haus zu mieten suchte, alleinerziehend, vier Kinder, eines davon meine Enkelin, und ich ohne feste Arbeit, war's auch kein Spaziergang im Park. Ein potenzieller Vermieter fragte, ob ich für ihn mitkochen und bei ihm aufräumen könne. Er wohnte praktischerweise gleich nebenan. Ein anderer forschte besorgt: «Sind Sie eine anständige Frau?» Wie soll man solchen und anderen dauerhaften Dämlichkeiten und Dreistigkeiten begegnen? Mit Witz? Wut? Oder gar nicht? *Die Klügere gibt nach.* Wer das probiert hat, weiß: Es hilft nicht. Im Gegenteil. Es nützt einzig den Doofen. Dem Vermieter hätte ich gern gesagt, dass ich plante, in seinem Haus ein Bordell zu eröffnen, beschränkte mich aber dann zu fragen, ob er sie noch alle beisammenhätte. Ich wollte eh nicht mehr seine Mieterin sein.

In Minden finden P. und ich schließlich drei Zimmer im dritten Stock eines Altbaus. Ohne Heizung. Aber mit Kohleofen – in dem ersten der drei hintereinanderliegenden Zimmer. «Muss man die Türen auflassen», sagt der Vermieter. «Dann wird es auch in den anderen Zimmern warm.» Küche und eine Art Bad liegen auf der anderen Seite des Korridors, den wir uns mit einer griechischen Familie teilen. «Das ist ja ein ziemliches Loch», sagen meine Eltern. Und es ist nicht mal billig. 450 Mark im Monat für ein Zimmer, das man heizen kann, und zwei, bei denen man die Tür auflassen und auf das Beste hoffen muss. «Da habt ihr euch ganz schön verarschen lassen.» Wieder mal. Haha. Es ist zwar wichtig, dass ich lerne, auf eigenen Füßen zu stehen, und schön, dass ich endlich aus dem Haus bin. Aber es ist mindestens ebenso wichtig, mich wissenzulassen, dass ich es niemals wieder so gut haben würde wie bei ihnen.

Am ersten Tag in der Kinderkrankenpflegeschule fühle ich mich ein bisschen verloren. Irgendwie fremd. Aber da muss man eben durch. Man muss nicht immer gleich alles in den Sack hauen. Erst recht nicht nur wegen eines Gefühls. Wenn ich es zu etwas bringen will, im Leben, in der Liebe, muss ich meine Gefühle beiseiteschieben. Die junge Frau, die an der Schule Beschäftigungs-Therapie lehrt und die ich gern mag, wird später lachen und sagen: «Du liebe Zeit, als ich das erste Mal in das Klassenzimmer kam, dachte ich, mich trifft der Schlag. Wie du da saßt, unter unseren normalen Schülerinnen. Wie ein Alien. Ich habe gedacht: Von welchem Planeten ist die denn hier reingefallen.»

Ich mag auch die dicke, blonde Schulleiterin, die immer eine Packung Kekse auf ihrem Schreibtisch liegen hat. «Der einzige Mann in Brittas Leben ist der Prinz auf der Prinzenrolle», feixen die älteren Schülerinnen. Ich lache mit. Aber ich denke: So übel ist Britta nicht dran. Obwohl ich im Moment keinen Grund habe, ihr das Singleleben zu neiden. P. ist so gut wie zauberhaft. Nach meinem ersten Schultag wartet er vor dem Schulgebäude mit Blumen auf mich. «Mein Gott!», rufe ich und ziehe ein besorgtes

Gesicht. «Sehe ich so schlecht aus?» P. ist ratlos. «Du hast mal gesagt, du bringst jemandem nur Blumen zu seiner Beerdigung mit», sage ich. Wir lachen. Noch können wir Witze machen. Ich meine: Noch kann *ich* Witze machen. Später wird ein Scherz wie dieser zu jenen Dingen gehören, über die die Leute sagen: «Na ja, sie hat aber auch immer an ihm herumgemeckert. Sie hat sich über ihn lustig gemacht. Sie hat ihn ständig auf irgendeine Art provoziert.» Was diese Leute nicht wissen, ist, dass es Tage geben wird, an denen P. bereit ist, über einen Scherz wie diesen zu lachen. Und Tage, an denen er dafür zuschlägt. Manchmal ist die Entscheidung nicht einmal von der Tagesform abhängig. Manchmal ist es nur eine Frage der richtigen oder, eben, der falschen Stunde.

Schade, dass ich es mir mit der dicken Prinzenrolle-Liebhaberin schon bald verderben muss. Aber erst mal suche ich mir in der fremden Stadt einen Frauenarzt. Irgendeinen. Aus dem Telefonbuch. «Aha», sagt er mit Blick in meine frisch angelegte Patientenakte. «Wir haben Scheiße gebaut.» Er macht Notizen. «Ich lasse Ihnen gleich einen Termin machen. Wollen wir hoffen, dass es noch nicht zu spät ist.» – «Was für einen Termin?», frage ich. Er schaut auf und sieht mich tatsächlich an. «Na, Mädchen», sagt er. «Sie wollen es doch nicht etwa bekommen?» Mein Herz krampft sich zusammen. Mir stockt der Atem. Meine Beine sind plötzlich weich und nachgiebig, ich könnte nicht aufstehen und gehen. Selbst, wenn ich wollte.

«Sagen Sie meiner Sprechstundenhilfe Bescheid. Die wird sich kümmern», sagt der Doktor, der schon wieder den Blick gesenkt hat und Notizen macht. Damit bin ich entlassen. Im Vorzimmer mache ich mit der stirnrunzelnden Sprechstundenhilfe artig einen neuen Termin aus, und dann laufe ich. Zwanzig, dreißig Minuten, fast den ganzen Weg bis nach Hause. Oder was jetzt «zu Hause» ist. In der Straße vor unserem Altbau angekommen, nehme ich all meinen Mut zusammen, betrete eine Telefonzelle, wähle die Nummer der Frauenarztpraxis, sage mit zittriger Stimme meinen

Namen in den Hörer und dann: «Den nächsten Termin können Sie streichen! Und schönen Gruß an den Doktor: Selbstverständlich will ich mein Kind bekommen!» «Ach so», sagt die Sprechstundenhilfe verblüfft. «Ja», sage ich. «So.» Und bevor sie noch etwas sagen kann, lege ich auf, trete aus der Telefonzelle auf die Straße und fühle mich großartig. Als sei ich die Herrin über mein Leben.

Aber dann heule ich doch, als ich der Prinzenrolle-Frau gegenübersitze und mit der Sprache beziehungsweise mit meiner Schwangerschaft rausrücken muss. Ich kann nach dem ersten Bekennersatz nicht weitersprechen, so schluchze ich. Die Prinzenrolle-Frau ist ganz erschrocken. «Aber, aber, meine Liebe!», ruft sie. «Das ist doch gar nicht schlimm. Im Gegenteil, das ist wunderschön!» Das Kinderkriegen meint sie. «Wenn die Leute keine Kinder bekämen, wären wir Kinderkrankenschwestern doch arbeitslos.» Sie reicht mir ein paar Papier-Taschentücher über den Tisch und einen Keks. Ich schniefe und nicke. Und ich sage nicht, dass es ja nicht unbedingt ich sein muss, die hier für den Kindernachschub sorgt und so den Laden am Laufen hält. «Natürlich finden wir eine Lösung», sagt sie. «Sie fangen erst mal an, beziehungsweise machen hier weiter, und dann werden Sie ganz normal in den Mutterschutz gehen, kriegen Ihr Kindchen – und kommen zurück.» Im kommenden Jahr werde ich dann natürlich von vorn anfangen müssen. Mit dem neuen Kinderkrankenschwesternkurs. «Aber das macht nichts. Sie sind ja noch so jung!» Eben. Über die kommenden drei Monate renne ich jeden Morgen aus unserem Schlafzimmer über den Korridor an den staunenden Griechen vorbei direkt ins Bad und falle vor der Kloschüssel auf die Knie. Mir ist schon gleich nach dem Aufwachen schlecht, und der Geruch nach kaltem Lammfett auf unserer von mediterraner Küche dominierten Etage tut das Seine dazu. Manchmal schaffe ich es nicht rechtzeitig ins Bad. Das tut mir für die Griechen leid. Nach dem Kotzen gehe ich zur Schule. Die ersten vier Wochen haben wir Blockunterricht, danach arbeiten wir vier Wochen auf der Station. Mich setzen sie bei den Frühgeborenen ein. Da muss ich nicht schwer heben, und ich kann mir ein Bild davon machen, was bei der Schwangerschaft und Geburt alles schiefgehen kann. Es ist eine Menge. P. sucht nach Arbeit und einem neuen Fußballverein, er findet fürs Erste nichts. Ich denke, wenigstens das mit der Arbeit ist nicht so schlimm. Mein Schülerinnengehalt reicht für uns zwei. Und später muss eh einer auf das Kind aufpassen. Wenn ich zurück in die Schule und wieder von vorne anfangen muss. «Großartig», sagt P. «Wohnung putzen und Hintern abwischen, was für ein Leben für einen Mann.» Und ich kann nicht sagen, ob er noch scherzt oder es schon ernst meint. Ich weiß nur, dass ich aufpassen muss, dass er es nicht *irgendwann* ernst meint. Dass er nicht unzufrieden wird. Etwas in mir hat, all meinen Anstrengungen und unserem momentanen Glück zum Trotz, nicht vergessen, wie das ist, wenn P. unzufrieden ist. Etwas in mir erinnert sich, wie schmerzhaft das sein kann. Darum denke ich: Vielleicht ist es doch besser, er findet etwas. Allem voran eine Arbeit. Und natürlich: einen Fußballverein. Freunde. Ein Leben.

Komisch. Denn offenbar habe ich doch etwas vergessen. Nämlich, dass er damals, als er das alles hatte – eine Arbeit, den Fußballverein, seine Freunde, ein Leben –, *trotzdem* zugeschlagen hat. Damals war es etwas anderes, das ihn unzufrieden machte. Denn das ist die Regel: Etwas ist immer. Und was es auch ist: Ich bin schuld.

Aber noch ist es nicht so weit. Noch sind wir «glücklich». Das ist meine Definition für: «P. schlägt nicht». Später wird es meine Definition dafür sein, dass mein zweiter Mann mich (über die ersten zwölf Jahre) nicht schlägt. Der walisische Psychologe, in dessen Dachstube ich über sechs Jahre saß, erklärte es so: «Wenn Sie noch niemals in Ihrem Leben Eis gegessen haben, und ich gebe Ihnen die allerbilligste Sorte, dann stehen die Chancen nicht schlecht, es ist sogar höchst wahrscheinlich, dass Sie dieses Billigeis köstlich finden. Erst wenn Sie ein paar wirklich gute Eissorten probiert haben, werden Sie erkennen können, wie billig dieses Eis schmeckt.» Manchmal frage ich mich, wie viele von uns jemals in den Genuss eines wirklich guten Eises kommen. «Wollt ihr eigentlich heiraten?», fragt meine Mutter.

Ich bin im fünften Monat und überrascht. Ans Heiraten habe ich nicht gedacht. Ich würde noch immer gern nicht daran denken müssen. Ich glaube nicht, dass ich heiraten will. Ich bin mir sogar ziemlich sicher. Darum verstehe ich das Unbehagen und die Rastlosigkeit nicht, die mich jetzt bei der Frage befällt. Vielleicht will ich doch heiraten und habe es nur nicht gewusst? Oder ich habe mich nicht getraut, es mir bewusst zu machen? Ich bin zu jung und zu verletzlich, um zu erkennen: Zwischen dem Wunsch zu heiraten und der Not, geheiratet werden wollen zu müssen, liegen Welten.

«Solange ihr nicht verheiratet seid, hast du keine Rechte», sagt meine Mutter. «Dann kann er einfach so abhauen, und du sitzt mit dem Kind allein da und siehst nie einen Pfennig.» Ihr war es so gegangen. Dass eine Ehe keine Garantie gegen Abhauen und Nichtzahlen ist, konnte sie nicht wissen.

Auch ordentlich verheiratet gewesene Frauen sitzen zunehmend «mit dem Kind allein da»: Nach einer Studie des Deutschen Wirtschaftsinstitutes zahlt jeder zweite getrennt lebende oder geschiedene Vater in Deutschland nichts. 25 Prozent zahlen nur einen Teil des Unterhaltes. Gerade mal jeder vierte zahlt den vollen Betrag. Immer mehr Väter entziehen sich ihren Pflichten und verweigern im gleichen Zug ihren Kindern und Expartnerinnen ein Grundrecht – denn das ist das Recht auf Nahrung, Unterkunft, Kleidung, Bildung. Und immer häufiger tun sie es mit der Billigung und/oder der Unterstützung deutscher Jugendämter, Anwälte und Richter, die den Vätern (beispielsweise über das auf Väterdruck eingeführte «Wechselmodell») umfängliche Bestimmungsrechte über die Kinder und in der Folge über deren Mütter einräumen. Ohne sie in die Pflicht zu nehmen. Und auch sonst ungeachtet dessen, ob der Vater ein *guter* Vater ist. Oder ob er beispielsweise gewalttätig ist.

Studien, warum Männer sich ihren Pflichten in diesem und immer größerem Ausmaß entziehen, liegen nach Angaben der Bundesregierung nicht vor. Einer der Hauptgründe mag ein simpler sein: Sie entziehen sich, weil sie sich entziehen können. Der deutsche Gesetzgeber erklärt sich gegenüber den nicht oder nur Kleckerbeträge zahlenden Vätern machtlos. Anderswo geht es anders: Großbritannien entzieht nicht zahlenden oder nicht voll zahlenden Vätern den Führerschein. Oder kann ersatzweise verhindern, dass sie einen Führerschein bekommen. Nichtzahlern drohen darüber hinaus sechs Monate Haft. In einigen Provinzen Kanadas handhabt man es ähnlich. Zudem werden Nichtzahler – Mütter wie Väter – landesweit auf einer Webpage geoutet, mit Angabe ihres vollen Namens und der Adresse. Sobald der Elternteil sich besonnen und die Zahlungen aufgenommen hat, wird der Eintrag gelöscht. Die Internetseite trägt den Titel «goodparentspay.com». Gute Eltern zahlen. Wenn mich, was häufig vorkam, nach meiner zweiten Scheidung jemand fragte: «Aber vom fehlenden Unterhalt mal abgesehen, *liebt* er denn seine Kinder und bemüht sich um sie?», gab ich zurück: «Wie kann man denn zeigen, dass man seine Kinder liebt, wenn einem offenbar egal ist, ob sie genug zu essen und zu trinken, Kleidung, ein sicheres Dach über dem Kopf haben und ob sie eine Ausbildung bekommen?» Das verschreckte die Fragenden meist. Sie fanden es (und mich) «zu hart». Sie sagten in ungehaltenem Tonfall ungehaltene Sätze wie: «Du darfst nicht nur materiell denken!» So, als weigerten sich zahlungsunwillige Väter, ihren Kindern ein iPhone oder einen Porsche zu kaufen. Hier aber ging und geht es einzig darum, dass Väter sich weigern, die *Grundbedürfnisse* ihrer Kinder zu erfüllen. Und dass sie ihnen damit ein Menschenrecht absprechen.

Gute Väter prügeln auch die Mütter ihrer Kinder – und andere Frauen – nicht. Sie dominieren und kontrollieren nicht. Weder Frauen noch Kinder.

Aber, ach, ich bin 18, im fünften Monat schwanger, leicht zu erschrecken, und dass der Gesetzgeber sich nicht gerade ein Bein ausreißt, um die Rechte von Frauen und Kindern zu schützen, verheiratet oder nicht, ehelich oder nicht, kann und will ich noch nicht wissen.

P. kauft eine Zugfahrkarte nach Hause. Nach Liverpool, ohne Rückfahrt. Den Anlass erinnere ich nicht mehr. Sie steckt eines Morgens in seiner Jackentasche, gerade so tief, dass man sie noch sehen kann. 220 Mark. Von meinem Schwesterngehalt, das knapp für Miete und Essen reicht. Mein Herz rast. «Warum?», frage ich mit zittriger Quietschestimme, die nicht meine ist. Ich muss mich zusammenreißen, dass ich hier nicht komplett aus dem Häuschen gerate. Dass ich nicht aus der Rolle falle: der Rolle der jungen, selbstbewussten und attraktiven Frau, die ihr Leben lebt und im Griff hat. Ich darf den Mann nicht (noch mehr) verschrecken.

Er klagt: «Hier gibt es nichts für mich.» Er klagt: «Wie soll das werden, mit Kind. Du gehst zurück zu deiner Arbeit. Und ich? Hocke dann mit dem Kind zu Hause.» Er droht: «Mein Leben ist vorbei.» – «Muss man verstehen», sagt die Beschäftigungs-Therapeutin, mit der ich jetzt so gut wie befreundet bin und die auch oft ein bisschen Kummer mit ihrem Mann hat. Nicht so wie ich, früher. Aber immerhin. «Er ist überfordert. Ist doch auch eine große Sache, das erste Kind.» Ich denke: Für mich auch. Mit meinen 18 Jahren. Und für einen Augenblick stelle ich mir vor, wie das wäre, wenn er jetzt ginge. Wenn ich ihn gehen ließe. Und etwas in mir fühlt sich unerhört friedlich an. Aber dann ist das Gefühl auch schon vorbei, und ich trage den Fahrschein zurück zum Bahnhof. «Ich kann Ihnen aber nicht alles erstatten», sagt der Beamte am Schalter unwirsch. Zwanzig Mark Bearbeitungsgebühr behält er ein. Die werden uns bitter fehlen. «Sieh bloß zu, dass der dich heiratet», sagt meine Mutter.

P. ist rastlos. Reizbar. Überfordert. Diese verflixte große Sache, das erste Kind! *Mein* erstes Kind. P. hat schon eines. Seit zehn Jahren. Während er sein in jeder Hinsicht und alle bewegendes

Junger-Erstlingsvater-Drama abspielt, sitzt eine andere Frau irgendwo ganz allein da, mit dem gemeinsamen Sohn. Es wird sechzehn Jahre brauchen, bis ich das erfahre. Von P.s Vater, am Telefon.

Fürs Erste erfahre ich nur: P. war schon mal verheiratet (ob mit der Mutter seines Sohnes, weiß ich bis heute nicht), er ist geschieden. Ich erfahre es zwangsweise, weil es sich nicht länger verschweigen lässt. Jetzt, wo ich zusehen muss, dass er mich endlich heiratet, und er dafür sein Scheidungsurteil braucht. Als er es erzählt, bricht mir der Boden unter den Füßen weg. P. rennt in unserem beheizbaren Zimmer auf und ab und im Kreis, Hände in seinen Jeanshosentaschen, und ruft immer wieder: «Siehst du! *Siehst du!* Darum habe ich es dir nicht erzählt! Darum konnte ich es nicht erzählen! Weil ich wusste, dass du SO reagierst!» Wenn ich wüsste, was er durchgemacht hat! Diese ganzen Monate, in denen er wusste, er würde es mir erzählen müssen. «Das war schrecklich für mich. Furchtbar. Ich hatte das Gefühl, zu ersticken!»

Ich falle. Kein Boden mehr unter meinen Füßen. Kein Halt. Nichts. Niemand. Nur Leere. Ich weiß nicht, was sagen. Was tun. Ich würde gern rennen, aber ich weiß nicht, wohin. Es rennt sich auch schlecht, mit Fünf-Monats-Plauze. Ersatzweise laufe ich auf und ab und im Kreis, wie P., und heule, und wie es sich anfühlt, werde ich nie wieder damit aufhören können. Mit beidem nicht, dem rastlosen Rumlaufen und dem Heulen. Ich denke: Ich habe mich noch nie in meinem Leben so bodenlos gefühlt. So verlassen und rabenschwarz einsam. Aber das ist nicht wahr. Ich habe das alles schon einmal erlebt. Als ich in dem Schulbus saß und die Cousine mit ihrem Sprüchlein über meinen Vater, der nicht mein Vater ist, auftrat. Und ein paar Stunden später, als meine Mutter mich, als ich sie danach fragte, in meinem Zimmer mit meiner Panik sitzenließ.

Nach einer Ewigkeit schaffe ich es in die Telefonzelle und wähle die Nummer meiner Eltern. Etwas anderes fällt mir in meiner Verzweiflung nicht ein. Ich heule, ich schreie ins Telefon: «Er war verheiratet!» Meine Mutter sagt ein paar Sekunden nichts. Dann, tonlos: «Na und, macht ihn das etwa zu einem anderen Menschen?» Ich denke: Ja! Ich fühle es. Deutlich. Aber ich kann (noch) nicht sagen, warum. Ich spüre auch, dass das nicht die richtige Antwort ist. Es ist nicht die Antwort, mit der ich hier punkten kann. Für einen kleinen, heldenhaften Moment ist mir das egal. «Ich will nicht heiraten», heule ich. «Ich will ihn überhaupt nicht mehr. Ich will nach Hause.» Also bitte! Hat man schon einmal etwas derart Erbärmliches von einer erwachsenen Frau gehört! Ich bin doch kein Kind mehr! Ich erwarte selbst eines. Ich habe einen Job, eine Ausbildung, ich habe mein eigenes Zuhause. «Wer A sagt, muss auch B sagen», sagt meine Mutter. Ich sage: «Ich will ich ihn nicht mehr, weil er gelogen hat.» – «Haha, guter Witz», sagt meine Mutter. «Wann und wie hätte er es dir denn sagen sollen. Guck doch, wie du reagierst!» Und: «Du bist auch nicht das Gelbe vom Ei!»

Wir heiraten, auf den Tag genau eine Woche bevor unser Kind geboren wird. Mein erstes, P.s zweites. Klitzekleine Hochzeit, nur eben schnell, auf dem Standesamt. Vor der katholischen Kirche ist P. ja auch schon verheiratet, mit jener anderen Frau, und bis in alle Ewigkeit, noch über den Tod hinaus. Das schmerzt mich. Ich gehe zwar schon ewig nicht mehr in die Kirche, aber der Katholizismus tut in mir weiter sein Werk. Wenn mich heute jemand fragt, welcher Religion ich angehöre, sage ich: «Ich wurde katholisch erzogen und habe mehr als mein halbes Leben gebraucht, um darüber hinwegzukommen.» Dann lachen die Leute. Obwohl es nicht lustig ist. Wenn ich damals also an den Tod und die Ewigkeit denke, was ich oft tue, sehe ich P. mit jener anderen auf einer Wolke sitzen und Harfe spielen. Ich sitze auf meiner Wolke allein.

Zu meiner Hochzeit trage ich dunkelblaue Hosen mit Gummizug über meinem unfestlich dicken Bauch und einen hell- und dunkelblau gestreiften Wollpulli. Beides war teuer, sieht aber nicht danach aus. Es ist November. P. glänzt im schwarzen Anzug. «Den hatte ich zuletzt auf der Beerdigung meines Onkels an», ruft er, als er blendend aussehend wie immer aus dem Schlafzimmer tritt. Unsere paar Gäste lachen. Meine Eltern sind mit meinem Baby-Bruder gekommen. Eine Kollegin aus der Schwesternschule hat sich mir freundlicherweise als Trauzeugin zur Verfügung gestellt. Mein Stiefvater macht den Zeugen für P. Was braucht ein glückliches Paar mehr?

Bevor wir zum Standesamt fahren, stellen wir uns im Vorgarten zum Foto auf. Die ganze Hochzeitsgesellschaft passt in einer Reihe aufs Bild. «Was, wenn ich jetzt doch noch ‹Nein› sage?», flüstere ich meiner Mutter zu. «Dann drehe ich dir den Hals um!», flüstert sie zurück. Auf einem der Hochzeitsbilder sieht man: sie steht kurz davor.

Später wird sie sagen: «Ich verstehe nicht, wie du dich darauf hast einlassen können!» Sie meint: Ein Kind von P. kriegen. Heiraten. Noch ein Kind kriegen. Das alles. «Du hattest zigmal Gelegenheit, das Ruder herumzureißen und da rauszukommen! *Bevor* es zu spät war!» Sie sagt es oft, noch heute. «Du warst doch schon einmal glücklich mit einem blauen Auge da rausgekommen – und dann gehst du zu dem zurück und *heiratest* den auch noch!»

Von armen Piraten und bösen Hexen – wie die Gesellschaft die Rollen im Drama der häuslichen Gewalt besetzt

Der Schauspieler Johnny Depp hat, während ich dies schreibe, gerade seine Exfrau Amber Heard auf 50 Millionen Dollar verklagt. Wegen Diffamierung und Schädigung seiner Geschäfte. Heard hat ihn 2016 verlassen, nach nur einem Jahr Ehe und nachdem er sie zum wiederholten Mal verprügelt hatte. Letzteres ist ihre Version der Dinge. Seine Version ist: Amber lügt. Die blauen Flecke hat sie sich aufgemalt, um Mitleid und Millionen zu heischen. In Wirklichkeit war *er* das Opfer *ihrer* Gewalt. Die Presse wahrt – zum überwiegenden Teil – ihre «professionelle Distanz»: Es steht mal wieder ein Wort gegen das andere. Für Außenstehende sei darum unmöglich zu sagen, was *wirklich* vorgefallen ist. Mag sein. Gott sei Dank muss man nicht wissen, was wirklich vorgefallen ist, um sich einen exzellenten Eindruck davon zu verschaffen, wie die Öffentlichkeit allein auf den Vorwurf respektive die *Möglichkeit* reagiert, ein berühmter und allseits beliebter Mann könne gewalttätig gegen seine Partnerin sein.

Die Öffentlichkeit und ein Teil der Presse waren schnell mit Johnny Depp einig: Amber Heard war, wie konnte es anders sein, einzig auf seine Millionen aus. Während Männer Vorteile von der Berühmtheit haben, schadet sie, in Fällen wie diesen, den Frauen. Die Berühmtheit des Mannes und ihre eigene. Frauen, die intelligent und/oder schön sind und es gar zu etwas gebracht haben, sind mit Vorsicht zu genießen, das hatten wir ja schon. Und auch unbekannte Frauen, die einen berühmten Mann einer Gewalttat beschuldigen, tun dies womöglich, um Vorteile daraus zu ziehen.

Wir werden angehalten, so zu tun, als sei es undenkbar oder doch höchst unwahrscheinlich, dass ein reicher und/oder berühmter Mann einer Frau Gewalt antut. Als sei «jenseits aller angemessenen Zweifel» klar, dass die Frau den Mann falsch beschuldigt. In der Hoffnung auf Ruhm oder Geld oder beides. Wir tun, als hätten wir nie aus berufenem Munde gehört, dass es Männer gibt, die ihren Ruhm und Reichtum als den ultimativen Freifahrtschein sehen: «Ich küsse sie einfach. Grapsch ihnen an die Muschi. Wenn du reich bist, kannst du dir alles erlauben!» Männer, die wissen, dass Normalbürger, Journalisten, Polizisten und Richter bereit sind, ihnen diesen Freifahrtschein auf die eine oder andere Art zu quittieren. Auch dann, wenn der Beschuldigte weit mehr (finanzielle) Vorteile daraus zieht, sich für unschuldig zu erklären und erklärt zu werden, als die Klägerin aus dem Gewinn ihrer Klage ziehen würde: Nach Angaben des Wirtschaftsmagazins *Forbes* erhielt Depp allein für den fünften Film in der Reihe «Fluch der Karibik» für seine Rolle des Piratenkapitäns Jack Sparrow 128 Millionen Dollar. Nach Heards Anschuldigungen ließ die Produktionsfirma Disney ihn wegen wiederholt schlechter Presse (wegen seines steigenden Alkohol- und Drogenkonsums, exzessiver Ausgaben, wegen eines tätlichen Angriffs auf einen Arbeiter am Filmset und, schließlich, wegen Heards Vorwürfen) fallen. Das hatte Depps Vorwurf der Geschäftsschädigung und seine 50-Millionen-Klage zur Folge. Wenn er gewinnt, gewinnen viele andere mit ihm. Wenn er verliert, verlieren auch sie. Milliarden.

Ich war Anfang 30, als ich erstmals eine Platte der britischen Musikerin Anne Clark hörte mit dem Titel «The Law is an Anagram of Wealth». Das Gesetz ist ein Anagramm für Reichtum. Im Englischen haut das hin: Wenn man die Buchstaben von ‹the law›, das Gesetz, entsprechend anders arrangiert, kommt ‹wealth›,

Reichtum, heraus. Clark hatte mir die CD persönlich geschenkt, nach einem schönen Abend, den ich mit ihr und ihrer Band verbracht hatte. Ich mochte Anne Clark und die Platte. Auch wenn ich den Titel nicht ganz verstand. Später, als ich ihn verstand, fand ich ihn clever, aber hielt ihn für übertrieben. Ich war verheiratet und schwanger mit meinem fünften Kind. Ich glaubte daran, dass Gerechtigkeit im Allgemeinen und Gleichberechtigung im Besonderen gesellschaftsübergreifende Ziele seien. Es würde vielleicht noch ein bisschen dauern, aber gemeinsam würden wir beides erreichen. Jetzt, 20 Jahre später, finde ich Anne Clarks Plattentitel nur noch clever.

«Unsere Beziehung war immens leidenschaftlich und bisweilen gewalttätig, aber uns verband stets Liebe. Keine Partei hat falsche Anschuldigungen gemacht, um daraus finanziellen Profit zu ziehen. Es gab niemals die Absicht, dem anderen körperlichen oder emotionalen Schaden zuzufügen.» So steht es in der Erklärung, die Depp und Heard bei ihrer Scheidung unterschrieben. Die Vereinbarung bestimmt weiter: «Amber wünscht Johnny für seine Zukunft das Beste und wird ihren finanziellen Gewinn aus der Scheidung einer wohltätigen Einrichtung spenden.» Heard erhielt sieben Millionen Dollar. 2018 veröffentlichte das Kinderkrankenhaus in Los Angeles eine Liste von Spendern, die im Vorjahr eine Summe zwischen einer und fünf Millionen Dollar gespendet hatten. Darauf auch der Name «Amber Heard».

Depps Diffamierungsklage, drei Jahre nach der Scheidung und der von ihm und Heard unterzeichneten Erklärung «Es wird keine weiteren öffentlichen Statements zu dieser Angelegenheit geben», kommt nicht aus heiterem Himmel. Fünf Monate zuvor hatte Amber Heard in einem Beitrag in der *Washington Post* zu ihren Erfahrungen mit häuslicher Gewalt geschrieben. Genauer: zu den Erfahrungen, die sie mit der öffentlichen Gewalt gemacht hat, die auf die häusliche folgte. Sie erwähnte Johnny Depp nicht mit Namen. Das war nicht nötig. Heard schrieb:

«Ich war schon in sehr jungen Jahren Missbrauch ausgesetzt. Ich wusste früh gewisse Dinge, ohne dass jemand sie mir je sagen musste. Ich wusste, dass Männer die Macht haben – körperlich, sozial und finanziell – und dass viele Institutionen dieses Arrangement unterstützen. Ich wusste das, lange bevor mir die Worte zur Verfügung standen, um es auszudrücken. Und ich wette, Sie haben es auch gelernt.

Wie so viele Frauen wurde ich belästigt und sexuell angegriffen, bevor ich das College-Alter erreicht hatte. Aber ich schwieg – ich glaubte nicht, dass Beschwerden mir Gerechtigkeit bringen würden. Und ich sah mich nicht als Opfer.

Dann, vor zwei Jahren, wurde ich zum öffentlichen Symbol für häusliche Gewalt, und ich bekam mit ganzer Wucht den Zorn unserer Kultur gegenüber Frauen zu spüren, die ihre Stimme dagegen erheben.

Freunde und Berater sagten mir, dass ich nie wieder als Schauspielerin arbeiten würde – dass ich auf die Schwarze Liste gesetzt werden würde. Ein Film, für den ich engagiert war, besetzte meine Rolle neu. Ich hatte gerade eine zweijährige Kampagne abgedreht, in der ich das Gesicht für eine globale Modemarke war, und das Unternehmen ließ mich fallen. Es wurde in Frage gestellt, dass ich meine Rolle als Mera in ‹Justice League› und ‹Aquaman› behalten könnte.

Ich hatte von meinem Standpunkt die seltene Gelegenheit zu sehen, wie Institutionen Männer schützen, denen Missbrauch und Misshandlungen vorgeworfen werden.

Stellen Sie sich vor, ein mächtiger Mann besitzt ein Schiff wie die Titanic. Dieses Schiff ist ein gigantisches Unternehmen. Wenn es einen Eisberg rammt, werden eine Menge Leute an Bord verzweifelt bemüht sein, die Löcher und Lecks zu flicken – nicht, weil sie an das Schiff glauben oder es ihnen etwas bedeutet, sondern weil ihre eigenen Schicksale von dem Unternehmen abhängig sind.»

Es kommt nicht von ungefähr, dass auch ein Johnny Depp plötzlich klagt, er sei in der Beziehung das wahre Opfer von Gewalt gewesen: ihrer. Es kommt nicht von ungefähr, dass Google, tippt man «häusliche Gewalt» ein, gleich an zweiter Stelle Suchergebnisse zu «häusliche Gewalt gegen Männer anbietet (Stand: Juni 2019). Es war über die vergangenen zwei Jahre die reflexhafte Reaktion jeden Gegenübers, wenn er (oder sie) mich nach dem Titel des Buches fragte, an dem ich gerade arbeitete, und ich antwortete «Gewalt gegen Frauen»: *«Und Gewalt von Frauen gegen Männer? Das ist nämlich ein Riesending!»* Ein Journalistenkollege forderte, wenn ich einen Artikel zum Thema und dem Buch schreiben wolle, dann müsse ich darin auch über die vielen Frauen schreiben, die Männer «hänseln, gängeln, auslachen, kleinhalten und/oder sexuell ignorieren». Und so die Männer erst zur Gewalt bringen. «Das soll natürlich keine Entschuldigung für häusliche Gewalt sein», schrieb der Kollege noch.

Leider, das ist es. Es ist eine Entschuldigung. Es ist die unhinterfragte Übernahme der Argumentation der Täter.

Die *Süddeutsche Zeitung* titelte bereits 2012: «Häusliche Gewalt – Männer, die verkannten Opfer». Und die *Zeit* 2015: «Gewalt gegen Männer – Wenn Frauen ihre Fäuste einsetzen». Die *Welt* wollte 2010 sogar erkannt haben: «Männer häufiger Opfer von häuslicher Gewalt als Frauen». Der Besen ist nicht neu, kehrt aber auch 2018 noch gut. Der Fernsehsender *3sat* reißt seine Dokumentation «Wenn Frauen schlagen – Tabuthema Männer als Opfer häuslicher Gewalt» mit den knackigen Sätzen an: «Von allen Tabus in unserer Gesellschaft ist die Gewalt, die von Frauen gegen Männer in Partnerschaften ausgeübt wird, wahrscheinlich das größte. Nichts ist in unseren Köpfen so fest verankert wie der Blick auf den Mann als alleinigen Täter und die Frau als exklusives Opfer.»

Gewalt gegen Männer (ausgeübt von Frauen) ist «wahrscheinlich» das größte Tabu? Basierend auf welchen Studien? Durchgeführt von wem und nach welchen Regeln, unter Zuhilfenahme von welchen unabhängigen Gegenstudien? Vor dem Hintergrund welcher Zahlen? Das will und das muss man wissen. Sonst können die Zuschauerfänger von *3sat* auch gleich schreiben: «Ey, kann echt sein, dass Gewalt gegen Männer das größte Tabu ist, ganz ehrlich.» Und: die Frau als «exklusives» Opfer? Das klingt nach Prada und Chanel. Das blaue Auge, die aufgeplatzten Lippen und die gebrochene Nase als Luxusgut? Wo gibt's denn so was! Die Männer wollen bitte auch etwas davon abhaben! Schwer zu sagen, für wen die Verfasser solcher Zeilen mehr Missachtung an den Tag legen: für die Frauen oder für die Männer.

Um es – hoffentlich – unmissverständlich zu sagen: Es gibt aggressive Frauen. Und natürlich gibt es auch Frauen, die ihre Aggressionen ausleben und gewalttätig sind. Es gibt Frauen, die ihre Kinder quälen, psychisch und physisch. Es gibt Frauen, die gegen Frauen wüten. Die ihre Männer beleidigen, schlagen oder anderswie terrorisieren. Es gibt Frauen, die ihre Kinder töten. Oder andere Frauen. Und/oder ihre Männer. Das muss zur Kenntnis genommen werden. Die Ursachen für ihre Gewalttätigkeit müssen erforscht und diskutiert werden. Und es gibt Männer, die vergewaltigt werden (wenn auch kaum je von Frauen). Auch das muss zur Kenntnis genommen und zur Diskussion gestellt werden. Das sollte selbstverständlich sein. Womit ich ein Problem habe, ist, wenn erstens die Gewalttätigkeit von Frauen, allen Zahlen zum Trotz, aus der Proportion geblasen wird. Oder wenn Journalisten in der Titelzeile schreiben: «Männer genauso oft Opfer wie Frauen!» Und sehr viel kleiner, im Text darunter: «Zwar werden Frauen immer noch weitaus häufiger Opfer häuslicher Gewalt als Männer, aber ...» Erstens gibt es Leute da draußen, und zwar eine Menge, die lesen nur die Schlagzeilen. Zweitens glauben die Leute gern, was sie lesen. Wenn es denn neu und aufregend ist. Und/oder wenn es ihnen in ihren Glaubenskram passt. Facebook basiert auf diesem Prinzip: Die Nutzer bekommen auf ihrer Timeline ausschließlich Neuigkeiten präsentiert, die zu ihren Vorstellungen und Glaubensgrundsätzen passen. Man kann sich bestätigen, was man zu wissen beliebt. Dann kann man es verbreiten. Per Facebook-Post, Twitter oder auch nur ganz altmodisch bei einem Bier in der Kneipe.

Und natürlich ist da – auch unter Journalisten – dieses verfluchte Bedürfnis nach Fairness. Nach einer objektiven, ausgewogenen Berichterstattung. Als könnte es die grundsätzlich geben. Das ist das eine. Das andere ist, dass wir nicht jedem mit Diplomatie begegnen müssen. Wir müssen nicht jeden anhören beziehungsweise jeder Aussage Gewicht geben. Wir müssen der Argumentation von Aggressoren und Tätern keinen Raum geben. Wir müssen nicht «ganz neutral» auch ihren Standpunkt erwägen.

Anlässlich des zweiten Staatsbesuches von Donald Trump in Großbritannien im Juni 2019 warnte der Londoner Bürgermeister Sadiq Khan in einem Kommentar in der Wochenendausgabe des *Observer* davor, den roten Teppich für einen wie Trump auszurollen: «Donald Trump ist nur eines der ungeheuerlichsten Beispiele für eine wachsende globale Bedrohung. Die äußerste Rechte ist weltweit auf dem Vormarsch und bedroht unsere hart erkämpften Rechte und Freiheiten sowie die Werte, die unsere liberalen, demokratischen Gesellschaften seit mehr als 70 Jahren definieren ... Sie hetzen ihre Bürger absichtlich gegeneinander auf, ungeachtet der schrecklichen Auswirkungen auf unsere Gemeinschaft. Sie suchen nach Minderheiten und Ausgegrenzten, um einen Feind zu schaffen – und sie ermutigen andere, dasselbe zu tun. Und sie konstruieren Lügen, um Angst zu schüren und die Grundpfeiler einer gesunden Demokratie anzugreifen.» Nigel Farage, Führer der britischen äußersten Rechten und ein Busenfreund Trumps, verlachte Khan im Fernsehen: «Was stimmt denn mit Ihnen nicht?! Ob Sie (Trump) mögen oder nicht, er ist nun mal der Präsident der Vereinigten Staaten. Und wenigstens glaubt er an die Demokratie – anders als Sie!»

Tatsächlich?

Im Januar 2019 wurde bekannt, dass die Trump-Regierung bereits im vorangegangenen April die Definition des US-Justizministeriums für häusliche Gewalt klammheimlich geändert und in ihrer Bedeutung zurückgeschraubt hat: Zwangskontrolle und Manipulation gelten seither nicht mehr als häusliche Gewalt. Als häusliche Gewalt gelten fortan nur noch körperliche Übergriffe, die schwerwiegend genug sind, dass sie ein Vergehen oder Verbrechen darstellen. Holly Taylor-Dunn, Dozentin an der Universität im britischen Worcester und seit 17 Jahren im Kampf gegen die häusliche und sexuelle Gewalt tätig, sagt zu den Änderungen: «Das ist ein massiver Rückschritt. Wir sind damit praktisch wieder in den 70er Jahren. Die Definition dahin gehend zu ändern, dass darunter nur noch körperliche Gewalt fällt, untergräbt komplett, worum es bei häuslicher Gewalt im Eigentlichen geht.» Und weiter: «Dieser Schritt setzt ein schlechtes Beispiel. Die Leute sehen Amerika und Großbritannien als fortschrittlich in diesen Dingen an. Wenn Amerika so etwas macht, könnten auch andere Länder das für eine angemessene Maßnahme halten.»

Die Rechte von Frauen zu beschneiden, maßgeblich ihr Recht auf Selbstbestimmung, ihnen das Bestimmungsrecht über ihren Körper und ihre Reproduktion abzusprechen, und Hass gegen Minderheiten zu schüren, zeugt nicht von Demokratieverständnis. Die Vertreter solcher Agenden mit großem Hof einzuladen und sich mit ihnen an einen Tisch zu setzen, ist keine Diplomatie. Es zeugt nicht von Fairness, und es ist nicht Teil der Meinungsfreiheit, Hassreden gegen Frauen, Schwarze, Muslime, Juden, Flüchtlinge et al. und öffentliche Demonstrationen gegen ihre Rechte zuzulassen. Es gefährdet die Demokratie. Es gefährdet Menschen.

Die britische BBC meldet im Mai 2019, dass Felix Klein, der Antisemitismus-Beauftragte der Bundesregierung, Juden geraten habe, die Kippa, die traditionelle Kopfbedeckung jüdischer Männer, nicht länger in der Öffentlichkeit zu tragen. Sie machten sich sonst mancherorts zur Zielscheibe antisemitischer Attacken. «Das ist kein Alarmismus. Das ist Realität», schreibt der Berliner *Tagesspiegel*. «Immer unverfrorener wird (gegen Juden) gehetzt, gedroht, geschlagen.» Und ich denke: Auch hier wird den Opfern aufgebürdet, die Verantwortung für ihre Sicherheit zu übernehmen. Es sind auch hier die Opfer, die zu Tätern gemacht werden: indem ihnen geraten wird, die *wirklichen* Täter nicht zu reizen. Auch Journalisten scheuen sich, und sie scheuen sich immer öfter, Stellung zu beziehen. Denn wenn es die falsche ist, nämlich: eine unpopuläre, dann hagelt es per Leserbriefen und Internetkommentaren Beleidigungen und Drohungen. Dann beziehen sie Prügel, nach Strich und Faden. Und am häufigsten und die schlimmsten Prügel beziehen Frauen. Auch unter Journalisten.

Studien, unter anderem von der britischen Tageszeitung *The Guardian* in Auftrag gegeben, zeigen, dass weibliche Journalisten weit häufiger Zielscheibe von Hass-E-Mails, Hass-Kommentaren, Drohungen und anderen Formen der Belästigung sind als ihre männlichen Kollegen. Die gegen sie gerichteten Attacken sind heftiger und meist geschlechtsspezifisch. Sie greifen nicht nur ihre journalistischen Fähigkeiten an. Sie attackieren sie in ihrem Wesen. Irina Bokova, Generaldirektorin der UNESCO, nennt das einen «doppelten Angriff»: «Sie werden gleich zweifach attackiert, als Journalistin und als Frau.» Auch das ist kein «Frauenproblem». Es ist ein Problem für uns alle. Dunja Mijatović, Beauftragte für Medienfreiheit der Organisation für Sicherheit und Zusammenarbeit in Europa mit Sitz in Wien, schreibt: «Diese Art von Angriffen verursacht nicht nur schwere psychologische Traumata bei den Journalistinnen und ihren Familien, das kontinuierliche Herausgepicktwerden und zum Ziel beleidigender Kommentare gemacht werden führt bei vielen Journalistinnen außerdem dazu, dass sie sich genau überlegen, über welche Themen sie schreiben. Auf diese Art stellen die Angriffe eine klare und nicht zu übersehende Bedrohung für die Pressefreiheit und die Gesellschaft als Ganzes dar.»

Ich glaube, dass die Umkehrung der Gewaltdiskussion, das Gleichstellen von Frauengewalt mit Männergewalt, zum Ziel hat, Frauen und engagierte Männer zum Schweigen zu bringen. Es ist, wie man es im Englischen sagt, ein ‹smoke screen›. Einer der vielen künstlichen Nebelschleier, die die Orientierung in dieser Diskussion erschweren. Das Ziel ist hier nicht, eine notwendige zweite Diskussion zu eröffnen. Sondern die erste abzuwürgen. Noch bevor sie richtig begonnen hat. Amber Heard schrieb ihren Kommentar «als eine Frau, die ihre Telefonnummer wöchentlich ändern musste, weil ich Morddrohungen erhielt. Über Monate verließ ich kaum mein Apartment, und wenn ich es tat, dann wurde ich von Kamera-Drohnen verfolgt, von Fotografen zu Fuß, auf Motorrädern oder in Autos. Boulevardzeitungen veröffentlichten Fotos von mir und drehten sie in ein negatives Licht. Ich fühlte mich, als stünde ich vor dem Gericht der öffentlichen Meinung – und mein Leben und mein Lebensunterhalt hingen von einer Myriade von Urteilen ab, die außer meiner Kontrolle lagen. Ich möchte sicherstellen, dass Frauen, die vortreten, um über Gewalt zu sprechen, mehr Unterstützung erhalten. Dazu müssen wir Repräsentanten wählen, die wissen, wie sehr uns diese Dinge am Herzen liegen. Wir können zusammenarbeiten, um Änderungen an Gesetzen, Regeln und sozialen Normen zu fordern – mit dem Ziel, die Ungerechtigkeiten, die unser Leben bestimmen, zu richten.»

Bis das erreicht ist, soll keiner mehr fordern, dass die Frauen «einfach nur gehen» müssen! Dass sie sich verflucht noch mal wehren! Dass sie, statt die Täter zu schützen, endlich mal ihre Stimme erheben und Anzeige erstatten! Bis das erreicht ist, werden die meisten Frauen tun, was die Gesellschaft ihnen vorlebt. Was sie von ihnen tatsächlich fordert. Mit ihren Taten, die immer ausschlaggebender sind als ihre Worte.

Hilferufe

Ein einziges Mal rufe ich die Polizei. Mein Sohn ist gerade ein paar Wochen alt, und P. hat wieder zu prügeln begonnen. Die Schonzeit, oder was immer das war, das er mir da für die Dauer der Schwangerschaft (für die Dauer *dieser* Schwangerschaft) gewährt hat, ist vorbei. Ich weiß nicht, ob ich gleich beim ersten Mal, als er nach der Geburt des Kindes wieder zuschlug, um Hilfe rief. Möglich. Die so lange Abwesenheit körperlicher Gewalt (über neun Monate!) würde erklären, warum ich dieses Mal von ihr überrascht war. Warum ich es dieses Mal nicht für gerechtfertigt, warum ich es nicht für *normal* hielt, dass er mich schlug. Warum ich es *noch nicht wieder* für normal hielt. Mir war es «zu gut gegangen». So haben es meine Eltern früher gesagt, sobald ich, nach ihren guten, mir zugewandten Phasen, einen Anflug von Selbst-Bewusstsein und – gottbewahre – Widerspruch zeigte: «Dir geht es zu gut!» So sagt es jetzt auch P.: «Ich war zu gut zu dir.» Und nun guck mal, zu was das geführt hat! Kaum pfeift er mich zurück auf meinen Platz, fühle ich mich «misshandelt» und schreie gleich nach der Polizei!

Ich will aber nur, dass das Schreien aufhört. Seines. Und meines. Denn die Nachbarn, oh Gott, die Nachbarn, die haben uns *so* noch nicht gehört! Und ich will, dass das Schlagen aufhört. Ich will, dass ihn jemand stoppt. Und damit soll es dann auch schon gut sein. Soll alles wieder gut sein. Er soll einfach nur einsehen, dass er mich nicht schlagen darf. Das muss ihm jemand sagen. Jemand, der etwas zu sagen hat. Den er für voll nimmt. Mir fällt niemand anderes ein als die Polizei.

Und doch, mehr als ich mir von der Polizei verspreche, habe ich Angst vor ihr.

Ich habe Angst, als ich die Nummer wähle. Angst, als ich spreche. Noch am Telefon, als ich erklären will, dass und wie sehr und wie lange er zugeschlagen hat, wie sehr ich mich fürchte, vor P., sage ich auf die wiederholte Nachfrage des Beamten: «*So* schlimm ist es nicht.» Und das stimmt. Irgendwie. P., der eben noch wie ein Wahnsinniger auf mich eingedroschen hat, wiegt jetzt das weinende Baby. Er kümmert sich. Um unseren Sohn. Während ich – wieder mal – nur an mich denke und eine «Show abziehe». P., mit dem Baby auf dem Arm, tigert im Wohnzimmer auf und ab und schüttelt den Kopf. Über mich. Ich zögere. Der Beamte klingt ärgerlich. «Also, müssen wir jetzt jemanden zu Ihnen schicken oder nicht?» – «Bitte», sage ich kläglich, und der Mann am Telefon macht ein Geräusch. So einen bestimmten, mir sehr bekannten Ton. Diesen Ton, der entsteht, wenn einer ausatmet, der kurz vor dem Platzen steht. Ich würde gern einen Rückzieher machen. Auflegen. Verschwinden. Vergessen. Aber der Beamte hat gleich zu Beginn des Gesprächs meinen Namen notiert. Und die Adresse. Und blöderweise habe ich immer noch Angst, vor P. Ich glaube, ich fürchte mich mehr vor ihm als vor den Polizisten. Aber genau kann ich das nicht sagen.

Der Mann am Telefon sagt: «Wir schicken einen Einsatzwagen.» Ich zucke zusammen. Bei dem Wort. Bei dem Satz. Er klingt nach Mord und Totschlag und zu viel Fernsehen. Meine Mutter liebt den «Tatort». Schon immer. Sie ist ein großer Fan von Mord und Totschlag und Einsatzwagen. Solange die bitte nicht aus dem Fernsehen heraus in ihr Leben purzeln. In ihrem Leben haben die nichts zu suchen. Ich denke: Auch nicht in meinem. Was hat so ein «Tatort»-Satz mit mir und P., was hat er mit unserer Ehe zu tun. Was ist aus mir geworden. Wie bin ich hier gelandet. Auf diesem Schrotthaufen der Gesellschaft. Als die Art Mensch, für den die Polizei einen Einsatzwagen schickt. Wenn ich noch zu Hause wäre, in unserer Stadt, wo mich jeder kennt, wo jeder meine Eltern kennt, hätte ich mir das nicht erlauben können. Da hätte ich die Polizei nicht gerufen. Das hätte ich ihnen nicht antun können. Ich versuche, P. das Baby abzunehmen. «Verpiss dich», sagt er und schlägt kurz und entschieden nach meiner Hand. «Du hysterische Kuh machst ihm Angst.» Ich ziehe meine Hände zurück. P. hat recht. Es ist ganz offensichtlich, wer von uns beiden der bessere Elternteil ist. P. ist nicht hysterisch. P. weint nicht. Zittert nicht. Er hat keine Angst. Vor mir. Oder vor der Polizei. Es klingelt. Ich drücke den Türöffner für die Haustür unten und gehe hinaus auf den Flur. Treppenabsatz, zweiter Stock. Unten höre ich Männerstimmen. Ich beuge mich über das Geländer. «Hallo», sage ich. «Ich bin hier.» Ich hatte gedacht, meine Stimme klänge fester. Ein Männergesicht schiebt sich über das Geländer unten im Flur und schaut durch das Treppenhaus zu mir hoch. Polizeimütze auf dem Kopf. «Haben Sie uns gerufen?», fragt das Gesicht. «Ja», sage ich. Wo ist P.? In der Wohnung hinter mir weint das Baby. P. kümmert sich. Ich wünschte, er käme raus in das Treppenhaus und kümmerte sich um mich. Ich wünschte, er stünde mir bei. Ich weiß, wie wahnsinnig das klingt. Nicht erst jetzt. Ich weiß es damals schon. Dass ich um meinen Wahnsinn weiß, trägt zu meiner Scham, zu meinem Gefühl von Nichtswürdigkeit bei. Aber es ist auch so: In diesen Minuten im Treppenhaus habe ich nichts und niemanden mehr. Nicht mal P.

Die Polizisten steigen die Treppen herauf. Zwei Stockwerke. Ich stehe auf dem Absatz. Fühle mich fehl am Platz. «Wie du dastehst. Wie bestellt und nicht abgeholt», haben meine Eltern immer gesagt. Bestellt und nicht abgeholt. Das bin ich, seit ich denken kann. «Was ist denn hier los?», fragt der Beamte, der im Treppenhaus hochgeschaut hat. Er runzelt die Stirn. Er ist schon älter. Vielleicht Mitte 40. Ich denke: Er könnte mein Vater sein. Vielmehr fühle ich es. Sein Blick, seine Stimme, sein Ton, alles an ihm fühlt sich väterlich an. Auf jene erschreckende, furchterregende Art.

«Mein Mann hat mich geschlagen.» Noch während ich das sage, spüre ich, wie lächerlich das klingt. Ich klinge wie früher, wenn ich vom Spielen draußen nach Hause kam und weinte. «Die Jungs aus dem Nachbarhaus haben mich geschlagen.» – «Du liebe Zeit, Mädchen», knurrte mein Stiefvater. «Jaul doch nicht immer rum. Schlag zurück.» Einmal schlug ich zurück. So fest ich konnte. Die Eltern des Jungen kamen, um sich zu beschweren. «Du liebe Zeit, Mädchen», sagte mein Stiefvater. «Ich habe gesagt: ‹Schlag zurück.› Nicht: ‹Schlag ihn tot.›» Ich schlug dann nicht mehr zurück. Auch bei P. schlug ich nicht zurück. Nie. Nicht ein einziges Mal. Ich kauerte nur in der Ecke, hielt die Arme über meinem Kopf verschränkt, um mich, so gut das eben ging, zu schützen, und jaulte. Ich wusste instinktiv, schlüge ich zurück, würde ich das nicht überleben.

«Na», sagt der Polizist. «Sie können doch noch aus der Wohnung raus und uns im Treppenhaus entgegengehen. Was wollen Sie denn?» «Ich weiß es nicht», sage ich zaghaft. Der Polizist schüttelt den Kopf. «Wo ist denn Ihr Mann?» Aber P. ist schon aus der Wohnungstür hinausgetreten. Das Kind auf dem Arm. Vater und Sohn. Und eine verheulte, zerzauste Frau. «Was ist denn hier los?», fragt der Polizist ein zweites Mal. P. zuckt mit den Schultern. «Ich weiß es nicht», sagt er. «Meine Frau», sagt er. Und dann nichts mehr. Als erklärten diese zwei Worte schon alles. «Hatten Sie Streit?», fragt der Polizist. Als seien Streit-haben und Die-Frau-schlagen ein und dasselbe. «Ja», sagt P. «Und jetzt ist es wieder gut?» P. nickt. «Und Sie beide reißen sich jetzt zusammen?» P. hebt wieder die Schultern. An-ihm-soll's-nicht-liegen. Er wiegt das Kind und sieht mich an. Alle drei Männer sehen mich an. «Ihr Mann sagt, es ist jetzt okay», sagt der Polizist. «Und ehrlich gesagt, sieht er ja auch ganz vernünftig aus.» Im Gegensatz zu mir zerrupftem, verstörtem Huhn. Das noch laufen kann. Das sogar aus der Wohnung darf. Und trotzdem die Polizei herbeitelefoniert. Als hätte die Polizei nichts Wichtigeres zu tun.

«Wir können ihn natürlich auch mitnehmen», sagt jetzt der andere Polizist. «Und bis morgen festhalten.» Er wartet einen Moment, bevor er die nächste, die entscheidende Frage stellt. *«Wollen Sie das?»* Er sieht mich an, und seinem Blick und Tonfall entnehme ich: Das ist nicht wirklich seine Frage. Seine Frage ist: *«Wollen Sie es wirklich so weit kommen lassen?»* Habe ich es nicht schon weit genug kommen lassen? Ohne dass ich meinen Mann, Vater meines Kindes in den Knast bringe? Drei Männer sehen mich an. Und für den Augenblick liegt scheinbar tatsächlich alles in meiner Hand.

Was will ich denn noch? Was will ich mehr?

×××

Umfragen aus den USA zeigen: Die Mehrzahl der Frauen ruft die Polizei in akuten häuslichen Gewaltsituationen nicht, damit sie den Täter verhaften. Ihr Anruf ist ein Hilferuf auf der einfachsten Basis: Sie rufen die Polizei, weil sie wollen, dass die Beamten dem Terror ein Ende machen. Und ihrer Angst. Sie wollen, dass die Beamten den Mann beruhigen. Ihm «ins Gewissen reden». Ihm Grenzen setzen. Sie wollen diesem Mann, den sie lieben und fürchten, nicht länger allein gegenüberstehen. Im praktischen und im übertragenen Sinne.

Mein dominierendes Lebensgefühl mit P. war Angst. Ich fürchtete mich. Rund um die Uhr. Tag für Tag. Ich weiß nicht, ob mir das damals bewusst war. Ich glaube nicht. Ich kann mir nicht vorstellen, wie ich fünf Jahre – mit Unterbrechungen – überlebt hätte in andauernder, panischer, *bewusster* Angst. Ich glaube, ich überlebte, indem die Angst zu einem Teil von mir wurde. In den Prügelphasen fürchtete ich mich vor P. und seinen Schlägen und Tritten. Ich fürchtete mich vor den Nachbarn, vor ihrem Klopfen gegen die Zimmerdecke. Ich fürchtete mich vor der Polizei. Die jemand einfach so rufen könnte. Und der ich mich dann erklären müsste. Wenn ich, was gemessen an der Häufigkeit seiner Prügel selten genug vorkam, selbst andere um Hilfe anrief – meine Eltern, das Frauenhaus und, einmal, die Polizei –, fürchtete ich mich vor erhobenen Augenbrauen. Stirnrunzeln. Kopfschütteln. Vor der ewig gleichen Frage: «Warum?!» Warum, verflucht noch mal, ließ ich mir das gefallen? Was war los mit mir? Was tat ich nur, um ihn zu «provozieren»?

In den Ruhephasen fürchtete ich mich davor, dass «es wieder losgeht». Und wann. Und wie. Ich hielt nach den Anzeichen dafür Ausschau, nach Veränderungen in kleinsten Nuancen. Ich nahm Witterung auf, wie ein verschrecktes Tier. Ich wachte furchtsam über die Art, wie er sprach, wie er lachte, wie er sich bewegte. Ich versuchte, meinen Tonfall, meine Worte, mein Lachen, mein Verhalten dem seinen anzupassen. Manchmal sah ich den Angriff kommen. Öfter sah ich es nicht. Abwenden konnte ich ihn nie. Nicht ein einziges Mal. Egal, wie sehr ich mich bemühte.

Ich hatte Angst. Ich fürchtete mich vor den Konsequenzen meines Um-Hilfe-Rufens. Vor seiner Wut über meinen «Verrat». «Dafür wirst du bezahlen!» Manchmal sagte er das. Öfter ließ er mich es aus seinem Blick lesen. Und aus seinen Gesten.

Ich zog meine Anschuldigungen zurück – gegenüber Freunden, Bekannten, Ärzten, gegenüber der Polizei –, weil ich fürchtete, ich würde für sie zahlen müssen. «Egal, was ich mit dir mache, und egal, was und wem du darüber erzählst: Ich komme immer da raus und rieche nach Rosen.» Das war P.s Satz. Ich höre ihn heute noch diesen Satz sagen. Er hängt mir in den Ohren. Im Hirn. Er sitzt in meinem Herz. «Come out smelling of roses» – das Cambridge-Wörterbuch erklärt diese englische Redewendung so: «Die Leute glauben machen, dass man ein guter und aufrichtiger Mensch ist, nach einer schwierigen Situation, die einen schlecht und unaufrichtig hätte aussehen lassen können.» Ich höre noch, wie P. lachte, wenn er den Satz sagte. Ich sehe seinen Blick. Den verächtlich verzogenen Mund. Ich spüre noch meine Wut. Und, stärker als die Wut, immer stärker als sie, meine Furcht.

×××

Ich will, dass das Schreien und das Schlagen aufhört. Nicht nur für diesen Abend. Für immer. Ich will, dass mein Mann mich liebt. Nicht auf die verletzende, schmerzhafte, zerstörerische Art, von der auch er immer wieder beteuert, dass es die ganz große, leidenschaftliche Liebe ist. Ich will, dass er mich so liebt, dass ich es nicht nur höre («Aber ich liebe dich doch»). Ich will es *fühlen* können. Wie fühlt sich Liebe, wirkliche Liebe an? Ich weiß es nicht. Und mir das zu erklären und meinen Mann zu dieser Art Liebe zu bringen, ist nun auch wirklich nicht Aufgabe der Polizei.

«Nein», sage ich. «Bitte nicht. Es ist schon gut.» Der Polizist nickt. «Das ist vernünftig», sagt er. Und zum ersten Mal an diesem Abend fühle ich mich auf eine Art «gut». «Sie sind ja beide noch jung», sagt er. «Und Sie haben das Kind.» Als sei das beides eine sehr gute Voraussetzung, wenn nicht eine Garantie dafür, dass jetzt bestimmt alles besser wird. Als ich einem Freund von diesem Buch erzählte und ihm die aktuellen Zahlen nannte, sagte er: «Jede dritte Frau? Das denkst du dir aus!» Ich konnte hören, es fehlte nicht viel, und er würde mich «verrückt» nennen. «Sieh dir die Statistiken an», sagte ich. Der Freund ließ sich von Fakten nicht beirren. «Also, ich kenne in meinem Bekanntenkreis *keine einzige* Frau, die von ihrem Mann geschlagen wird. Außer natürlich: dich.» Er ließ diese Erkenntnis für einen schmerzhaften Moment wirken. Und legte nach: «Ich kenne auch keinen Mann, der seine Frau schlägt.» Ich dachte: ‹Außer natürlich: meinen Exmann. Der einzige Frauenschläger weit und breit – und ich musste ihn erwischen. Typisch.› Aber das sagte ich nicht. Ich dachte, in den Ohren des Freundes klänge es sicher verbittert. «Es gibt in deinem Bekanntenkreis keinen Mann, von dem du *weißt*, dass er seine Frau schlägt», sagte ich. Der Freund lächelte. «Dann lass es mich so sagen: Ich sehe nirgendwo, wirklich *niemals* Frauen mit blau geschlagenen Augen oder anderen Verletzungen herumlaufen. Ich weiß nicht», sinnierte er. «Ist meine Welt zu heil?»

Der das fragte, allen Ernstes, war jener Freund, der noch immer mit der Frau unter einem Dach lebte, von der er seit über einem Jahr geschieden war. Der mit dieser Frau nur noch das Allernötigste sprach. Der immer mal wieder behauptete, er leide wie ein Hund. Aber dass dieses Arrangement nun mal vernünftig und darum das beste sei. Er meinte: für seine Kinder. Ich sagte: «Tatsächlich, die Hölle sieht immer anders aus.» Gewalt hat viele Gesichter. Wir sind mittlerweile keine Freunde mehr.

«Schlampe!», sagte P., als die Polizisten gegangen waren. «Dachtest, du kannst mit der Polizei auf Kumpel machen und mich in die Pfanne hauen. Aber Scheiße was, Alte, ich hab's ja gesagt: Ich komme aus allem raus und rieche nach Rosen.» Er lachte.

Trotzdem vergingen Tage, bis er mir den Verrat verzieh.

Die Fesseln der Unglückseligkeit

Schonzeit. Komisch, dass ich das damals so sah. Dass ich nicht in der Lage war, zu erkennen, wie P. mich auch in den Monaten der Schwangerschaft terrorisiert hatte. Mit seinen existenziellen Lügen bezüglich seiner ersten Ehe und seinen Drohungen, sich «für immer vom Acker zu machen», ohne Verantwortung für das gemeinsame Kind zu übernehmen.

Schonzeit. Das klingt auch, als hätte P. mir willentlich die paar Monate Prügel-Abstinenz zugestanden, zu meinem Wohle. Oder zum Wohle des Kindes. Als hätte er mir – oder dem Kind – irgendetwas zugestanden und als sei dem Kind oder mir etwas zuzugestehen sein Recht. Als sei er nicht ausschließlich auf sein eigenes Wohl fixiert gewesen. Er war nicht einmal aus Versehen nett. Die Phasen, in denen er nett war und lustig und beinahe fürsorglich, waren Teil des Spiels. Sie waren die Karotte, die der gewalttätige Mann vor der Nase seiner Partnerin baumeln lässt. In gerade der richtigen Distanz. Nah genug, dass die Partnerin, ausgehungert nach Nähe und Liebe, wie sie ist, sie sehen und riechen kann. Just wenn sie glaubt, dass sie seine Liebe – jetzt aber wirklich! – erreicht habe, zieht er die Karotte mit einem Ruck weg. Immer aufs Neue.

Eine Gewaltbeziehung wird immer wieder als Kreislauf beschrieben: aus Phasen der Glückseligkeit, der wachsenden Spannung, Eruption und anschließender Reue. Auf die wiederum eine neue, immer kürzer werdende Glücksphase folge. Und tatsächlich, so fühlte es sich für mich an. Oberflächlich. Heute weiß ich, dass P. durchgehend gewalttätig war. Auch in den vemeintlichen Glücksphasen. Und in den Phasen der Spannung. Nur eben: auf andere, subtilere Art. P. war noch dann gewalttätig, wenn er klein und scheinbar reumütig neben mir in den Kissen lag. Und von Liebe quatschte. Auch das ist Teil des Spiels. Auch das ist Gewalt. P.s Liebe zu mir, war «größer, leidenschaftlicher und wahrer» als jede gewöhnliche Liebe unter gewöhnlichen Menschen. So, wie er mich liebte, liebte sonst keiner. War gelogen, na klar, denn, eben: Jede dritte Frau! Lügen Misshandler, wenn sie ihren Partnerinnen gegenüber von Liebe sprechen? Lundy Bancroft schreibt in seinem Buch «Warum macht er das? – Wie zornige und kontrollsüchtige Männer denken» («Why Does He Do That? – Inside the Minds of Angry and Controlling Men», Berkley Books, 2002): «Für gewöhnlich nicht. Die meisten von ihnen haben tatsächlich ein starkes Gefühl in sich, das sie Liebe nennen. Und für viele von ihnen ist es das einzige Gefühl, das sie jemals gegenüber einer Frau empfunden haben. Sie wissen also nicht, dass es *nicht* Liebe ist.» Was ein gewalttätiger Mann tatsächlich fühlt, sei vielmehr das Verlangen, dass die Frau ihm ihr Leben opfert, um ihn störungsfrei glücklich zu machen. Das Verlangen, dass sie ihm jederzeit sexuell zur Verfügung steht. Das Verlangen, andere mit dieser Frau als seiner Partnerin zu beeindrucken. Und das Verlangen, die Frau zu besitzen und zu kontrollieren. Diese Verlangen sind die entscheidenden Aspekte dessen, was gewalttätige Männer für Liebe halten.

Und wenn du *das* wüsstest, dass du hier nichts Besonderes bist, dass du austauschbar bist, in der Gesellschaft und auch für ihn, würdest du *dann* gehen? Ich denke: ja. Aber natürlich weißt du nichts. Du kennst nicht die Zahlen. Statistiken. Und nicht die Geschichten all der anderen dritten Frauen, die deiner Geschichte so ähnlich sind, dass es geradezu lachhaft ist. Du kennst nicht mal die Geschichten *seiner* Frauen. Der Frauen, die vor dir dran waren. Du kennst nur seine Geschichten über sie, die er «Schlampen» nennt. Und du begreifst, was er dir, mit Hilfe der uralten, immer jungen Stereotypen unserer Gesellschaft, so leicht begreifbar macht: Es ist auch die Schuld dieser Frauen, dass er jetzt ist, wie er ist. Misstrauisch. Reizbar. Im Grunde seines Herzens und seiner Seele zutiefst verletzt. Er fährt mit dem Finger über deine aufgeplatzten Lippen, er streicht dir über das geschwollene, blutunterlaufene Auge, womöglich weint er sogar, was für ein Schwein er ist, er schämt sich ja so, er kennt sich ja selbst nicht wieder. Er kann sich nicht verstehen. Verstehen musst du ihn, bitte! Es versteht ihn doch keiner sonst!

Dass (auch) das gelogen ist: auch das weiß ich heute. Tatsächlich erfahren diese Männer entsetzlich viel Verständnis. Es bemühen sich so viele, sie zu verstehen. Sie finden Fürsprecher in der Familie. In ihrer eigenen und immer wieder auch in der Familie der Frau. Sie finden, viel zu oft, vehemente Verteidiger unter Freunden. Bekannten. Unter Polizisten. Anwälten. Richtern. Unter Jugendamtsmitarbeitern und Psychologen. Und nicht immer ist es Gutgläubig- und/oder Hilflosigkeit, die andere zu Advokaten der Täter machen. Manch einer verfolgt seine eigene Agenda, indem er sich bemüht, den Terror, den diese Männer ausüben, zu erklären. Zu beschönigen. Oder ihn gleich ganz vom Tisch zu wischen.

Mein Gott, *du* bist die Starke hier, kapierst du das nicht? Warum kapierst du das nicht! Der Schwache ist *er*. Denn er liebt dich ja so. Und er fürchtet sich so. Er ist dir ausgeliefert. Dir und der Gnade, auf die er jetzt von dir hofft. Was soll er sonst tun? Verlass ihn nicht, bitte verlass ihn nicht. Ohne dich ist er nichts.

Und er ist nett. Und lustig. Und beinahe fürsorglich. Und du, ausgehungert, wie du bist, glaubst tatsächlich an Liebe. Seine. «Traumatische Bindung» nennen die Experten das. Es ist eine Antwort auf die tausend- und einmal gestellte Frage, die dich immer aufs Neue verletzt, weil sie nicht wirklich eine Frage, sondern weil sie eine Anklage ist. Und weil du kaum jemals eine Antwort weißt: «Ja, aber! Warum bist du denn nicht gegangen!»

Lundy Bancroft schreibt: «Die Angriffe, die ein Misshandelnder auf das Selbstbild der Frau verübt; die Art, wie er ihr Fortkommen im Leben untergräbt; die Keile, die er zwischen sie und andere Menschen treibt; die psychischen Auswirkungen, die es auf sie hat, wenn er sie in Angst und Schrecken versetzt – all das trägt dazu bei, dass sie ihn *mehr und mehr braucht*. Dies ist eine bittere psychologische Ironie. Kindesmisshandlung funktioniert auf die gleiche Weise. Tatsächlich kann die Bindung von Kindern an misshandelnde Eltern stärker sein als die Bindung an Eltern, die nicht misshandeln.» Eine Freundin, die Sozialarbeiterin ist, erzählte, dass es oft die Kinder seien, die am schlimmsten von ihren Eltern misshandelt wurden, die sich, wenn das Jugendamt kommt, um sie zwangsweise in eine neue Familie zu bringen, mit der größten Verzweiflung an diese Eltern klammern.

Diese Art der Bindung ist nicht gleichzusetzen mit Masochismus, der Frauen, die in Gewaltbeziehungen leben oder gelebt haben, leider immer noch und immer wieder unterstellt wird. Ich habe in meiner Ehe mit P. nicht «um Prügel gebettelt», wie meine Mutter höhnte. Und ganz sicher habe ich die Prügel nicht «genossen». Ich gehe auch nicht davon aus, dass die Millionen anderen Frauen in Gewaltbeziehungen weltweit es genießen, von ihren Partnern verhöhnt, verlacht, erniedrigt, geschlagen, getreten, verbrüht, verbrannt, gewürgt und/oder vergewaltigt zu werden. Das zu unterstellen, ist eine weitere Art der Schuldzuweisung und eine Erniedrigung der misshandelten Frau. Solche «Vermutungen», die auf verächtlichen und den gefährlichsten Mythen und Vorurteilen beruhen, die unsere Gesellschaft Frauen entgegenbringt («Frauen genießen es, wenn einer sie mal richtig rannimmt und ihnen zeigt, wo der Hammer hängt», «Viele Frauen finden Vergewaltigung geil»), treiben die misshandelten Frauen weiter in die Isolation. Und gefährden sie in der Folge an Leib und Leben.

Eine Gewaltbeziehung ist keine sadomasochistische Beziehung, in der sich zwei gleichberechtigte Partner darüber ausgetauscht und gemeinsam festgelegt haben, welche sexuellen Praktiken ihnen Freude machen. Es wurde kein Codewort vereinbart, das jeweils einer der Partner äußern kann, wenn es ihm zu viel wird. Und auf das hin der andere Partner willig abbricht, was immer er gerade tut. Aus Respekt vor und zum Schutz des anderen.

Eine Gewaltbeziehung beruht auf exakt dem Gegenteil: dem Mangel an Respekt des Mannes gegenüber seiner Partnerin und ihren Gefühlen und Bedürfnissen. Der gewalttätige Mann sieht nicht nur keine Notwendigkeit darin, seine Partnerin vor körperlichen oder seelischen Verletzungen zu schützen. Er hat grundsätzlich kein Interesse daran.

Jene Restwärme, die ich so lange glaubte für P. zu spüren, war tatsächlich ein Gefühl der Wärme für mich. Für jene Frau, die ich damals war. Es war der Versuch, dieser Frau Verständnis, Sympathie und das Mitgefühl (nicht Mitleid) entgegenzubringen, nach denen sie sich so sehnte. Die sie dringend brauchte. Die sie verdiente.

Ich brachte ihr diese Wärme entgegen auf die einzige Art, die mir lange zulässig schien: auf dem Umweg über P.

Es trifft nicht immer «nur» die Frau

Die amerikanische Waffenkontrollgruppe «Everytown for Gun Safety» (Jede Stadt für Waffensicherheit) hat die FBI-Daten über Amokläufe in den Jahren 2009 bis 2015 ausgewertet und gefunden, dass in 54 Prozent der Fälle die Lebenspartnerin, frühere Lebenspartnerin oder ein anderes Familienmitglied des Täters unter den Opfern war. Ihnen hatte der Anschlag in erster Linie gegolten. Die anderen Verletzten und Toten waren offenbar Kollateralschäden. Und 16 Prozent aller Amokschützen wurden, bevor sie ihre fatale Wut in die Öffentlichkeit trugen, zuvor wegen Gewalt im eigenen Heim angeklagt. Gegen ihre Frau und nicht selten gegen die eigenen Kinder.

Wie Devin Patrick Kelley, der Mann, der im November 2017 in einer Kirche im Süden von Texas um sich schoss. 26 Menschen starben. Auch er war kein unbeschriebenes Blatt. Er hatte zuvor schon vor einem Militärgericht gestanden, weil er seine Frau geschlagen und gewürgt hatte. Und seinem Stiefsohn den Schädel zerbrochen. Dafür wurde er ein Jahr inhaftiert, immerhin. Dann war er wieder frei. Seine Verbrechen ins Kriminalregister einzutragen, damit er, beispielsweise, in Zukunft keine Waffen mehr kaufen konnte, hatte das Militärgericht vergessen. Vielleicht fand man sie auch nur nicht erheblich. Nach dem Massaker sagten die ermittelnden Beamten: «Ja, bei dem war zu Hause was los.»

Eine Familienangelegenheit. So können die enden.

Omar Mateen, der im Juni 2016 in einem Nachtclub in Orlando, Florida, 49 Menschen erschoss, hatte seine Frau, Sitora Yusufiy, über die drei Jahre ihrer Ehe isoliert, ihr die Gehaltsschecks abgenommen und sie geschlagen. Als sie 2009 ihre Eltern zu Hilfe rief, griff er ihren Arm und versuchte, sie davon abzuhalten, in das Auto zu steigen und ihn zu verlassen. «Er versuchte, in seine Hintertasche zu greifen, ich weiß nicht, ob er eine Waffe bei sich hatte, aber meine Mutter hatte das Gefühl, und sie schrie auf», sagte Yusufiy in einem Interview nach dem Massaker.

Im Februar des gleichen Jahres schoss Cedric Ford an seinem Arbeitsplatz in Kansas auf 17 Menschen. Drei von ihnen starben. 90 Minuten zuvor waren Ford vom Gericht eine Wegweisung und ein Kontaktverbot zugestellt worden, beantragt von seiner Frau wegen fortgesetzter Misshandlungen. 2014 nahm Man Haron Monis in einem Café in Sydney Gäste als Geiseln und verschanzte sich mit ihnen 17 Stunden. Zwei seiner Geiseln starben. Monis hatte zuvor seine Frau terrorisiert und ihr weitere Gewalt angedroht, sollte sie ihn verlassen. Er wurde angeklagt, auch ihren Mord geplant zu haben. Monis unterhielt außerdem ein «spirituelles Heilergeschäft» und pries sich als «Seher» und Experte in «Astrologie, Numerologie, Meditation und Schwarzer Magie» an. Die Rolle diente ihm, das entgegengebrachte Vertrauen von Frauen für sexuelle Übergriffe zu missbrauchen. Er gab vor, sie nur «heilen» zu können, wenn sie sich entblößten und ihre Brüste und Genitalien massieren ließen. Sieben Frauen zeigten ihn an wegen solcher Übergriffe.

Häusliche Gewalt ist nicht nur für Islamisten wie Omar Mateen die «Einstiegsdroge» zu weiteren Terrorakten. Auch weiße Amokläufer aus dem westlichen Kulturkreis haben oft zunächst Terror gegen ihre Partnerinnen und Kinder verübt, bevor sie ihre Gewalt nach außen tragen. Experten nennen häusliche Gewalt auch «intimen Terror». Islamisten und westlichen Amokläufern gemein ist eine rigide traditionelle Rollenvorstellung: vom Mann, der der Frau überlegen ist und sie kontrolliert und beherrscht. Beide Gewaltakte – der intime und der öffentliche Terror – haben in erster Linie das Ziel, Angst zu verbreiten und so Kontrolle und Macht auszuüben.

Dieses Ziel und diese Rollenvorstellung haben «gewöhnliche» Amokläufer und Islamisten auch mit der weltweit an Wählern und Boden gewinnenden politischen Rechten gemein. Und alle drei zeichnen sich aus durch Misogynie. Sie benutzen gegenüber Frauen die gleiche abwertende, bisweilen hasserfüllte Rhetorik. Als Donald Trumps «Ich grapsch den Frauen einfach an die Muschi»-Bemerkungen publik wurden, tat sein Busenfreund Nigel Farage, Vorsitzender der rechten britischen UKIP-Partei, sie ab mit den Worten: «Das sind Prahlereien von Alpha-Männchen. Wenn wir ehrlich sind, ist das nun mal etwas, das Männer tun.» Farage scheint, wie so viele seiner Sorte, weder vor Frauen noch Männern Respekt zu haben.

Ausgerechnet die AfD, die vehement gegen Gleichberechtigung kämpft, Frauen als Gebärmaschinen sieht und sie gern zurück an den Herd stellen würde, die Noch-Kanzlerin Angela Merkel eingeschlossen (Parole: «Mutti muss weg!»), will die «deutsche Frau» vor «muslimischen Sitten» retten. Leider verkehren Millionen deutscher Wähler diese Lachnummer in bitteren Ernst.

Ein Unterschied zwischen Amokläufen / Terrorakten und häuslicher Gewalt ist: Die beiden Ersteren bekommen in den Medien und in der Bevölkerung sehr viel mehr Aufmerksamkeit. Sie verbreiten die größere Angst und den nachhaltigeren Schrecken. Die Angst vor Terrorismus ist im Jahr 2017 die Spitzenangst auf der Liste der «Sieben größten Ängste der Deutschen». 71 Prozent der Befragten, Frauen eingeschlossen, fürchten sich davor am meisten. «Häusliche Gewalt» dagegen schaffte es gar nicht erst als ernstzunehmende Bedrohung auf die Ängste-Liste.

Dazu noch ein paar Zahlen: 2017 wurden europaweit 142 Menschen bei terroristischen Anschlägen getötet. Fünf davon in Deutschland. Im gleichen Jahr wurden nach Statistik des Bundeskriminalamts in Deutschland 147 Frauen von ihrem Partner oder Expartner ermordet. 2013 wurden in den Vereinigten Staaten 895 Frauen von ihren Partnern oder ehemaligen Partnern ermordet. Darin nicht eingerechnet die Frauen, die im Zug eines Amoklaufs ihres Partners oder Expartners von ihm ermordet wurden. Das sind, in einem einzigen Jahr, nahezu zehnmal so viele Opfer, wie in einer ganzen Dekade (2006 bis 2016) durch islamistische Terroranschläge zu Tode kamen. Da waren es USA-weit 92.

In Deutschland ist es somit rund 30-mal wahrscheinlicher, durch den eigenen Partner oder Expartner zu Tode zu kommen als durch irgendeinen anderen Terroristen. Aber das gilt tatsächlich nur für Frauen.

Frauenhaus

Ich sitze in einer Küche, erster Stock. Mir gegenüber am Tisch eine kleine Frau mit rauer Stimme. Sie raucht Menthol-Zigaretten und trinkt Kaffee. Den Kaffee, den sie mir angeboten hat, habe ich freundlich abgelehnt. Ich habe nicht vor, hier lange zu bleiben. Bei ihr. *Im Frauenhaus.* Wie das schon klingt. Wie «Endstation», denke ich. Und vielleicht sollte es das auch sein. Auf die bestmögliche Art. Aber das kommt mir nicht in den Sinn. Wie bin ich überhaupt hierhergekommen? Woher weiß ich, dass es in der Stadt ein Frauenhaus gibt? Und wo es zu finden ist? Ich weiß es nicht.

Es ist auch nicht wirklich ein Frauenhaus. Es ist ein kleines Stadthaus, zwischen andere Häuser gepresst, am Ende einer schmalen, kopfsteingepflasterten Straße. Es gehört der Frau mit der rauen Stimme und den Menthol-Zigaretten. Sie hat es von dem Geld gekauft, das ihr Mann ihr nach der Scheidung ausbezahlt hat. Das wird sie mir später erzählen. Und ich werde ein bisschen neidisch sein, weil sie sagt, dass ihre Ehe, trotz Scheidung, eine sehr gute Ehe war. Die Scheidung war auch gut. «Wenn es so etwas gibt.» Sie und ihr Mann waren zwei gleichberechtigte Menschen, sagt sie, die sich noch lieben, auf einer Ebene, und die doch am Scheideweg angekommen waren. Als es so weit war, merkte das nur sie. Nicht er. Er war überrascht. Und sehr traurig. Sie war auch traurig. Aber es sei eben nicht zu ändern gewesen.

«Mein Mann war ein großartiger Mann, der beste, den man sich wünschen kann», sagt sie. «Auf den lasse ich nichts kommen.» Ich bin neidisch. Und ich verstehe sie nicht. Ich kann nicht verstehen, wie sie sich von einem Mann, den sie, auf einer Ebene, noch liebt, trennen kann. Es erscheint mir ein bisschen kleinlich, lächerlich. Ich halte ganz andere Dinge aus. Schlimmere, schmerzhaftere Dinge, als nur «mal eben am Scheideweg angekommen zu sein». Wie kann man dort überhaupt ankommen, wenn man sich, auf einer Ebene, noch liebt? Ich kann mir darunter nichts vorstellen. Liebe, das ist für mich absolut. Wie in den Filmen. Und in den Zeitungen. Wie in der Ehe meiner Eltern. Schwarz und weiß, keine Nuancen. Bis dass der Tod euch scheidet.

Ich fühle mich dieser glücklichen Geschiedenen überlegen. Nein, das ist nicht richtig. Richtig ist: Ich *will* mich ihr überlegen fühlen. Das ist besser, als mich und meine Art zu lieben zu hinterfragen. Hinterfragen beinhaltet immer das Risiko, dass man feststellen muss: Man lag falsch. Liebt falsch. Das kann ich nicht riskieren. Nicht lange nach dem Kauf des Hauses hat sie in der Wohnung unter der ihren auf eigene Kosten eine «Frauenwohnung» eingerichtet. In der können Frauen unterkommen, die «zu Hause gerade Ärger haben». So sagt es nicht sie. So sagten es die Stadtoberen, als die Frau ihnen den Plan und das Konzept erklärte. Die Oberen hatten bis dahin nicht gewusst, dass *ihre* Stadt Bedarf für so etwas hat. Die mit der rauen Stimme baut mittlerweile die zweite Frauenwohnung in ihrem Privathaus aus. Mit öffentlichem Zuschuss, mehr oder weniger zähneknirschend gewährt. Bald nachdem die erste Wohnung fertig war, reichte sie nicht mehr aus. Es kamen immer mehr Frauen, die Ärger zu Hause hatten. Die meisten brachten ihre Kinder mit. «Sie haben mit Ihrem Angebot überhaupt erst eine Nachfrage geschaffen!», warfen die Stadtoberen ihr vor. Ich musste an den Satz denken, Jahre später, als mein zweiter Mann, der stets vergaß, unserer Ziege Wasser zu geben, wegwerfend sagte: «Die säuft eh nur, wenn sie Wasser hat.»

Ich brauche auch nicht wirklich ein Frauenhaus. Oder ihre Frauenwohnung. Das versuche ich der Frau am Küchentisch zu erklären. Ich bin nicht eine von «denen». Ich bin jung, Anfang zwanzig. Ich bin glücklich verheiratet. Von den Zwischenfällen mal abgesehen. P. hat einen Job gefunden, bei der Armee. Wir wohnen mittlerweile in einer vollbeheizbaren Vier-Zimmer-Dachgeschoss-Wohnung, Backsteinbau in einem grünen Stadtteil mit rundum netten Leuten und gemeinsamer Gartennutzung. Unter uns der Journalist mit seiner Sozialarbeiterinnen-Freundin. Im ersten Stock der Vermieter mit seiner sehr jungen Frau und ganz frischem Kind. Wir sind alles ordentliche Leute. Daran erinnern die anderen uns, wenn wir im Dachgeschoss wieder mal aus der Rolle fallen. Dann klopfen sie mit dem Besenstiel an die Decke. Oder sie halten mich mit gerunzelter Stirn im Hausflur an und fragen: «Geht das bei euch auch mal etwas leiser?» Oder die Vermieterfrau spricht mich an, wenn ich das nächste Mal die Miete zu ihr runtertrage: «So geht das aber nicht – du weißt schon. Die anderen haben sich bei uns beschwert.» Ich glaube, das nennt man: soziale Kontrolle. Sie funktioniert bei uns einwandfrei.

Ich habe mittlerweile zwei Kinder. Sicher, als ich zum zweiten Mal schwanger wurde, acht Monate nachdem unser erstes Kind geboren war und ich gerade wieder in der Kinderkrankenpflegeschule begonnen hatte, hatte ich einen schwachen Moment. Als ich im Bad den positiven Teststreifen sah, dachte ich kurz, ich springe aus dem Fenster. Vierter Stock. Ich ging dann aber doch ins Wohnzimmer, zu P., der auf dem Sofa saß und das Urteil abwartete: Zum zweiten Mal lebenslänglich. Er war so geschockt wie ich. Mindestens. Er sagte: «Ich will kein zweites Kind. Ich habe schon ein Kind. Das reicht mir.» Er sagte: «Entscheide dich: entweder das Kind oder ich.» Ich sagte: «Dann will ich das Kind.» Ich hätte nicht sagen können, was in mich gefahren war. Woher dieser plötzliche Rebellenton kam. Und das, knappe fünf Minuten nachdem ich dieser Schwangerschaft wegen aus dem Fenster hatte springen wollen.

Ich wusste nichts von den «Sicherheitszonen», die sich misshandelte Frauen suchen. Die sie sich einrichten. Und in die sie versuchen sich zurückzuziehen. Um zu überleben. Diese Sicherheitszonen können tatsächliche Orte sein. Zu Hause, auf der Arbeit, in der Schule. Wo immer die Frauen «auftanken» können. Es können Beziehungen mit Kollegen, Freunden oder Liebhabern sein, von denen der gewalttätige Partner nichts weiß und/oder auf die er keinen Einfluss nehmen kann. Es können abstrakte Rückzugsorte sein: ein Buch, ein Foto, ein Gegenstand, der eine besondere, nur der Frau bekannte Bedeutung hat. Ein Verhalten, von dem der Partner nichts weiß. Bis spät in die Nacht wach bleiben. Nichts oder unkontrolliert essen. Tabletten, Drogen oder Alkohol zu sich nehmen. Oder die strikten, vom Partner auferlegten Regeln geschickt umgehen und minimal brechen. So sichern sich die Frauen Momente der Autonomie. Evan Stark erzählt von einer Frau, die zwar jeden Morgen das Bett folgsam nach den Regeln ihres Partners machte. Aber statt den Abstand der Enden der Überdecke zum Fußboden genau auszumessen, wie ihr von ihm aufgetragen, schätzte sie ihn nur. Und nach dem Saugen ließ sie einzelne Staubflocken unter den Stühlen zurück, um zu sehen, ob es ihm auffiel. Das war ihre Art der Rebellion. Meine war, dass ich mich für mein Kind entschied. Es gab andere Momente der Autonomie. Eine Katze, die ich mir, ohne P. um Zustimmung zu bitten, von einem Bauernhof holte. Die freundschaftliche Beziehung, die ich zu seinem Arbeitskollegen unterhielt. Die Art, wie der Kollege und ich uns zuzwinkerten und die Augen verdrehten, wenn er bei uns zu Gast war und P. den Kommunismus lobte, über Nazi-Deutschland dozierte oder über mein Essen witzelte. «Dann gebe ich dem Kater aber einen Namen», sagte P. Er nannte ihn «Rusty». Ich rief ihn «Rostig». Eines Morgens war er verschwunden. Er kam nicht zurück. Der Kollege auch nicht. «Den hast du mit deiner ständigen Anmache vergrault», sagte P.

Evan Stark schreibt: «Weil Sicherheitszonen der Frau eine Alternative zur Unterwerfung bieten, bleiben sie selten unangefochten. Filmte man missbräuchliche Beziehungen in Zeitlupe, dann glichen sie einem grotesken Tanz, in dem die Opfer sich Augenblicke der Autonomie schaffen und die Täter diese Momente ‹suchen und vernichten›.»

«Suche und vernichte». Das war auch P.s Mission in Bezug auf die Schnipsel von Autonomie und Frieden, die ich mir gesucht hatte. Später war es die Mission meines zweiten Mannes. Beide Männer fanden diese Schnipsel zuverlässig und zerstörten sie. Einen nach dem anderen. Oft erfuhren sie auch dabei Unterstützung. Als ich mir in meiner zweiten Ehe das erste Pferd kaufte, kommentierte meine Schwiegermutter: «Wozu brauchst du ein Pferd! Hast du nicht mit deiner Arbeit und den Kindern genug zu tun? Du bist in erster Linie Mutter.» Im Scheidungsprozess später waren meine Pferde der Grund, warum der Richter mir die Prozesskostenhilfe verwehrte: «Verkaufen Sie die Gäule, dann können Sie das hier auch bezahlen.» Außer den «Gäulen» hatte ich auch noch fünf Kinder. Ich arbeitete, freiberuflich, mein Einkommen lag auf Sozialhilfeniveau. An den Pferden hielt ich trotzdem fest. Sie erschienen mir lebenswichtig. Das konnten, neben meiner Schwiegermutter und dem Familienrichter, auch Freunde und Bekannte nicht wirklich verstehen.

Mein Noch-Mann, der zu der Zeit schon Sozialhilfe bezog, keiner Arbeit nachging, keine Kinder zu versorgen hatte, keinen Unterhalt zahlte und der zu den Ratenzahlungen auf das gemeinsame Haus nicht beitrug, bekam gleich im ersten Anlauf Prozesskostenhilfe gewährt. Und dann immer wieder aufs Neue. Sie ermöglichte ihm, mich über fünf Jahre zu verfolgen. Mit Unterhaltsforderungen, Sorgerechtsanträgen, Besuchsrechtklagen. Mit zwei anwaltlichen Briefen pro Woche, deren einziger Sinn es war, zu terrorisieren: «Sollte meinem Mandanten bekannt werden, dass Sie die Ratenzahlungen auf das gemeinsame Haus einstellen, werden wir mit allen verfügbaren Mitteln gegen Sie vorgehen.» Er verfolgte mich, mit staatlicher Hilfe, auch noch, nachdem ich meine Kinder und Sachen gepackt und so weit weg wie möglich, ins Ausland gezogen war. Er, der über die vergangenen fünf Jahre zu krank gewesen war, um zu arbeiten und zu zahlen, ließ jetzt über seinen bewährten Anwalt dem Gericht und mir ausrichten, er sei genesen. Man solle ihm umgehend das Sorgerecht übertragen und die Kinder zurück nach Deutschland, in seine kompetenten väterlichen Hände überführen. Mittlerweile war ein neuer Richter mit uns befasst. Ich rief ihn an. Er sagte: «Das ist ja irre!» In der Verhandlung, der ich nicht beiwohnen musste, sagte er: «Ich kriege hier den Eindruck, dass Sie denken, weil Sie der Vater sind, muss man Ihnen zu Füßen liegen. Ohne jede Rücksicht auf die Kinder.» Er lehnte den Antrag ab. Ich wünsche mir und den Millionen anderen Frauen mehr Richter mit seinem Durchblick.

Ich wünsche mir mehr Menschen wie meinen Jagdkollegen. Nachdem ich gegen Ende meiner zweiten Ehe den Jagdschein gemacht hatte – als Rückzug aus einer Ehe, die mich zunehmend isoliert hatte –, kündigte mein Mann an, auch er werde jetzt in den Kurs gehen und die Jägerprüfung absolvieren. «Warum nicht?», erklärte er. «Wenn ich nun mal auch Interesse und Freude daran habe. Das kannst du mir nicht verbieten.» Er hatte recht, und ich war entsprechend verzweifelt. Mein Kollege sah das. Er erkannte es, ohne dass ich ihm groß unsere Beziehung erklärte. Er sagte: «Nee. Der macht auf keinen Fall den Jagdschein! Das werde ich verhindern.»

P. sagte auf meinen neuesten Autonomieanfall hin erst mal nichts. Er saß für ein paar Minuten steif da, stand auf und ging an mir vorbei zur Tür. Über die Schulter dann: «Ich hoffe, du weißt, was du tust, und nimmst den Mund nicht mal wieder zu voll.» Ich fürchtete, dass er mich verlassen würde. Dass ich schließlich mit zwei Kindern allein dasaß. So richtig. Aber ich konnte nicht anders. Schon gar nicht konnte ich zurück. Ich durchlebte ein paar Wochen, in denen ich mich unerträglich einsam fühlte. Und ich war ein ziemliches Maß an Einsamkeit gewohnt.

Ich ging allein zu den Arztterminen. Ich rief meine Eltern an und bekannte mich mit zitternder Stimme zu meinem Versagen. Ihre

Enttäuschung tat mir weh. Ich fühlte, sie war berechtigt. Ich ging zu der Schulleiterin und beichtete ihr meine wiederholte Doofheit. Ich brach in Tränen aus, wie beim ersten Mal. Und sie rief, wie beim ersten Mal: «Aber Kindchen! Kinderkriegen ist doch etwas Wunderbares!» Und natürlich würde ich weiterarbeiten und nach dem Mutterschutz im Folgejahr mit dem neuen Kurs zum dritten Mal meine Ausbildung anfangen können. Ich hätte mich glücklich schätzen sollen. Ich fühlte mich leer. Eines Abends kam ich von der Arbeit heim, und P. hockte vor dem Kohleofen im Schlafzimmer, mit dem Rücken zu mir. Er stocherte in der Glut herum, ich stand im Türrahmen. Ich sehe ihn vor mir, als hätte ich dieses Bild gerade jetzt real vor den Augen. Er drehte sich nicht um, als er fragte: «Also? Wie willst du das neue Baby nennen?» Ich fiel ihm zu Füßen. Ich kann die Erleichterung, die ich in diesem Moment und für den Abend empfand, heute noch lebhaft spüren. Meine Freude. Mein Glück. Meine Hoffnung. Ich erinnere das alles viel deutlicher als den Terror, der bald darauf wieder folgte, und die Schläge. Das ist das Spiel.

In seiner Biographie «Pimp», Zuhälter, schreibt der legendäre amerikanische Zuhälter Robert Beck, Straßenname «Iceberg», wie er als junger Mann zu einem älteren Kollegen geht und ihn um Rat bittet, wie er auch die scheinbar unkontrollierbaren «seiner» Frauen kontrollieren kann. «Oh, das ist leicht», sagt der Ältere. «Alles, was du tun musst, ist, die Schlampe mit einem Kleiderbügel verprügeln. Und dann lässt du ihr ein heißes Bad ein ... und gibst ihr ein paar Schmerztabletten. Sie wird so dankbar sein, dass du sie wieder herrichtest, dass sie darüber vergessen wird, dass du das Arschloch bist, das sie überhaupt erst verprügelt hat.» Funktioniert immer wieder. Einwandfrei. Nicht nur vonseiten der Gewalttäter selbst. Es funktioniert auch vonseiten des Umfelds. Wenn es die Frau drängt, dem Mann «noch einmal eine Chance zu geben». Weil er sich doch so um sie bemüht.

Über den Terror kann ich nur generell sagen: Er dauerte über die Schwangerschaft hinweg. Einmal, ich war im sechsten oder im siebten Monat, rief ich ein Taxi und fuhr zum Krankenhaus. Die Ärzte notierten meine Schwangerschaft, meine zahlreichen Verletzungen, ihren Grund und ließen mich schließlich auf meinen Wunsch ziehen. Zurück, nach Hause. Wo P. friedlich schlief.

Ich dachte lange: Was konnten sie anderes tun. Es war ja mein Wunsch. Er war ja mein Mann. Was hätten sie tun können oder getan, wenn ein Fremder mich so zugerichtet hätte? Das frage ich mich erst heute. Ich frage es mich, wenn Nachbarn angesichts des lautstarken Terrors im Nachbarhaus lediglich mit den Augen rollen. Wenn Polizisten eher desinteressiert zu «Familiendramen» ausrücken, die keine sind. Wenn Richter Männer, denen gegenüber ihrer Partnerin «die Hand ausgerutscht ist», milde be- und nur selten verurteilen. Warum ist es erklärbar, entschuldbar, warum ist es auf irgendeine absurde Art okay, wenn ein Mann *seine* Frau schlägt? Nehmen wir solche Gewalt auch gegenüber *irgendeiner* Frau hin?

«Die Frauen verheimlichen oder beschönigen die Gewalt.» – «Erst zeigen sie den Kerl an, dann machen sie einen Rückzieher.» – «Wie soll man denn wissen, was los ist, wenn die Frauen nicht reden!» Das sind so die Standardvorwürfe.

Wahr ist: Ich redete. Ich rief laut und immer lauter um Hilfe. Und meine häufigen, immer schwerwiegenderen Verletzungen sprachen für sich. Während einer akuten Attacke *wusste* ich, wie gefährlich P. war. Ich war in einer angemessenen Panik. Oft in Todesangst. Ich reagierte entsprechend. Ich rief die Polizei. Ich floh zu meinen Eltern. Ich vertraute mich Kolleginnen an, ich saß zweimal mit meinen Verletzungen Ärzten gegenüber. Mit der physischen und zeitlichen Distanz schwanden meine Panik und mein Bewusstsein für die Gefahr, in der ich mich befand. Ich begann zu beschönigen. Ich machte Rückzieher. Ich nahm die Schuld auf mich. Das erleichterte mein jeweiliges Gegenüber. Einerseits. Andererseits führten mein Schönreden und meine Rückzieher bei ihnen immer zu derselben Schlussfolgerung: «Bei mir brauchst du nicht mehr ankommen!» Weil es ja so schlimm offenbar nicht war. Weil ich ja doch immer wieder zu ihm zurückging.

Ich ging zurück. Bis zum nächsten Mal. Und jedes nächste Mal schaffte eine noch größere Distanz. Bei mir. Und bei den anderen. Ich war bald nur noch «so eine Frau». Ich war es in sehr viel stärkerem Maß, als P. «so ein Mann» war. Unser Fokus liegt nicht auf «solchen Männern» und dem, was sie tun. Der Fokus liegt auf «solchen Frauen». Ich erlebte P. immer als die akzeptablere Person von uns beiden.

Die vielen nächsten Male schafften eine lebensgefährliche Gleichgültigkeit. In mir. Und in den anderen. Wir ergaben uns in diese Art «Normalität». Jeder auf seine Weise. Wir schlossen die Augen. Aus unterschiedlichen Gründen. Mit dem gleichen Effekt. Familie, Freunde, Nachbarn, Kollegen, Polizei und Justiz lehnen sich schließlich achselzuckend zurück. In einer Situation, in der eine verschärfte Sorge und höchste Alarmbereitschaft die einzig angemessenen, die zwingenden Reaktionen sind. Das ist das ganz gewöhnliche Drama häuslicher Gewalt. Wir fangen an, wegzusehen und uns zurückzuziehen, just dann, wenn wir am schärfsten hinsehen müssten. Wenn wir präsent sein müssten.

Darum wünsche ich mir mehr Menschen wie die Frau mit der rauen Stimme und den Menthol-Zigaretten.

Ich versuche an diesem Kaffeetisch nun schon eine Weile, ihr mit einiger Geduld und zunehmender Verzweiflung zu erklären, dass ich hier nicht hergehöre. In ihr Frauenhaus. Mein Mann ist keiner dieser tumben Brutalos, mit denen und mit deren Frauen sie hier sonst sicher zu tun hat. Mein Mann ist klug. Gebildet. Er kennt sich aus mit Geschichte. Und Politik. Er kennt sich aus mit Musik. Beim Eurovision Song Contest holt er jedes Jahr Block und Kugelschreiber heraus und legt seine eigenen Punktlisten an. Das ist lustig. P. hat Humor. Er bringt Leute zum Lachen. Sogar mich, immer noch. Immer wenn wir von Minden nach Hause zu meinen Eltern fuhren, zum Beispiel, und um eine ganz bestimmte Kurve biegen, und Blick auf einen ganz bestimmten Bogen der Weser bekommen, an dem die Wiesen besonders grün und die Dämme besonders voll sind, reißt er die Hände vom Lenkrad in teils gespielter, teils echter Begeisterung und ruft mit Alt-Nazi-Stimme: «Härrliche Land-schaft!» Es ist ein Ritual. Und wir lachen. Weil es wirklich komisch ist, wie P. mit seinen Löckchen und der dunklen Haut Hermann Göring imitiert, der sich über die Schönheit des Weserberglands begeistert. Wir haben Spaß. Als wir neulich im Fernsehen Bob Geldofs Band-Aid-Konzert ansahen und dort Bob Dylan mit den Rolling-Stones-Männern Ron Wood und Keith Richards auftrat, haben P. und ich uns auf dem Bett gerollt vor Lachen. Die drei sahen furchtbar aus. Dürr, ungekämmt, hohle Wangen, die dicksten Ränder unter den Augen. Sie waren praktisch schon tot. «Wie die Leichen!», rief P. Und eine dieser drei Leichen, Ron oder Keith, sang so grässlich schief, dass sogar Bob Dylan mit Zahnschmerzmiene zu ihm herübersah. Dann fingen sie an zu lachen. Und die Menge johlte. «Das ist es!», brüllte P. begeistert. «Wenn dir alles egal ist! Wenn du so scheiße aussehen kannst und so schief singen und dich alle beklatschen – dann hast du es geschafft!»

Ich bin ganz sicher nicht «so eine Frau». Ich wurde heute nicht einmal richtig geschlagen. Wir hatten nur irgendeinen Streit, im Auto, und dann drohte er mir Schläge an. Also: nicht mit Worten. Das ist nicht P.s Art. Er sagt nie: «Gleich haue ich dir eine rein.» Er schlägt einfach zu. Aber nach mittlerweile drei Jahren weiß ich allmählich vorher Bescheid. Die Luft verändert sich. Sie wird dicker. Dünner. Ich kann nicht mehr so gut atmen. Ich atme gar nicht mehr. Ich habe Angst, wenn ich hier zu viel Raum einnehme, und sei es nur atmenderweise, schlägt P. wirklich zu. Statt mir nur das Gefühl zu geben, es könnte gleich wieder so weit sein. Manchmal scheint das zu klappen. Das mit dem Luftanhalten und Sich-Dünnmachen. Dann wieder klappt es nicht.

Heute hat P. nicht zugehauen. Heute hat er mich nur aus dem

Auto geworfen. Zusammen mit meinem Kind, unserem jüngsten Sohn. Der ist jetzt ein halbes Jahr. Den Großen, er ist gerade zwei, hat er behalten. Den Großen mag er. Vielleicht hat er ihn auch bei sich behalten, weil es ihm noch ein bisschen mehr Macht gibt. Aber das denke ich in diesen Momenten nicht. Ich denke: Dass P. nur mich und das Baby auf der dunklen Straße aussetzt, im Winter, nicht auch noch den Zweijährigen, zeigt, dass er im Kern doch ein Guter ist. Dass er ein Herz hat. Er hat eben nur manchmal diese komische, nicht leicht zu begreifende Art, das zu zeigen. Das versuche ich, der Frauenhausfrau zu erklären.

Ich sage hektisch: «Und ich weiß auch, warum er so ist!» Ich rattere P.s schreckliche Kindheitsgeschichte herunter. Würde die mit den Menthol-Zigaretten mich jetzt fragen, ich würde direkt sagen: «P.s Mutter ist an allem schuld!» Lieber allerdings ist mir, sie sagt es von sich aus. Ich hätte gern, dass sie mich bestätigt. Dass sie sich mit mir über diese unmögliche Frau und Mutter empört. Die ihre Kinder und ihren Mann so erbärmlich im Stich gelassen hat und deren Vergehen ich jetzt hier ausbaden muss. Das glaube ich tatsächlich. Wenn ich nicht gerade glaube, dass ich die Schuldige bin. Der Einzige, der niemals schuld ist, der keine Verantwortung für sein Handeln trägt, ist P. P. ist kein Täter. Er ist ein Opfer. Er muss geheilt werden. Mit Liebe. Ich muss das Riesenloch füllen und die Wunde heilen, die die Lieblosigkeit seiner Mutter geschlagen hat. Und plötzlich denke ich, ob ich vielleicht genauso bin wie P.s Mutter? Wie ich hier so an einem Küchentisch sitze und Geschichten erzähle, derweil mein Zweijähriger zu Hause allein mit seinem Vater ist. Ich bin auch einfach abgehauen. Ich habe sie beide alleingelassen. Meinen Mann und mein Kind. Darum sage ich nichts mehr, ich hoffe nur, der Frauenhausfrau fällt das nicht auf.

Ich ziehe Parallelen, und leider tue ich es auf die übliche falsche Art. Ich ziehe sie ohne Verständnis. Für die andere Frau, P.s Mutter. Und damit ohne Verständnis für mich. Ich ziehe sie, ohne mich nur ein einziges Mal zu fragen, *warum* P.s Mutter wiederholt abgehauen ist. Warum sie über Monate ohne ein Lebenszeichen verschwand. Es fällt mir nicht ein, dass sie vielleicht einen guten Grund gehabt haben könnte, zu gehen. Wegzulaufen. Wie sollte es mir auch einfallen können? Ich sehe ja nicht einmal, dass ich einen Grund zum Weglaufen hätte. Dass ich Grund hätte, ein Frauenhaus aufzusuchen. Später, auf die Veröffentlichung meiner Gewaltgeschichte in einem Frauenmagazin, schreibt eine Leserin: «Wie blöd ist diese Frau und was tut sie ihren armen Kindern an! Ich war selbst mal in so einer Situation, habe mich von meinem Mann verprügeln lassen. Die schlimmsten sind die Mütter, die ihren Kindern das zumuten.» Für einen Moment war ich fassungslos. Dann fiel mir meine eigene Gnadenlosigkeit ein. Mit einer anderen Frau, P.s Mutter. Und, natürlich, mit mir.

Die Raue nimmt einen Menthol-Zug und sagt: «Sie brauchen mir nix zu erklären. Kenne ich alles schon, alles schon tausendmal gehört. So oder anders. Es ist immer die gleiche Geschichte.» Ich habe noch keine Ahnung, wie furchtbar recht sie hat.

Ich versuche, ihr zu erklären, warum ich hier bin, obwohl ich doch nicht hierhergehöre. Ich versuche, ihr klarzumachen, dass ich hierbleiben könnte, wenn ich wollte, dass ich glaube, dass ich schon irgendwie ein Recht dazu hätte, dass ich schon ein paar Dinge erlitten habe, die mich, theoretisch, dazu berechtigen, eine Frauenwohnung zu beziehen. Ich will nicht, dass sie mich für eine hysterische Zicke hält. Gleichzeitig muss diese Frauenhaushüterin verstehen, dass ich hier nicht her*gehöre*. Es ist ein wahnsinniger Balanceakt. Ich scheitere kläglich. Die Raue lächelt müde. «Sie brauchen bei mir kein blaues Auge als Eintrittskarte.»

Ich würde gern bleiben, und zugleich würde ich gern gehen. Der Kaffee, den ich doch angenommen habe, ist leer, und ich werde unruhig. Unruhiger. Die Raue sagt: «Ich zeige Ihnen die Wohnung.» Ich will die Wohnung nicht sehen. Ich habe schon eine Wohnung. In der wartet P. Und mein Kind. «Er macht sich sicher schon Sorgen», sage ich. Ich würde gern gehen und sehen, ob er sich Sorgen macht. Nein, richtig ist: Ich würde gern gehen und sehen, dass er sich Sorgen macht. Ich muss gehen und mich davon überzeugen, dass er sich Sorgen macht. Ich muss wissen, dass ich ihm etwas bedeute. Aber natürlich darf er sich nicht zu sehr sorgen. Dann wäre es ein Drama.

Die Raue zieht die Augenbrauen hoch. Dann sagt sie: «Ich denke, es ist eine gute Idee, wenn Sie wenigstens heute Nacht hierbleiben. Schlafen Sie drüber. Und morgen entscheiden Sie, was Sie machen wollen. Es wäre gut, wenn Sie etwas Abstand bekommen.» Ihr Gerede macht mir Angst. Ich brauche keinen Abstand. Ich kann mir Abstand nicht leisten. Ich habe mich mein ganzes Leben noch nicht distanzieren dürfen. Distanzieren dürfen sich die anderen. Meine Aufgabe ist es, da zu sein, zur Verfügung zu stehen, mich bereitzuhalten. Für den Augenblick ihrer von mir heißersehnten Rückkehr. Wenn ich nicht da bin, immer wenn ich nicht jederzeit erreichbar bin, werde ich P. verlieren. Und Verlust ist das Schlimmste. Schlimmer als Schläge. An Schlägen stirbt man nicht. An Verlust schon.

Wenn meine Mutter tobte und ihre allfälligen Bösartigkeiten zischte («Du bist es wirklich nicht wert!») und wenn sie zuschlug (was selten vorkam), das war alles zu ertragen. Unerträglich war, wenn sie schwieg. Und sie *konnte* schweigen, sie war darin eine verfluchte Expertin. Sie ließ dich «am ausgestreckten Arm verhungern». So nannte sie das. Sagte nichts über Stunden. Manchmal Tage. Sie guckte nur. So, dass du wusstest: Du bist es wirklich nicht wert, gar nichts. Und vielleicht wird sie darum nie wieder mit dir sprechen. Nicht ein einziges Wort. Ich sage: «Aber er muss doch morgen früh zur Arbeit. Und er hat das Kind.» Wie soll P. zur Arbeit gehen können, mit dem Kind? Die Raue guckt mäßig amüsiert. «Finden Sie nicht, dass das sein Problem ist? Hätte er sich ja überlegen können, bevor er Sie mit dem Baby aus dem Auto warf.» Ich weiß nicht, was ich finden soll. Ihre Argumentation ist so kühl kalkuliert. Das ist mir fremd. Ich sage trotzig: «Aber er muss schon zur Arbeit können.» Und dass und wie er zur Arbeit kann, ist mein Problem. Sie sagt nichts. Sie holt ein paar Decken und Kopfkissen, nimmt den Schlüssel zur Frauenwohnung und sagt: «Also?» Der Hals wird mir eng. Mein Herz rast. Ich bin nicht sehr geübt im Nein-Sagen. Ich gehe hinter ihr her. Zögerlich. Auf Beinen, die am liebsten zurück zu P. laufen würden. Der sich hoffentlich Sorgen macht. Und mich auf jeden Fall braucht.

Wie kann ich das dieser knallharten Frau nur plausibel machen? Dass es wichtig ist, dass ich jetzt sofort zurückgehe. Dass es vernünftig ist. Das Vernünftigste. Auch wenn ihr das auf den ersten Blick vielleicht nicht so scheint. Mein Hirn rast im Leerlauf. Wie soll ich ihr klarmachen, dass das, was P. und mich verbindet, Liebe ist! Die wahre.

Ich lege mein Baby in sein Frauenhausbett und möchte weinen. Warum bin ich hierher gerannt, was habe ich mir dabei gedacht? Warum habe ich *nicht* gedacht! Ich habe, wieder mal, etwas in Gang gesetzt, das ich jetzt nicht mehr aufhalten kann. Typisch! Ich lege mich neben mein schlafendes Kind und stehe gleich wieder auf. An der Haustür klingelt es. Ich höre Schritte. Männerstimmen. Eine Frau weint und schluchzt Unverständliches. Dann die bekannte Menthol-Zigaretten-Stimme. Als ich etwas später hoch in die Küche gehe, sitzt da schon eine andere am Tisch, ich schätze sie Mitte 50. Das Zopfmuster ihrer weißen Strickjacke ist blutverschmiert. Ein Auge blau. Sie sagt, als sie seinen Fäusten entkommen ist, hat ihr Mann sie mit dem Messer noch ein paarmal ums Haus gejagt und gebrüllt: «Ich schlachte dich ab, blöde Kuh!» Eine Nachbarin hat dann die Polizei gerufen. Es war spät und alles ein bisschen laut. Na bitte, denke ich, *die* gehört hier nun wirklich her.

Die Frau schluchzt, schlürft ihren Kaffee, blutet ein paar Taschentücher voll, und dann geht sie nach Hause. Ist für die Frauenhausbesitzerin nix Neues. Sie kennen sich schon. «Die Frau kommt alle paar Wochen», erklärt sie mir. «Sie kotzt sich hier aus, lässt ihren Müll bei mir ab, und dann geht sie zu dem Mann zurück. Nachdem sie Platz gemacht hat für neuen Müll. Wie die meisten.» Sie lacht. So, dass man hören kann: Sie findet das alles schon längst nicht mehr lustig. Sie nimmt die Frau trotzdem immer wieder auf. Das verstehe ich nicht. Und das sage ich auch. «Warum machen Sie so einer immer wieder die Tür auf und helfen ihr, wenn sie diese Hilfe nicht mal annimmt und zu schätzen weiß!» Die Mentholfrau sieht mich an. «Ich brauche keine Dankbarkeit. Ich will, dass es den Frauen bessergeht. Ich will, dass sich etwas ändert. Das braucht seine Zeit.»

Ich verstehe sie nicht. Ich bin zum ersten Mal hier.

Ich bin Respekt nicht gewohnt.

Die Kultur von Macht, Zwang und Kontrolle, oder: Warum wir beim Kampf gegen häusliche Gewalt noch immer versagen

Ellen Pence, eine 2012 verstorbene amerikanische Soziologin und Aktivistin, entwickelte Anfang der achtziger Jahre zusammen mit ihren Kollegen das «Power and Control Wheel», das Rad der Macht und Kontrolle. Ein Diagramm, das den Aufbau von gewalttätigen Beziehungen und die Funktionen innerhalb der Beziehung zeigt. Pence und Kollegen hatten zuvor lange Gespräche mit misshandelten Frauen geführt. Ihre entscheidende Erkenntnis aus den Gesprächen war, dass häusliche Gewalt kein impulsiver Akt ist und keine Aneinanderreihung einzelner impulsiver Akte. Es ist ein System.

In einem Dokumentarfilm über das Projekt erzählt Pence: «Ich werde nie vergessen, wie eine Frau zu mir sagte: Wenn du mit einem Schläger lebst, dann ist das nicht zyklisch. Es (seine Gewalt) ist nichts, das kommt und geht. Wenn du mit einem Schläger lebst, lebst du tagein, tagaus mit einem Schläger. Selbst wenn er nett zu dir ist, ist das ein Teil der Gewalt. Denn wenn er dich einerseits vergewaltigt und dir sagt, du bist hässlich und einen Dreck wert, und drei Tage später sagt er: ‹Du bist wunderschön› und ‹Ich brauche dich› und ‹Ich will dich›, dann ist das alles ein Teil desselben Systems. Glaube bloß nicht, dass das zyklisch ist.»

Es war der Anfang ihrer Gespräche mit den Frauen. Es war das erste Mal, dass sich jemand die Mühe machte, den Frauen zuzuhören. Ihnen *wirklich* zuzuhören. Bislang hatten die Aussagen der Täter das öffentliche Bild von häuslicher Gewalt geformt. Psychologen, Psychiater und Therapeuten übernahmen ihre Schilderungen von einem ‹Gewaltzyklus›: Nach jeder Attacke durchlief das Paar demnach eine Phase der Ruhe, in deren Folgephase würden Stress und Anspannung im Täter wieder kontinuierlich steigen, bis sie sich in einer neuen Attacke gegen die Partnerin, oft von ihr provoziert, entluden. Sie übernahmen die Argumentation der Täter, ihre «Gefühle», ihre Erklärungen und Entschuldigungen. Sie passten die Täter-Aussagen in ihr von männlicher Erfahrung und Sichtweise geprägtes Deutungsschema ein. Die tatsächlichen Experten in häuslicher Gewalt, die misshandelten Frauen, wurden nicht als Experten wahr-, geschweige denn ernst genommen. Sie waren nur die Opfer.

Ellen Pence dagegen versuchte eine Antwort zu finden auf die Frage: «Was macht einen Mann zum Schläger?» Pence und ihre Kollegen hofften, zusammen mit der Antwort einen Weg zu finden, gewalttätige Männer «umzuprogrammieren». Also fragten sie die *misshandelten Frauen*: «Wenn wir diese Männer für acht, zehn oder zwölf Wochen in ein Schulungsprogramm aufnehmen können, was wollt wir, dass wir sie lehren? Wie ist das, mit diesen Männern zu leben? Beschreibt es uns.» In den Erzählungen der Frauen aus ihrem Alltag tauchte immer wieder ein Wort auf: «Taktik».

«*Welche* Taktiken benutzten die Männer gegen euch? Abgesehen von körperlicher Gewalt?», fragte Pence. «Er lässt nicht zu, dass wir Freunde haben», sagten die Frauen. Darauf fragten die Forscher die einzelnen Frauen detaillierter: «Wen lässt er dich nicht sehen? Und wann?» Bald kristallisierte sich aus den gesammelten Erzählungen ein zweites Wort heraus: «Isolation». «Er erniedrigt mich ständig», sagten die Frauen. «Er gibt mir Schimpfnamen.» Erfahrungen wie diese fassten die Forscher zusammen unter dem Begriff «Emotionaler Missbrauch». Am Ende hatten sie mehr Taktiken sammeln können, als sie in einem Diagramm abbilden konnten. «Die anderen lassen sich graphisch nicht sehr gut darstellen», sagt Pence im Film. «Also beschränkten wir uns auf das, was wir als die neun Kerntaktiken ansahen.»

Obwohl diese Taktiken auch von Frauen gegen Männer angewandt werden können, nenne ich hier das Opfer ausschließlich «sie». Aus zweierlei Gründen. Erstens nehmen ‹neutral› formulierte Sätze im Deutschen stets eine unweigerliche Wendung ins Männliche. Selbst wenn ich das «sie» in einem Satz durch «jemand» ersetze, steht am Ende des Satzes ein Mann als das Opfer da: «*Jemanden* manipulieren, um Sex von *ihm* zu bekommen». Zweitens ist diese Form der Gewalt in der Praxis nahezu ausschließlich gegen Frauen gerichtet.

Die vornehmlich gegen Frauen ausgeübten Beherrschungs-Taktiken in Pence' Diagramm sind:

Sexuelle Nötigung, Belästigung und Übergriffe

Der Einsatz von Manipulation, um Sex oder sexuelle Aktivitäten zu bekommen; die Frau betrunken machen und/oder unter Drogen setzen, um Sex zu bekommen; das Zerstören von Verhütungsmitteln und/oder Schutzmitteln vor Geschlechtskrankheiten vor oder während des Sexes oder die Weigerung, solche Mittel einzusetzen; sexuelle Kommentare, unangemessene Blicke oder das Erzählen sexueller Witze; sexuelle Berührungen, die Frau ohne Zustimmung begrapschen, sich gegen sie reiben oder sie kneifen.

Drohungen

Die Androhung und/oder Ausübung körperlicher oder sexueller Gewalt; der Frau damit drohen, sie zu verlassen, sie anzuzeigen, oder mit Selbstmord drohen; sie zu illegalen Handlungen überreden oder zwingen; ihr damit drohen, ihren HIV-Status, Immigrations-Status oder andere private Informationen preiszugeben.

Einschüchterung
Ihr mit Blicken, Handlungen oder Gesten Angst machen; das Zerschlagen, Zerstören und Stehlen von Eigentum; die Misshandlung von Tieren; das Zurschaustellen von Waffen.

Isolation
Kontrollieren, was sie tut oder wohin sie geht; entscheiden, wen sie sieht, was sie trägt und mit wem sie spricht; das Einschränken von Kontakten zur Außenwelt; Druck ausüben, damit sie sich einer Gruppe anschließt; sie von Freunden und Familie isolieren; Rechtfertigung der eigenen Handlungen mit Eifersucht.

Minimieren, leugnen und beschuldigen
Die Auswirkungen von Missbrauch kleinreden; Sorgen bezüglich Missbrauchs nicht ernst nehmen; behaupten, der Missbrauch sei nie passiert; Stress, Alkohol, Drogen oder Eifersucht für den Missbrauch verantwortlich machen; behaupten, dass das Opfer den Missbrauch verursacht hat.

Die Kinder benutzen
Der Frau Schuldgefühle wegen der Kinder machen; den Kindern Botschaften an die Frau mitgeben; Besuche bei den Kindern benutzen, um die Frau zu schikanieren; der Frau drohen, ihr die Kinder wegzunehmen.

Emotionaler Missbrauch
Sie herunterputzen, kleinmachen; sie dazu bringen, schlecht von sich selbst zu denken; sie beschimpfen; sie dazu bringen, zu glauben, sie sei verrückt; sie mit Psychospielen verunsichern; sie demütigen; dafür sorgen, dass sie sich schuldig fühlt.

Ökonomischer Missbrauch
Sie davon abhalten, eine Arbeit aufzunehmen oder sie weiter auszuführen; sie in die Situation bringen, um Geld bitten zu müssen; ihr ein Haushaltsgeld oder Geld für andere Dinge zuteilen; ihr das eigene Geld abnehmen; sie über das Familieneinkommen nicht in Kenntnis setzen und/oder ihr den Zugang dazu verwehren.

Männliche Privilegien
Sie wie eine Dienerin behandeln; alle großen Entscheidungen trifft der Mann; er benimmt sich wie der «Schlossherr»; er ist derjenige, der die Männer- und Frauenrolle definiert.

Für sich genommen waren die einzelnen Taktiken oft subtil und kaum wahrnehmbar. Die Männer wandten sie oft gleichzeitig an, um zunächst Macht und Kontrolle über ihre Partnerin zu gewinnen. Später, um ihre Macht auszubauen und aufrechtzuerhalten. Pence und ihre Kollegen entschieden, dass eine Taktik dann eine Kerntaktik war, wenn *jede* der von ihnen befragten Frauen Vorfälle aus ihrem Zusammenleben mit dem Gewalttäter erzählen konnte, die zu dieser Taktik passten. In Pence' Diagramm werden diese Kerntaktiken zusammengehalten von einem Kreis körperlicher und sexueller Gewalt. Das sind die offensichtlichen Taktiken, die mit noch mehr Macht ausgeübt werden. Gewalttätige Männer wenden sie oft an, um ihren subtileren und regelmäßig angewandten Misshandlungsmethoden Nachdruck zu verleihen.

«Die Frauen sagten nicht, dass die Männer die Taktiken *gezielt* anwandten, um Macht und Kontrolle über sie auszuüben», erzählt Pence. «Sie sagten, dass die Männer, als Ergebnis dieser Taktiken, schließlich alle Macht und Kontrolle über sie *hatten.*» Pence glaubte aus dem herauszuhören, dass die Männer nach Macht und Kontrolle über die Frauen strebten. Und mit dieser Vorstellung von deren Macht- und Kontrollstreben ging sie in die Gruppen für gewalttätige Männer. Aber sie hörte die Männer das niemals so sagen: «Wir wollen Macht und Kontrolle.» Und plötzlich begriff Pence. Sie erkannte den großen Unterschied zwischen dem, was sie gedacht hatte, das vor sich ging, und dem, was tatsächlich vor sich ging: den Unterschied zwischen dem Wunsch nach Macht und Kontrolle und dem *Gefühl, ein Recht darauf zu haben.* Trotz allen Gleichberechtigungsgeredes und aller Gleichberechtigungsbemühungen: Männer glauben auch heute noch, dass sie das Recht haben, Frauen zu beherrschen. Frauen glauben es auch.

40 Jahre nach Pence' Entdeckung herrscht in den Köpfen noch immer das von den Tätern geprägte, rudimentäre Bild häuslicher Gewalt. Über dieses Bild hinaus begegnen wir ihr, als sei sie ein großes Mysterium. In ihrem Kern unbegreiflich. Und darum in ihren Ursachen unlösbar.

Tatsächlich, sagte Ellen Pence, sei der erste Kommentar auf die von ihr in den Speichen des Rades genannten Kerntaktiken oft: «Aber all das machen doch eine Menge Leute so!» Gefolgt von dem Bestreben, beides gleichzusetzen: Wenn eine Frau einen Mann erniedrige und beschimpfe, sei das das Gleiche! «Ja, eine Menge Leute setzen solche Taktiken ein», sagte Pence. «Aber sie verbinden sie nicht mit sexuellen Misshandlungen und der Möglichkeit und Fähigkeit, den anderen zu verprügeln, ihn einzuschüchtern und ihn in Angst und Schrecken zu versetzen.» Pence glaubte, den Unterschied mache, dass bei der Art von Gewalt, die ein Mann über seine Partnerin ausübe, seine Taktiken untrennbar mit körperlicher Gewalt oder der *Möglichkeit*, körperliche und sexuelle Gewalt einzusetzen, verbunden sind. «Die Gewalt gibt dem Ganzen seine Form. Wenn eine Frau ihren Partner beleidigt und erniedrigt, ist das ein emotionaler Missbrauch, ja. Aber der Mann lebt nicht in der Angst und dem Terror, die der Kern häuslicher Gewalt sind.»

Der Forensiker Evan Stark sagt, er sei weder in seinen Studien zum Thema ‹Häusliche Gewalt› und ‹Zwangskontrolle› noch privat jemals einem Mann begegnet, der auf dieselbe Art der Macht und

Kontrolle seiner Partnerin unterlegen war, wie sie Frauen ihren Partnern alltäglich unterliegen. Aber für Stark ist es nicht das Damoklesschwert körperlicher Gewalt, das die Frauen gefangen hält. Ihr Terror ist – nahezu – unsichtbar. Er geht tiefer. Und – das ist entscheidend – er erreicht die Frauen auch dann, wenn ihr Partner abwesend ist. «Um körperliche Gewalt auszuüben, musst du dem Opfer körperlich nahe sein. Um es mit Zwang kontrollieren zu können, ist keine Anwesenheit nötig.» Zwangskontrolle ist eine erstaunliche Form der Unterdrückung, sagt Stark. «Weil sie die Grenzen sozialer Räume überschreitet und so schließlich jeden sozialen Raum des Opfers erfüllt.» Um ein Bild von dem Ausmaß dieser Art der Kontrolle zu bekommen, muss man sich auf eine penible Spurensuche machen. Man muss sich ansehen, wie und wohin überall der Täter das Opfer mit seiner Kontrolle verfolgt. «Diese Form von Kontrolle ist viel effektiver als nur körperliche Gewalt.» In einem von Stark untersuchten Fall hielt sich die Frau strikt an die ihr auferlegten Regeln: den Teppich so lange zu saugen, bis Bahnen sichtbar waren. Die CDs alphabetisch geordnet in den Schrank stellen. Ihre Kleider nach Farben sortiert in den Schrank hängen. Sie hielt sich noch an diese Regeln, Jahre nachdem ihr Partner bei einem Motorradunfall gestorben war. Sie definierte sich über diese Regeln. Und, im erweiterten Sinn, über ihren gestorbenen Mann. Einen anderen Begriff von Selbst hatte sie nicht mehr. Sie musste erst wieder mühsam entdecken, dass es auch sie als Person noch gab.

Unsere Definition von häuslicher Gewalt ist eine männliche Definition. «Frauen haben Gewalt niemals ausschließlich mit körperlicher Gewalt gleichgestellt», sagt Stark. Wer auf deutlich sichtbare Zeichen der Gewalteinwirkung warte, um einzuschreiten, der werde 98 Prozent aller Fälle von häuslicher Gewalt übersehen. Ich übersah die Gewalt meines zweiten Mannes. Ich übersah sie zwölf Jahre lang. Mehr als das: Ich hielt meinen zweiten Mann für den Mann meiner Träume. Dass beziehungsweise in welchem Maß er gewalttätig war, erkannte ich erst, als sein subtiler Zwang nicht länger voll und ganz funktionierte. Und er darum zuschlug.

Gewalt definiert sich nicht allein darüber, was Männer Frauen antun. Sie definiert sich auch darüber, was sie ihnen nehmen. Nahezu alle Bereiche, in denen gewalttätige Männer ihre Partnerinnen kontrollieren, haben mit ihren Vorstellungen von ihnen und mit ihrem Anspruch an sie als Frauen respektive als Mütter zu tun. Sie kommentieren und kontrollieren, wie die Frau sich kleidet. Was sie kocht. Wie sie den Haushalt führt. Wen sie außerhalb der Familie trifft. Wie sie die Kinder erzieht. Die Männer schütteln sich diese Vorstellungen und Ansprüche nicht aus dem Ärmel.

Die AfD gewinnt ihre deutschen Wähler, indem sie gegen Gleichberechtigung ins Feld zieht und verspricht, die Frauen zurück an den Herd zu zerren. Der US-Staat Alabama hat, während ich dieses schreibe, ein rigoroses Abtreibungsverbot erlassen. Es gilt auch nach Vergewaltigungen. Und nach Inzest. Ein zweiter Staat, Louisiana, folgte dem Beispiel Alabamas innerhalb weniger Tage mit dem «Herzschlag-Erlass». Danach ist der Fötus ab dem ersten nachweisbaren Herzschlag – anders als seine Mutter – eine mit all ihren Rechten schützenswerte Person. Die «Abtreibungsgegner» sind Staat für Staat auf dem Weg, ein Abtreibungsverbot auch im höchsten US-Gericht, dem Supreme Court, durchzubringen. Dann haben sie amerikaweit ihr Ziel erreicht, und Frauen werden (auch diesbezüglich) nicht länger über ihren Körper bestimmen können.

Zwangskontrolle, als Kern häuslicher Gewalt, ist ein Terror, der sich in seiner Einzigartigkeit gegen Frauen richtet. Gewalt von Frauen gegen Männer kommt vor. Aber sie ist selten. Und sie ist von einer anderen «Qualität». Während Frauen in der Regel aus einem augenblicklichen Impuls zuschlagen, schlagen Männer, um Frauen dauerhaft zu unterdrücken.

«Wenn wir alle von Frauen gegen Männer gerichtete Gewalt beenden würden, was würde sich in unserer Gesellschaft ändern?», fragt Evan Stark. Und gibt die Antwort: «Tatsächlich nichts.» Beenden wir aber alle von Männern gegen Frauen gerichtete Gewalt, ändert das tatsächlich alles.

Stark hat die Regierungen in England, Schottland und Wales dahin gehend beraten, den Tatbestand der «Zwangskontrolle» offiziell als Straftat in ihre Gesetze aufzunehmen. England ist diesem Vorschlag Ende Dezember 2015 gefolgt. Im Januar 2019 legte die britische Regierung zudem einen umfassenden Gesetzesentwurf vor, mit dem sie der Gewalt effektiv begegnen will:

- Festlegung einer gesetzlichen Definition von häuslicher Gewalt, die speziell ökonomischen Missbrauch und nichtkörperlichen, kontrollierenden und manipulativen Missbrauch einschließt – dies wird jeden, einschließlich der Opfer, befähigen, zu verstehen, welche Verhaltensweisen Missbrauch darstellen, und es wird die Opfer ermutigen, sich zu melden.
- Ernennung eines Beauftragten für häusliche Gewalt, um Reaktionen auf das Problem der häuslichen Gewalt voranzutreiben.
- Einführung neuer Schutzerklärungen vor häuslichem Missbrauch und von Vorschriften zum Schutz vor häuslichem Missbrauch, um die Opfer weiter zu schützen und die Handlungen der Täter einzuschränken.
- Verbot des Kreuzverhörs von Opfern durch ihre Täter vor den Familiengerichten.
- Automatische Zulassung von Sondermaßnahmen zur Unterstützung von mehr Opfern bei der Anzeige vor den Strafgerichten.

Anlass für den Entwurf war ein Bericht des Innenministeriums über die ökonomischen und sozialen Kosten häuslicher Gewalt. Von 2016 bis 2017 kostete das Verbrechen die Länder England und Wales 66 Milliarden Pfund, 75 Milliarden Euro. Den größten Anteil daran, 53 Milliarden, haben die von den Opfern davongetragenen körperlichen und emotionalen Schäden.

Eine 2017 veröffentlichte Studie der Brandenburgischen Technischen Universität in Cottbus bezifferte die jährlichen Kosten häuslicher Gewalt gegen Frauen in Deutschland auf «nur» 3,8 Milliarden. In die Berechnungen ein flossen Polizeieinsätze, Gerichtsverhandlungen, Unterstützungsangebote, medizinische Behandlungen, durch häusliche Gewalt bedingte Arbeitslosigkeit und die Behandlung von Traumata bei Kindern. Zudem rechneten die Forscher Kosten ein, denen kein direkter geldlicher Gegenwert zugeordnet werden kann und die doch zusätzlich zu den direkten Kosten entstehen. Beispielsweise der Verlust an Lebensqualität durch Krankheit.

Die große Diskrepanz zwischen den in England und Wales und den in Deutschland errechneten Kosten darf überraschen. Angesichts dessen, dass Deutschland rund 17 Millionen mehr Einwohner hat als das Vereinigte Königreich. Und angesichts dessen, dass sich die Statistiken bezüglich des Vorkommens häuslicher Gewalt gleichen. Hier wie dort trifft es jede dritte Frau.

Wer die Gewalt gegen Frauen beenden will, muss für die Gleichberechtigung von Frauen sorgen, er muss ihre Abhängigkeit von den Männern beenden. Es geht nicht nur um die Sicherheit der Frauen. Es geht um ihre Freiheit.

Paartherapie

Ich bin wieder im Frauenhaus. Es ist das zweite Mal. Oder das dritte? Ich gehöre jetzt zu den Regelmäßigen. Zu den armseligen Gestalten, die hierherkommen, nur, um wieder zurückzugehen. Ich bin jetzt endgültig ein Psychoschrotthaufen, den kein normaler Mensch versteht.

Die Mentholfrau ist über meinen Niedergang fast so erschüttert wie ich. Sie sagt: «Wenn ich einmal ein Paar getroffen habe, für das ich noch Hoffnung sah, wirkliche Hoffnung, dann P. und dich.» Sie sagt: «Da ist doch was zwischen euch. Eine wirkliche Zuneigung. Das ist doch was, auf dem man alles andere aufbauen kann.» Wir sind doch keine Idioten, P. und ich. Wir sind doch jung. Attraktiv. Klug. Wir waren doch mal ein tolles Paar. Sind wir doch noch. Wir sind nicht wie die anderen, leeren Paare, die sie hier auf täglicher Basis sieht. Ihre Hoffnung macht mir Mut. In den Momenten, in denen ich fast meine Hoffnung verliere, halte ich mich an ihrer fest. Sie hat Erfahrung. Sie muss es wissen.

Ich glaube, sie und ich, wir vergaßen beide, dass alle oder doch die meisten traurigen, entleerten Paare einmal genauso jung, klug und hoffnungsfroh angefangen hatten wie wir, P. und ich. Jeder von uns etwas anderes hoffend, an etwas anderes glaubend, das wir dringend brauchten zum Glück. «Nein!», rief die Mentholfrau, als ich das in einem hellen Moment einmal sagte. Sie schüttelte den Kopf. Aber ich sah, dass der Schrecken der Erkenntnis auch ihr im Nacken saß. «Nein, nein, bei euch ist das etwas ganz anderes. Gar nicht vergleichbar.» Daran hielten wir beide fest. Viel mehr hatten wir nicht.

Sie sagt, was wir brauchen, ist eine Therapie. Eine Paartherapie. Etwas, jemanden, das oder der uns hilft, miteinander zu kommunizieren. «Ohne dass ihr euch die Köppe einschlagt.» Na ja, was heißt «wir uns» – P. schlägt mir manchmal den Kopf ein. Natürlich meint sie das «ihr euch» nicht wörtlich. Nur so, im übertragenen Sinne. Aber wie sie es sagt, hat seinen Effekt. Es schafft das Bild zweier gleichberechtigter Partner. Eines Köppe-Einschlagens auf Augenhöhe. Aber leider ist das nicht das, was hier passiert.

Damals wusste ich das noch nicht. Ich glaubte lieber an die Version der Gegenseitigkeit. Ich musste mich dann nicht ganz so hilflos fühlen, wie ich tatsächlich war. Nicht so ausgeliefert.

Wer «die Verantwortung übernimmt», auch bezüglich der Dinge, für die er keine Verantwortung trägt, wer sich die Schuld oder wenigstens eine Mitschuld gibt an dem, was mit ihm geschieht, versetzt sich in eine Position der Kontrolle. Wenn auch nur theoretisch. Er darf glauben, er kann seine Situation ändern. Ich rationalisierte mir eine Kontrolle herbei, die ich nicht hatte. Zu keinem Zeitpunkt unserer Beziehung. Ich glaube, auch die Mentholfrau sah mich lieber in dieser verkorksten Position der Stärke. Auch sie glaubte lieber an eine Veränderbarkeit, Verbesserbarkeit der Dinge. Daran, dass unsere Zukunft in unserer Hand lag. Nur manchmal eben ist ein solches Denken nicht hilfreich. So wenig wie eine Therapie, Paartherapie, in einer Gewaltbeziehung hilfreich ist. Nicht für die misshandelte Frau. Die Mentholfrau sagt: «Ihr braucht diese Therapie sofort! Ihr dürft keine Zeit mehr verlieren. Ihr müsst retten, was von euch und eurer Beziehung zu retten ist!» Die Warteliste für eine Paartherapie ist lang. Sie telefoniert sich mit rauer Stimme für uns den Wolf und hört immer wieder das Gleiche: «Sie können die beiden gern bei uns vormerken lassen, aber die Wartezeit beträgt mindestens ein halbes Jahr.» – «Wie bitte, ein halbes Jahr!», brüllt die Mentholfrau in meinem Beisein jeweils ins Telefon. «Das können Sie vergessen! Bis dahin ist diese Ehe komplett im Arsch!» Das ist sie natürlich ohnehin. Aber das will die Mentholfrau so wenig wahrhaben wie ich.

Endlich gewährt uns eine Therapeutin zähneknirschend einen ersten Termin. «Notfall-Intervention» nennt sie es. Die Therapeutin will erst mal mit P. sprechen. Allein. Dann mit mir. Sie will sich ein «neutrales Bild» von unserer Beziehung machen. Ein erstes Fiebermessen, wie schlimm es um den Patienten steht. Danach, so lässt sie uns über die Mentholfrau ausrichten, wird sie bei einem gemeinsamen Treffen entscheiden, ob unsere Ehe zu retten ist. Und wenn ja, wie wir das ihrer Meinung nach am besten versuchen. Gemeinsam.

Ich sollte heilfroh sein, dass endlich etwas geschieht. Etwas Professionelles. Aber das einzige Gefühl, zu dem ich in der Lage bin, ist Angst. Eine an Todesfurcht rührende Panik. P. tobt: «Jetzt muss ich mir auch noch so eine Scheiße antun!» Und alles wegen mir! Weil ich es nicht gebacken kriege. Das ist seine Sicht der Dinge. Und es ist besser auch meine. Gegen P.s Sicht der Dinge anzustrampeln, gleicht dem Anschwimmen gegen einen reißenden Strom. Als Nichtschwimmer. Wann immer ich es versuche, bin ich haarscharf am Ersaufen. Ich denke: Wenn ich mich mit dem Strom treiben lasse, habe ich eine Chance zu überleben.

Natürlich will ich, dass das Prügeln aufhört. Aber ich sehe mich außerstande, den ultimativen Preis dafür zu zahlen. Ich kann P. nicht verlieren. Die kühle Geschäftsmäßigkeit, mit der hier jetzt meine Ehe, mein Lieben, mein Leben vermessen und verhandelt wird, macht mir Angst. Mir macht Angst, dass P. der Erste sein wird, der mit der Therapeutin redet. Der Erste, der von uns erzählt. Von mir. Ich fürchte, wie er mich darstellen wird. Und meine Rolle in diesem Drama. Ich kann es mir vorstellen. Es braucht nicht viel Phantasie. Ich weiß, wie überlegt und vernünftig er klingen kann. Tausendmal glaubwürdiger als diese übelgelaunte, misstrauische und darum beängstigend defensive Frau, die ihm das Leben zur Hölle macht. «Mensch», sagt P. oft. «Wenn du nicht wärst, ich hätte *ein Leben*!» Ich fürchte, die Therapeutin wird es genauso sehen.

Die Therapeutin ist jung. Kühl, schlank, groß. Mit blondem

Kurzhaarschnitt und einer Praxis ganz oben, im dritten Stock. Hell und großräumig. Unter den hohen Fenstern ein aufgeräumter Schreibtisch. In der Ecke ein Sofa, zwei Sessel, dazwischen ein niedriger Tisch. Dies ist ihr Reich. Ich schätze sie auf Ende zwanzig. P.s Alter. Ich reiche ihr meine Hand, sie lässt sie stehen, im Leeren. «Bitte», sagt sie. «Nehmen Sie Platz.» Ich verstehe, ich bin schon zu weit gegangen. Ihr zu nahe getreten. «Diese Praxis ist neutrales Gebiet», wird sie bei unserem nächsten Termin sagen. Wenn P. und ich gemeinsam auf ihrem Sofa sitzen werden. Und ich zitternd vor hilflosem Zorn ihre Fürsprache fordere. «Dies ist neutrales Gebiet.» Und sie wird unberührbar in ihrem Sessel sitzen. Denn sie ist professionell. Und ich bin eine emotional aufgeladene Idiotin. Eine, die sich nicht im Griff hat. Das unterscheidet mich von ihr. Und von P. Von ihnen beiden.

×××

Die amerikanische Psychotherapeutin und Leiterin internationaler Seminare, Gabriele Hilberg, schreibt: «Misshandlung ist kein Beziehungsproblem. Erste Priorität muss das Macht- und Kontrollproblem [hinter den Misshandlungen] sein. Die misshandelte Person muss zuallererst in Sicherheit sein, und der Misshandelnde / die Misshandelnde muss ein Programm beginnen, in dem er / sie sich mit seinem / ihrem gewalttätigen Verhalten auseinandersetzt. Der Misshandelnde muss die volle Verantwortung übernehmen und verbindlichen Einsatz zeigen. Andernfalls endet die Therapie für die misshandelte Person nur in Manipulation, Einschüchterung und Isolation. Paartherapie für Menschen in Gewaltbeziehungen lenkt von den wahren krankhaften und zerstörerischen Verhaltensmustern des Misshandelnden ab. Üblicherweise wird Paartherapie für den Misshandelnden zu einem Spiel, bei dem er versucht, die Sitzungen als ein Mittel zu nutzen, den Therapeuten für sich zu gewinnen und die Misshandlungen zu rechtfertigen und zu minimieren.»

Misshandlung ist kein Beziehungsproblem! Wenn ein Partner

den anderen schlägt – und noch einmal: in den meisten Fällen ist das ein Mann, der eine Frau schlägt –, dann fällt das nicht in die Kategorie: «Die beiden haben ein Problem, an dem sie dringend arbeiten müssen.» Das Problem ist nicht, dass «diese beiden einfach nicht miteinander können». Das Problem ist seine Gewalttätigkeit. Und die Lösung dafür ist nicht, zu gucken, was «beide Partner tun können», um ihn daran zu hindern.

Als das Familiengericht während meiner zweiten Scheidung ein psychologisches Gutachten aller Familienmitglieder in Auftrag gab, um die Sorgerechtstauglichkeit meines Noch-Mannes zu testen, fand der Psychologe es «verwirrend», dass dieser Mann, statt über sich selbst zu sprechen, seine Sitzung ohne Umschweife mit einer detaillierten Evaluierung meiner «Persönlichkeit» und meiner «Probleme» begann. Beziehungsweise mit einer Darstellung meiner Persönlichkeit, wie er gelernt hatte, dass sie ihm nützlich sein würde. Er setzte die Beschreibung über die volle Stunde seiner Sitzung von dem Gutachter weitgehend ungehindert fort, erweitert um Beschreibungen der «Persönlichkeitsprobleme» unserer Kinder, und lieferte fachmännisch seine, meine medizinische Diagnose: «Hoch narzisstische Borderline-Störung». Der Gutachter fand das, so sagte er es mir später, seltsam und fühlte sich unbehaglich (seine genauen Worte waren: «Da stimmt etwas nicht»), aber er wollte sich durch diesen «persönlichen Eindruck» und sein «unspezifisches Gefühl» nicht in seiner Professionalität behindern lassen. Sein Urteil vor Gericht lautete dann ganz «professionell neutral»: «Die Partner lösen offenbar gegenseitig ineinander etwas aus, das zu den spezifischen Spannungen dieser Beziehung führte, die in neuen Beziehungen mit anderen Partnern nicht auftreten müssen und wahrscheinlich auch nicht auftreten werden.» Er hätte, wie ich es später tat, vielleicht auch meine Vorgängerin, die erste Exfrau dieses Mannes, anrufen sollen. Möglicherweise wäre sein Urteil dann weniger «professionell», dafür aufrichtiger ausgefallen.

Die Nationale Hotline für Opfer häuslicher Gewalt (National

Domestic Violence Hotline) in den USA schreibt auf ihrer Webpage: «Eine Therapie kann sehr effektiv sein für Paare, die durch eine schwierige Phase in ihrer Beziehung gehen. Aber wenn Gewalt Bestandteil einer Beziehung ist, raten wir von einer Paartherapie ab. Für den Erfolg einer Paartherapie ist es unerlässlich, dass beide Partner gewillt sind, Verantwortung für ihre (eigenen) Handlungen zu übernehmen und ihr Verhalten zu ändern. Gewalttätige Menschen wollen die absolute Macht und Kontrolle in einer Beziehung und werden alles tun, um dieses Ungleichgewicht um jeden Preis zu bewahren.» Das bedeutet: Sie setzen ihre gesundheitsschädigenden und verletzenden Verhaltensmuster fort. Unter allen Umständen.

Dessen ungeachtet bietet die deutsche Caritas unter dem flotten Werbespruch «Jetzt mal anders – Ohne Gewalt klarkommen» Paartherapie bei häuslicher Gewalt an. «Gewalt(frei) in der Beziehung: Die Paare haben die Wahl», wirbt die Webseite der Caritas weiter. So als entschieden Paare tatsächlich gemeinsam, ob der Mann die Frau misshandeln sollte. Oder nicht. Und das tun sie nach Überzeugung der Caritas auch. Sie räumt schon auf ihrer Webpage auf mit dem «Verdacht», dass «die Dynamik der häuslichen Gewalt» womöglich «strukturell verankert» sei: «Ein systemischer Blick eröffnet die Möglichkeit, häusliche Gewalt als interaktiven Prozess zu verstehen. Eine genaue Betrachtung der partnerschaftlichen Verhaltensmuster legt die beidseitige Beteiligung an der Gewaltdynamik offen. Diese Perspektive bietet Betroffenen die Möglichkeit zu entdecken, dass sie ihr Schicksal durch eigenes Handeln selbst gestalten können.»

Die Berater sichern den Männern über die Internetseite zu, dass sie «Verständnis haben für alle Gefühle: Ärger, Wut und Stolz ebenso wie Angst, Trauer, Selbstzweifel, Scham und Schuldgefühle». Aber die Gefühle gewalttätiger Männer sind *nicht* die Auslöser ihrer Gewalt gegen ihre Partnerinnen. Der Auslöser ist ihr *Denken*. Die Überzeugung, dass Männer Frauen überlegen sind und es ihr Recht ist, ihre Partnerin zu kontrollieren. Notfalls mit Gewalt.

So liest sich die Liste der Caritas-«Behandlungsziele» wie eine Liste der gesammelten Mythen über gewalttätige Männer und zugleich die Liste ihrer typischen Entschuldigungen: Die Gründe für das gewalttätige Handeln erkennen und neue Verhaltensweisen entwickeln, Auslöser wahrnehmen und Risikoverhalten einschätzen, eigene Gewalterfahrungen und Verletzungen aufarbeiten, die soziale und kommunikative Kompetenz fördern, Vertrauen in die eigenen Talente und Chancen entwickeln, die persönlichen Bedürfnisse wahrnehmen und mit ihnen umzugehen lernen, die eigenen Grenzen wahrnehmen und die Grenzen anderer respektieren und: für die Sicherheit der Partnerin / des Partners sorgen.

Zwar notiert die Caritas unter ihren «Behandlungszielen» unter anderem den Punkt «Persönliche Denkmuster erkennen ...», ergänzt ihn aber gleich mit dem Ziel «... und Selbstkontrolle einüben». Das obengenannte, gewaltauslösende Denkmuster hat mit «mangelnder Selbstkontrolle» nichts zu tun. Ein Misshandler muss nicht lernen, seine (natürliche? normale? irgendwie verständliche?) Gewaltbereitschaft gegenüber Frauen und seiner Partnerin zu «kontrollieren». Er muss vielmehr erkennen und akzeptieren, dass sein persönliches (und gesellschaftlich verankertes) Denken «Ich bin mehr wert als meine Partnerin, ich habe mehr Rechte, insbesondere habe ich das Recht, sie zu beherrschen», falsch ist. Das ist ein Unterschied.

Eines Abends sahen P. und ich einen Dokumentarfilm über die Entführung einer jungen Erbin. Die Entführer riefen bei den Eltern an und forderten ein paar Millionen. Ich weiß nicht mehr, ob sie mit dem Geld davonkamen oder geschnappt wurden. Wir saßen auf dem Sofa, Arm in Arm, und P. sagte etwas in der Art wie: «Wow, das mache ich! Und dann setze ich mich ab mit den Millionen.» «Wie denn?», scherzte ich. «Wenn du anrufst, um das Geld zu fordern und die Bedingungen zu vereinbaren, haben sie dich mit deinem Lispeln doch gleich.» P. lachte. «Ich benutze einfach nur Wörter, in denen kein ‹S› vorkommt.» – «Klar», sagte ich. «Und am

Ende, bevor du auflegst, sagst du ‹Alssso, bisss dann, Tsssüsss›.» Wir lachten beide. Es war ein schöner Abend. Und dann gab es den Tag, an dem wir darüber sprachen, wie sehr er unter dem Lispeln bisweilen litt, was er alles versucht hatte, um es loszuwerden. Und dass es in seiner Familie erblich war. Ein paar Cousins hatten es. Und seine Schwester. Seine jüngste Schwester lispelte sehr viel stärker als er. Ich sagte: «Im Vergleich dazu hast du geradezu Glück gehabt.» Er schlug ohne Vorwarnung und rückhaltlos zu. «Bist du irre!», brüllte er, als ich am Boden lag. «Ich habe *nicht Glück gehabt*! Ich hätte, wenn ich könnte, jederzeit das Lispeln meiner Schwester auf mich genommen, damit sie *nicht* damit leben muss! Du gefühllose Schlampe! Du unglaublich dämliche Kuh!»

«Eigene Gewalterfahrungen und Verletzungen» sind *nicht* – wie es die «Behandlungsziele» der Caritas nahelegen – Auslöser für die Gewalt. Und es fehlt den Männern auch nicht an der «Wahrnehmung ihrer Bedürfnisse». P.s Bedürfnisse waren die einzigen, die er wahrnahm. Wenn er log, drohte und zuschlug, tat er das nicht, weil er sich seiner Bedürfnisse nicht bewusst gewesen wäre. Er tat es, um die Erfüllung seiner Bedürfnisse dauerhaft sicherzustellen – unter Missachtung der Bedürfnisse aller anderen, einschließlich der Bedürfnisse unserer Kinder. Maßgeblich war sein Bedürfnis nach Kontrolle.

Und von einem gewalttätigen Mann zu fordern beziehungsweise ihm beibringen zu wollen, dass er «für die Sicherheit seiner Partnerin sorgt»? Mir sinkt das Herz, wenn ich solche und andere «Beratungsangebote für Paare, die von häuslicher Gewalt betroffen sind», lese. Es geht mir hier nicht darum, einzelne Institutionen vorzuführen und zu verteufeln. Die Caritas ist auch leider nicht die einzige, die – womöglich in bester Absicht – Frauen mit ihrer Art der Beratung im Stich lässt. Mein Anliegen ist, mit dem allgemeingültigen, institutionalisierten Glaubensschrott bezüglich häuslicher Gewalt generell aufzuräumen. In einem Interview mit der *Süddeutschen Zeitung* erklärten die Paarberater der Caritas, ihr Angebot richte sich an Paare, bei denen das Gewaltmuster keine eindeutige Opfer-Täter-Zuweisung zulasse. Die Frauen erlebten sich nicht (ausschließlich) als Opfer. Sie «erkannten» sich auch als Täter. Auch ich weiß um dieses «Erkennen». Es ist den meisten Frauen in Gewaltbeziehungen gemein, wenn nicht allen. Ich fühlte mich an P.s Gewaltausbrüchen und -exzessen auf viele Art schuldig. Ich war halbwegs überzeugt, ich war *genauso* gewalttätig wie er. Auf meine Art.

Die Caritas bewirbt ihre Therapie als «Arbeit für Paare bei situativer Partnergewalt» und bietet darüber hinaus die Weiterbildung von Fachkräften an, deren vorrangiges Ziel sein soll, «Verständnis für die Wesensmerkmale des Phänomens ‹situative Paargewalt› sowie dessen Abgrenzung gegenüber anderen Formen der Gewalt zu wecken».

Das «Phänomen der situativen Paargewalt» wurde erstmals von dem amerikanischen Soziologen Michael P. Johnson dokumentiert. Johnson fand, dass bestimmte Streitpunkte eines Paares eskalieren und die Paare von anfangs verbaler Gewalt zu körperlicher und, seltener, sexueller Gewalt übergehen können. Die Betonung liegt hier auf: *die Paare*. Johnson unterschied diese «situative Paargewalt» (er hatte ursprünglich den Begriff «gewöhnliche Paargewalt» für sie gewählt) von «patriarchaler Paargewalt». Letztere Gewaltform werde ausschließlich von Männern in heterosexuellen Beziehungen ausgeübt und diene der Machtsicherung und dem Machterhalt. Später erkannte er, dass die Wortwahl «gewöhnliche Paargewalt» den Eindruck erwecken musste, dass es sich bei dieser Form der Gewalt um die meistverbreitete Form der Partnergewalt handele, derweil die patriarchale Gewalt so fälschlich als ein Randphänomen erschien. Johnson korrigierte den Begriff darum später zu «situative Paargewalt».

Dessen ungeachtet sagt Marcel Kruse von der Caritas im Interview mit der *Süddeutschen Zeitung*: «Die allgemein verbreitete Annahme ist, dass diese Fälle (der ‹situativen Paargewalt›) verglichen mit den krassen Misshandlungsfällen eher in der Unterzahl sind. Aber dieser Eindruck täuscht. Leider gibt es in Deutschland bisher kaum Forschungen dazu. Wir haben Zahlen aus den USA von 2005, die nahelegen, dass 65 Prozent aller Menschen, die von häuslicher Gewalt betroffen sind, in die Gruppe der situativen Gewalt fallen.» Damit vermittelt er potenziellen Klienten und jedem Leser den Eindruck, den Johnson unbedingt hatte vermeiden wollen.

Wenn Kruse mit «krassen Misshandlungsfällen» schwere Körperverletzung, schwere Körperverletzung mit Todesfolge, Totschlag und Mord meint, hat er sicher recht: Nach US-Studien resultieren weniger als fünf Prozent häuslicher Übergriffe in körperlichen Verletzungen. Weniger als zwei Prozent haben schwere Verletzungen zur Folge. Und gegenüber den rund 14 Millionen Frauen, die allein in Deutschland von ihren Partnern misshandelt werden, werden jährlich «nur» 150 von ihrem Partner oder Expartner ermordet. Ich habe nicht vergessen, wie die Frauenhausleiterin auf meine Entschuldigung bei meinem ersten Auftauchen, dass keine deutlichen Anzeichen von P.s Gewalt bei mir zu erkennen waren, reagierte. Und ich habe nicht meine Verwunderung über ihre Reaktion vergessen.

Der Caritas-Therapeut verfällt dem gleichen Irrtum wie ich damals. Und wie Millionen seiner potenziellen Klientinnen. Er verfällt dem gleichen Irrtum, dem zahllose Experten verfallen und die Gesellschaft im Allgemeinen: «Krasse Misshandlung» ist nicht der einzige und es ist nicht der ausschlaggebende Indikator für das Maß an Macht und Kontrolle, dem eine Frau innerhalb der Beziehung unterliegt. Geringfügige körperliche Gewalt ist ein «Markenzeichen» beider Gewaltformen: der situativen Paargewalt *und* der Zwangskontrolle. Um beide unfehlbar voneinander unterscheiden zu können und auf die richtige Art zu intervenieren, müssten die Caritas- und andere Therapeuten die Strukturen in der jeweiligen Beziehung genau betrachten. Sie müssten die Frequenz und die Entwicklung der gewalttätigen Übergriffe im Zusammenspiel mit den anderen verwandten Taktiken der Einschüchterung, Isolation oder der Kontrolle über den Partner sehen können und entsprechen gewichten.

Die Eigenwerbung der Caritas für ihr Paarangebot berechtigt diesbezüglich, gelinde gesagt, nicht zur Hoffnung. Auslöser für ihr Angebot sei gewesen, dass die Frauen ihren gewalttätigen Partner oft / meist nicht verlassen wollen, schreibt sie auf ihrer Webpage. Die Besucherinnen ihrer Frauenhäuser seien an sie herangetreten mit der Bitte, ihnen anders zu helfen. «Im Laufe der Zeit wurde den Kolleginnen bewusst, dass hier ein großer Bedarf der Frauen besteht. Mehr als ein Drittel der Frauenhausbewohnerinnen kehrt in die gewaltgeprägte Beziehung zurück.» Sie wollten einfach nur, dass die Gewalt aufhört. Sie wollten einfach nur, dass der Mann sich ändert. Das ist sicher wahr. Ich kann diesen Wunsch und die Hoffnung der Frauen gut verstehen. Auch ich wollte P. nicht «verlieren». Auch ich wollte einfach nur, dass er mit dem Schlagen aufhört. Ich wollte es mehr als alles andere. Mehr, beispielsweise, als der Wahrheit ins Gesicht zu sehen. Und mich in Sicherheit zu bringen. Der Traum von einem geläuterten, gewaltfreien P. war mir mehr wert als mein Leben.

Ich weiß nicht, was ich getan hätte, hätte jemand mir damals gesagt, dass meine Hoffnungen sinnlos waren. Wenn jemand gesagt hätte, wie es ist: «Gewalttätige Männer ändern sich nicht.» Kaum je. Sie ändern sich so selten, dass es keinen Sinn macht, darauf zu hoffen. Leider wollten die «anderen» es so wenig wissen wie ich. Und leider hat sich daran offenbar nichts geändert.

In der weiteren soziologischen Literatur wird der «situative Täter» oft als «familienbezogener Schläger» beschrieben – als ein Mann, der außerhalb der Familie nicht als gewalttätig auffällt. Während der patriarchalische Terrorist – der Mann, der auf Macht und Kontrolle aus und für seine Misshandlungen allein verantwortlich ist – ein «generell-gewalttätiger-antisozialer Schläger» sei. Ein Sonderling, der weitab der gesellschaftlichen Normen und Akzeptanz sein nicht nur häusliches Unwesen treibt. Auch das ist ein Bild, an dem unsere Ansätze, häusliche und andere Gewalt gegen Frauen zu bekämpfen, kläglich scheitern. Der «gewöhnliche Schläger» ist – das hat er mit dem gewöhnlichen Vergewaltiger gemein – der freundliche, zuvorkommende, unauffällige Studienkollege. Er ist der lustige Arbeitskollege, mit dem man Pferde stehlen kann. Er ist der geliebte Bruder. Er ist der verehrte Sohn. Er ist der Feuerwehrmann, der im Einsatz sein Leben für andere riskiert. Er ist der angesehene Klinikarzt.

Der Versuch, häusliche Gewalt mittels Paartherapie zu lösen, ist nicht nur unnütz, er ist – für die Frau – gefährlich. Eine Paartherapie bedeutet in diesem Fall, bestenfalls, dass der Täter versuchen wird, die Sitzungen zu manipulieren, seiner Partnerin die Schuld für die Gewalt zu geben, seine Gewalt zu trivialisieren und den Therapeuten / die Therapeutin für sich zu gewinnen. Gelingt ihm das nicht, bricht er oft die Therapie ab und verbietet seiner Partnerin weitere Besuche. Erhebungen in den USA zeigen, dass die Täter in der Therapie vor allem das eine lernen: die in der Therapie gewonnenen Erkenntnisse gegen ihre Partnerin einzusetzen und sie mit ihrer Hilfe umso effektiver zu kontrollieren. Das erklärte Ziel vieler Paartherapien, über die Offenbarung der eigenen Schwächen und Verletzlichkeit zu «größerer Intimität» mit dem Partner zu finden, bedeutet mit einem gewalttätigen Partner: sich für ihn noch verletzlicher zu machen.

Therapeuten scheinen sich oft nicht bewusst zu sein, welche Rolle sie bei der Unterstützung des gewalttätigen Partners spielen. Und oft sind sie blind gegenüber der ausgeübten Gewalt. Unfähig oder unwillig, sie als Gewalt zu erkennen. So beschreibt ein Paartherapeut seinen «Erfolg», indem er den Partnern zu einer «Vereinbarung» verholfen habe: Die Frau habe den Kontakt zu ihren Freunden eingeschränkt, weil dieser Kontakt «zu Spannungen in der Beziehung» führte. Im Gegenzug stellte der Mann sein furchteinflößendes Verhalten gegenüber seiner Partnerin ein. Eine andere «Erfolgsgeschichte» beschrieb ein älteres Paar, beide in ihren Siebzigern. Die Frau war behindert. Ihr Mann fesselte und würgte sie für seine sexuelle Befriedigung (was sie hasste) und als disziplinarische Maßnahme und sprach mit ihr «drohend», weil sie «zu viel redete». Der Therapeut «half» dem Mann nach und nach, seine sexuellen Phantasien nicht mehr an seiner Frau «auslassen zu müssen». Und bewog gleichzeitig die Frau, ihn mit ihrem Redebedürfnis nicht länger unter «Druck zu setzen». Er hielt außerdem den Mann an, sich mehr Freiraum zu nehmen, um Stress abzubauen.

Karen Willis, die Geschäftsführerin der Beratungsstelle für Vergewaltigungsopfer und Opfer häuslicher Gewalt in Australien, sagt: «Es entbehrt jeder Logik, dass irgendjemand Kompromisse als Lösung für häusliche Gewalt propagieren könnte.» Und doch geschieht es täglich in Beratungsstellen weltweit. Darum rät Willis: «Jeder, der in der Paarberatung arbeitet, sollte eine spezielle Ausbildung durchlaufen, die ihn befähigt, Zeichen von Macht- und Kontrollausübung zu erkennen. Sobald Therapeuten auf sie aufmerksam werden, muss die Paarberatung eingestellt werden, und beide Partner müssen separat zu den jeweils für sie passenden Angeboten weitergeleitet werden.»

Wenn wir so viel, eigentlich schon alles wissen über die Tat, die Täter, die «vermeintlichen» Opfer, wenn wir wissen, wer wann wen warum misshandelt und mit welchen Dienstangeboten, mit welchen Paar- und Tätertherapien (auf Letztere gehe ich in einem späteren Kapitel ein) wir dem Phänomen zu Leibe rücken und seiner Herr werden können – warum nimmt dann die Zahl der Täter und Opfer nicht ab? Warum steigt sie, im Gegenteil, in allen westlichen Ländern kontinuierlich? Laut Bundeskriminalamt in Deutschland: seit 2012. In den USA seit 2009. In Frankreich starb Anfang September 2019 bereits die 100. Frau dieses Jahres durch die Hand ihres Ex-/Partners; ein neuer Rekord für das Land, das in Europas Statistik «Vom Ex-/Partner ermordete Frauen» an zweiter Stelle kommt (0.18 von 100 000 Frauen), gleich hinter Deutschland. In Großbritannien wird die Polizei mittlerweile alle dreißig Sekunden zu einem Einsatz wegen häuslicher Gewalt gerufen. Und die Entbindungsstation des Rotunda-Krankenhauses in Dublin, Irland, verzeichnet «eine steigende Anzahl junger Frauen, die sich mit immer schwerwiegenderen Verletzungen präsentieren». Evan Stark schreibt: «In den Dienstleistungsberufen wurden Hunderttausende darauf trainiert, häusliche Gewalt zu erkennen und einzugreifen. Und doch ist die Erkennungsrate in den Institutionen kaum gestiegen, und Eingriffe haben eher zur Folge, dass sie die schlimmsten Formen von Misshandlung ‹normalisieren›.» Ein Phänomen, das sich überall auf der Welt wiederholt.

Die Caritas freut sich auf ihrer Webpage derweil, dass sie in ihren Paarberatungsräumen, wenn die Paare «sich von ihrer Scham befreit haben und die Gewalt als Konsequenz ihres eigenen Verhaltens begreifen», ein «kleines Wunder» vollbringt. Sie beansprucht eine Erfolgsquote von 80 Prozent. 80 von hundert Männern, die nach der Therapie nicht mehr gewalttätig werden. Das klingt in der Tat nicht nur wie ein kleines, sondern wie ein ganz großes Wunder. Es klingt geradezu wunderlich. Angesichts der Tatsache, dass es nirgendwo offizielle Erfolgszahlen geläuterter Gewalttäter gibt. Angesichts der Erfahrung von Expertinnen und Experten, die seit Jahren mit gewalttätigen Männern und den von ihnen misshandelten Frauen arbeiten. Und die Therapien bei ihren Klienten seit Jahrzehnten als kontraproduktiv erleben.

×××

«Meine Praxis ist neutrales Gebiet», sagt ‹unsere› Therapeutin, als ich von ihr fordere, Stellung zu beziehen. Für mich. Als ich hören will, unmissverständlich, woran ich selbst nicht glaube: dass die ‹Unstimmigkeiten› in unserer Beziehung, die wir hier nicht bei ihrem Namen nennen, allein P.s Schuld sind. Je weniger ich selbst in der Lage bin, daran zu glauben, umso verzweifelter will ich es von ihr hören. Ich brauche jemanden, der meine Partei ergreift. Der P. in seine Schranken weist. Der mir Raum zum Atmen schafft.

Bevor ich ersticke. Aber die Therapeutin ist streng, sie ist entschieden. Sie kann etwas, das ich längst nicht mehr kann. Und vielleicht konnte ich es noch nie: Grenzen setzen. Nur leider setzt sie sie gegenüber der Falschen. Das sehe ich, in dieser Klarheit, erst jetzt. Damals hätte ich (ihre) Hilfe gebraucht, um zur Klarheit zu finden.

«Warum sind Sie überhaupt hier?», fragt sie jetzt. «Weil ich Hilfe will», sage ich. Ich glaube, ich bin erstaunt. Über ihre Frage. Und meine Antwort. P. sagt nichts. Er sitzt auf dem Sofa mit übergeschlagenen Beinen. Er wippt mit seinen schicken Schuhen. Er lächelt. Er schüttelt den Kopf, als Botschaft an die Therapeutin. Aber die sieht ihn nicht an. Sie sieht auf mich. Und dann holt sie noch einmal aus, aber so richtig: «Ich verstehe überhaupt nicht, warum Sie noch mit Ihrem Mann zusammen sein wollen! Es geht hier doch nicht nur um ein paar Unstimmigkeiten. Sie haben mir gesagt, dass er Sie *schlägt*!» Und in dem Satz liegt ihre ganze – berechtigte – Empörung. In ihrem Satz liegt eine Welt von Verachtung. Ich kann sie heute noch spüren. Und meine Scham. Und den Schmerz. Denn ihre Verachtung richtet sich nicht gegen den Täter. Nicht einmal gegen die Tat. Sie richtet sich gegen mich.

P. lächelt nicht mehr. Und ich begreife: *Er* hat es ihr nicht erzählt. Warum wir hier sind. Was ‹unser Problem› ist. Seine Geschichte war eine andere. Wie so oft. Aber dass sie mir meine glaubt, so offen spürbar, hilft mir nicht. Kein bisschen. Im Gegenteil. Und so sage ich das Erstbeste, was mir einfällt. Das Einzige, was mir einfällt. Wohl, weil ich noch immer glaube: Es ist wahr. Ich sage, nein, ich brülle es fast: «Weil ich ihn LIEBE!» Die Therapeutin sitzt da, wie erstarrt. Starrt mich an, als sei ich von allen guten Geistern verlassen. Als ob sie jede Sekunde nach ein paar Psychohelfern rufen und mich von ihnen verhaften und einlochen lassen wird. P. sieht aus, als würde er sich gern vor Peinlichkeit in den Sofakissen verkriechen. So sitzen wir alle für ein paar Minuten, vielleicht sind es auch nur Sekunden. Dann hat sie sich wieder im Griff. «Nun», sagt sie kühl. «Das reicht aber nicht.» Es ist der erste vernünftige Satz, den ich von ihr höre. Aber auch das weiß ich leider erst heute. Und, ehrlich gesagt, so im Nachhinein, glaube ich, sie wusste es auch nicht. Ich glaube, dieser unprofessionelle Moment der Vernunft entwischte ihr, erwischte sie aus Versehen.

Ich stehe auf, mit steifen Beinen. «Was machen Sie?», fragt die Therapeutin alarmiert. «Ich gehe», sage ich. «Bitte», sagt sie. «Setzen Sie sich.» In ihrer Stimme kratzt Panik. Ich setze mich nicht. Ich bin entschieden. Ich schreite aus der Praxis, hinaus auf den Flur. Hinter mir höre ich Stimmen. Die der Therapeutin, die von P. Ich höre nicht, was sie sagen. Ich höre nur die Aufregung in den Stimmen. Und ich weiß, dass ich mich hier gerade offenbare als die Verrückte, die ohnehin jeder in mir sieht. Aber ich kann nicht anders. Und irgendwie macht diese Extradosis Verrücktheit den Kohl auch nicht mehr fett. Darum gehe ich weiter, die lange Treppe hinunter. Über mir höre ich jetzt die Therapeutin rufen: «So warten Sie doch! Sie können doch nicht einfach so gehen!» – «Das tue ich aber!», rufe ich zurück. Und ich fühle mich zum ersten Mal seit langem richtig gut. Fast so, als hätte ich die Kontrolle. «Nun warten Sie doch!», ruft die Therapeutin wieder. Und dann höre ich P.s aufgekratzte Stimme: «So ist sie! Ich habe es Ihnen ja gesagt, haargenau so!» Ich lege den Kopf in den Nacken und schaue nach oben. In die beiden Gesichter, die nebeneinander über dem Treppengeländer schweben. Das Therapeutinnengesicht ist fassungslos, P.s ist empört. Ich lache. «Nee!», rufe ich. «Danke. Es ist doch schon alles klar, Sie haben's durchschaut und begriffen: Liebe reicht nicht. Und ich bin ein Idiot.» Und dann springe ich weiter die Stufen hinunter. Ich weiß, ich werde später teuer dafür bezahlen. Aber jetzt lache ich. Als sei das alles egal. «So ist sie!», ruft P. wieder. «Jetzt können Sie mich verstehen!» Ich kann nicht mehr hören, was die Therapeutin darauf sagt. Ich segele selig die letzten Stufen hinunter und durch die Tür hinaus. Raus aus dieser verfluchten Institution.

Warum gehen die Männer nicht?

Die Frage, warum die Frauen nicht gehen, impliziert, dass sie die gewalttätige Beziehung jederzeit beenden können. Sie müssen sich eben nur zusammenreißen, ihre Siebensachen packen, und das war's dann. Die deutsche Sozialpädagogin und – halten Sie sich fest – Paartherapeutin Dr. Barbara Kiesling sieht im «Bleiben» der Frauen gar den letztgültigen Beweis dafür, dass und wie krank sie sind. In ihrem Buch «Sie küssen und sie schlagen sich», erschienen im Psychosozial-Verlag in der Reihe «Therapie & Beratung», schreibt sie: «Der Grad und das Ausmaß ihrer beschädigten psychischen Strukturen haben bei vielen von ihnen eindeutig Krankheitswert.» So erklärt sie sich (und leider ihren Lesern) auch, warum Frauen oft über Jahrzehnte in gewalttätigen Beziehungen verharren: Wären sie normal, dann wäre «für sie ein gewaltbereiter Mensch so fremd, so außerhalb jeder Vorstellungskraft, dass sie sofort nach dem ersten Gewaltausbruch die Flucht ergriffen hätten.»

Um zu diesem für viele Frauen – im wörtlichen Sinne – fatalen Schluss zu kommen und ihn über einen dem Namen nach seriösen Verlag unter die Leute bringen zu dürfen, brauchte Frau Kiesling keinerlei Erfahrungen, weiter gehende Kenntnisse, Gespräche mit Betroffenen oder sonstige Qualifikationen. Ihr genügt nach eigenen Angaben das Studium von «Texten, in denen häusliche Gewalt durch tiefenpsychologische Konzepte erklärt wurde». Seit sie Gelegenheit hatte, diese Texte zu studieren, weiß sie, «dass es sich bei Menschen in Gewaltbeziehungen um einen ‹Personenkreis› handelt, der sich nur dem äußeren Anschein nach nicht von der normalen Bevölkerung unterscheidet».

Nichts ist weiter entfernt von der Realität als die Annahme, Frauen könnten durch das Beenden der gewalttätigen Beziehung Einfluss auf deren Dauer nehmen. Evan Stark vermerkt, dass alle Studien, die sich mit dem Status gewalttätiger Beziehungen befassen, zu dem Zeitpunkt, an dem Männer schwere beziehungsweise die schwerste körperliche Gewalt gegen Frauen verüben, zu dem Schluss kommen, dass verheiratete Frauen dabei erheblich weniger gefährdet sind als alle Vergleichsgruppen. Mit Ausnahme (natürlich) von Witwen. Nach einer Trauma-Studie der Yale-Universität in Tennessee waren «nur» 26 Prozent aller Frauen, die als Ergebnis der Gewalt eines Partners in die Notaufnahme kamen, Frauen in gesetzmäßig intakten Ehen. Die Studien verließen sich hierbei auf die medizinischen Akten. Theoretisch hätten also 74 Prozent der Opfer, die ihren Status als «alleinstehend», «getrennt lebend» oder «geschieden» angegeben hatten, mit einem gewalttätigen Partner zusammenleben können.

Aber zwei weitere Studien runden das Bild: Die ‹Studie zu häuslicher Gewalt› aus Quincy, Massachusetts, fand, dass in 75 Prozent der Fälle, in denen die Behörden wegen Gefährdung des Kindeswohls ermittelt hatten, die männlichen Täter nicht oder nicht mehr im Haushalt lebten. Gleiches galt für die Mehrheit aller aufgrund häuslicher Gewalttaten festgenommenen Männer. Und die ‹Nationale Studie zu Gewalt gegen Frauen› (National Violence Against Women Survey; NVAWS) fand, dass Frauen, die von ihrem gewalttätigen Partner getrennt lebten, ein größeres Risiko haben (*nicht*: eingehen!), misshandelt zu werden, als Frauen, die noch mit ihm verheiratet sind oder zusammenleben. Gleiches gilt übrigens – auch wenn die Zahlen der gegen ihren Partner gewalttätigen Frauen allgemein gering sind – für Männer, die von ihren gewalttätigen Frauen getrennt leben. Man darf davon ausgehen, dass sich die amerikanischen, britischen und deutschen Zahlen diesbezüglich ebenso gleichen, wie sie es in Bezug auf die Häufigkeit häuslicher Gewalt und die Täter- und Opferprofile tun.

Der Umstand, dass P. keinen Unterhalt für seine Kinder zahlen wollte, war für sein Distanzhalten sicher hilfreich. Er überschätzte und fürchtete das Interesse des deutschen Staates an der Ausübung dieser Väterpflicht in einem geradezu lächerlichen Maß. Energie wandte der Staat erst auf, als ich, nach meiner zweiten Heirat, die Namen der Kinder in den neuen Familiennamen ändern lassen wollte. Das Jugendamt setzte, im Auftrag des Familiengerichtes, nun alles daran, den seit vier Jahren spur- und zahlungslos verschwundenen P. ausfindig zu machen: um seine für die Namensänderung *seiner* Kinder dringend erforderliche Genehmigung einzuholen.

P. blieb allen Bemühungen zum Trotz und zu meinem Glück unauffindbar. Ich wusste nicht, wo er war, und ich wollte es auch nicht wissen. Nachdem er einmal verschwunden war, hatte er nur sporadisch-erratisch angerufen. Jeweils mitten in der Nacht und von «geheimen Orten»: «Ich bin nicht in Deutschland», raunte er bei diesen Anrufen. «Und ich bin auch nicht in England. Ich bin anderswo in Europa – gar nicht weit weg ...» Er rief an in der immer gleichen Absicht. Man hätte sie als «romantisch», «leidenschaftlich» und/oder «verzweifelt» beschreiben können. Oder als bedrohlich. Je nachdem, welche Erfahrungen man mit ihm gemacht hatte. «Ich will dich zurück», raunte er. Und: «Ich kann dich nicht vergessen. Ich *muss dich einfach zurückhaben.*» Nach einem Jahr hatten die Anrufe aufgehört. Sie begannen erst wieder, nachdem ich Kontakt zu seiner Familie aufgenommen hatte, damit meine Söhne, nun Teenager, sie kennenlernen konnten. Wieder rief er stets mitten in der Nacht an. Und von geheimen Orten: «Du hast keine Ahnung, wo ich bin, nicht wahr? Ich könnte gerade jetzt draußen vor deiner Tür stehen!» Wieder sagte er immer das Gleiche: «Ich will dich zurück. Ich kann dich nicht vergessen.» Er war zu dieser Zeit schon seit langem wieder verheiratet.

Der zweite Mann, mit dem ich verheiratet war, ließ mich erst in Ruhe, fünf Jahre nachdem ich ihn und zwei Jahre nachdem ich Deutschland verlassen hatte. Er schickte Postkarten, auf denen er (der selbstverständlich auch niemals Unterhalt zahlte) mich großzügig zum Essen einlud: «Wir können dabei ganz unter uns besprechen, wie wir mit den Kindern verfahren wollen.» Er hinterließ Sprachnachrichten, in denen er mich aufforderte, ihn anzurufen: «Ich bin bis heute Abend um acht unter dieser Nummer erreichbar. Solltest du mich bis dahin nicht zurückgerufen haben, werde ich handeln, wie ich es für richtig halte.» Er schickte E-Mails, in denen er mich aufforderte, ihn in seiner neuen Wohnung aufzusuchen: «Und falls du um deine Sicherheit besorgt sein solltest: Ich lebe nicht allein.» In der Tat: Ich war im höchsten Maß um meine Sicherheit besorgt. Spätestens nach dieser E-Mail.

Meine Anwältin, der ich diese Postkarten, Gesprächsaufzeichnungen und E-Mails vorlegte, winkte müde ab. Sie verstand meine Angst. Sie hielt sie für berechtigt. Aber rein rechtlich war gegen diese «Kontaktversuche» nichts einzuwenden. Sie hatten «keinen eindeutig bedrohlichen Charakter». Den hatten sie nur für mich, die ich den Mann kannte. Die mit ihm und seinen Manipulationen und offenen und subtilen Drohungen 14 Jahre gelebt hatte. Später, als ich mit unseren Kindern bereits im Ausland wohnte, erreichte mich ein anonymer Brief. Darin waren Kopien von Zeitungsartikeln über Frauen, die den Vätern den Umgang mit den gemeinsamen Kindern verwehrten. Und über Männer, die ihre Frauen «darum» umgebracht hatten. Diesmal war die Bedrohung beinahe eindeutig. Aber der Absender war anonym. Da war, wieder mal, nichts zu machen.

Erst sehr viel später erfuhr ich, dass auch er zu dem Zeitpunkt, als er den Brief schickte, längst wieder verheiratet gewesen war. Ich hatte geglaubt, eine Wiederheirat, eine Verbindung mit einer neuen Frau überhaupt, würde das Bedürfnis dieser Männer, Kontrolle über mich auszuüben, abmildern. Und damit ihren Zorn darüber, dass ich mich dieser Kontrolle entzog. Ich hoffte es, weil ich noch immer daran glaubte, dass sie, *wenn sie nur richtig glücklich und zufrieden waren*, keine Veranlassung mehr hätten, irgendeine Frau zu quälen. Ich hatte noch nicht verstanden, dass ihr Glück, ihre Zufriedenheit auf diesen Quälereien beruhte.

Damit bin ich nicht allein. Das verstehen auch andere nicht. Oder sie wollen es nicht verstehen. Als mein Exmann sich weigerte, die Anträge auf Reisepässe für unsere Kinder zu unterschreiben, und ich daraufhin den Familienrichter um Rat anrief, pflaumte der mich an: «Da fahren Sie mal schön zu Ihrem Mann und sagen ordentlich ‹Bitte!›, dann macht der das auch!» Es verstehen auch nicht die Richter und Jugendamtsmitarbeiter, die zu den misshandelten Frauen sagen: «Nur weil er *Sie* geschlagen hat, heißt das noch lange nicht, dass er ein schlechter Vater ist!» Es verstehen nicht mal die psychologischen Experten. Wie jener Gutachter, der in meinem Scheidungsverfahren befand, dass die «Spannungen» dieser Ehe interaktiv-«spezifisch» waren und «in neuen Beziehungen mit anderen Partnern nicht auftreten müssen und wahrscheinlich auch nicht auftreten werden.»

Trauer, Verzweiflung, Sorgerechts- und Unterhaltsstreitigkeiten sind nicht die Gründe, warum Männer ihre Frauen auch nach der Scheidung verfolgen, ihnen auflauern, sie bedrohen. Oder sie umbringen. Nicht selten töten sie auch ihre «heiß geliebten», so sehr umkämpften Kinder. Es steckt keine «enttäuschte Liebe» dahinter, wie eine deutsche Boulevardzeitung titelt, als in Hamburg ein Hochzeitsgast eine Frau erschießt, die ihn Wochen zuvor abgewiesen hat. Wenn ein verlassener (oder noch nicht ganz verlassener) Mann seine ehemalige (oder Gerade-noch-)Partnerin tötet, ist das kein «Liebesdrama» – wie es selbst seriöse Zeitungen immer wieder, in grober und fahrlässiger Missachtung der Realität, nennen.

Als ich Ende 2018 in dem zuvor schon erwähnten Drehbuchkurs der Filmakademie saß, gab es draußen plötzlich einen Tumult. Im benachbarten Gerichtsgebäude hatte ein Mann während eines Scheidungsverfahrens seine Partnerin und die Richterin mit einer Bombe bedroht. Einer der Drehbuchschreiber im Kurs sagte: «Na ja, das ist bestimmt wieder so ein Vater, dem das Sorgerecht abgesprochen wird. Ist doch kein Wunder, dass die Männer da ausflippen.» Und einer, der sich seinen Anspruch auf Frau und Kinder mit Bomben zu sichern droht, ist auch nicht automatisch ein schlechter Vater. Im Gegenteil. Einem so leidenschaftlich liebenden Vater vertraut man die Kinder gerne an. Der Mann im Drehbuchkurs war übrigens einer der Kollegen, die zurückschreckten, als ich, gefragt, woran ich gerade arbeite, sagte: «An einem Buch über häusliche Gewalt.» – «Biographisch?», fragte er. – «Ja», sagte ich. – «Ah», sagte er. Und ging mir für den Rest des Kurses aus dem Weg.

×××

Entgegen allen genannten Studien, entgegen allen Zahlen (jeden zweiten Tag ermordet ein Mann seine Partnerin oder, wahrscheinlicher, seine Schon-Expartnerin) sprechen wir noch immer von «häuslicher Gewalt». Als fände diese Art der Gewalt von Männern gegen Frauen exklusiv in einem rechtlich «intakten Zuhause» statt. Es regiert weiterhin der Glaube, dass die Gewalt zu beenden in der Hand der betroffenen Frauen liegt. Einfach so. Indem sie den Täter verlassen. Und wir lehnen uns gemütlich zurück in der Einbildung, indem wir sie dazu auffordern und anhalten, tun wir genug, um die ‹häusliche Gewalt› zu beenden.

In der britischen Dokumentarserie «Endlich in Sicherheit» (Safe at Last) über Frauen, die mit ihren Kindern in Frauenhäusern Zuflucht suchen, wird – konträr zum Titel – unter anderen eine Frau vorgestellt, deren schwer gewalttätiger Mann nach wenigen Tagen ihren Aufenthaltsort ausfindig macht. Die Frauenhausmitarbeiterinnen telefonieren hektisch überall in Großbritannien nach einem neuen Platz für die Frau. Und für ihre drei Kinder. Möglichst weit weg von dem Mann. Das ist schon darum ein schwieriges Unterfangen, weil auch in Großbritannien (wie in Deutschland und in den USA) den Frauenhäusern und Hilfsvereinen die staatlichen Mittel immer weiter gekürzt und viele Frauenhäuser aus Mangel an Unterstützung geschlossen werden müssen. In einer Zeit, in der die Gewalt gegen Frauen stetig zunimmt. Ich schrieb es schon: Deutsche Frauenhäuser müssen sechs von zehn hilfesuchenden Frauen abweisen, weil sie keinen Platz für sie haben.

Die Frau in der Doku weint. Sie will nicht weg. Sie will sich nicht von den Mitarbeiterinnen und Mitbewohnerinnen trennen. Sie will sich nach diesen wenigen Tagen, in denen sie und ihre Kinder haben aufatmen können, nicht schon wieder an neue Menschen gewöhnen müssen. Sie will sich nicht schon wieder neuen Menschen anvertrauen müssen. Ihre Kinder, im Teenageralter, weinen auch. In den vergangenen Tagen haben sie alle Schuld an ihrer Situation der Mutter gegeben. Sie haben mit aller Macht gegen sie gewütet. Nun, endlich, schwant ihnen etwas. Der dreizehnjährige Sohn, der nicht im Bild gezeigt wird, heult: «Bitte, bitte, können wir ihm nicht einfach mit einem Baseballschläger über den Kopf hauen?! Bitte!» Es ist kein zorniger, gewalttätiger Ausbruch. Es ist das verzweifelte Flehen eines Kindes, das begriffen hat, was auch die Frauenhausmitarbeiterin, selbst Überlebende einer gewalttätigen Beziehung, sagt: «Die Leute müssen begreifen: Häusliche Gewalt hört nie auf. Sie ist nie zu Ende. Niemals.» Ihr Expartner wird nach acht Jahren Haft wegen der Gewalt, die er gegen sie ausgeübt hat, gerade aus dem Gefängnis entlassen. Sie fürchtet, er weiß, wo sie wohnt. Auch die Frauenhausmitarbeiterin packt gerade mal wieder ihre Kisten und Koffer. Es ist nie zu Ende. Die Gefahr bleibt. Mal ist sie deutlich spürbar. Mal weniger. Mal ist sie so wenig präsent, dass du schon glauben könntest, sie ist vorbei. Sie ist es nicht. Ich weiß es. Ich werde mir der Gefahr erneut bewusst bei jeder Seite, die ich hier schreibe. Bei jeder persönlichen Zeile. Ich erinnere mich daran, wie ungehalten P. wird, wenn ich «Privates» erzähle. Wenn ich ihn gar gewalttätig nenne. Wenn ich ihn, den eloquenten, feinen Kerl mit der makellosen Reputation, in einen Topf schmeiße mit gewöhnlichen Schlägern. Er ist so leicht zu «kränken». Und jederzeit bereit, seine Kränkungen auszuleben. Was wäre meine Alternative? Die Klappe halten. «Den Kopf gebeugt halten», wie man auf Englisch so passend sagt. Vergessen. Seine Wirklichkeit die Wirklichkeit sein lassen. Als ich meine Geschichte erstmals aufgeschrieben hatte, machte die Redaktion in letzter Minute einen Rückzieher. Die Redakteurin fragte, ob P. wegen seiner Gewalt gegen mich jemals verurteilt worden sei. Das war er nicht. Ich lernte: Damit hatte ich kein Recht, meine Wirklichkeit zu erzählen. Meine Wirklichkeit musste zuvor von einem Richter verifiziert worden sein. Anders galt sie nicht. Anders war sie nicht wahr. Das war natürlich nicht das, was die Redakteurin sagte. Nicht so direkt. Direkt sagte sie: «Sorry, dann können wir sie nicht veröffentlichen. Wir bringen uns sonst in Teufels Küche.» – Ich sagte: «Es gab Zeugen. Meine Familie, Ärzte.» – «Sorry», sagte sie noch einmal.

Das wirklich Komische an ihrer Sorge war, dass ich zu keinem Zeitpunkt die Sorge hatte, P. würde seine Taten abstreiten. Er würde sie einfach nur erklären. Er hätte einfach nur einen guten Grund. Vielleicht war das der Redaktion schon Risiko genug.

Die Frau hat, wie auch in Vergewaltigungsverfahren, gegenüber dem Mann die Beweislast. Das bedeutet: Frauen müssen, wie von ihnen allseits verlangt, nicht nur endlich mal aufhören, zu behaupten, sie seien gegen Türen gelaufen oder die Treppe heruntergefallen. Sie müssen bei der Polizei und vor Gericht auch *beweisen* können, dass sie *nicht* gegen die Tür gelaufen sind. Oder die Treppe heruntergefallen. Sonst behauptet das an ihrer Stelle nun gar nicht selten der Mann. Ohne sichtbare, schwere Verletzungen *und* den Nachweis, dass der Mann sie ihr zugefügt hat, hat die Frau kaum eine Chance. Ich könnte darum die Vergangenheit endlich Vergangenheit sein lassen. Mich nicht um die Gegenwart und die Zukunft meiner Töchter und Millionen anderer Frauen scheren. Was will ich denn noch? Ich bin doch beiden Männern glücklich entkommen. Ich habe doch (mittlerweile) meine Ruhe. Ich könnte meinen Kopf beugen. Die Klappe halten. Es lebt sich womöglich sicherer so. Ein bisschen.

Dass dies so ist, dass Frauen ihrer Sicherheit zuliebe so denken und kalkulieren müssen, dass solche «Vernünftigkeit» von ihnen erwartet wird («Was muss die denn auch noch so provozieren!»), ist *ein* Beweis dafür: Trennung ist keine ‹erfolgreiche Intervention›. Sie ist nicht das Heilmittel gegen die grassierende gesellschaftliche Seuche, die Gewalt gegen Frauen allgemein ist. Sie rundet, bestenfalls, die hässlich scharfen Kanten des Eisberges ein klein bisschen ab. Und doch erklären Gesellschaft und Politik die Trennung der Frau von dem Gewalttäter unbeirrt weiter zu ihrem Hauptziel im «Kampf gegen die häusliche Gewalt». «Wir müssen weiterhin Tabus brechen und Frauen ermutigen, Unterstützung zu suchen und Taten anzuzeigen», forderte Katarina Barley (SPD), zu der Zeit noch Justizministerin.

Und dann? Wenn die Frau endlich den Mut gehabt, sich Unterstützung gesucht und, hoffentlich, gefunden und die Tat angezeigt hat? Was machen wir mit ihr und dem Täter dann? Nicht viel, so sieht es aus. Auf jeden Fall nicht genug.

Und was tun wir *vorher*? Im Alltag, im Kampf gegen die Gewalt? Wann werden wir aufhören, Ausrufezeichenfragen zu stellen, wie diese: *Warum lassen sich die Frauen das gefallen! Warum gehen die Frauen nicht!* Wann werden wir stattdessen anfangen zu fragen: Was oder wer veranlasst Männer, zu glauben, sie hätten das Recht, Frauen zu kontrollieren und, in der Folge, zu verletzen? Und wer oder was bestärkt sie täglich in diesem Glauben? *Warum gehen die Männer nicht! Nicht einmal dann, wenn die Frau längst gegangen ist!*

Wir haben mit dem Tabubrechen noch nicht einmal begonnen.

Wird er sich ändern?

Leider ist es nicht sehr wahrscheinlich, dass der gewalttätige Mann sich ändern wird. Und wenn es schon unwahrscheinlich ist, dass er *sich selbst* ändern kann: Wir ändern ihn auf keinen Fall. Nicht seine Partnerin. Nicht der Richter. Und nicht sein Therapeut.

Es gibt keine offiziellen Angaben darüber, wie viele gewalttätige Männer doch noch zu respektvollen, liebevollen, verlässlichen Partnern werden. Wie könnte es auch? Eine verlässliche offizielle Angabe würde voraussetzen, dass die «geläuterten» Täter über Jahrzehnte begleitet und auf ihre Rückfälligkeit hin beobachtet und befragt werden. Sie setzt die Fähigkeit der Begleiter / Beobachter / Interviewer voraus, Kontrolle, Manipulation und andere Formen von Gewalt einwandfrei als solche zu erkennen und fadenscheinige Rechtfertigungen und Entschuldigungen zu entlarven. Sie setzt ihre Bereitschaft voraus, Gewalt zu benennen und ihre Aufzeichnungen aufrichtig, unbeeinflusst von eigenen Absichten und Zielen zu führen. Beispielsweise von dem Bedürfnis, «Therapieerfolge» vorweisen und «kleine Wunder» vollbringen zu können. Eine verlässliche Angabe setzt die Aufrichtigkeit der Männer in Bezug auf ihre Gewalttätigkeit und Rückfälligkeit voraus. Und Verlässlichkeit in Bezug auf die Aussagen ihrer Partnerinnen. Keine dieser Voraussetzungen ist gegeben. Wenn aber die Zahl der Frauen, die bei Beratungsstellen und in Frauenhäusern bereits zum zweiten, dritten, hundertsten Mal Hilfe suchen (als Partnerin desselben Mannes), ein Maßstab für die Regelmäßigkeit gebrochener Versprechen («Ich werde es nie wieder tun!»)

ist – und das ist sie –, dann sieht es nicht gut aus. In der preisgekrönten britischen Dokumentation «Hinter geschlossenen Türen» sagt ein Polizeibeamter der Abteilung für häusliche Gewalt: «Mit 43 Prozent der Fälle, die wir hier sehen, hatten wir zuvor schon einmal zu tun.»

Auch P. war ein Wiederholungstäter. Im selben Maß, in dem ich eine regelmäßige Frauenhausbesucherin war. Versprach er, oft unter Tränen, «es» nie wieder zu tun? Gelobte er, sich zu ändern? Vielleicht hundertmal. Fakt ist: Er hatte – wie die meisten gewalttätigen Männer – nie einen Anlass dazu. Die vielen Vorteile, die er aus meiner Unterwürfigkeit und unserer Beziehung zog, überwogen stets die paar Nachteile. Bei weitem.

Die amerikanische Nationale Hotline für Häusliche Gewalt (National Domestic Violence Hotline) listet folgende Punkte als Bedingungen dafür auf, dass ein gewalttätiger Mann überhaupt nur den *Versuch* unternehmen könnte, sein Verhalten gegenüber seiner Partnerin und/oder seinen Kindern zu ändern:

- Er muss seine Taten sich und anderen bedingungslos eingestehen.
- Er darf sich nicht länger entschuldigen oder die Schuld bei anderen suchen.
- Er muss Wiedergutmachung anbieten.
- Er muss Verantwortung für seine Taten übernehmen und erkennen, dass er die Gewalt *gewählt* hat.
- Er muss Muster seines kontrollierenden Verhaltens erkennen und aufzeigen.
- Er muss das Denken und die Einstellungen, die seiner Gewalt zugrunde liegen, erkennen und aufzeigen.
- Er muss akzeptieren, dass die Änderung seines gewalttätigen Verhaltens Jahrzehnte in Anspruch nehmen wird, und darf sich nicht als «geheilt» deklarieren.
- Er darf keine Anerkennung / Belohnung für eine eventuelle Besserung in seinem Verhalten erwarten / fordern.

- Er darf Verbesserungen nicht als Gutschein für gelegentliche Rückfälle einsetzen («Ich habe dich schon ewig nicht mehr bedroht / beleidigt / geschlagen, mach keine große Sache draus»).
- Er muss ein respektvolles, freundliches, unterstützendes Verhalten entwickeln.
- Er muss seine Aufgaben übernehmen und Macht teilen.
- Er muss seinen Umgang mit der Wut und Trauer seiner Partnerin oder Expartnerin ändern.
- Er muss sein Handeln in hitzigen Auseinandersetzungen ändern.
- Er muss die Konsequenzen für seine Handlungen tragen (das beinhaltet, sich für diese Konsequenzen nicht selbst zu bemitleiden und/oder die Schuld dafür seiner Partnerin und/oder den Kindern zu geben).

Ich glaube, es ist, auch ohne P. diese Liste vorgelegt zu haben, fair zu sagen: Er wäre nicht bereit gewesen, auch nur *eine* der Bedingungen zu erfüllen. Er sah keinen Anlass dazu. Es war alles in Ordnung mit ihm. Wer sich ändern musste, war ich. So sagte er es, wenn ich darum bat, dass «wir an unseren Problemen arbeiten»: «Ich habe kein Problem!» Er beantwortete damit nicht nur die Frage, ob er in der Lage, weil bereit, wäre, sich zu ändern. Er beantwortete damit auch die – oft als Fakt hingestellte – Frage, ob ein gewalttätiger Mann unter seiner Gewalt genauso leidet wie die von ihm misshandelte Partnerin. Ob beide Partner zu gleichen Teilen Opfer sind.

Tatsache ist: Die obengenannten Bedingungen waren mit seiner Grundhaltung, die die Grundhaltung aller Täter ist, unvereinbar. Mit dem Denken und den Einstellungen, die sie zu Tätern machen. Ein Gewalttäter sieht sich nicht als Gewalttäter. Seine Gewalt ist nie *wirkliche* Gewalt. Er handelt lediglich aus Not. Oder Hilflosigkeit. Oder der Terror, den er gegen seine Partnerin ausübt, ist eine überlegene, harsche Form der Vernunft. Er hat nicht wirklich zugeschlagen. Er hat seine Partnerin «zur Vernunft gebracht». Er hat sich «gegen ihr ständiges Gemecker gewehrt». Ihm ist «die Hand ausgerutscht». *Wirklich* gewalttätig sind immer nur andere. Ich sprach (auch) gegenüber P. kaum je aus, was unbestreitbar, weil offensichtlich, war: P. war ein gewalttätiger Mann. Er war ein Schläger. Ich sagte es ihm gegenüber in dieser Deutlichkeit einmal. Dann nie wieder. Ich hatte gelernt: Ihn beim Namen zu nennen, ohne Beschönigung auszusprechen, was er war und tat, brachte mich (einmal mehr) in höchste Gefahr. Ich fühlte: Es kam einem Todesurteil gleich.

Unter dem Titel «‹Die Schläge hatten so eine Wucht, dass ich mit dem Kopf gegen die Wand flog› – Häusliche Gewalt unter Akademikern» veröffentlichte das Magazin *Chrismon* 2012 die Geschichte einer Frau, erfolgreiche Anwältin, die dreizehn Jahre mit ihrem gewalttätigen Mann, einem angesehenen Oberarzt, gelebt hatte. Als er ihr nach einem Prügelexzess mitteilte, dass er sie umbringen werde, verließ sie ihn, heimlich, mitten in der Nacht, mit den drei gemeinsamen Kindern. Er folgte ihr umgehend vom damaligen Wohnort der Familie in Amerika zurück nach Deutschland, wo sie bei ihren Eltern untergeschlüpft war. Seine Frau hatte bereits Anzeige erstattet, er wurde festgenommen. Hier ein Auszug aus dem *Chrismon*-Artikel, die Namen darin wurden zum Schutz der Frau von der Redaktion geändert:

Er gab zu, seine Frau geschlagen zu haben, auch schon vorher, immer dann, wenn er unter Stress stand, «dies war teilweise auch beruflich bedingt», sagte er laut Polizeiprotokoll. Ob er seine Frau beim jetzigen Vorfall auch bedroht habe, fragte der Beamte. Ja, sagte Tilman, «ich wollte sie damit aber nur unter Druck setzen und damit meine Gefühle zum Ausdruck bringen». Er habe auf ihrem Computer die Homepage eines ehemaligen Freundes gefunden, und er sei stark eifersüchtig. «Da ich meine Frau sehr liebe, bin ich in diesem Moment irgendwie ausgerastet, ich kann es mir selbst nicht mehr erklären. Es tut mir jetzt alles sehr leid.» (Ein Interview dazu, wie es den Männern mit ihrer Gewalttätigkeit geht, und wie sie lernen können, nicht mehr zu schlagen, finden Sie hier.)

Weil Tilman einsichtig war und nicht vorbestraft, stellte das Gericht das Verfahren gegen Geldbuße ein. Er hatte inzwischen in einer anderen Stadt eine gehobene Klinikposition gefunden.

Verstörender noch als der Hinweis auf ein Interview, «Wie es den Männern mit ihrer Gewalttätigkeit geht» (der gleich im Anschluss auf die üblichen «Erklärungen» gewalttätiger Männer folgt), ist – oder sollte doch sein –, dass ein Gericht diese Erklärungen tatsächlich als «Einsicht» wertet. Wer will sich angesichts der Empathie, die den Tätern so weitläufig entgegengebracht wird, noch ernsthaft darüber wundern, dass Frauen auf solche Männer «hereinfallen». Dass die Partnerinnen dieser Männer deren Gewalt hinnehmen und oft erst nach Jahren den Absprung schaffen? Wenn überhaupt. Wenn sie den Tätern glauben, dass deren Verhalten Gründe hat. Dass ihre Gewalt nur der (möglicherweise) fehlgeleitete Ausdruck wahrer Liebe ist. Dass sie «sich ändern» werden. Von Grund auf.

Eine Entschuldigung, auf die ein «Aber» folgt, ist keine Entschuldigung. Beziehungsweise, sie ist genau das und nicht mehr: eine Ent-Schuldigung. Sie ist keine Einsicht in das eigene Fehlverhalten. Sie ist keine Bitte um Verzeihung.

Und die Gefühle der Männer, wenn sie gewalttätig sind? Fragen wir einen Einbrecher, was er gefühlt hat, als er in die Intimsphäre anderer Menschen einbrach und sich ihren Besitz aneignete? Fragen wir einen Mörder, wie er sich fühlte, als er seinem Opfer das Leben nahm? Und, am nächsten dran an der häuslichen Gewalt, fragen wir einen Vergewaltiger, wie es ihm «mit der Vergewaltigung ging»?

«Entschuldigungen», wie die des Mannes aus der *Chrismon*-Geschichte, sind unter gewalttätigen Männern Usus. Ein 27-Jähriger, der im nordrhein-westfälischen Kleve angeklagt war, seine Partnerin, unter anderem, «mit beschuhtem Fuß» gegen Rücken und Kopf getreten zu haben (als ob «ohne Schuh treten» akzeptabel, wenigstens aber: *akzeptabler* sei), weist dann auch die Vorwürfe weit von sich: Er sei «nur einmal handgreiflich» geworden (*handgreiflich* – das ist, wenn ein Mann seine Partnerin verprügelt, das im deutschen Sprachgebrauch wohl am häufigsten verwandte Code-Schmusewort). Und er habe seine Partnerin auch nicht mit beschuhtem Fuß getreten. Sondern «nur» geohrfeigt. Auslöser, so der Angeklagte weiter, war die Nachricht eines anderen Mannes auf dem Handy der Frau, der sich mit ihr treffen wollte. Die Frau habe ihn mehrfach beleidigt, worauf er zur Ohrfeige ausholte. Auch ihr blutverkrustetes Ohr konnte er selbstverständlich erklären: Er habe sie wohl versehentlich mit den Handknöcheln statt mit der Innenfläche getroffen. Und dass er zu seinem minderjährigen Kind «Verpiss dich, du dreckiges Bastardkind!» gesagt hatte? «Dabei habe ich meine Frau angeschaut. Ich wollte sie verletzen, nicht das Kind. Ich liebe meine Kinder über alles.»

Theoretisch könnte selbst ich über diese Art von Entschuldigungen lachen. Dass es mir praktisch nicht gelingt, liegt daran, dass und wie oft die Täter Erfolg mit ihnen haben. Wenn der Mann ganz geschickt ist, schlägt er gleich zwei Fliegen mit einer Klappe: Bei meiner zweiten Scheidung schluchzte und schrie mein Mann vor Gericht, er habe mich «nur» geschlagen, weil ich meinerseits, mit Blick auf die Kinder, gesagt hätte: «Das ist dabei herausgekommen, als du deinen dreckigen Schwanz in mich gesteckt hast.» Ich war sprachlos. Der Richter auch. Nur waren er und ich sprachlos aus verschiedenen Gründen. Ich: angesichts dieser infamen Lüge. Der Richter: weil ihm dieser Auftritt und Satz so peinlich war, dass er ganz offensichtlich nicht wusste, wie darauf reagieren. Meine Anwältin wandte sich hilflos amüsiert an mich und fragte: «Haben Sie das tatsächlich gesagt?» – «Natürlich nicht», sagte ich. – Sie nickte: «Das dachte ich mir.» Eine Chance, das öffentlich zu erklären, bekam ich nicht. In seiner eigenen Konsternation tat der Richter das, was so viele, zu viele tun: Er schwieg.

Ich sah auf meinen Noch-Mann und begriff: die Betroffenheit im Gerichtssaal, die Sprachlosigkeit, das alles hatte er kalkuliert. Im Urteil stand später: «Er schlug sie schließlich, weil sie ihn in seiner Männlichkeit massiv beleidigte.» Abgesehen davon, dass der Richter meinem Mann unbesehen und unhinterfragt Glauben schenkte: Auch er erkannte unsere Kinder nicht an als eigene Personen. Sie waren nur eine Verlängerung der Männlichkeit ihres Vaters. Auf einen solchen (vermeintlichen) Affront waren Schläge «schließlich» nicht mehr als die logische Konsequenz.

Lundy Bancroft schreibt: «Hat der Misshandler sich von seinem ersten Schrecken darüber erholt, dass sich der Gesetzgeber in sein Privatleben einmischt, fällt er schnell in eine seiner Schlüsselannahmen zurück: dass er davonkommen wird. Er beginnt, Gerichtsangestellte auf die gleiche Art zu manipulieren wie seine Partnerin und die Menschen um sie herum.» Sein Gefühl der Unverwundbarkeit sei leider nicht so abwegig, wie es vielleicht aussieht. «Es ist verblüffend, mit anzusehen, wie Misshandler durch die Maschen rutschen. Und der Misshandler, der mühelos durch eine Anzeige und ein Verfahren spaziert, ist danach oft schlimmer, als wenn er nie festgenommen worden wäre.»

Und was ist mit Therapie? Nicht Paartherapie, sondern Einzeltherapie? Auf die Bedürfnisse des gewalttätigen Mannes explizit zugeschnittene Sitzungen, in denen er sich seiner inneren Verletzungen und Kränkungen bewusst werden kann?

In den wenigen Sitzungen, die mein zweiter Mann belegte (bevor ich ihm «das Spritgeld für die Fahrten zur Therapie versagte» beziehungsweise bevor er seinen «Führerschein verlor»), lernte er ein paar wichtige, (für ihn) neue klinische Begriffe. Beispielsweise: Borderline-Persönlichkeit und Narzissmus. Und er lernte, sie diagnostisch anzuwenden und einzusetzen. Beispielsweise: gegenüber dem gerichtlichen Gutachter, der später über seine (und meine) Eignung als Sorgeberechtigter für unsere Kinder entscheiden sollte. Er diskreditierte mich mit ihnen auch geschickt bei Bekannten. Er beschrieb mich unter anderem als: rasend und unbegründet eifersüchtig, kontrollsüchtig, manisch-depressiv, schwer gewalttätig und selbstmordgefährdet (er bleibe überhaupt nur bei mir, weil ich ihm gedroht hätte, mir sonst das Leben zu nehmen; tatsächlich war auch das umgekehrt richtig, wie unsere Kriminalkommissarfreunde, die ihn nach seiner akuten Selbstmordinszenierung mit großem Einsatz stundenlang suchten, hätten bestätigen können). Er beschrieb mich so gegenüber und diskutierte mich unter anderem mit einer Psychologin aus unserem weiteren Bekanntenkreis, die über all das nie mit mir, nur oft mit ihm sprach. Später entschuldigte sie sich entsetzt bei mir: «Oh Gott, ich bin dem so schrecklich auf den Leim gegangen. Und das passiert mir, als Psychologin. Er hatte einfach genau die richtigen Worte parat. Er klang einfach so plausibel.»

Uns allen erscheint vor allem das plausibel und richtig, was wir hören wollen. Was uns in unseren Annahmen bestätigt. Was unser Bild von einer Person im Besonderen oder der Welt im Allgemeinen belegt. Umgekehrt gilt der Satz jener jungen Amerikanerin, deren Vergewaltigungsanzeige die Polizei, trotz stichhaltiger Beweise, so wenig Glauben schenkte, dass sie sie ihrerseits wegen Falschaussage anzeigte: «Wenn die Wahrheit unangenehm ist, wird man sie dir nicht glauben.» Ihr Vergewaltiger wurde erst gefasst, nachdem sein Opfer wegen «Lügens» verurteilt und bestraft worden war. Er hatte derweil weitere Frauen vergewaltigt. Auf jeweils die gleiche Art, die den Beamten so unglaubwürdig erschienen war.

Lundy Bancroft schreibt: «Der therapierte Misshandler ist für gewöhnlich aalglatt, herablassend und manipulativ. Er benutzt die psychologischen Konzepte, die er gelernt hat, um die Fehler seiner Partnerin auseinanderzunehmen und ihre Wahrnehmung von Gewalt abzuwerten. Er übernimmt für keine seiner Handlungen die Verantwortung, er bewegt sich in einer Welt, der unglücklichen Dynamiken, Missverständnisse und symbolischen Handlungen.» Zudem erfüllt und potenziert der auf den Täter und seine Gefühle gerichtete Fokus seine ohnehin übersteigerten Erwartungen und Ansprüche. Er ist das wahre Opfer. Er muss unterstützt, ermuntert und für seine «Bereitschaft zur Mitarbeit» gelobt werden. Seine Gewalt muss richtig verstanden und interpretiert werden.

Während einer seiner brutalsten Attacken, bei der er mich in eine Ecke der Küche geprügelt hatte, wo ich schließlich auf dem Boden lag, während er wiederholt mit Fäusten auf mich einschlug und mich mit Füßen trat (ich erinnere mich nicht mehr, ob mit «beschuhtem» oder «unbeschuhtem» Fuß, wage aber zu behaupten: Es war für mein Gefühl von absoluter Unterlegenheit, Hilflosigkeit und mein ihm auf Leben und Tod Ausgeliefertsein egal), brüllte P. immer wieder: «Du hast uns verlassen! Du hast gesagt, du gehst nur einkaufen, und dann bist du abgehauen und ewig nicht wiedergekommen. Warum, warum, hast du uns verlassen!»

Ich lag da, gekrümmt unter seinen Fäusten und Füßen, und dachte zweierlei: «Oh Gott, jetzt ist er komplett wahnsinnig geworden!» Und: «Er meint mich gar nicht! Er schlägt seine Mutter!» Beides war falsch. Selbst P., der nie eine Therapie besuchte, jedenfalls nicht, während wir zusammen waren, hatte gelernt, seine «traurige Kindheit» zu nutzen. Die Diagnose von der «ursprünglichen, jetzt fehlgeleiteten Wut auf die Mutter» ist, der Häufigkeit nach zu urteilen, mit der sie ins Feld geführt wird, eine der beliebtesten. Bancroft beschreibt einen ähnlichen Fall, bei dem ein gewalttätiger Mann seinem Kollegen im Misshandler-Programm erklärt, dass er durch Therapie und die Arbeit an seinem «Wutproblem gegenüber seiner Mutter» begriffen habe, dass er in Wirklichkeit nicht seine Frau, sondern seine Mutter schlage. «Nein», sagte Bancrofts Kollege kühl, «Sie haben Ihre Frau geschlagen.»

×××

Ein geeignetes, bedingt erfolgversprechendes Misshandler-Programm unterscheidet sich grundlegend von einer Therapie. Eine Therapie richtet ihr Augenmerk auf die Gefühle des Täters und begegnet ihm mit (unbedingter) Empathie. Ein Misshandler-Programm hinterfragt sein Denken. Seine Gefühle sind nicht von Interesse, von Interesse sind allein die Gefühle seiner Partnerin und seiner Kinder. Während einer Therapie unterliegt der gewalttätige Mann keinen oder kaum Verhaltensregeln. Das Misshandler-Programm dagegen fordert von ihm, körperlicher Gewalt (Drohungen inklusive) zu entsagen und verbale und andere Formen psychologischer Gewalt deutlich zu reduzieren – oder er fliegt aus dem Programm. Der Therapeut spricht üblicherweise nicht mit der Partnerin des gewalttätigen Mannes. Der Leiter in einem qualifizierten Misshandler-Programm wird das *immer* tun. Therapie befasst sich für gewöhnlich nicht mit den zentralen Gründen für die Gewalttätigkeit: Anspruchsdenken, Zwangskontrolle, Respektlosigkeit, Überlegenheitsdenken, Egoismus und Opferbeschuldigung. Ein Misshandler-Programm sollte sein Hauptaugenmerk auf all diese Punkte legen. Ein Misshandler-Programm sollte den Täter in Bezug auf Misshandlung schulen, auf ihre Ursachen (die gesellschaftliche und persönliche Einstellung hinter ihr), Formen und Absichten; es sollte ihn lehren, anhand dieses Wissens sein eigenes Misshandlungskonzept zu erkennen, und es sollte ihn mit seiner Misshandlerpersönlichkeit, seiner Gewalttätigkeit und seinen Entschuldigungen konfrontieren. Therapien tun all dies nur selten. Speziell verzichten sie auf eine Konfrontation des ohnehin schon «fragilen» Klienten.

Den Erfolg (s)eines Misshandler-Programmes macht Bancroft von vier Dingen abhängig:

1. Der Täter muss die Konsequenzen für seine Gewalt zu spüren bekommen.
   Beispielsweise, indem die Frau ihn vorübergehend oder dauerhaft verlässt und/oder indem ein Gericht ihn verurteilt und bestraft. Er muss darüber hinaus offene Missbilligung, Kritik und Ablehnung seiner Gewalt erfahren, durch direkte Bezugspersonen und durch die Gesellschaft im Allgemeinen.

2. Er muss in dem Programm erzogen, bzw. weitergebildet werden, was die Rechte von und die Einstellung und den Respekt gegenüber Frauen betrifft.
3. Er muss mit seinen Einstellungen, seinem Verhalten und seiner Verantwortung konfrontiert werden
4. Er muss die volle Verantwortung für seine Gewalt übernehmen

Der auffälligste Unterschied zu den «traditionellen» Ansätzen ist, dass keiner der entscheidenden Punkte in die Verantwortung der Partnerin fällt. Verantwortlich sind das Umfeld des Mannes, die Gesellschaft, die Programmleiter. Und der Mann selbst.

Frauen können und sollten das Misshandler-Programm einer genauen Prüfung unterziehen, ob es etwas taugt. Setzen sich die Betreiber schnellstmöglich mit der Partnerin in Verbindung, nachdem der Mann sich bei ihnen angemeldet hat? Fragen sie sie nach der Geschichte / dem Ablauf seines gewalttätigen Benehmens, nach seinem eventuellen Alkohol- und/oder Drogenmissbrauch? Beraten sie die Frau ihrerseits über Angebote für misshandelte Frauen? Sind sie aufrichtig und warnen die Frau, dass nur eine Minderheit der gewalttätigen Männer ihr Verhalten dauerhaft ändert und dass einige durch die Teilnahme an einem Programm tatsächlich schlimmer werden? Informieren sie die Frau über die Regeln, an die sich der Mann im Rahmen seines Programmes halten muss? Involvieren sie die Frau, legen sie ihr die Inhaltspunkte des Programms dar und informieren sie detailliert über die einzelnen Sitzungen? Kann die Frau sich jederzeit an die Betreiber wenden, bekommt sie Auskunft über die regelmäßige (oder unregelmäßige) Teilnahme ihres Partners und über die Einstellungen, die er offenbart? Wird sie von speziellen Äußerungen, die er während des Programmes macht, sofort in Kenntnis gesetzt? Z. B. Äußerungen, die ihre Sicherheit weiter beeinträchtigen und ihr Leben gefährden? Die Programmleiter sollten dem Gewalttäter keine Schweigepflicht gegenüber seiner Partnerin versprechen. Die Mehrzahl der Sitzungen sollte sich den Einstellungen und dem Verhalten widmen, die der Kern allen missbräuchlichen Verhaltens sind. Und die Programmleiter sollten der Frau eine Ausfertigung jedes schriftlichen Berichtes über den Misshandler geben, beispielsweise von Berichten, die für das Gericht verfasst werden. Diese Berichte sollten eine Auflistung aller Misshandlungen und Gewalthandlungen enthalten, zu denen der Mann sich bekannt hat, inklusive psychologischer / seelischer Gewalt und sexuellen Zwangs. Darüber hinaus eine Auflistung aller für eine dauerhafte Veränderung notwendigen Schritte, die er verweigert.

Andersherum darf und sollte die Frau die Tauglichkeit des Programms in Frage stellen, wenn die Betreiber ihr begeistert erzählen, dass ihr Partner sich wirklich ändert und sich sehr gut im Programm macht. So verlockend tröstlich das für die Frau klingen mag: Die Betreiber sollten wissen, dass nicht sie die Experten über mögliche positive Veränderungen des Mannes sind. Die Expertin dafür ist seine Partnerin, allein ihr Gefühl gilt. Im Programm, gegenüber den Beratern, ziehen viele Gewalttäter eine erstklassige «Veränderungsshow» ab. Alarm ist auch geboten, wenn die Berater versuchen, die Frau zu einer Paartherapie zu bewegen, wenn sie vorschlagen, dass sie eine Anzeige fallenlässt oder ein einstweiliges Kontaktverbot zurücknimmt, wenn sie Nachrichten von ihm an die Frau weiterleiten, die Frau ermuntern, selbst Kontakt zu ihrem Ex-/Partner aufzunehmen oder sich sonst wie für seine Interessen einsetzen. Und auch Gruppensitzungen, die scheinbar viel Zeit darauf verwenden, dem Mann zu helfen, zu seinen wahren Gefühlen zu finden, sie zu benennen, ihm Konfliktlösungsstrategien beizubringen, um mit seiner Wut besser umzugehen, berechtigen und verpflichten zu Misstrauen und Zweifeln an der Tauglichkeit des Programms.

Nach 30 Jahren Täterarbeit bedauert Bancroft, «sagen zu müssen, dass die Mehrzahl der Gewalttäter sich gegen eine Mitarbeit im Programm entscheidet». Nicht, weil sie sich nicht ändern *könnten*. Sondern weil sie sich dafür entscheiden, sich nicht ändern zu wollen. «Sie stellen in ihrem Kopf eine Art Kosten-Nutzen-Rechnung auf.» Die Vorteile, die sie aus der Kontrolle über ihre Partnerin ziehen, überwiegen die Kosten. «Schlimmstenfalls», wenn sie verlassen werden, ziehen sie eben weiter. Zur nächsten Frau.

«Er wird sich nicht ändern» – allen Erfahrungen und darum aller Wahrscheinlichkeit nach. Das ehrlich zu sagen, heißt auch: Frauen aus der falschen Verantwortung für die Gewalt ihrer Partner zu entlassen.

Die Zeit, die es braucht

Die Schläge an jenem letzten Abend waren nicht härter, als sie an anderen Tagen gewesen waren, in den vorangegangenen Jahren. Aber vielleicht konnte ich auch das nicht mehr wirklich beurteilen. Mir erschienen sie normal. Es war etwas anderes, das mich an diesem Abend aus der Fassung brachte. P., dem das Urteil anderer in Bezug auf sich und seine Erscheinung immer so wichtig gewesen war, prügelte mich in Unterhose die Treppen hinunter. Sonst trug er nichts. *Anzeichen für besondere Gefährlichkeit bei gewalttätigen Männern: Sein Auftreten und Erscheinungsbild gegenüber anderen ist ihm gleichgültig.* Vielleicht wusste er einfach nur, dass er nicht befürchten musste, dass einer der anderen Mieter ihn so sah. Die Türen blieben zuverlässig geschlossen. Ich aber spürte plötzlich Angst. Darum rannte ich. Die Treppen hinunter und immer weiter.

Ich hatte meine Flucht nicht geplant. Schon gar nicht plante ich, ihn dauerhaft zu verlassen. Ich war nur einfach an einem Punkt angekommen, von dem aus es keine Rückkehr gab. Darum ging ich, einmal auf der Straße angekommen, weiter. Ich denke: So oder ähnlich muss es Tina Turner gegangen sein, als sie an jenem Abend in dem Hotel in Dallas auflief. Mit Kopftuch, blutverschmiert, ohne Geld.

Ich rief nicht meine Eltern an, und ich ging nicht ins Frauenhaus. Ich ging zu Bekannten, einem Arbeitskollegen von P. und dessen Frau. Unangekündigt. Ich ging fünf Kilometer. Ohne Jacke. Ende November. Der Arbeitskollege ließ mich nicht ins Haus. «Was soll ich denn machen, wenn P. hier auftaucht?», fragte er. «Ich mache euch bestimmt keinen Ärger», versprach ich. «Ich bleibe nicht lange. Ich will zu einer Freundin.» Der Tochter von unserem ehemaligen Nachbarn Oskar und seiner Bärbel, die er in der Drei-Zimmer-Wohnung über der Wohnung meiner Eltern immer mal wieder «nach Strich und Faden vermöbelt» hatte. Sie waren jetzt geschieden, und die Tochter wohnte im Nachbarort. Wir waren noch miteinander befreundet. Die Frau des Arbeitskollegen sagte: «Gib ihr doch etwas zum Überziehen und etwas Geld für die Bahnfahrt.» Er fuhr mich sogar zum Bahnhof. Ich glaubte, nie nettere Menschen getroffen zu haben.

Ich fuhr zu der Freundin, spätabends, und lebte zwei Wochen bei ihr. Dann – bis die Wohnung, die ich in dieser Zeit für mich und die Kinder gefunden hatte, frei wurde – zwei Wochen in meinem alten Kinderzimmer, bei meinen Eltern. Ich glaube, es ist fair zu sagen: Sie waren nicht begeistert. Ich auch nicht. Wenn ich an diese beiden Wochen zurückdenke, bin ich überrascht, dass ich nicht einknickte und zu P. zurückging. Es fühlte sich an, als hätte ich mit meiner Flucht nichts gewonnen.

Ich fürchtete mich davor, die Kinder nach den ersten beiden Wochen abzuholen. Ich fürchtete mich vor P. Ich hatte ihn seit dem Tag meiner Flucht nicht gesehen. Ihn am Telefon zu hören, hatte gereicht. *Anzeichen und Bedingungen für eine besondere Gefährdung: Sie haben Schritte unternommen, um die Beziehung zu beenden, oder haben sie schon beendet.*

Neulich sah ich eine Dokumentation über häusliche Gewalt in der Schweiz, erzählt entlang der Geschichte einer Frau. Ihr Mann hatte sie mehrfach zusammen- und blutig geschlagen. So, dass wiederholt Arztbesuche und Krankenhausaufenthalte vonnöten waren. Es existierten gerichtsmedizinische Fotos. Sie war offensichtlich gerade so mit dem Leben davongekommen. Jetzt ließ sie sich scheiden. Im Gerichtssaal würde sie erstmals wieder auf den Täter treffen. Das hatte das Gericht angeordnet. Die Frau lief vor dem Gebäude auf und ab. Zitternd. Sie wusste nicht, ob der Mann schon drinnen war. Sie hoffte, dass ihr Anwalt rechtzeitig käme. Bevor sie allein auf den Schläger traf. Ich glaube «Todesangst» ist der angemessene Ausdruck für das Gefühl, das sie beherrschte. Der Richter muss wohl – ähnlich wie meine Eltern und andere Leute, die ich damals bat, mich zu begleiten – geglaubt haben, jetzt, wo die Frau nicht mehr mit dem Mann zusammenlebte, könne ihr nichts passieren. Er muss wohl geglaubt haben, dass es jetzt, wo die beiden sich aus dem Weg gehen konnten, für den Mann keinen Anlass gab, gewalttätig zu sein. Er muss das alles geglaubt haben, *entgegen den Studien, die, ich schrieb es schon, belegen: Das Gegenteil ist der Fall. Frauen, die von ihrem gewalttätigen Partner getrennt leben, haben ein größeres Risiko, misshandelt (und umgebracht) zu werden, als Frauen, die noch mit ihm verheiratet sind oder zusammenleben.* Warum sonst setzte ein Richter eine Frau solcher Gefahr und Angst aus?

Ich fand schließlich einen Bekannten, der bereit war, mich zu begleiten. Er hatte kein eigenes Auto, er lieh sich eins. Während ich in der Wohnung Kleidung und Spielzeug zusammensammelte, verfolgte P. mich. Er spottete. Schimpfte. Fluchte. Er drängte mich an die Wand im Hausflur. Er höhnte: «Ist das dein neuer Lover!» Ich sagte nichts. Ich schämte mich vor dem Bekannten. «Lass sie gehen», sagte der. «Wer bist du denn!», blaffte P. Er stellte sich ihm in den Weg. Er schubste ihn. Beschimpfte ihn. Verlachte ihn. *Anzeichen für eine besondere Gefährlichkeit: Er bedroht andere Leute und/oder wendet Gewalt gegen sie an.* Ich nahm den Moment seiner Ablenkung wahr, um mit den Kindern ins Auto zu springen. Der Bekannte drängte sich wortlos an P. vorbei. Schaffte es neben mich. P. warf sich vor den Wagen. Dann auf die Motorhaube. Er schlug mit Fäusten auf die Windschutzscheibe ein. «Fahr!», schrie ich. «Bitte, fahr einfach.» Das tat der Bekannte, und P. sprang zuverlässig beiseite. Er hatte sich bei seinen «Kontrollverlusten» stets genug im Griff, um sich nicht selbst zu gefährden. Er verletzte immer nur andere.

Ich sah ihn im Rückspiegel auf der Straße stehen. Ich hätte seinen Ausdruck gern als Hilflosigkeit missdeutet. Als Trauer über den Verlust seiner Familie. Wenigstens seiner Kinder. Aber ich ahnte schon: Seine Wut und Gewalt, auch an diesem Tag, waren so wenig ein Ausdruck von Trauer und verirrter Liebe wie die Bombendrohung jenes Vaters in dem Familiengericht, als ich in meinem Drehbuchkurs saß. Sie waren die zielgerichtete Wut und Gewalt eines Mannes, der sich um sein Recht auf Macht und Kontrolle betrogen sah und sie nach bewährtem Muster einzufordern versuchte. Ohne Gefühl für, geschweige denn Rücksicht auf seine verängstigten Kinder. Die Scheidung war eine einfache Sache, wir waren gerade mal drei Jahre verheiratet. Das nimmt keiner so richtig ernst. P. forderte nichts von mir. Und ich forderte nichts von ihm. Auch nicht für unsere Kinder. Ich war 23 und dachte: So geht Unabhängigkeit! Und Stolz. Und Großzügigkeit. Und natürlich wollte ich ihm nicht schon wieder und immer weiter Gelegenheit geben, auf mich wütend zu sein. Statt ein paar unserer Möbel zu verlangen und von ihm Unterhalt zu fordern, lieh ich ihm 200 Mark für neue Schuhe. Das war für mich ein Vermögen. Ich kam mir großartig vor. Als ich ihn ein paar Wochen darauf anrief, weil ich das Geld dringend zurückbrauchte, tobte er: «Du machst so ein Geschiss um 200 mickrige Mark?! Was bist du für eine kleinliche Kuh!» Ich sagte nicht viel. Eigentlich nichts. Ich kam mir nicht mehr großartig vor. Nur noch blöde.

Er kam die Kinder und mich noch ein- oder zweimal besuchen. Er drohte nicht. Schlug nicht. Er weinte. Er flehte: «Ich brauche dich.» Das war sicher wahr. Nur eben brauchte er mich auf die falsche Weise. Er legte die einzige Platte auf, die ich jetzt besaß. Tom Waits' «Franks Wild Years». Der Bekannte hatte sie mir geschenkt. P. setzte die Nadel auf den letzten Track auf der ersten Seite. «Ich liebe dieses Lied», sagte er. «Temptation». Verführung. Es war auch mein Lieblingslied auf dem Album, und kurzfristig fragte ich mich noch einmal, ob das nicht doch etwas bedeuten musste.

«Ich weiß, dass sie nur Schall und Rauch ist, aber ich habe meinen Weg verloren. Sie weiß, dass ich am Ende bin und ich darum weiterspielen muss», sang Tom Waits. Aber es wirkte nicht mehr. Es war vorbei. Nicht plötzlich. Nicht einfach so. Es hatte die Zeit gebraucht, die es braucht.

Ich brauchte noch einmal 30 Jahre, um zu verstehen. Um das komplexe manipulative System zu durchschauen, das häusliche Gewalt ist. Ich brauchte 30 Jahre, um zu erkennen, wo und in welchem Ausmaß die Gewalttäter in unserer Gesellschaft Unterstützung finden. Und wo die Gewalt fortgesetzt wird. Von wem alles und mit welchen Mitteln. Es arbeiten so viele mit so viel Gewalt gegen das Verstehen.

Am ersten Besuchstermin holte P. die Kinder für das Wochenende zu sich. Er brachte sie lange nach der vereinbarten Zeit zurück. «Papa hat eine neue Freundin», rief mein Ältester froh. Er war drei. «Das soll ich dir erzählen, er sagt, dann ärgerst du dich.» Am zweiten Besuchstermin wartete mein Ältester vergeblich. Er saß bis zum Einbruch der Dunkelheit auf der Fensterbank und sah auf die Straße. Erst voller Erwartung. Mit den Stunden zunehmend ängstlich. «Er kommt doch noch?», fragte er. «Glaubst du, er kommt noch?» Sein Bruder war anderthalb. Zu jung, um zu hoffen und enttäuscht zu werden.

Während sein Kind auf ihn wartete, war P. wohl schon unterwegs. Anderswohin. Weit weg. Mit dem von mir bezahlten Familienauto und einem Dispokredit über ein paar tausend Mark, den die Bank über die nächsten Jahre von mir zurückforderte. Mein zweiter Mann entschädigte sich ähnlich. Wann immer mir einer beteuert, wie machtlos der deutsche Staat gegenüber zahlungsflüchtigen Männern und unterhaltsflüchtigen Vätern ist, erzähle ich das. Und ich erzähle, wie überraschend energisch und effektiv (nicht nur) der deutsche Gesetzgeber bei der Eintreibung von Schulden arbeiten kann. Wenn es nicht flüchtige Väter trifft. «Das klingt sehr bitter», sagt mein Gegenüber dann meist. Und weicht einen Schritt zurück. Dieses Erschrecken tut mir leid. Ich arbeite weiter daran, wie ich gut gelaunt und mit viel Humor von meinen Gewalterfahrungen erzählen kann. Ich suche noch einen positiven Dreh. Die große, selige Erleuchtung, wofür das alles gut gewesen sein könnte. Weil sein Terror dich «zu dem Menschen gemacht hat, der du bist». Weil du «daran hast wachsen können». Die Leute mögen das. Es ist auch eine Art, sich und den Frauen die Gewalt schönzureden.

Zu sagen, «meine Erfahrungen haben mich stark gemacht», wäre noch in anderer Hinsicht irreführend. Es täuschte darüber hinweg, was diese Erfahrungen tatsächlich mit Frauen machen: Häusliche Gewalt ist weltweit die Hauptursache für Depressionen bei Frauen. Sie ist die Hauptursache für Alkoholismus und Drogenmissbrauch unter Frauen. Sie ist die Hauptursache für Selbstmord und Selbstmordversuche unter Frauen. Die Hauptursache für Obdachlosigkeit. Sie ist die Hauptursache für sexuell übertragbare Krankheiten unter Frauen. Und es ist verständlich, dass diese Gewalt – im eigenen Heim, von dem Menschen, den du liebst und an dessen Liebe zu dir du glaubst – langanhaltende, meist lebenslange seelische Auswirkungen auf die Frauen hat. Depressionen, Angstzustände und andere posttraumatische Stresssymptome als Reaktion auf Freiheitsberaubung, Kontrolle, Unterdrückung, Erniedrigung und körperliche Gewalt sind nicht krankhaft. Sie sind *normale* Reaktionen. Auf eine kranke Situation. Und oft treten diese Reaktionen erst oder verstärkt (lange) nach der Trennung auf. Wenn Familie, Freunde, Arbeitskollegen und andere Außenstehende denken und fordern: «Nun muss es doch gut sein!» Diese Geschichte hat mir mein Waliser Psychologe erzählt: Zur Zeit der «Troubles» in Nordirland, als überall Kugeln und Bomben die Menschen zerrissen, wunderten sich die psychologischen Experten, wie wenig der Terror den Menschen auszumachen schien. Die Rate der Angstzustände, Depressionen, Selbstmorde und Selbstmordversuche stieg kaum, wenn überhaupt. Das hat sie erst, nachdem der akute Terror vorüber war: explosionsartig. Sich des Terrors und der Gefahr bewusst werden, unter denen sie gestanden hatten: das wagten die Terrorisierten erst, nachdem die Gefahr weitgehend vorbei war. Auch das ist normal. Und ich werde einen Teufel tun, Frauen auch noch *dieses* Recht und *diese* Freiheit, das Recht und die Freiheit auf Normalität abzusprechen. Indem ich mich fälschlich freue, wie «stark» mich all diese Jahre gemacht haben. Das wäre meinen Mitfrauen gegenüber verlogen. Es wäre Verrat.

Wer will denn außerdem sagen, wer oder wie ich geworden wäre, wenn ich nicht über Jahre erniedrigt und/oder zusammengeschlagen worden wäre?

Nach ein paar Wochen fuhr ich zu unserer alten Wohnung. Er hatte sie leer geräumt. Die Möbel hatte er verschenkt. Auch die Waschmaschine. Und den Trockner. Das restliche Kinderspielzeug. Er hatte uns nichts gelassen. Als ich bei den Bekannten klopfte, zu denen ich an jenem Abend, nicht lange her, geflohen war, öffneten sie die Tür wieder nur einen schmalen Spalt. «Keine Ahnung, wo er ist», sagte der Mann. «Ich glaube, er wollte zurück.» Nach England. «Was sollte er sonst auch machen», sagte die Frau. Sie baten mich nicht herein. Durch den Türspalt konnte ich unser altes Sofa und die Esszimmermöbel sehen. «Moment», sagte er dann aber doch. Ich hörte ihn in der Wohnung rumoren. Er kam mit einer Langspielplatte zurück. «Die hatte P. mir geliehen, kannst du haben.» Es war eine Platte der britischen Band «New Order». Ich mag sie nicht besonders, aber ich habe sie noch. Als ich auf dem Sozialamt um Unterstützung und neue Möbel für mich und die Kinder bat, war einer der ersten Sätze, die die Sozialamtsfrau zu mir sagte: «War es denn wirklich so schlimm? Mussten Sie Ihren Mann denn wirklich gleich verlassen?»

P. hatte auch die letzte Miete für unsere alte Wohnung nicht mehr bezahlt. Nachdem er verschwunden war, rief die Vermieterfrau mich deswegen an. Jene Frau, die mich wiederholt aufgefordert hatte, mich leiser verprügeln zu lassen. Weil P.'s Gewalt und meine Angst und die Schmerzen, der ganze Terror, die anderen Mieter störten. «Ich zahle das nicht», sagte ich jetzt. «Auf keinen Fall. Ich habe damit nichts zu tun. Ich wohne seit vier Monaten nicht mehr dort.» – «Du bist ja ganz schön frech geworden», klagte sie empört.

Ich nahm es noch lange nicht als ein Kompliment.

Nachsatz

Während ich die letzten Seiten für dieses Buch schreibe, melden die britische BBC und die Tageszeitung *The Guardian*, dass ein Nachbar des derzeitigen Kandidaten für den Parteivorsitz der Konservativen und für das Amt des Premierministers, Boris Johnson, die Polizei gerufen hat, nachdem er aus Johnsons Wohnung Schreie und lautes Scheppern und Krachen hörte. Der Nachbar war «besorgt um das Wohlergehen der Bewohnerin», Johnsons Lebenspartnerin. In der Aufnahme, die er machte, schreit die Frau mehrfach: «Lass mich los!» und: «Verschwinde aus meiner Wohnung!» Johnson sagt: «Nein!» Der Nachbar sagte, er habe zunächst dreimal an die Tür seiner Nachbarn geklopft, als keiner antwortete, wählte er den Notruf. Die Polizisten kamen innerhalb weniger Minuten und versicherten: «Alles okay.» Niemand sei zu Schaden gekommen.

Der Nachbar gab seine Aufnahme dennoch an den *Guardian* weiter. Er begründete das mit seiner Überzeugung, dass Johnson in seiner Rolle als Kandidat für das höchste politische Amt im Staat für «all seine Worte, Taten und seine Verhaltensweisen zur Verantwortung gezogen» werden müsse. Dem ist nichts hinzuzufügen. Möchte man meinen.

Doch die konservative britische Presse interessierte sich nicht für die Verhaltensweisen des möglicherweise baldigen (und dann tatsächlichen) Premierministers. Sie interessierte sich für die um Hilfe rufenden Nachbarn. Beziehungsweise: Sie gab ihr Bestes, das öffentliche Interesse auf das Nachbarpaar zu fokussieren. Binnen 24 Stunden hatte der *Telegraph* die Nachbarn als die wahren «Verbrecher» ausgemacht. Der erste Artikel erschien unter der Schlagzeile «Linksgerichtete Nachbarn geben zu, Boris Johnsons Streit mit seiner Partnerin Carrie Symonds aufgenommen zu haben». Er begann: «Ein Nachbar von Boris Johnson, dessen Frau den Kandidaten für den Vorsitz der Konservativen auf der Straße beschimpft und erklärt hat, dass ‹alle Tories scheiße sind›, hat zugegeben, dass er einen Streit zwischen dem Abgeordneten und seiner Partnerin aufgenommen und die Aufnahme an eine Zeitung weitergegeben hat.» Anderthalb Stunden später legte der *Telegraph* mit mehr Anschuldigungen gegen die Frau des Nachbarn nach: Sie habe auf ihrem Twitter-Account damit angegeben, Johnson den Stinkefinger gezeigt zu haben, jetzt aber offenbar den Account gelöscht, um sich reinzuwaschen. Und so weiter.

Und richtig: Nicht etwa der Nachbar selbst, der die Polizei gerufen und die Aufnahme weitergegeben hatte, stand im Zentrum der Presseattacken. Sondern seine bislang unbeteiligt gewesene Frau.

Der Stinkefinger der Frau des Mannes, der die Polizei gerufen hatte, und ihre politische Ausrichtung fanden auch das Hauptaugenmerk des Boulevardblattes *Mirror*. Das Blatt überlegte, ob wohl die Hoffnung auf Geld das Motiv gewesen sein könnte, den Streit aufzunehmen und an die Presse zu geben. Erklärte das aber selbst gleich wieder für «unwahrscheinlich». Die *Sun* titelte, Mrs. Symonds fürchte sich nun zu sehr, um überhaupt noch nach Hause zu gehen. Vor den böswilligen Nachbarn, nicht vor dem schreienden Johnson. Und auch die als seriös geltende *Sunday Times* schoss sich auf die «linksgerichtete Schauspielerin, die dem Tory-Spitzenkandidaten kürzlich den Finger zeigte», und ihren Partner als «das Anti-Brexit-Paar, das die Polizei rief», ein.

Es ist nicht mehr als recht und billig, wenn ich dieser «Charakterbeurteilung» des Nachbarn hier eine kurze Zusammenfassung dessen gegenüberstelle, was über Boris Johnson bekannt ist. Maßgeblich: über Johnsons Glaubwürdigkeit und seine Einstellung zu Frauen. Auch er ist – wie der Rechtsaußen Nigel Farage – ein Busenfreund Donald Trumps. Mit den für diesen Schlimme-Jungs-Club üblichen abwertenden Sprüchen über Frauen. Trump sagte einmal – neben all dem anderen, was er über Frauen so sagt –, mit 35 hätten Frauen das Abmelde-Alter erreicht. Und während ich dies schreibe, bezichtigt ihn gerade eine weitere Frau, sie vergewaltigt zu haben. Trumps Kommentar: «Die ist gar nicht mein Typ.» Boris Johnson nannte Burka-Trägerinnen «wandelnde Briefkästen». Man muss weder 35 noch Burka-Trägerin, ja, man muss nicht einmal Frau sein, um die Respektlosigkeit und Missbilligung gegenüber Frauen aus diesen Sätzen herauszuhören. Johnson war einer der Hauptdrahtzieher hinter der «Leave-Kampagne», die 2017 die Mehrheit der Briten bewog, für den Austritt aus der EU zu stimmen, und die, Johnson hat das mittlerweile bekannt, hauptsächlich auf Lügen gründete. Johnson log oder lügt auch, was seine zahlreichen außerehelichen Beziehungen betrifft. Als er 2004 die Affäre mit einer Kollegin leugnete («Das ist doch nur dummes Gelaber»), kostete ihn das seine Position als Schattenminister. Seine notorische Untreue war ein Grund, warum auch seine zweite Frau ihn verließ. Seine älteste Tochter nannte ihn anschließend öffentlich einen «selbstsüchtigen Bastard» und gab der Hoffnung Ausdruck, dass ihre Mutter nun «endgültig mit ihm fertig» sei.

Sicher, Untreue ist kein zwingender Indikator dafür, dass ein Mann seine Partnerin auch verprügelt. Sie ist ein Zeichen der Respektlosigkeit und für andere Einstellungen und Charakterzüge, die gewalttätige Männer auszeichnen. Sie ist eine Form von Gewalt. Johnson leugnet nicht nur seine Partnerinnen. Ein Richter zwang ihn 2013, zu den vier Kindern, zu denen er sich bekannte, die Existenz wenigstens eines weiteren Kindes zuzugeben, das aus der bereits erwähnten Affäre mit der Kollegin stammt. Der Richter bezeichnete das als «eine Angelegenheit von öffentlichem Interesse». Die Bürger hätten ein Recht darauf, zu erfahren, wen sie da möglicherweise in Amt und Würden wählten.

In der akuten Debatte um den nächtlichen Polizeieinsatz jedoch folgte, was in diesem Irrsinn nur Sinn machen konnte: Johnsons Nachbar sah sich gezwungen, seine Intervention gegenüber der Presse und Öffentlichkeit zu «verteidigen». Derweil wurde Johnson während eines Fernsehinterviews dafür bejubelt, wie er der Frage, warum die Polizei zu seinem Haus gerufen worden war, auswich: fünfmal in knapp vier Minuten und mit dem gewohnt bombastischen Blabla. «Das wollen die Leute nicht hören», beschied er wiederholt den Interviewer. «Die Leute wollen hören, was ich für unser Land leisten kann.» Der Moderator fragte darum ganz richtig, ob Johnson nicht meine, dass sein Privatleben Einfluss habe auf seine Qualitäten als möglicher Premierminister. Die Buhrufe des Publikums auf die Frage ersparten Johnson auch hier eine Antwort.

Andere Abgeordnete sprangen für ihn ein: Was immer an dem Abend vorgefallen sei, sei Johnsons Privatangelegenheit.

Das ist es mitnichten.

Die Gewalt eines Mannes gegen seine Partnerin, und sei es nur der Verdacht darauf, ist keine Privatangelegenheit. Weder, was den «normalen Bürger» betrifft. Und erst recht nicht in Bezug auf einen Mann, der sein Land führen will und der, im Fall seiner Wahl, maßgeblich bestimmen wird, was in dem Land als Recht und Ordnung gilt. Die Leute sollten unbedingt hören wollen, was so ein Mann zu Hause treibt. Es lässt Rückschlüsse darauf zu, wie er das Land leiten wird. Welchen Bürgern zum Nutzen. Und welchen zum Schaden.

Mag sein, dass Johnsons Streit mit seiner Partnerin nicht mehr war als das: ein Streit. Das muss er beantworten können. Mag sein, dass die Hilfe der Polizei nicht vonnöten war. Das berechtigt die Presse und Bürger nicht, sich über den Nachbarn, der sie zu Hilfe rief, lustig zu machen. Es berechtigt sie nicht zu schreiben: «Der Nachbar machte sich lächerlich. Er verschwendete die Zeit der Polizei.»

Wer so etwas schreibt, gefährdet aktiv das Leben von Frauen.

Von Frauen, die polizeiliche Hilfe dringend nötig haben. Ob das so ist oder nicht, lässt sich vom Zuhören durch die Wand allein nicht beurteilen. Wer so etwas schreibt, nimmt willentlich in Kauf, dass sich künftig noch weniger Menschen einmischen. Der Nachbar hörte eine Frau schreien. Er hörte das Scheppern von Geschirr und das Krachen von schweren Gegenständen. Er hörte eine Frau, die schrie, dass der Mann ihre Wohnung verlassen solle. Und einen Mann, der sich weigerte zu gehen. Andere Nachbarn hörten es auch, doch nur er sah sich genötigt, etwas zu tun. Wir sollten einen solchen Einsatz schätzen und unterstützen. Auch auf die Gefahr hin, dass dieses eine Mal vielleicht keine Notwendigkeit für ihn bestand. Wir müssen bereit sein, Gewalt als Gewalt zu erkennen und sie und die Täter zu benennen. Statt uns von ihnen und ihren Alliierten willig den Blick vernebeln und unseren Fokus fehllenken zu lassen.

Anders werden wir die Gewalt gegen Frauen nicht beenden.

MIX
Papier aus verantwortungsvollen Quellen
FSC® C083411

Das für dieses Buch verwendete Papier ist FSC®-zertifiziert.